1000만 다운로드 돌파! 대한민국 최고의 역사 방송!
'팟캐스트 박시백의 조선왕조실록'에 보낸 청취자들의 성원!

《박시백의 조선왕조실록》과 '팟캐스트 박시백의 조선왕조실록'만 있으면 조선사 공부는 완벽! 역사가 드라마 못지않게 재미있다는 것을 깨달았다. 진지한 역사 이야기 속에서도 아저씨 4인방의 깨알 같은 유머와 수다가 듣는 재미를 더해준다.　　　**o*****

자라나는 아이들이 모두 들어봤으면 좋겠습니다. 재미있고 너무 좋아요. 팔십한 살 할머니예요.　　　**구*****

재미있고 유일할뿐더러 환상적인 방송. 저자와 출판사와 독자가 하나되는 느낌에 기쁨이 배가 됩니다.　　　**조********

역사 공부는 '팟캐스트 박시백의 조선왕조실록'이 최고!　　　**랭***

매일 출퇴근 시간 복습에, 잠자리에 들기 전까지 이어폰을 꽂고 있다. 네 분의 입담에 남들이 이해하지 못하는 미소를 짓기도.　　　**불*****

풍부한 콘텐츠들이 잠재되어 있는 《조선왕조실록》을 집중 조명한 방송! 정통 역사뿐 아니라 조선시대 인물들의 뒷이야기를 들으며, 유쾌한 웃음을 지을 수 있었던 유익한 시간이었다. 역사를 편협하게 바라봤던 시각을 조금은 넓힌 기분이다.　　　**혀***

10년 동안 심혈을 기울여 만든 《박시백의 조선왕조실록》. 역사를 어려워하는 중학생 아들과 함께 읽으니 그렇게 좋을 수가 없다.　　　**H********

엄청나고 무모한 도전에 경의를 표합니다! 유네스코에도 등재된 우리의 자랑스러운 문화유산이기에 꼭 한 번쯤은 읽어봐야 했던 《조선왕조실록》을 이토록 재미있고 쉽게 풀어주시다니!

꿈****

예전엔 그리 역사 공부하기가 싫었는데 '팟캐스트 박시백의 조선왕조실록'을 듣고부터 너무 좋아졌다.

시***

완벽한 네 명의 패널, 전문가들의 신선한 외전, 청취자들의 열정적인 후기까지! 역사의 궁금증을 술술 풀어주는 팟캐스트. 끝이 다가오는 것이 벌써 아쉽다.

타*****

조선사와 세계사와의 접목. 지루해질 수 있는 내용을 밝고 위트 있게 설명해주니, 즐겁게 듣게 된다.

S***

역사 속 인물들에 생동감을 불어넣어 입체적으로 사고하게 한다.

인*

이 팟캐스트 덕분에 훗날 아이들이 역사를 재미있게 습득할 수 있을 것 같아 뿌듯함을 느낍니다.

이**

이 팟캐스트는 정말……대박~~

퇴**

국방의 의무를 다하면서 듣는 팟캐스트. 역사를 공부해야 하는 목적을 깨달았다. 역사를 바라보고 판단할 수 있는 시각을 넓혀주는 팟캐스트, 응원합니다!

순***

버스 운전하며 수번씩 반복해 듣고 있다. 심심하지 않으면서도 역사 공부를 할 수 있어 너무 유익하고 일하는 시간이 즐겁다.

각**

역사토크
박시백의
조선왕조실록

2

역사토크

박시백의 조선왕조실록

박시백 신병주
남경태 김학원
지음

광해군일기에서
순종실록까지 **2**

시간과 공간을 넘나들며

함께 웃고 떠들었던 故 남경태와의 시절을 기억하며

그에게 이 책을 바친다.

조선사를 한눈에 꿰는 70시간의 역사 토크쇼!

과거의 역사가 오늘의 역사를 만들 듯 과거의 책은 오늘의 책을 만든다. 《조선왕조실록》과 《국역 조선왕조실록》이 《박시백의 조선왕조실록》을 잉태했듯이, 이 책은 《박시백의 조선왕조실록》에서 비롯되었다.

　세계적으로 유례가 없는 수준과 방대함으로 유네스코 세계기록유산으로 등재된 《조선왕조실록》은 1995년 국역 시디롬이 만들어지면서 일반인들도 쉽게 접할 수 있게 되었다. 역사 드라마를 즐겨 보던 박시백 화백이 실록을 기반으로 제대로 된 역사 만화책을 그려보겠다고 작심한 것도 바로 그 때문이다. 2001년 《국역 조선왕조실록》 시디롬을 구입하여 공부에 나선 박 화백은 2013년 7월, 실록에 기초한 20권 분량의 대하 역사책 《박시백의 조선왕조실록》을 완간했다. 조선왕조 500년사는 그렇게 박 화백의 손을 거쳐 우리들 곁으로 새롭게 다가왔고, 기다렸다는 듯 독자들은 뜨겁게 환호했다.

"원고를 탈고하고 난 다음에 쉴 틈을 진짜 딱 하루 줬어요. 그동안 못 봤던 드라마를 보면서 밤을 새고 딱 하루 지나니까 바로 무슨 사진을 찍네, 영상을 찍네, 팟캐스트를 하네, 해가지고, 제가 휴머니스트에서 책을 낸 것을 깊이 후회했습니다. (웃음)"

박시백 화백은 13년의 대장정을 끝내고 '감개무량'을 느낀 지 채 며칠 되지도 않은 어느 날, 출판사로부터 팟캐스트 방송을 하기로 했다는 '통보'를 받았다. 그리고 첫 녹음 자리에서 자신의 '참담한' 기분을 위와 같이 전했다. 2013년 7월, 완간과 함께 그렇게 '팟캐스트 박시백의 조선왕조실록' 첫 방송이 시작된 것이다.

'팟캐스트 박시백의 조선왕조실록'의 중심은 당연히 저자 박시백이었다. 박 화백은 실록을 통독하며 쌓은 내공으로 조선왕조 500년을 인공위성에서 지구를 내려다보듯 한눈에 조망하면서도, 조선시대의 이 구석 저 구석을 자유자재로 넘나들었다. 그리고 '21세기 사관'이란 별칭에 걸맞게 조선의 주요 인물과 사건을 '현재를 살아가는 만화가'의 시각으로 냉철하게 평가했다.

'팟캐스트 박시백의 조선왕조실록'은 두 분의 합류로 날개를 달았다. 건국대 사학과 신병주 교수는 역사학계 최고의 스타답게 인물이면 인물, 사건이면 사건, 생소한 역사용어가 나오는 족족 알기 쉽고 명쾌하게 설명해주었다. 그뿐 아니라, 전문가의 시선으로 역사학계의 흐름을 알려주고 주요한 쟁점들을 빠짐없이 짚어주었다. 박시백 화백과 신병주 교수가 조선사의 시간을 넘나들 때 '종횡무진 인문학자' 남경태 선생은 중국, 일본, 더 나아가 유럽으로 공간을 확장하여 역사 이해의 지평을 넓혀주었다. 또한 청취자의 눈높이에서 질문을 던지기도 하고 때로는 엉뚱한 상상력을 발휘함으로써 '어, 그럴 수도 있겠네' 하고 고개를 끄덕이게 하곤 했다. 4인방의 역사수다는 그렇게 1년 동안 50회 분량의 방송을 이어갔다.

70시간에 달하는 방송 분량을 녹취하니 모두 6,000매가 넘었다. 총 6권의 책으로 펴낼 수 있는 방대한 역사 토크의 기록이었다. 우리는《조선왕조실록》의 기록 정신을 살려 녹취 원본과 편집 원본을 만들어 놓고 원고를 절반으로 줄이는 작업에 착수했다. 이 과정에서 단편적인 사실 나열을 지양하고 '아재 개그'를 일부 덜어내는 한편, 토크라는 성격상 발생하기 쉬운 사실 오류를 꼼꼼히 바로잡았다. 그리고 전체적으로는 조선시대사의 주요 쟁점을 부각시켜, 네 사람의 토크를 따라가면서 자연스럽게 조선시대의 전체상을 이해할 수 있도록 흐름을 살렸다. 이 책의 독자들이 서로를 존중하는 '예의바른' 토크를 이어가다가도 역사 해석에 이견이 있으면 살짝 흥분하며 주고받는 논박의 현장감을 느낄 수 있다면 더할 나위 없이 기쁘겠다.

닫힌사회에서 열린사회로 전환하면서 하나의 역사에서 다양한 역사로, 주어진 역사에서 만드는 역사로 나아가고 있다. 《조선왕조실록》에서 《박시백의 조선왕조실록》으로, 《박시백의 조선왕조실록》에서 《역사 토크 박시백의 조선왕조실록》으로 이어가는 과정도 그 흐름과 맞닿아있다. 모두가 수많은 독자와 청취자의 응원과 참여, 열린 시각과 토론이 있었기에 가능했던 일이다. 부디 이 책이 조선사에 대한 충실한 안내와 더불어 오늘의 눈으로 역사를 읽는 즐거움을 전할 수 있기를 기대한다.

2017년 12월
저자들을 대신하여 김학원

● 일러두기

1. 이 책은 '팟캐스트 박시백의 조선왕조실록'(2013년 7월~2014년 7월, 총 50회 방송)의 내용을 토대로 수정 보완과 편집 과정을 거쳐 출간한 것이다.
2. 책에 삽입된 만화의 출처는 모두 《박시백의 조선왕조실록》(전 20권)이다.
3. 패널 가운데 고故 남경태 선생은 투병 중 입원 치료 기간에는 출연하지 못했다.(1권 Talk 5 단종·세조실록~Talk 8 중종실록, 2권 Talk 19 고종실록 후반부~Talk 20 망국)
4. 외래어 표기는 국립국어원의 표기법에 따랐다. 단, 중국어는 한자음으로 표기했다.
5. 특수한 경우를 제외하고 외래어(주로 한자) 병기를 생략했다. 단, 책 뒤편의 '찾아보기'에는 모두 병기해두었다.

Talk 11
광해군일기

경험의 함정에
빠진 군주

1608년(광해군 즉위년)	광해군이 즉위하다. 임해군을 유배 보내다. 선혜청을 설치하여 경기도에 대동법을 실시하다. 유영경의 자결을 명하다.
1609년(광해군 1)	일본과 기유약조를 체결하다.
1610년(광해군 2)	《용비어천가》, 《내훈》 등의 인쇄를 명하다. 오현 종사를 허하다. 대동법의 강원도 확대에 반대하다.
1611년(광해군 3)	성균관이 정인홍을 《청금록》에서 삭제하다. 이원익을 영의정, 이덕형을 좌의정, 이항복을 우의정으로 삼다. 정릉동 행궁을 경운궁이라 명명하다.
1612년(광해군 4)	봉산옥사가 일어나다.
1613년(광해군 5)	계축옥사로 영창대군을 폐서인하고 김제남을 사사하다. 소성대비(인목왕후) 폐모론이 대두되다. 《동의보감》을 간행하다.
1614년(광해군 6)	영창대군이 살해되다.
1615년(광해군 7)	능창군이 유배지에서 자진하다.
1616년(광해군 8)	누르하치가 후금을 건국하다. 윤선도가 이이첨의 전횡을 비판하다. 윤선도를 절도에 안치하다.
1617년(광해군 9)	정원군의 옛 집에 새 궁궐을 지으라고 명하다(경덕궁).
1618년(광해군 10)	소성대비가 경운궁에 유폐되다. 명나라가 후금 정벌에 참여할 원병을 요구하다. 허균이 처형당하다.
1619년(광해군 11)	조명 연합군이 심하 전투에서 패전하다. 강홍립의 조선군이 후금에 투항하다.
1621년(광해군 13)	후금이 심양과 요양을 차례로 함락하다.
1622년(광해군 14)	모문룡이 가도로 들어가다.
1623년(광해군 15)	인조반정으로 광해군이 폐위되다. 광해군을 교동도에 안치하다. 이이첨을 사사하다.
1641년(인조 19)	광해군이 제주도에서 세상을 떠나다.

선조

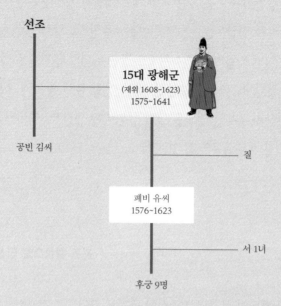

15대 광해군
(재위 1608~1623)
1575~1641

공빈 김씨

질

페비 유씨
1576~1623

서 1녀

후궁 9명

임진왜란이 발발하고 보름여 만에 세자로 책봉된 광해군은 분조의 한 축을 이끌고 황해도와 평안도를 누비며 민심을 수습한다. 하지만 선조는 나라의 구심 역할을 해낸 아들에게 질투와 열등감을 느끼며 광해군을 적자인 영창대군과 저울질한다. 16년의 불안한 세자 생활 끝에 왕위에 오른 광해군! 과연 임진왜란의 풍부한 경험을 살려 성군이 될 것인가? 아니면 엄혹한 세자 시절의 한을 푸는 폭군이 될 것인가?

분조 활동으로 민심을 달래다

김학원   임진왜란이 끝나면서 조선이 후기로 접어드는 거죠?

신병주   네. 조선시대를 전기와 후기로 나눌 때 임진왜란을 기준으로 하죠. 임진왜란이 사회적, 경제적, 정치적으로 가장 큰 변화를 수반했기 때문이에요.

김학원   선조가 1608년(선조 41) 57세의 나이에 세상을 떠나고, 그 어떤 세자보다도 파란만장한 세자 시절을 보낸 광해군이 조선 15대 임금으로 즉위합니다.

신병주   광해군은 선조의 후궁인 공빈 김씨 소생이에요. 서자인 데다 첫째 아들도 아닌 둘째 아들이라 원래는 왕이 될 수 없는 위치였죠. 그런데 임진왜란이라는 조선 역사상 초유의 사태를 맞아 왕이 파천을 하게 되자 후계자 선정을 서두를 수밖에 없었고, 신하들에게 인정받던 광해군이 파천이 결정된 다음 날 바로 세자에 책봉됩니다.

김학원   임진왜란 당시 조정을 둘로 나누었고, 광해군이 분조의 한 축을 이끌었어요.

남경태　유교 국가에서 왕은 국가의 주인이자 상징이고 종묘사직의 제주이기도 하니, 전란으로 위기에 빠진 왕을 보호하기 위해 세자에게 분조를 맡긴 거죠.

신병주　선조가 요동행을 결심하고 평양을 떠나 의주로 향한 뒤 약 7개월 간 광해군이 지금의 평안도, 황해도 일대를 돌아다니면서 의병들을 규합하고 민심을 안정시켰죠. 그래서 백성에게는 광해군이 희망으로 떠올랐어요. 그 당시 열여덟 살밖에 안 된 세자가 정말 믿음직스럽게 위기에 대처하는 모습을 보였으니까요.

박시백　당시 기록을 보면 광해군이 "나무를 베고 땅에 박고 잠을 자면서 각지에 격문을 보내 의병들을 촉발했다."는 내용이 있습니다.

남경태　사실상 왕의 역할을 한 거네요.

김학원　광해군 말고도 분조 활동을 한 사례가 있나요?

신병주　정묘호란 당시 소현세자가 전주로 가서 분조 활동을 했어요.

세자를 질투한 왕

김학원　상식적으로 생각하면 선조가 아들의 이런 활약을 자랑스러워했을 것 같은데, 그렇지 않았어요.(웃음)

박시백　처음에 분조를 맡길 때는 사실 압록강을 건널 생각을 했어요. 그래서 분조를 넘어서 양위까지도 가능하다는 입장을 내비치곤 했죠. 그런데 전황이 호전되고 나니까 선조 스스로 생각해도 자신이 그동안 보인 행동이 참 체면이 안 서는 거예요. 반면 아들은 백성에게서 신망을 얻어 국가의 구심점이 되어가고 있었으니, 그야말로 한 하늘에 태양이 두 개 떠버린 형국이잖아요? 일반적인 부자의 정으로야 안 그렇지만, 권력의 관점에서 접근하면 자신을 위협하는 새로운 권력이 등장한 거나 다름없죠.

남경태   그래서 막상 전쟁이 끝나고 난 뒤에는 내관이 "전하, 세자 저하(광해군)께서 문안인사를 오시었나이다." 하니까 선조가 "세자? 황제의 승인도 받지 못한 세자가 어찌 세자란 말이냐?"라며 적의를 드러내기까지 합니다. 그리고 신하들이 명나라에 세자 책봉을 승인받자고 청하니까 이번에는 아예 새장가를 들어버리거든요.(웃음) 결국 아들까지 낳습니다.(웃음)

김학원   단순한 견제 정도가 아니네요.

박시백   '넘사벽'이라고.(웃음) 세자는 전란 중에 이미 자기가 넘기 어려운 존재가 되어버렸던 거죠. 그래서 땅에 떨어진 체면과 위상을 다시 세우려면 뭔가 새로운 노력과 장치가 필요하다고 생각했어요. 전란기 내내 일으킨 선위파동도 그런 노력의 일환이죠.

신병주   임진왜란 당시 광해군의 활약이 두드러지면서 특히 명나라 장수들이 광해군을 높이 평가했어요. 또 일부 신하들이 상소를 올려서 웬만한 일처리는 광해군에게 맡기자고 하고, 대리청정 비슷하게 연습을 시켜서 자연스럽게 후계 구도가 넘어가게 하자고 하니까 선조가 부담을 느끼죠. 그래서 선조가 하는 조치 중에 대표적인 게 선위파동이에요. 일부러 '나도 왕 하기 싫다' 그러는 거죠.(웃음)

박시백   선조는 명나라의 대규모 파병이 확실해진 1592년 10월부터 약 6년간 한 스무 번 가까이 선위파동을 일으켰어요.(웃음) 처음부터 세게 했으면 신하들도 동의했을지 몰라요. 그런데 처음에는 아주 조심스럽게 툭 던지듯이 하다가 점점 강도를 높였고 나중에는 생떼를 부리다시피 합니다.(웃음)

제 한 몸 건사하기에 급급했던
자신의 모습을 돌이켜볼 때마다
세자의 모습이 클로즈업되는
느낌이었으리라.

어린 나이에 위험천만한 곳으로 들어가 사실상의
조정으로서 나라의 구심 역할을 해낸 아들 광해군!

윽! 눈부셔~

이순신을 생각할 때마다 느껴야 했던
열등감을 세자를 볼 때면 다시 느껴야
했을 것이다.

비교 체험
전란기 리더십

국 과 극

전쟁
영웅!

패망의
장본인!

질투와 열등감은
미움으로
변해갔다.

싸가지
없는…

남경태 아주 유치합니다.(웃음)

박시백 유치하지만 권력을 유지하는 방법으로 치면 아주 노련한 거죠.(웃음)

김학원 이렇게 선위파동까지 하면서 광해군을 견제했어요. 그런데 사실
세자나 이순신과 의병장, 또 큰 틀에서 보면 임진왜란에 대한 선조
의 태도가 일관성이 있어요. 못되기는 했지만요.(웃음)

박시백 다른 사람이 저평가되어야 자기가 산다는 거죠.(웃음)

유성룡의 자기변명

김학원 임진왜란 당시의 당쟁은 북인 중심의 범 동인 세력이 주도한 건가요?

신병주 동서 분당 이후 정여립 역모사건과 정철의 처벌을 계기로 동인이
남인과 북인으로 나뉘죠. 그러다가 남인의 수장 유성룡이 일본과
의 화의를 도모했다는 이유로 전란 말기에 실각하면서 드디어 북인
이 권력을 잡아요. 그러나 선조 말기에 북인이 다시 분열합니다. 남
인은 퇴계 학파, 서인은 율곡 학파, 이렇게 학맥이 단일했지만, 북인
은 남명 학파와 화담 학파 등 여러 학파가 섞여 있어서 결집력이 약
했어요. 결국 선조 후반에 계비 인목왕후에게서 영창대군이 태어난
것을 계기로 유영경을 수장으로 하는 소북과 정인홍*을 수장으로
하는 대북으로 갈라집니다.

• 정인홍鄭仁弘(1535~1623) 조식의 수제자로 학통을 이었다. 동서 분당 이후 동인 편에 섰고 정철
의 처벌을 둘러싸고 남인과 대립하면서 북인의 영수가 되었다. 북인이 다시 소북파와 대북파로 나뉘
자 대북을 이끌면서 광해군을 지지했다. 1611년 〈회퇴변척소〉를 올렸다가 《청금록》에서 삭제되기도
했다. 이이첨과 함께 계축옥사를 일으켜 영창대군 세력을 몰아냈으며, 인조반정으로 서인이 집권하
자 처형되었다.

남경태 　기본적으로 대북을 광해군을 지지하는 세력으로 보면 되는 거죠.

김학원 　이쯤에서 우리가 짚고 넘어가야 할 인물이 유성룡인데, 실제로 그렇게 당쟁의 한복판에 선 인물은 아니라면서요?

박시백 　유성룡은 김성일과 함께 남인의 수장이었어요. 하지만 남인은 현종시대에 예송논쟁 과정에서 서인과 싸우면서 본격적으로 당파의 모습을 갖추기 시작하지, 이때만 해도 가장 비당파적인 그룹이었어요.

남경태 　북인이 강경파로 나서니까 남인은 색깔이 모호할 수 있었겠죠.

박시백 　애당초 퇴계 학파와 남명 학파가 서로를 폄하해온 데다 유성룡이 같은 동인이면서도 한목소리를 내지 않고 서인인 정철하고도 친하게 지내는 등 모호한 태도를 보이니까 북인이 남인을 공격했고, 이에 따라 남인도 자기 정체성을 분명히 하게 된 것 같아요.

김학원 　1598년(선조 31)에 선조가 유성룡을 명나라에 사신으로 파견하려 하는데요.

박시백 　전쟁이 끝나기 직전, 조선을 다녀간 명나라 사신이 자기네 조정에 조선을 모함하는 글을 올립니다. '조선은 왜를 불러들여 고구려의 옛 땅을 회복하려 한 것이다. 조선은 일본 연호를 앞에 쓰고 중국 연호는 뒤에 조그맣게 쓰곤 했다' 이런 식으로요. 이 문제를 해결하기 위해 선조가 유성룡을 명나라에 보내려 하는데, 유성룡이 늙고 병들었다며 사양을 했죠. 결국 그걸 빌미로 북인의 공격을 받고 낙향을 합니다.

김학원 　유성룡이 낙향해서《징비록》을 쓰죠. 이 책을 보면, 문신이라는 한계 때문인지 유성룡이 무신을 폄하하는 대목이 좀 있어요.

박시백 　신립을 폄하한 것은 유성룡이 자기변명이라고 봅니다. 전쟁이 일어나자마자 선조는 유성룡에게 가장 많은 책임을 물으면서 발끈

영의정, 도체찰사로 전쟁 기간 내내
막중한 역할을 담당했다.

다만《실록》을 보면 다소 황당한 의견을 내는 모습들이
더러 보인다.

권율은
겁쟁이
같습니다.

겁쟁이가
어떻게
행주대첩을
이끌었겠소?

그야
후퇴할 길이 없어
부득이 죽기 살기로
싸우다 보니
그리 된 것입니다.
선조 28. 1. 22.

(2차 진주성 싸움은)
호령이 통일되지 않아
패망한 것입니다.

무슨 소리요? 진주성이
함락된 것은 형세상
필연이었소.

김천일의 군대는 모두
시정배들… 김천일은
오활하고 용종했습니다.
선조 27. 3. 20.

합니다. 물론 당시 영의정은 이산해였고 유성룡은 좌의정이었지
만 동인 정권을 실질적으로 이끈 사람은 유성룡이었거든요. 그런
데《징비록》을 보면, 유성룡이 신립에게 "왜군들은 조총을 갖고 있
다고 하는데……" 하며 우려의 말을 하니까, 신립이 "조총이라고
매번 맞겠습니까?" 하면서 별거 아닌 것처럼 말했다는 대목이 나
와요. 면피성 발언이죠. 유성룡 본인이 책임져야 하는 부분을 일개
장수에게 슬쩍 떠넘긴 거라고 봅니다.

남경태   자기방어를 하려 한 거군요.

박시백   실록을 보면 유성룡이 간혹 황당한 발언들을 합니다. 저는 중요한 고비마다 조신들의 리더로서 가져야 할 태도라는 게 있다고 보는데, 빼어난 능력에 비해서 그런 태도가 부족했다고 생각해요. 그래서 참 아쉽습니다.

남경태   관료적인 태도에서 벗어나지 못했네요. 영웅은 아닌 거죠.

신병주   아무래도 오랫동안 문치주의가 지속되면서 '문존무비'의 사고가 팽배해 있었겠죠. 그러니까 무신 폄하는 유성룡만이 아니라 그 당시 문신들의 일반적인 인식이었을 거예요.

대동법 실시와 탕평 인사 – 주목할 만한 집권 초기

김학원   광해군이 즉위하면서 정말 엄청난 일들이 닥쳤어요. 전후 복구와 재건이 사실 쉬운 일이 아니잖아요. 광해군이 즉위와 함께 시행한 일들을 한번 정리해볼까요? 일차적으로 '전쟁 이전으로의 복귀', 이게 기본적인 슬로건이었나요?

신병주   전쟁으로 토지가 황폐해지고 기근이 만연했어요. 인육을 먹는다는 이야기가 나돌 정도로 윤리의식도 바닥이었죠. 그래서 토지조사로 세제를 개혁하고 유교 윤리 강화로 사회질서를 바로잡아야 했죠. 아울러 허준의《동의보감》편찬에서 드러나듯이 백성에게 의료 혜택을 주는 것도 광해군에게 요구된 시대적 과제였죠.

남경태   당시 집권자로서의 광해군을 상상해보면, 물론 전란으로 피폐해진 나라를 복구한다는 게 굉장히 힘들었겠지만, 어떤 면에서는 빈 도화지를 얻은 거예요. 그림을 처음부터 다시 그려볼 의욕을 가질 만한 기회이기도 했어요.

박시백 　그래서 제가 실망한 거예요.(웃음)

김학원 　박 화백님께서는 광해군의 내치에 대해서는 불만족스러운 입장이고, 외교 부분에서는 긍정적으로 보고 있죠. 지금 학계에서도 평가가 상당히 엇갈리고 있습니다.

남경태 　그래도 한국사 시험에 반드시 나오는 대동법이 광해군 때 시행되죠? 즉위년(1608)에 선혜청을 설치해서 대동법을 실시합니다. 내치의 한 업적으로 볼 수 있죠.

신병주 　조선시대에는 지방 특산물을 세금으로 납부하는 공납이라는 제도가 있었어요. 그런데 지방의 사정과는 무관하게 엉뚱한 물품이 할당되곤 했기 때문에 중간 상인들을 통해서 대납을 하곤 했죠. 그러다 보니 원래 가격의 두 배, 세 배, 심하면 열 배의 값을 치러야 했어요. 그래서 특산물 대신 쌀로 납부하게 하고, 그 쌀로 정부가 공인이라는 어용상인을 통해 특산물을 따로 구입하는 방식을 떠올린 거죠. 대동법을 통해 이루어진 또 하나의 중요한 변화는 세금 부과 단위의 변화예요. 이전에는 정부가 고을 단위로 품목과 수량을 부과하면 지방 관청에서 이를 다시 호 단위로 부과했어요. 지금으로 치면 100평 아파트에 사는 사람이나 판잣집에 사는 사람이나 세금을 똑같이 냈다는 거죠. 그런데 대동법은 토지 결수를 기준으로 하다 보니까 지주들의 부담이 커지는 거예요. 그래서 지주들의 반발 때문에 시행에 난항을 겪습니다.

김학원 　우선 경기도에서 시범적으로 실시하죠?

박시백 　네. 그리고 강원도로 확대하자는 의견도 있었지만 광해군시대에는 경기도로 한정돼죠. 조선 전체로 확대 실시된 건 숙종 후반 때입니다.

김학원   대동법과 아울러서 집권 초기의 탕평 인사도 좀 주목할 만합니다. 광해군은 즉위한 그달에 파벌을 넘어서 인재를 등용하겠다는 비망기를 내려요. 그리고 집권 3년 만에 이원익, 이덕형, 이항복을 삼정승에 제수하는데, 나름 의미 있는 인사였어요.

신병주   이원익은 선조 후반부터 인조 때까지 활약하는데, 대표적인 무당파 관료였어요. 굳이 당색을 따진다면 이원익과 이덕형은 남인, 이항복은 서인계로 볼 수 있는 정도죠. 특히 이덕형은 장인이 북인의 영수 이산해였는데도 북인의 색채를 띠지 않았어요. 요즘 표현으로 하면 무당파 현실주의자들이죠. 물론 광해군이 후반에 가서는 이이첨이나 정인홍 같은 당파적 색채가 짙은 사람을 쓰지만, 초반에는 이런 무당파 현실주의자들을 요직에 기용해서 국정을 운영했어요.

말도 많고 탈도 많았던 문묘 종사

김학원   광해군 초기에 오현의 문묘 종사를 추진하잖아요? 그 배경이나 의미에 대해 얘기해주세요.

박시백   오현 종사는 사대부들의 숙원사업이었어요. 선조 초기부터 끊임없이 요구해왔어요.

신병주   조선시대 성리학의 계보를 쭉 정리하자는 거죠.

박시백   중종 때는 정몽주만 문묘에 종사되었죠. 이후 선조 초에 기대승이 김굉필, 정여창, 조광조, 이언적까지 네 사람의 문묘 종사를 청합니다. 그런데 얼마 안 가 이황이 세상을 떠나면서 자연스럽게 이황을 넣어 오현 종사로 논의가 확대됩니다. 다섯 명은 과하다며 못

마땅해한 선조와 달리, 광해군은 즉위하자마자 굉장히 우호적으로 받아들입니다.

신병주   결국 즉위 2년 만인 1610년 오현의 문묘 종사를 전격 수용합니다. 문묘는 성균관에 있는 공자의 사당이에요. 여기에 합사되어 유학의 종주인 공자와 함께 제사를 받는 영광을 누리게 됩니다.

남경태   후학들에게도 엄청난 영광인 거죠.

신병주   그렇죠. 그런데 이 오현의 구성인자에 대해서 정인홍이 문제를 제기합니다. 이언적은 물론이고 이황도 인정할 수 없다는 거죠.

남경태   남명의 제자인 정인홍은 조식도 올려야 한다고 생각하지 않았을까요?

신병주   물론 정인홍은 스승인 조식을 올리고 싶었겠죠. 그런데 선조도 언급했다시피 오현도 과하다는 상황에서 숫자를 더 늘릴 수는 없잖아요? 그래서 누군가를 끌어내려야 한다고 생각하다가 타깃으로 삼은 인물이 스승의 라이벌인 이황이에요. 그리고 이언적은 이황보다 문제가 더 많다고 생각했어요. 을사사화 당시의 처신을 문제 삼은 거죠.

김학원 정인홍의 심정은 충분히 이해가 가요.

박시백 서인하고 손잡고 조식에다 이이까지 넣어서 '칠현'으로 했으면 그 냥 넘어가는 건데요.(웃음)

신병주 정인홍은 이황은 물론 이황의 스승 격인 이언적까지 출향하자면서 〈회퇴변척소〉를 올립니다. 이언적의 호가 '회재', 이황의 호가 '퇴계'인데, 이 둘을 배척하는 상소라고 해서 〈회퇴변척소〉라고 합니다. 그런데 이때 대부분의 사림이 정인홍을 비난합니다. 당시 이황은 정파를 막론하고 사림 세계에서 굉장히 추앙을 받는 인물이었거든요.

남경태 이미 문묘 종사가 마무리된 상황에서 문제를 제기한 것도 문제였어요.

신병주 특히 성균관 유생들이 정인홍 탄핵에 앞장섭니다. 유생의 명단인 《청금록》에서 정인홍의 이름을 삭제해버리기까지 했어요.

왕실의 권위와 성리학적 질서를 다시 세우다

김학원 대동법 실시, 탕평 인사, 오현의 문묘 종사 등과 아울러 광해군 초기에는 편찬사업에도 힘을 기울였어요.

신병주 새로운 책을 편찬했다기보다는 임진왜란 때 소실된 책들을 다시

간행한 거죠.

박시백 《내훈》,《삼강행실도》 등을 인쇄해 보급했고,《고려사》,《국조보감》 등을 복간했어요.

김학원 《동의보감》도 1613년(광해군 5)에 간행되었습니다.

박시백 《용비어천가》,《내훈》,《삼강행실도》 같은 서적의 간행은 무너진 왕실의 권위와 성리학적 질서를 다시 세우는 의미였어요.

신병주 《화기도감의궤》*도 주목할 만해요. 무기 개발에 관한 제반 과정을 기록한 의궤인데, 광해군이 국방에 대해서 확실히 남다른 인식이 있었다는 증거예요.

김학원 분조 활동을 하면서 겪은 경험과 문제의식이 작용했을 거예요.

박시백 나라다운 나라를 세워야 한다는 마인드는 분명히 있었어요.

김학원 개인적으로 저는 광해군 초기의 안정적 개혁이나 여러 시도에 대해서 긍정적으로 평가합니다. 그런데 의문이 하나 있어요. 광해군이 전란 중에 분조 활동을 하면서 다양한 장수들과 연계를 했잖아요? 그렇다면 의병장을 비롯한 전쟁 영웅들에 대해 선조와 달리 뭔가 조치를 취했어야 하지 않나요?

박시백 별다른 조치를 하지 않았죠. 전쟁이 끝나고 이미 10년이란 세월이 흐른 데다 즉위하기까지 자기를 위협한 세력이 계속 존재하는 상황이었고, 그 10년이 너무 고달팠던 거죠. 당연히 김 대표님 말씀대로 해야 옳지만, 광해군으로서는 자신을 돌보기도 버거웠어요.

신병주 그리고 아버지가 해놓은 조처를 바꾸는 것이 쉽지 않았을 거예요. 오히려 광해군은 선조의 묘호까지 높여주죠. 원래는 '선종'이었는

● 《화기도감의궤火器都監儀軌》 화기도감에서 화기를 만들 때 설치한 기구, 인력과 물자, 작업공정 등을 총정리하여 만든 의궤로, 1614~1615년의 작업 내용이 이 책에 전해진다.

데 광해군이 '우리 아버지께서 국난을 극복하고 국가 재건에 큰 공을 세웠다'며 '선조'로 바꿨어요.

김학원 광해군이 즉위했을 때가 서른네 살인데, 박 화백님은 창업자 태조에 견줄 만큼 전국 곳곳을 누볐고 문종에 견줄 만큼 실무 경험이 풍부한 새 임금이었다고 평가했어요.

박시백 대부분의 왕은 그야말로 구중궁궐에서 왕세자 수업을 받으며 생활하다가 즉위한 반면, 광해군은 임진왜란을 만나 분조를 이끌면서 북쪽의 평안도, 황해도 일대를 돌아다녔고, 정유재란 때는 남쪽 섬들까지 두루 돌아다니며 백성을 만나고 군국에 관한 실무 경험을 쌓았어요.

남경태 조선 왕들이 국토를 순시하는 일은 없었나요?

박시백 능행을 하거나 몸이 안 좋을 때 온천에 갔다 오는 정도였죠.

남경태 왕위에 오르면 전국을 한 번씩 시찰하는 과정이 있어야 할 것 같은데, 조선시대에는 그런 걸 안 했군요.

박시백 그게 백성에겐 굉장한 고통이거든요. 미리 길을 닦아놓아야죠, 먹을 거 준비해놓아야죠, 군사도 최소 5,000명 이상 동원해야죠. 이런 이유로 신하들이 행차를 싫어했어요.

존재 자체만으로도 부담스러웠던 형, 임해군

김학원 광해군이 즉위하면서 신하들 간에 권력 다툼이 벌어집니다. 대북의 공세가 시작되는 거죠. 소북의 리더 유영경이 가장 먼저 탄핵의 도마 위에 오릅니다.

박시백 유영경은 선조가 세자를 싫어한다는 걸 눈치채고 영창대군으로 세자를 교체하는 데 올인한 사람이에요.

남경태   광해군이 집권하면 잘못될 수 있다는 것을 알면서도 승부수를 던진 거네요.

박시백   굉장히 용감한 사람이죠.(웃음)

신병주   선조가 그렇게 빨리 죽을 줄 알았으면 올인하지 않았겠죠.(웃음) 1602년(선조 35)에 선조가 인목왕후를 계비로 맞이하는데, 그때 선조의 나이가 쉰하나, 신부가 열아홉이에요. 그 사이에서 태어난 아이가 영창대군이죠. 영창대군이 1606년생이니까 선조가 죽을 때 세 살이었어요. 선조가 한 5년만 더 살았어도 영창대군을 세자로 삼았을지 몰라요.

남경태   어쨌든 광해군이 세자로 있었잖아요? 그걸 뒤집기는 어렵죠.

신병주   선조가 죽기 전에 아예 유명을 내려서 광해군을 왕위에 오르게 했고, 유영경은 광해군 즉위 후에 바로 탄핵되죠. 이후 유배를 갔다가 거기서 최후를 마칩니다.

김학원   이때 한심스러운 것 중 하나가 소북들도 유영경 탄핵에 합세해서 자기네들은 아주 맑은 소북, 즉 '청淸'소북이고 유영경은 탁한 소북, 즉 '탁濁'소북이라며 자신들의 변신을 합리화했다는 겁니다.

신병주   북인은 정말 분열을 많이 했어요. 대북과 소북으로 분열했는데, 소북은 청소북과 탁소북으로, 대북은 골북, 육북, 중북으로 더 쪼개집니다.

김학원   한편 대간들이 나서서 임해군을 역모로 몰아가는데요.

신병주   임해군이 역모사건의 중심인물이 될 수밖에 없었던 것은 살아 있는 왕의 형이었기 때문이에요. 존재 자체가 정치적으로 부담스러웠죠. 그런데 임해군이 사사死士, 즉 죽기를 각오한 무사들을 양성하는 등 단순한 일탈을 넘어선 행동을 하니까 결국 역모라는 그물

역모 고변을 들었을 때 왕은 이렇게 대답했다.

> 내 형이 그럴 리가 있겠느냐?

그러나 이후의 진행과정을 보면 왕의 본심은 이랬던 듯하다.

> 내 형이라면 그랬을지도… 아니, 틀림없이 그랬을 거야.

에 걸려든 거죠.

박시백   임해군이 말썽을 부린 건 나름대로 처세일 수 있어요. 하지만 그런 마음이 광해군에게 제대로 전달이 안 된 셈이죠.

김학원   광해군은 임해군이 역모를 꾸밀 가능성이 있다고 생각한 것 아닐까요?

박시백   그것보다는 집권 전에 위험한 상황에 오래 노출되어 있었기 때문에, 그런 경험에서 생긴 피해의식의 소산이 아닌가 싶어요.

김학원   특히 당시 명나라는 광해군을 왕으로 인정하려 들지 않았어요. 왜 그런 거죠?

박시백   당시 명나라 황제 만력제가 장자를 낳은 후궁보다 셋째 아들을 낳은 후궁을 훨씬 총애했어요. 그래서 장자를 황태자로 삼으라는 신하들의 요청이 이어지는데도 황태자 책봉을 10년 넘게 늦추고 있었죠.

김학원   만력제의 상황이 선조와 많이 닮았네요.(웃음)

박시백   명나라 신하들은 둘째 아들 광해군을 왕으로 인정하면, 자기네 황제도 이걸 핑계 삼아 셋째 아들을 황태자로 삼을 거라 생각하고 광해군의 책봉을 강경하게 반대한 거예요.

김학원   그래서 실제로 명나라 사신이 조선에 와서 임해군을 면담까지 했잖아요?

신병주   그렇죠. 그러니 광해군 입장에서는 임해군이 존재 자체만으로도 굉장히 부담스러웠을 거예요. 그래서 결국 임해군을 제거하는 길을 선택한 것 같아요.

봉산옥사: '광해군식 옥사'의 시작

김학원   이후에 봉산옥사(1612), 계축옥사(1613) 등 연이어 옥사가 벌어집니다.

박시백   봉산옥사는 그야말로 '광해군식 옥사'라고 할 수 있어요. 광해군은 정말 터무니없는 고변을 고문을 통해 사실로 만들어버리거든요. 여기서 광해군의 캐릭터가 잘 드러난다고 생각해요. 봉산옥사는 김제세라는 인물이 군역에서 빠지려고 자신이 前 훈도였다는 내용의 엉터리 문서를 만들면서 시작되었어요. 이때 시골에서는 훈도, 즉 훈장 정도의 경력만 있으면 군역에서 합법적으로 빠질 수가 있었거든요.

김학원	공문서를 위조한 거죠.
박시백	그런데 이 문서를 본 봉산 군수 신율이 딱 취조를 하려는데, 김제세가 지레 겁을 먹고 이상한 이야기를 털어놓기 시작한 거예요.
김학원	자기와 동생이 반역에 가담하고 있다고 말하죠.
박시백	그래서 동생과 관련자들을 데려다 조사하면서 사건이 막 커졌어요. 사실 누가 봐도 옥사로 이어질 만한 일이 아니었어요. 도무지 앞뒤가 맞지 않았거든요. 그런데 광해군이 추국청을 설치해서 본격적인 옥사로 만들어버립니다.
남경태	이건 그냥 왕이 만든 사건이라는 생각이 들 정도예요.
김학원	거기에 신율이 나서서 사건을 키우죠. 자기 친구 유팽석에게 출셋길을 열어주겠다고 속여서 추국장에 나가 다른 사람들의 이름을 불게 하잖아요.
박시백	신율은 하수예요. 정인홍, 유영경의 자제 등 서로 완전히 적대적인 세력을 하나로 묶었거든요. 그런데 놀랍게도 광해군은 자기가 신뢰하는 정인홍만 빼고 나머지를 다 심문하라고 합니다. 결국 7개월 동안 340여 명이 체포되고 100여 집안이 파멸에 이르죠.
김학원	광해군의 의중을 누구보다도 발 빠르게 간파한 사람이 바로 이이첨이에요. 광해군시대의 옥사들을 보면, 이이첨이 공안정국을 주도하면서 계속 개입하더라고요.
신병주	이이첨은 광주 이씨로, 무오사화의 주모자로 불리는 이극돈의 5대손이에요. 광주 이씨가 최고의 명문가인데 이극돈 이후에 조금 주춤했어요. 그러다가 이이첨이 임진왜란 때 광릉 참봉으로 있으면서 세조의 영정을 잘 지켜 주목을 받았고, 이후 문과에 급제해서 서서히 출셋길을 걸었어요. 이이첨은 정치 감각이 뛰어난 사람이었어요. 하지만 독학을 했기 때문에 후견인이 되어줄 만한 학문적

인 스승이 없었죠. 그래서 당시의 실세인 정인홍을 찾아가서 제자가 되고 싶다고 합니다. 정인홍 입장에서도 자신은 주로 지방인 합천에서 활동을 하고 있으니, 중앙에 인물을 하나 심어놓는 것도 나쁘지 않겠다고 여겼겠죠.

김학원　이이첨이 정인홍의 원칙적이고 강경한 면을 활용하죠.

박시백　정인홍의 이름으로 상소를 올려놓고, 나중에 정인홍에게 그 사실을 알리기도 하죠.

김학원　이이첨은 윤원형 같은 캐릭터예요.

박시백　봉산옥사로 광해군의 확실한 의중이 조정에 알려지고, 이이첨이 자기 위치를 확고히 다집니다. 그러면서 광해군 초기 조정의 실세인 유희분, 박승종과 함께 실세 '3창'*으로 불리게 됩니다.

남경태　이듬해에 공신으로까지 책봉되지 않습니까?

신병주　네. 그리고 그 전에 광해군이 어머니인 공빈 김씨를 '공성왕후'로 추존할 때(1610)도 이이첨이 활약했죠. 광해군이 자신의 정통성 확보에 신경을 많이 썼는데, 이이첨이 광해군의 가려운 부분을 확실하게 긁어준 거죠.

남경태　그럼 봉산옥사도 굳이 해석하자면 광해군 나름대로의 왕권을 강화하려는 노력이었다고 할 수 있겠네요. 그런데 옥사가 이것만으로 끝나지 않아요.

신병주　계축옥사로 이어지죠.

- **3창** 이이첨, 유희분, 박승종이 부원군이라는 직함을 갖는데, 각각 광창부원군, 문창부원군, 밀창부원군이라서 '3창'이라 불렸다.

'폐모살제' – 반정의 씨앗을 심다

김학원 봉산옥사 이듬해인 1613년(광해군 5)에 조령 길목에서 괴한들이 상인을 죽이고 은자 수백 냥을 터는 강도사건이 벌어집니다.

신병주 강도들을 체포해보니까 주동자가 박응서, 서양갑 등 명문가의 서얼들이었습니다. 모두 일곱 명이었죠. 그래서 이 사건으로 시작된 옥사를 '칠서지옥'이라고 합니다.

김학원 《홍길동전》의 저자 허균이 이 사람들과 가까웠다고 하죠?

박시백 특히 주동자 급인 서양갑과 가까웠다고 합니다.

신병주 이들은 여주의 강변에 집을 짓고 공동생활을 했는데, 서얼이라는 신분의 벽에 가로막혀 출세는 꿈도 꿀 수 없었고, 다른 뭔가를 도모하려 해도 돈이 없는 거예요. 그래서 강도짓을 한 거죠.

남경태 그러니까 강도짓을 한 것까지는 사실이네요?

박시백 네. 그런데 그것이 역모사건으로 확대되었을 가능성이 큽니다. 사관들은 이이첨을 그 주인공으로 지목했죠. 실록에 보면 이이첨이 사람을 보내서 박응서를 설득하는 장면이 나와요. 이이첨이 개입해서 없는 사건을 있는 것인 양 키웠을 가능성이 있습니다.

남경태 이이첨 공작의 전형적인 특징이죠.

박시백 박응서를 취조하는 과정에서 놀라운 진술이 나오는데, 강도짓으로 자금을 마련해서 집정자에게 뇌물을 주고 무신들을 끌어들여 영창대군을 옹립하려 했다는 거예요. 이 부분이 이이첨이 강요했거나 조작했을 가능성이 있는 거죠. 그리고 뒤이어 끌려온 서양갑이 박응서가 언급한 집정자가 바로 영창대군의 외조부 김제남이라고 한 거예요. 결국 김제남이 처형당하고, 영창대군에게도 화가 미치죠.

남경태 영창대군까지 연루되어 있었는지는 확실치 않죠?

박시백   영창대군은 당시 여덟 살이니 아직 어린아이였어요. 김제남이 실제 이런 일을 도모했는지도 알 수 없고요.

김학원   김제남과 서얼들 사이에 연결고리가 있었는지 알 수 없는 거죠.

박시백   다만 영창대군의 안위를 당부하는 선조의 고명을 받은 고명대신 중 한 사람이 공을 세워 화를 피하자는 생각에 이렇게 진술합니다. "대군가의 사람들은 선왕(선조)께서 병환에 시달린 이유를 의인왕후께 돌렸습니다. 그래서 요망한 무당들을 유릉(의인왕후 능)에 데리고 가서 저주를 하였다고 합니다."

김학원   의인왕후면, 선조의 정비죠? 슬하에 자식이 없었던…….

박시백   맞아요. 그런데 이 진술에 대해 사관은 그런 일은 없었고, 대군가의 사람들이 광해군의 생모 공빈 김씨의 무덤에 가서 저주 행위를 하려다가 실패한 적은 있다고 서술해요. 선조의 병치레를 공빈 김씨의 탓으로 돌렸다는 얘기죠. 그런 걸로 봐서는 아마 역모까지는 아니어도 그런 움직임이 실제 있었을 가능성이 커요. 이로써 옥사를 영창대군의 외조부 김제남을 넘어 어머니 소성대비(인목왕후)로 확대할 수 있게 되었죠.

김학원   이것이 소성대비 폐모 움직임으로 이어집니다. 폐모론은 이이첨이 승부수를 던진 것 아닙니까?

박시백   이이첨이 왕의 의중을 읽고 한 행동이죠. 저는 광해군이 실제로 소성대비도 어떤 경로를 통해서건 사라져주기를 바란 게 아닌가 싶어요. 세자 시절부터 가장 두려운 존재였으니까요. 나중에 인조반정의 가장 큰 슬로건이 '폐모살제廢母殺弟에 대한 응징'인데 '살제'보다 더 큰 게 '폐모'잖아요? 동생을 죽이는 일은 간혹 있었지만 어머니를 폐한다는 것은 윤리상 용납될 수 없는 일이었죠.

남경태   생모는 아니지만 어머니는 어머니죠.

박시백   그래서 왕이 직접 폐모를 거론할 수 없으니 이이첨이 총대를 맨 거죠. 하지만 이게 녹록지 않았죠.

신병주   당시 이원익 등 원로대신들도 강하게 반대를 하고, 광해군도 자신은 그럴 생각이 없다는 식으로 계속 미적거려요. 하지만 결국에는 단행을 하죠.

김학원   먼저 이 사건으로 영창대군을 폐서인하고, 이듬해에는 아궁이에 불을 때서 죽이는 거죠?

신병주   증살이라고 하죠.

김학원   만화에 보면 영창대군이 죽었다는 소식을 들은 광해군의 표정이 이제까지 봐왔던 광해군의 표정과는 사뭇 달라요.(웃음)

신병주   말로는 비통하기 그지없다고 하지만요.

김학원 이이첨이 공안정국을 주도하며 확실하게 권력을 장악하죠. 이 무렵 폐모론을 제기하는 이이첨에게 강력한 원군이 등장합니다. 바로 허균인데요.

신병주 사람들이 허균을 문학가로만 기억해서인지 정치인 허균은 잘 모르는 것 같아요. 더구나 허균이 광해군 때 역모사건에 연루되어 처형당한 사실도 잘 모르죠. 허균은 당시 학계의 주류에서 좀 벗어나 있었고, 무척 특이한 인물이었어요. 간혹 홍길동이 서얼*이니까 허균도 서얼이 아닐까 생각하시는 분들도 있는 것 같은데, 허균은 명문가의 자손이죠. 아버지는 동인의 수장 허엽이고, 누이가 바로 조선의 뛰어난 여류 시인 허난설헌이에요. 허균 역시 문재가 탁월했죠. 붓만 들었다 하면 수천 마디의 말을 글로 써 내려갔다는 이야기가 있어요.

김학원 허균이 정도전을 상당히 높이 평가했다고 하는데, 그걸 보면 새로운 세상에 대한 갈구도 있었던 것 같아요.

신병주 한마디로 자유인이죠. 불교나 잡술에도 능했고, 명나라에 갔을 때에는 천주교 서적을 가져오기도 했어요. 그리고 황해 도사로 가면서 서울 기생을 데리고 간다거나 과거 심사를 하면서 친척들을 합격시킨다거나, 윤리적인 문제로 파직과 복직을 반복했어요.

김학원 그런 허균이 이이첨과 손을 잡습니다.

신병주 이이첨과 허균이 결탁을 하고, 폐모론을 주장할 때는 역할 분담을

● 서얼庶孼 '서자'와 '얼자'를 합한 말이다. 서자는 양반과 양인 이상의 첩 사이에서 태어난 아들을, 얼자는 양반과 천민의 첩 사이에서 태어난 아들을 지칭한다.

합니다. 그런데 이 무렵 폐모론에 반대하다가 유배형에 처해진 영의정 기자헌*의 아들 기준격이 허균의 역모 혐의를 고변하는 상소를 올리죠.

박시백 　폐모론을 주도하던 이이첨이 이 무렵부터 발을 빼기 시작했어요. 소성대비를 완전히 제거할 수는 없다는 걸 깨달았고, 왕의 진짜 의중도 그렇다는 걸 잘 알았던 거죠. 그런데 허균은 자신이 예전에 계축옥사 때 죽은 서양갑과 가깝게 지낸 일이 드러나서인지 이걸 만회하려고 더 강하게 나간 것 같아요. 실록의 내용을 다 믿기는 곤란하지만, 허균이 소성대비 제거에 대해 광해군의 허락을 받은 것은 분명해요. 무사와 승려까지 규합해서 대비를 처단할 계획을 세운 것 같은데, 문제는 허균의 행보를 주시하고 있던 유희분과 박승종이 허균이 역모를 꾀하고 있다고 밀계를 올리고, 이이첨도 같은 의견을 올렸다는 거예요.

김학원 　결정적인 순간에 이이첨이 발을 뺀 거네요?

신병주 　실록에 보면 "허균은 천지 사이의 한 괴물입니다." 이런 표현이 나와요. 역모로 처형된 사람들의 졸기를 많이 읽어봤지만 허균이 단연 최악인 것 같아요. 이런 사람의 시체는 찢어도 시원치 않다는 악평이 실록에 실려 있습니다.

박시백 　어쨌든 허균의 본심은 아무도 모르는 건데, 역모를 꾀한 것으로 밀어붙인 거예요. 게다가 이이첨이 나서서 오히려 허균의 빠른 처형

● 　기자헌奇自獻(1562~1624) 정여립 역모사건에 연루되어 죽은 최영경의 신원을 주장하고 당시 옥사를 다스린 서인을 탄핵했다. 평소 불교에 심취해 허균과 교유했고 아들 기준격을 허균 밑에서 공부하게 했을 만큼 논독한 사이였다. 그러나 허균의 폐모론에 반대하여 탄핵을 받았다가 얼마 후 풀려났다. 인조반정 이후 이괄의 난이 일어나자 관련자라고 하여 아들 기준격과 함께 처형되었다.

그는 과연 역모를 꾀했을까?

이단적 사상의 보유자인 데다

수단, 방법을 가리지 않는 행동주의자인 결코 범선

사실인 듯한데 마지막의 정규가 영 걸린단 말야.

역모를 꾀했다면 어떤 성격의 역모였을까?

적어도 이 시대의 다른 역모들과는 달랐을 거야. 그의 성향으로 보건대 신분질서를 타파하는 혁명을 꿈꾸었을지도.

《홍길동전》을 그가 지은 게 맞다면 그 정도는 아니지 싶은데. 서자에 대한 문제의식은 있지만 신분제 자체에 대해선 별다른 인식도 대안도 보이지 않잖아.

진술도 받지 않은 채 죽여버려서 진실에 접근하기가 어렵기만 하다.

을 주장합니다. 허균은 한마디 변명할 기회조차 얻지 못하고 죽잖아요? 그런데 이 과정이 이이첨에 대한 광해군의 시각이 완전히 바뀌는 계기가 됩니다. 광해군이 허균의 말을 들어보고 싶은데 이이첨을 위시한 신하들이 국문할 기회조차 주지 않는 거예요. 그걸 보면서 이이첨이 자기 말이 안 먹힐 정도로 너무 커버렸다는 생각을 하게 되죠.

김학원 허균의 역모가 사실일까 여전히 궁금해요.

남경태 허균 본인은 죽을 때까지 인정하지 않았죠.

김학원 이이첨과 주변 인물들이 발을 뺀 걸 보면 뭔가 있었던 건 분명한데, 허균의 입장에서는 사실 역모보다는 폐모를 통해서 자신의 위기를 돌파하려고 한 것 같아요.

박시백 출발은 그런 것 같아요. 그런데 허균의 진술 중에 함께한 이들에게 한 말이 있어요. "이 일이 성공하면 왕이 너희를 공신으로 책봉해줄 거고, 성공하지 못해도 내가 거사를 할 테니까 우리가 공신이 될 거 아니냐." 이게 결정적인 빌미가 되어 죽음에 이르렀어요. 하지만 허균이 정말로 그런 생각을 했는지는 우리가 알 수 없는 거죠.

"오직 패하지 않을 방도를 강구하라"

김학원 이제 광해군의 중립외교에 대한 이야기를 한번 해보죠.

남경태 임진왜란 발발 전부터 명나라는 정치의 부패와 황제의 무능으로 거의 말기적 증상을 보이고 있었습니다. 여진이 명나라의 이런 국내 상황을 틈타 부족 통일에 성공하죠. 1616년 누르하치는 만주에서 후금을 세우고 중원을 노리기 시작합니다.

김학원 그렇죠. 이런 새로운 동북아 정세를 냉철하게 인식한 광해군과 기존 입장을 견지한 조정 신하들이 대척점에 서는 거죠. 1618년 후금이 드디어 명나라의 동쪽 국경지대를 공격합니다.

신병주 명나라는 압박해 들어오는 후금을 아예 정벌할 것이라며 조선에 파병을 요청하죠.

박시백 명나라로서는 당연한 거예요. 임진왜란 때 진 빚 갚으라는 거죠.

신병주 비변사는 빨리 군사를 모아 명나라의 요청에 응하자고 했죠. 그런데 광해군은 명나라의 후금 정벌이 쉽지 않을 뿐 아니라 지금 조선이 국력이나 병력 면에서 명나라를 도울 형편이 못 된다는 이유를 내세우며 반대합니다. 하지만 명나라의 압박이 대단히 강했고, 신하들도 광해군을 강하게 압박했어요. 그래서 광해군이 나름대로 수를 쓴 것이, 이듬해 초에 정병 1만 3,000명을 파병하면서 강홍립[●]에게 대충 싸우라고 한 거죠.(웃음)

박시백 광해군이 강홍립에게 "오직 패하지 않을 방도를 강구하는 데 힘쓰라."고 당부했죠.

남경태 명나라는 지는 해고, 후금은 뜨는 해라는 걸 광해군은 분명히 인식하고 있었다는 거죠?

박시백 그렇죠. 임진왜란 당시 누르하치가 조선에 군사 2만 명을 파병해주겠다고 몇 차례 제안을 해온 적이 있어요. 물론 당시 조선이 거부하긴 했지만, 이를 통해 광해군이 국제정세의 흐름을 읽었을 테고, 또 신하들이라고 몰랐겠습니까? 다 알았지만 자신의 이데올로기에서 벗어나지 못한 거죠.

김학원 1619년(광해군 11) 광해군의 예상대로 조명 연합군이 심하 전투에서 패하고 강홍립은 후금에 투항합니다.

남경태 광해군이 강홍립에게 밀지를 내린 사실을 광해군 외에는 아무도

● **강홍립姜弘立**(1560~1627) 1597년 문과에 급제했고, 1608년 이덕형의 서장관이 되어 명나라에 다녀왔다. 명나라가 조선에 군사를 요청하자 5도도원수가 되어 참전했다가 후금에 투항했다. 이후 후금에 억류되어 있으면서도 변발을 거부하고 광해군에게 여러 차례 비밀 장계를 올려 후금의 정황을 알리기도 했다. 정묘호란 때 후금 사신과 함께 돌아와 강화를 도왔고 그 공으로 영구 귀국했다.

몰랐나요?

박시백 　광해군과 강홍립 둘만 알았죠.

김학원 　그걸 조정 신하들이 알았으면 난리가 났을 거예요.

박시백 　뒤이어 누르하치가 화친을 맺자고 연락을 해오죠. 당시에는 이이
　　　　첨이 앞장서서 후금 사신의 머리를 베고 누르하치의 서신을 불태
　　　　우자며 강경론을 주도합니다.

김학원 　광해군의 입장을 가장 잘 이해하고 그것을 통해 자신의 정치적 입
　　　　지를 강화해온 이이첨이 왜 외교문제에서만큼은 광해군의 현실적
　　　　인 판단을 무시하고 초강경 자세로 일관했을까요?

박시백 　자신도 사대부의 일원으로서 지성사대와 재조지은의 이데올로기
　　　　에서 벗어나기 어려웠을 거고, 또 폐모론을 제기하는 과정에서 사
　　　　대부들 사이에서 나쁜 놈으로 찍혔기 때문에 그때 구겨진 체면을
　　　　세워야 하는 사정도 있었을 것 같아요. 그런데 명나라 동북지방이
　　　　후금의 손에 들어가는 게 눈앞에 보일 무렵에도 신하들은 대의를
　　　　따지며 명나라를 좇습니다.

김학원 　1621년(광해군 13) 3월, 후금이 심양과 요양을 차례로 함락하면서
　　　　육로가 모두 후금의 손에 들어가죠.

남경태 　만주는 다 먹고 이제 중원만 남은 겁니다.

김학원 　조정 신하들이 현실을 무시하고 이렇게 광해군과 극한 대립을 했
　　　　다는 게 이해하기 힘드네요.

박시백 　광해군이 대단한 것은, 신하들이 그 정도까지 반대했으면 지겨워
　　　　서라도 '니들 마음대로 해라' 할 수도 있는데 중립외교 노선을 끝
　　　　까지 견지하잖아요. 참 대단한 것 같아요.

남경태 　그 당시에 중립외교라는 건 상상할 수 없는 방식 아닙니까? 지금
　　　　우리의 눈에는 당연해 보이지만, 당시 집권자로서는 그렇게 하기

모름지기
머국을 섬기는
일도 물론
해이해지면
안되겠지만

기세가 왕성한
이적들을 잘 미봉하는
것이 오늘날 국가를
보호할 수 있는
상책이오.

그런데도 이는
버려둔 채 강홍립
처자의 구금만을
논하고 있으니
웃음이 나옵니다.

가 굉장히 어려웠을 거예요.

박시백   예전에 고려가 한 것처럼 하면 나라를 보전할 수 있다는 것이 광
        해군의 생각이었죠. 고려시대에 거란과 여진이 강성했을 때 송나
        라와의 관계에 목매지 않고 등거리 전략으로 생존한 적이 있으니

까요.

김학원   게다가 임진왜란 당시 현장에서 직접 느낀 것도 있고요.

박시백   임진왜란이 지난 지 얼마 되지도 않은 상황인데, 신하들이 정말 한심하죠.

김학원   박 화백님이 당시의 광해군을 '바다에 외로이 떠 있는 섬 같은 존재'라고 보셨는데요.

박시백   여러 책에 광해군의 중립외교 노선이 곧 북인의 노선인 양 쓰여 있는데 그건 전혀 사실과 달라요.

남경태   왕 개인의 독자 노선이죠.

박시백   이이첨 같은 대북파도 유희분 같은 소북파도 왕의 외교정책에 반대했어요.

김학원   적극적이진 않았지만 박승종 정도가 유일하게 광해군의 입장에 동조해요.

박시백   동조까지는 아니고 이해한 정도예요.

김학원   그런 약간의 동조조차도 주변에서는 비난하는 형국이었죠.

신병주   조선의 이런 이데올로기는 시간이 갈수록 오히려 강화됩니다. 나중에 서인 정권이 수립된 뒤 송시열이 《강로전姜虜傳》이라는 책을 썼는데, 제목만 봐도 내용을 알겠지만 강홍립(姜)을 오랑캐(虜)라고 했어요. 그 당시 오랑캐라는 말은 최고의 치욕이거든요.

김학원   투항 후에도 강홍립은 광해군과 계속 정보를 주고받아요. 나중에 조선으로 돌아오잖아요?

남경태   변발도 안 하고 돌아오죠.

박시백   그동안 변발을 거부한 채 조선의 신하로 살았죠.

음양술에 빠져 무리하게 토목공사를 진행하다

김학원 　광해군이 주로 풍수가들하고 친하게 지냈죠?

박시백 　풍수가들뿐 아니라 점쟁이들과도 친했죠. 계축옥사 때 저주행위를 한 죄로 유배된 점쟁이한테까지 가서 점을 칠 정도였어요.

김학원 　인조반정 때 풍수가들과 점쟁이들이 대거 처형당하죠.

박시백 　1617년(광해군 9)에는 인빈 김씨의 아들 정원군의 집에 왕기가 서려 있다고 해서 그 일대에 궁궐을 지으라고 합니다. 선조 때 시작된 창덕궁 공사가 마무리되자마자 창경궁도 재건했고, 인왕산 아래에 인경궁도 새로 짓고 있던 마당에 다시 새로운 궁궐을 짓겠다는 거였죠. 이게 지금 우리가 경희궁이라고 부르는 경덕궁이에요. 그런데 정원군의 아들 능양군이 인조반정으로 왕이 되었으니 그 집에 왕기가 서려 있다는 말은 맞는 말이었던 거죠.(웃음) 세종 때 최양선이 세종의 수릉지를 '절사손장자'할 땅이라고 한 것과 이것, 이렇게 두 사례가 풍수가의 예언이 맞은 사례인 것 같아요.

남경태 　인경궁은 지금 남아 있습니까?

신병주 　없습니다. 1648년(인조 26) 홍제원에 청나라 사신의 숙소를 지을 때 인경궁의 목재와 돌을 활용했죠.

김학원 　궁궐 공사는 임진왜란으로 떨어진 왕실의 위상을 강화하려는 목적이 컸던 것 아닌가요?

박시백 　그렇죠. 하지만 임진왜란이 끝나고 국력 자체가 엄청나게 약해져 있는 상황에서 궁궐 공사를 필요 이상으로 진행했습니다. 이걸 좋게 볼 수는 없을 것 같아요. 실록에 재미있는 이야기가 있어요. 광해군이 경복궁에 들른 적이 있는데 신하들이 엄청 놀라서 술렁거렸다고 해요. 왕이 경복궁도 재건하자고 할까 걱정이 되어서였겠죠.(웃음)

김학원   자, 이제 인조반정(1623)으로 넘어가 볼까요? 인빈 김씨의 아들 정
         원군에게 아들이 셋이 있었는데, 큰아들 능양군이 반정을 결심한
         거죠.

신병주   중종은 반정 세력에 의해 막판에 추대된 케이스이지만, 능양군은
         자신이 처음부터 반정을 주도했어요. 능양군 본인이 나서서 무인
         이서와 신경진을 끌어들이는 한편, 광해군 정권에서 오랫동안 소
         외되어온 서인 세력과 손을 잡습니다. 특히 이항복의 문인인 김류
         와 최명길, 이이와 성혼의 문인인 이귀, 김자점, 이런 사람들과 손
         을 잡아서 반정에 성공하는 거죠. 개인적으로 동생 능창군이 신경
         희의 옥사*에 연루되어 죽은 데다 아버지 정원군마저 그 일로 상
         심해서 눈을 감자 반정을 결심했다는 이야기가 있죠.

남경태   그런데 저는 정말 황당한 게 동원한 군사가 몇백 명밖에 안 된다는
         거예요. 이 숫자로 중앙권력을 뒤집는다는 게 가능한 일인가요?

신병주   쿠데타에는 생각보다 많은 병력이 필요하지 않아요. 권력의 포스트
         를 얼마나 정확하게 잡고 왕을 어떤 식으로 쫓아내느냐가 중요하
         죠. 그리고 옥새만 손에 넣으면 나머지 군대도 움직일 수 있거든요.

김학원   인조반정 과정에서 상궁 김개시가 일정한 역할을 했는데, 신 교수
         님이 소개해주시죠.

신병주   드라마에 자주 등장하는 인물이죠. 김개시가 흥미로운 것이, 충분

● **신경희申景禧의 옥사** 1615년(광해군 7) 신경희 등 서인계 일부 인사가 역모를 꾀하여 능창군을
추대하려 했다는 혐의로 고발당한 사건이다. 주동자 신경희 등은 사형에 처해졌고, 능창군은 교동도
로 유배되었다가 죽었다.

히 후궁이 될 수 있었는데도 본인이 원해서 그냥 상궁으로 있었어요. 그래야 자유로이 움직일 수 있고, 권력의 실세들도 계속 만날 수 있으니까요.

박시백 　이이첨과는 추문이 돌 정도로 자주 만났다고 해요.

신병주 　이귀, 김자점 등이 역모를 꾀한다는 소문이 돌았는데, 김자점에게 뇌물을 받은 김개시가 '그럴 일 없다, 신경 쓰시지 마시라'고 하니까 광해군이 마음을 놓아버렸죠.

김학원 　결국 1623년 3월 12일 인조반정이 일어났고, 광해군은 사다리를 타고 후원 담장을 넘어서 안국신의 집에 피신했다가 잡힙니다. 그리고 1618년 이후 경운궁에 유폐되어 있었던 소성대비가 광해군을 폐위하죠.

신병주 　인생 역전이죠.(웃음)

김학원 　정말 소성대비의 입장에서는 이런 일이 있을 수 있을까 싶었을 거예요.

신병주 　능양군이 직접 경운궁에 와서 소성대비에게서 책명을 받습니다. 처음에는 소성대비가 광해군의 머리를 갖고 와야 책명을 내리겠다고 했는데, 신하들이 옛부터 왕을 내쫓기는 해도 죽이지는 않는다면서 대비를 달랬어요.

남경태 　아들이 증살이라는 끔찍한 죽임을 당했으니, 당연히 눈이 뒤집혔겠죠.

김학원 　반정에는 명분이 무엇보다 중요합니다. 광해군이 '폐모살제'한 것과 명나라와의 의리를 저버리고 오랑캐와 화친했다는 것 두 가지가 결정적이에요.

박시백 　무리한 궁궐 공사로 백성을 괴롭혔다는 것도 명분 중 하나였죠.

신병주 　왕이 되기 전에는 지지율이 90퍼센트였다가 쫓겨날 무렵에는 지

그러나 광해군은 오래 살았다.

역모 사건에 거론되기도 했고

폐주를 복위시키려 했었다.

뒷날 청나라의 침공 명분이 되기도 했다.

광해군의 원수를 갚겠노라!

그 때문에 유배지도 몇 번 바뀌었다. 마지막 유배지는 제주도.

유배 생활이 길어지자 노복들도 노골적으로 무시했다. 수용하기 어려운 수모와

영감! 잘 잤쑤과?

위리안치라는 속박된 환경에도 그는 꿈을 포기하지 않았다.

참나! 그만 꿈 깨슈. 응? 영감탱이!

이렇게 속으로 소리쳤음 직하다.

비웃는 것은 너희 자유다만 나는 포기하지 않는다.

살얼음판 위를 걷는 것 같던 세자 생활 16년을 발톱을 감추고 수모를 이겨내며 견뎌낸 나다.

그러나 컴백의 날은 끝내 찾아오지 않았다.

영감, 그만 일어나죽기. 영감?...!

지율이 10퍼센트도 안 된 케이스죠.

박시백　남이 죽는 것을 보고 재미있다고 말하는 게 좀 그렇지만, 이이첨이 죽으면서 한 멘트가 참 재미있어요. "나는 살아선 효자요, 죽어선 충신이다." 이러거든요.(웃음)

남경태　대단한 배짱입니다.(웃음) 사실 공작정치의 원조인데 말이에요.

김학원　이런 사람들 중에는 자기최면에 걸린 사람들이 많아요.

남경태　이게 다 임금과 나라를 위한 거라고 자기암시를 했겠죠.

김학원　폐세자 부부도 참 대단하지 않습니까? 영화 〈쇼생크 탈출〉의 주인공처럼 땅굴을 팠습니다.(웃음)

박시백　폐세자 부부는 유배지에 위리안치된 후 죽으려고 했어요. 보름간 곡기를 끊기도 했고요. 목을 매기도 했어요. 그런데 매번 실패하니까 하늘의 뜻이라며 탈출을 기도한 거죠. 부부가 26일 동안 20여 미터를 팠다고 해요. 엄청나게 긴 터널을 만든 거예요.(웃음) 그것도 인두와 가위를 가지고 팠다는 거 아닙니까?

김학원　그런데 땅굴에서 나오자마자 바로 발각돼서 죽습니다.

신병주　연산군은 교동도에 유배되고 2개월여 만에 죽었는데, 광해군은 유배되고도 19년을 더 살았습니다.

박시백　희망이 있었기 때문에 그렇게 산 거예요. 어차피 이후 국제정세는 끊임없이 변화할 테고 언젠가는 기회가 올 거라고 생각했겠죠.

피해의식을 버리고 개혁으로 나아갔다면 ……

김학원　마무리하면서 광해군과 그의 시대를 평가해보죠.

박시백　광해군은 경험으로 보나 재주로 보나 그 시대에 딱 최적화된 예비

군주였어요. 하지만 세자 시절에 자라난 피해의식에 너무 얽매이지 않았나 싶어요. 재임 기간이 16년인데, 초기의 4년과 외교가 정국의 핵심 사안으로 부상한 후기 몇 년을 제외하면, 봉산옥사부터 시작해서 거의 옥사로 점철된 시간이었어요. 굉장히 소중한 시간을 옥사에 허비한 거죠. 광해군이 자신의 능력과 추진력, 고집, 중립외교에서 보여준 탁월한 정세 인식 등을 조금만 더 잘 활용했더라면 훨씬 좋은 임금이 될 수 있었을 거라고 봅니다.

김학원 　저도 광해군이 피해의식을 버리고 옥사를 통한 왕권 유지가 아니라 개혁으로 나아갔으면 어땠을까 하는 아쉬움이 많이 남아요.

남경태 　조선시대 왕 중에서 아쉬움이 많이 남는 왕 중 한 사람이에요.

김학원 　요즘 들어 광해군이 개혁정치가로 묘사되는 것을 자주 보게 되는데요. 대동법 때문인 것 같아요.

박시백 　저는 그거는 좀 오버라고 생각해요. 대동법은 실시 1년 만에 여기저기서 반대하는 소리들이 들리니까 왕 자신이 없애는 쪽으로 많이 기울어요. 강원도로 확대 실시하자는 주청에는 확실히 안 된다고 선을 그었죠. 그나마 이원익 같은 신하가 강력하게 주장한 덕에 경기도에서라도 계속 유지할 수 있었던 거예요. 광해군을 개혁정치가로 묘사하는 것은 과대 포장이라고 생각합니다.

남경태 　중립외교에서도 드러나지만 광해군은 조선의 다른 군주들과 상당히 다른 발상을 한 리더였어요. 반정 없이 한 10년만 더 집권할 수 있었다면 광해군의 외교정책이 좀 더 효과를 볼 수 있지 않았을까 하는 안타까움이 있습니다. 조선 역사에서 안타까운 순간이 몇 장면 있는데 그중 하나가 광해군의 치세라는 생각이 듭니다.

신병주 　최근에 영화나 대중서를 통해서 광해군이 많이 알려지고 재평가가 활발히 이루어지는 것은 의미가 있다고 생각합니다. 광해군은 내부적으로나 외부적으로 가장 힘든 시기에 왕이 되어 전후 복구와 왕권 강화에 주력했죠. 그와 동시에 부국과 강병을 위해 과학 발전과 무기 개발에도 노력했습니다. 이런 면모는 상대적으로 덜 알려져 있어요. 특히 광해군의 외교는 높은 평가를 받을 만합니다. 인조반정 이후 두 차례 호란을 맞는 일련의 과정을 보면, 광해군의 중립외교가 얼마나 중요했는지 더욱 선명하게 느껴져요. 다만 여러분도 지적하셨듯이 너무 왕권에 집착한 나머지 정국을 경색시키고, 마지막에는 너무 북인, 특히 대북 세력 위주로 정국을 운영하면서 서인이나 남인을 다 적으로 만들었습니다. 그러다 보니 정작 반정이 일어났을 때는 지켜줄 수 있는 군사도 후원 세력도 없었어요. 정치력의 한계를 보여준 거죠.

김학원   세자로 16년, 군주로 16년, 폐주로 19년을 살았으니 조선의 왕 중에서 가장 파란만장한 삶을 살지 않았나 싶어요. 지금까지는 광해군을 젊은 개혁군주로만 생각했는데, 이번 기회에 19년 유배생활의 끝자락에 선 67세의 광해군을 처음 떠올리게 됐어요. 재위 기간 동안 광해군이 세자 시절에 겪은 불안의 나날보다 분조 활동에서 만났던 조선의 백성을 왜 더 많이 떠올리지 못했는지 안타까워요. 세자 시절의 경험이 개혁의 자양분이 되지 못하고 어두운 그림자를 드리우고 만 게 못내 아쉽습니다.

박사관은 말한다

왕이란 본디 고독한 존재다. 형제나 가까운 친척들은 잠재적 경쟁자인 데다 신하들도 틈만 나면 자신들의 권력을 강화하려 하며, 심지어는 왕위의 찬탈을 노리기도 한다. 이런 환경 때문에 정치 교과서보다 개인적인 경험이 왕의 리더십을 형성하는 데 더 크게 영향을 끼치게 되는 모양이다. 광해군 역시 그 '경험'이라는 것에 발목이 잡혀 실패를 맛보았다. 세자 시절의 아픈 경험에서 조금만 자유로웠다면, 빛나는 외교에서 보이듯 도그마에 사로잡히지 않은 열린 이성과 현실 감각 그리고 유려한 솜씨로 내치에도 성공을 거두었으리라. 그런 상황을 만든 부왕 선조의 책임이 크겠지만 누굴 탓하랴, 극복하지 못한 자신의 몫인 것을. 광해군 자신뿐 아니라 조선과 조선 백성에게도 참으로 안타까운 일이었다.

명분에 사로잡혀
병란을 부르다

1623년(인조 1)	인조가 반정을 일으켜 즉위하다. 이원익을 영의정에 제수하다. 김류, 이귀 등을 공신으로 책봉하다.
1624년(인조 2)	이괄의 난이 일어나 왕이 피란길에 오르다.
1626년(인조 4)	남한산성이 완성되다. 후금의 누르하치가 영원성 전투에서 패한 뒤 죽고 홍타이지가 칸을 계승하다.
1627년(인조 5)	정묘호란이 일어나 인조가 강화도로 파천하다. 소현세자가 분조를 이끌다. 강홍립이 죽다.
1632년(인조 10)	인조의 아버지 정원대원군을 왕(원종)으로 추숭하다. 소성대비(인목왕후)가 죽다.
1634년(인조 12)	이원익이 죽다.
1636년(인조 14)	홍타이지가 국호를 청으로 고치고 황제를 칭하다. 병자호란이 일어나다. 인조가 남한산성으로 파천하다.
1637년(인조 15)	강화도가 함락되다. 인조가 삼배구고두를 행한 뒤 창경궁으로 돌아오다. 소현세자와 봉림대군이 볼모가 되어 심양으로 떠나다. 조청 연합군이 가도를 함락하다. 삼학사가 죽다.
1638년(인조 16)	청나라에 포로로 잡혀갔다 돌아온 부녀자들의 이혼 문제가 논의되다.
1639년(인조 17)	소현세자가 일시 귀국하다. 삼전도에 대청황제공덕비(삼전도비)를 세우다.
1641년(인조 19)	광해군이 죽다.
1643년(인조 21)	청 태종이 죽고 순치제가 즉위하다. 도르곤이 섭정을 시작하다.
1644년(인조 22)	이자성의 난으로 명나라가 멸망하다. 청나라가 북경을 점령하다.
1645년(인조 23)	소현세자 부부가 돌아오다. 소현세자가 죽다. 봉림대군이 귀국하여 왕세자에 책봉되다.
1646년(인조 24)	민회빈 강씨(강빈)를 사사하다.
1649년(인조 27)	인조가 세상을 떠나다.

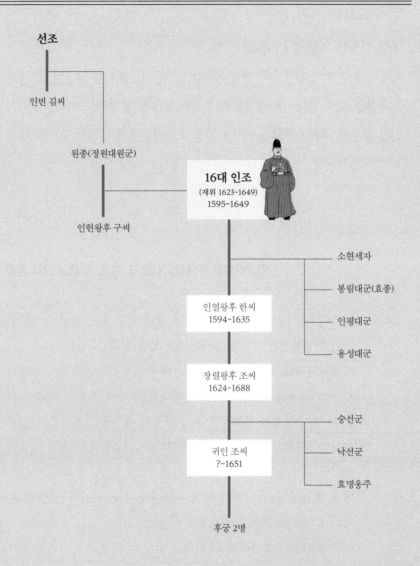

선조

인빈 김씨

원종(정원대원군)

인헌왕후 구씨

16대 인조
(재위 1623~1649)
1595~1649

소현세자

봉림대군(효종)

인평대군

용성대군

인열왕후 한씨
1594~1635

장렬왕후 조씨
1624~1688

숭선군

낙선군

효명옹주

귀인 조씨
?~1651

후궁 2명

광해군의 폐모살제, 중립외교, 대규모 토목공사를 명분으로 삼아 반정에 성공한 인조와 서인 정권. 동북아시아 정세는 요동치기 시작했지만, 조선 조정은 아무런 대비 없이 척화의 분위기만 높여간다. 결국 청 태종이 얼어붙은 압록강을 건너 한양으로 진격해오자 인조 일행은 남한산성으로 들어간다. 연일 청군의 대포 소리가 높아가는 가운데 신하들은 주전파와 주화파로 나뉘어 대립하는데, …… 인조 그리고 조선의 운명은 어떻게 될 것인가?

인조반정의 주역들: '잡군자' 이귀, 화합형 관료 김류

김학원　인조반정을 다시 정리해보면, 선조 말년 이후 30년 동안 소외당한 서인들이 정권을 찬탈한 쿠데타라는 성격이 있는 거죠?

신병주　광해군시대에 북인 중에서도 특히 대북이 독주하면서 당시 표현으로 '서인이 이를 갈고, 남인이 원망하고, 소북이 비웃는' 상황이 되었죠. 이런 상황이 결과적으로 모든 소외 세력을 결집시켰고, 그중에서도 서인의 결집력이 가장 강했어요. 인조반정의 핵심 인물인 이귀나 김류가 다 전형적인 서인이죠.

김학원　반정 후 새로운 서인 정권이 등장하면서, 인선에 뭔가 신경 쓴 흔적이 있어요. 이원익을 영의정에 등용했어요.

신병주　대단한 민심 수습책이죠. 이원익은 당시 아주 명망 있는 원로였으니까요.

박시백　이항복과 이덕형은 광해군 시절에 이미 세상을 떠났죠.

김학원　남아 있는 인물 중에 당파색이 없고 청렴하고 명망 있는 이원익이 민심 수습용으로 선택된 거죠.

남경태 쿠데타 주역들이 자기를 얼굴마담으로 내세운 걸 몰랐을 리 없을 테니,(웃음) 이원익의 심정도 참담했을 것 같아요.

박시백 이원익 본인도 광해군의 정치에 대해 비판적인 태도를 견지했기 때문에 사양할 이유는 없었다고 봐요.

김학원 인조반정의 주체인 이귀, 김류, 최명길 등이 반정 이후 인사권을 장악합니다. 한편으로는 반정 당시 유생에 불과했던 김자점, 이시백, 심기원이 반정 직후 고속 승진했고요. 특히 '4대장'이라 일컬어진 김류, 이귀, 신경진, 이서 등은 각각 400명의 군관을 거느렸어요.

남경태 사실상의 사병인데 비용을 국고에서 댔다는 거 아닙니까?

박시백 사병 성격의 관군이죠.

김학원 또 다른 반정에 대비해야 한다는 걸 명분으로 삼은 거죠. 그런데 4대장 중에서도 핵심이라 할 수 있는 이귀와 김류는 인조 초기부터 불협화음을 냈다면서요?

박시백 이귀*는 선조 때 동서 당쟁 과정에서 서인의 열혈 투사로 나선 인물입니다. 서인 진영에서 아주 명망 있는 사람이에요. 김류**는 벼슬을 하긴 했지만 그 정도 급은 아닙니다. 그래서 이귀는 당연히 자기가 반정의 기획자고 중심인물이라고 생각했는데, 문제는 왕이

• 이귀李貴(1557~1633) 이이와 성혼의 문하에서 공부했다. 선조 말년 정인홍을 강하게 비판하여 서인들 사이에서 대표적인 투사로 받아들여졌다. 반정으로 인조를 옹립하여 김류, 신경진, 이서와 함께 4대장으로 불렸다. 왕 앞에서 다른 신하를 노려보거나 큰 소리로 욕하기가 예사여서 정원대원군 추숭 문제 외에는 인조의 신임을 얻지 못했다.

•• 김류金瑬(1571~1648) 임진왜란 때 신립과 함께 탄금대에서 전사한 김여물의 아들로, 정치적으로 서인에 속했다. 인조반정에 가담했고 다혈질인 이귀와 대비되어 인조의 총애를 받았으나 정원대원군 추숭을 반대하다가 쫓겨났다. 소현세자가 죽은 뒤 봉림대군을 왕세자로 책봉하는 데 찬성했으나, 이듬해 민회빈 강씨의 옥사에 반대하다가 벼슬에서 물러났다.

싫어하는 성향을 가진 사람이었다는 거예요.

김학원   왕 앞에서도 막 큰소리치고 싸우고 그랬죠?

박시백   그래서 자연스럽게 김류에게 힘이 실리기 시작하죠.

김학원   이귀는 이이의 제자인데 성격은 남명계 같아요. 상당히 직선적이고 급해요.

신병주   그러다 보니까 조식의 수제자인 북인의 영수 정인홍과도 엄청 다퉜어요. 반정 후 정인홍이 89세의 고령으로 처형을 당하는 데에는 북인 정권의 상징이라는 점도 있지만 이귀와의 악연도 작용했다고 보는 거죠.

김학원   사관이 이귀에 대해서 기록한 것을 보면 흥미로워요.

박시백   재미있는 것이 '잡군자'라는 표현이에요.(웃음) 그리고 "나라 일을 도모하고자 온갖 정성을 다했지만 몸만 수고로울 따름이었다."는 대목도 있어요.

신병주   인조반정 당시 총사령관이 이귀가 아니라 김류였던 까닭도 거기에 있었어요. 이귀는 너무 흥분을 잘해서 불안한 반면, 김류는 화합형 인물이라 총사령관으로 더 적합했죠. 실제 김류는 서인이면서도 색깔을 잘 드러내지 않아서 나중에 정승이나 판서로 있을 때 소북이나 남인 세력들도 많이 끌어들였어요.

이괄의 '난'인가, 이괄의 '변'인가

김학원   초기에 이러저러한 역모사건이 터지지만 이괄이 일으킨 난이 가장 컸죠?

신병주   반군이 서울까지 점령하고, 왕은 공주까지 피란을 갔어요.

김학원 난의 시작과 확대 과정을 설명해주시죠.

박시백 인조반정 당일에 김류가 총사령관을 맡았는데 제시간에 안 나왔잖아요?(웃음) 그런데 사람들은 모였고 진행은 해야 하니까, 그 자리에서 이귀가 이괄에게 총사령관직을 맡겼어요. 뒤늦게 김류가 합류하면서 다시 총사령관 자리를 김류에게 넘겨주기는 했지만요. 그런데 반정 후 논공행상 과정에서 문제가 드러납니다. 이괄이 일등공신이 아니라 이등공신이 된 겁니다. 일등과 이등의 차이는 엄청 커요. 게다가 이등공신 멤버들은 일등공신의 자식이나 그 친구들인 거예요. 이괄의 입장에서는 도저히 용납할 수 없었죠.

김학원 이괄이 이때 불만이 쌓이게 된 거죠?

박시백 그렇죠. 그런데 뒤이어 인조가 후금의 침입에 대비한다면서 이괄을 평안도로 내보내요. 인조는 이 일을 감당할 사람이 이괄뿐이라며 나름 믿음을 가지고 내린 결정이었지만, 이괄의 입장에서는 공신 책봉에서 물을 먹었는데 변방으로 보내니까 얼마나 화가 났겠습니까? 그런데 이괄이 평안도로 부임한 뒤 반정을 도모한다는 고변이 올라옵니다. 인조는 깜짝 놀라면서도 이괄이 그랬을 리가 없다고 생각했어요. 다만 역모에 이름이 거론된 이괄의 아들 이전을 체포해오라고 명을 내립니다.

남경태 아들을 역모 혐의로 체포하겠다는데 가만히 있을 아비가 어디 있습니까? 인조의 대응이 너무 황당하지 않습니까?

신병주 여기서 한 가지 짚고 넘어갈 게 있어요. 《연려실기술》에는 이괄의 '난'이 아니라 '변'이라고 나와요. '이괄의 난'은 후대에 붙여진 이름이죠. '난'은 상당한 의도를 가지고 일으킨 반란인 반면, '변'은 우발적 사건이라는 거죠. 그래서 저도 예전에 논문을 쓸 때 '이괄의 변'이라고 표현했는데, 실제 그런 측면이 컸어요. 평안도에 가 있는데

이괄은 아들을 잡으러 온
금부 도사와 선전관의 목을 베고

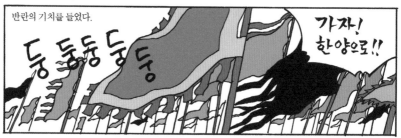

반란의 기치를 들었다.

이괄이 사고 칠지도 모른다면서 조정에서 기찰을 하거든요. 이괄 입장에서는 열 받는 거죠.(웃음) 자기가 반란을 기획한 것도 아닌데 조정이 그렇게 나오니까요. 그래서 이괄의 아들 이전이 정말 한번 나서보자는 움직임을 보였는데, 그걸 포착한 조정이 아들을 체포하려 한 거죠. 그러니까 이괄도 더는 참을 수 없게 된 거죠.

박시백 남 선생님 말처럼, 인조의 이런 처사는 말이 안 되는 거예요. 정치 감각이 정말 무뎠던 거죠. 이괄이 강력한 무력을 보유하고 있는 상황에서 이괄이 그랬을 리가 없다면서 그 아들을 체포해오라고 했으니, 그 뒤의 상황은 빤히 보이는 거죠.(웃음)

굴러가는 힘이 부족했던 반란

김학원   1624년(인조 2) 결국 이괄이 반란을 일으키는데요.

신병주   '앉아서 당하느니 차라리 들고 일어서자' 한 거죠. 마침 이괄 휘하의 부대에 임진왜란 때 투항한 일본군, 즉 '항왜'가 수십에서 수백 명 정도 있었는데, 이들을 선봉에 내세워 도성으로 향합니다. 이 항왜가 눈에 뵈는 게 없는 무서운 군대였어요.(웃음)

김학원   인조가 피란길에 오르면서 선조의 서자 인성군과 흥안군에게 호종하라고 했는데 인성군은 인조를 따랐지만 흥안군은 빠져나와서 도로 한강을 건넜어요.(웃음) 그리고 이괄 쪽에 들어가서 왕으로 추대되죠.

신병주   반란군이 한때 한양을 점령하기도 했으니, 난이 성공했으면 진짜로 왕이 될 뻔했어요.

박시백   재미있는 게 고변 당시, 정충신*이 이괄과 함께 군사를 일으킬 준비를 했고 기자헌도 공모했다는 이야기가 나왔어요. 그런데 인조가 기자헌은 체포하고 정충신은 체포하지 않은 거예요. 이후 이괄이 실제로 군사를 일으켰을 때도 기자헌만 처형하고 정충신에게는 오히려 반란군을 치라고 명했죠. 이게 신의 한 수였던 것 같아요. 정충신이 진압 부대에 가담하면서 전세가 역전되거든요.

김학원   정부군이 진압에 성공한 원인은 뭔가요? 반란군의 전략적 실수가

● 정충신鄭忠信(1576~1636) 임진왜란 때 권율 밑에서 종군했다. 의주 행재소에서 이항복의 눈에 띄어 학문과 무예를 닦고 무과에 합격했다. 이괄의 난 때 장만의 휘하에서 난을 진압하는 데 큰 공을 세웠다. 정묘호란 때 부원수로 종군했다.

더 주요한 원인인가요?

신병주 　이괄이 욱 해서 일으킨 거라 반란 과정이 워낙 체계적이지 못했어요. 처음에는 자신들도 놀랄 정도로 빠르게 승전고를 울렸지만 막상 정부군이 반격을 해오니까 기세가 꺾여버린 거예요. 그러니까 반란군 내부에서 오히려 이괄을 죽여버립니다.

김학원 　반란을 일으킬 물리력은 됐지만 명분과 계획이 없으니 결국 무너지고 만 거군요.

남경태 　자동차에 비유하면 자동차는 전기 배터리에 의해 시동을 걸고, 그다음에는 가솔린에 의해 굴러갑니다. 그처럼 일으키는 힘과 굴러가는 힘이 둘 다 필요한데, 일으키는 힘은 있었지만 굴러가는 힘이 준비되어 있지 않았던 거죠.

박시백 　적절한 표현이네요. 그리고 하삼도의 관군이 언제든 치고 올라올 수 있었으니까요.

김학원 　결국 이괄과 한명련 일가는 모두 효시됩니다. 그런데 특이한 게 한명련의 아들 한윤이 후금으로 망명했다가 정묘호란 때 다시 등장해요.

신병주 　길잡이가 되어 조선에 오죠.

김학원 　자, 결국 이렇게 해서 이괄의 난이 진압되는데, 당시 백성의 시선이 굉장히 싸늘했어요.

남경태 　반정과 반란이 하도 잦으니까 '아무나 해먹어라' '그놈이 그놈이다'(웃음) 이런 생각이 들지 않았겠습니까?

김학원 　당시 백성 사이에서 〈상시가傷時歌〉가 유행했어요.

남경태 　제목은 '상시가'인데 '근심할 상傷' 자에, '때 시時' 자네요. "아! 너희 훈신들아. / 제 자랑 하지 마라. / 그의 집에 살면서 / 그의 땅을 차지하고 / 그의 말을 타고 / 또 그의 일을 행하는구나. / 너희가 그들과 다른 게 뭐라더냐." 그놈이 그놈이다, 그런 뜻이죠?(웃음)

신병주 이게 실록에 기록됐다는 게 대단한 것 같아요. 당시 세태를 풍자하
는 노래를 사관들이 기록했다는 거죠.

정묘호란: 후금의 후방 다지기

김학원 1627년(인조 5) 정묘호란에 대해서 살펴보기 전에 가도의 모문룡을
먼저 다뤄보죠. 모문룡이 상당히 독특한 캐릭터예요. 가도는 의주
아래 철산 앞바다에 있는 섬이죠.

남경태 크기가 여의도의 2.5배 정도 됩니다.

김학원 모문룡이 명나라와 후금, 조선 사이에서 아주 골치 아픈 존재로 등
장하는데, 여기에 대해서 박 화백님이 설명해주시죠.

박시백 광해군시대로 거슬러올라가야 하는데요. 1621년(광해군 13) 후금이
심양과 요양을 차례로 점령하면서 요동이 완전히 후금의 손에 넘
어갑니다. 이때 요양성 장수 모문룡이 조선 땅으로 도망을 와서는
의주에 넘쳐나던 한족을 규합하고 진강을 쳐서 수십 명을 죽이는
전과를 올립니다. 그걸 본국에 과장해서 보고하여 승진도 하고 상
도 받죠. 그 후로 후금군이 보복에 나서면 도망했다가 물러가면 다
시 요동 수복을 기치로 내걸기를 반복합니다. 당시 조선은 명나라
에 대한 의리와 후금 배척을 내세우고는 있었지만, 그건 겉으로 내
세운 명분일 뿐 사실은 후금을 자극하지 않고 조용히 넘어가고 싶
어 했어요. 그런데 모문룡이 자꾸 문제를 일으키니까 후금이 모문
룡의 압송을 요구해왔고, 명나라와의 의리를 저버릴 수도 후금의
요구를 들어줄 수도 없었던 광해군이 모문룡을 가두로 부냅니다.

김학원 일종의 타협이었네요.

박시백   그런데 모문룡이 막상 가서 보니까 가도가 중국과 뱃길도 통하고 조선에서 물자를 지원받기도 좋은 거예요. 또 후금은 기병은 강하지만 수군이 약해서 함부로 칠 수도 없을 테니 굉장히 안전한 곳이기도 했고요. 모문룡이 여기 있으면서 끊임없이 말썽을 일으키죠. 하지만 모문룡이 명나라 조정의 실세에게 뇌물을 바치며 튼튼한 인맥을 형성해놓은 터라 함부로 건드릴 수가 없었어요. 괜히 건드렸다가는 중국에서 바로 발끈할 수 있는 상황이었으니까요.

김학원   인조 재위 초반 명나라가 인조를 공식적으로 인정하지 않았을 때 모문룡이 중간에서 인조의 국왕 책봉에 큰 역할을 하자 조선에서 엄청난 양의 식량을 가도로 보냅니다.

박시백   사실 대단한 역할을 한 건 아닌데, 어쨌든 생색은 충분히 낼 수 있는 조건이었죠.

김학원   이런 환경에서 정묘호란이 일어나는데, 그 직전 후금의 정세 변화에 대해 남 선생님이 말씀해주시죠. 누르하치가 사망하고 아들 홍타이지˙가 칸으로 등장하는 거죠?

남경태   1616년에 후금을 건국한 누르하치는 5년 만에 요동 정벌에 성공한 뒤 중원 진출을 시도합니다. 하지만 1626년 산해관으로 가는 길목에서 발이 묶이고 말죠. 바로 명나라의 명장 원숭환이 지휘하는 영원성 공략에 실패한 거죠. 결국 이해에 누르하치가 죽고 아들 홍타이지가 칸으로 등극하죠. 누르하치와 홍타이지는 중원이라는 동일

˙ **홍타이지**(1592~1643, 재위 1626~1643) 누르하치의 여덟째 아들로, 1626년 아버지가 죽자 후금의 칸으로 즉위했고, 1635년 내몽골을 평정하면서 대원전국大元傳國 옥새를 얻은 것을 계기로 이듬해 국호를 '청'으로 바꾸고 황제의 자리에 올랐다(청 태종). 그러나 명나라의 수도 북경 점령을 1년 앞두고 세상을 떠났다.

누르하치는 늘 이렇게 말했지만

조선과는 원수진 일이 없다. 화친하라.

홍타이지는 진작부터 조선 정벌을 주장했던 사내.

화친해도 속마음은 아마 다를 것입니다. 힘으로 제압해 굴복시켜야 합니다.

그런 홍타이지가 후금의 새 리더가 된 것이다.

가도의 모문룡도 신경 쓰이고

오랜 명과의 전쟁으로 각종 물자가 부족해. 조선이 대체 공급원이 될 수 있을 거야.

이것 저것 따져 보아도 역시 하나의 결론에 이르는군.

벌떡

그렇습니다요. 조선을 정벌해야 합니다요

조선의 망명자인 한윤도 적극 권장했다.

한 목표를 가지고 있었어요. 그러려면 조선에 대해 후방 다지기를 해야 했습니다. 그런데 그 방법에 있어 두 사람이 차이를 보였어요. 누르하치는 '화친'을 택했고, 홍타이지는 '침략을 통한 굴복시키기'를 택한 거죠. 이게 당시 동북아 정세입니다.

김학원   그렇게 해서 홍타이지가 선택한 전쟁이 바로 정묘호란입니다.

남경태   1627년 정묘호란 당시 후금의 왕자 아민이 3만 명의 군사를 이끌고 압록강을 건너지만 곧장 수도로 진격하지는 않았어요.

김학원   조선 정벌보다는 중원 정복이 목적이었으니까요. 이때도 조선은 사전 정보를 입수했지만 별로 심각하게 받아들이지 않았어요. 임진왜란을 겪고도 이런 태도를 보이다니 정말 한심합니다.

신병주   심지어 인조는 후금이 모문룡을 잡으러온 거 아니냐는 말까지 했어요.(웃음) 여기서 팁을 하나 말씀드리면 정묘호란이 발발한 게 1627년 1월인데, 양력으로 2월경이죠. 병자호란 역시 1636년 12월에 시작돼요. 이걸 보면 항상 겨울에 압록강을 건넜어요. 강이 얼어붙어야 기마병을 움직일 수 있으니까요.

김학원   그렇군요. 결국 인조는 강화도로 파천하는 한편 후금과 협상을 진행하죠. 정벌보다는 후방 다지기가 목표였던 후금은 명나라와의 단교 그리고 후금과 조선의 형제 관계를 제의했죠. 그런데 이때 한윤과 강홍립, 박난영이 조선에 왔어요.

남경태   한윤은 정벌의 길잡이로 온 거고, 강홍립과 박난영은 포로로 잡혀 있다가 후금의 사신과 함께 조선에 보내진 겁니다. 두 사람은 인조에게 후금이 실제로 조선을 칠 의사는 없다, 화친하는 게 좋겠다는 사실적인 정황 보고를 합니다.

조선은 정묘호란 이후 어느 나라 연호를 썼나?

김학원   다행히도 후금이 명나라와 단교 요구를 철회하면서 조선은 후금의 나머지 요구를 모두 수용합니다. 협상이 끝나고 후금 군사들이 철병하는 과정에서 인간 사냥과 약탈을 벌이죠. 그 과정에서 많은 조선인이 죽고, 또 후금군에 의해 머리를 깎인 조선인들은 후금이 철병한 후 모문룡에 의해 또 한 번 고통을 겪습니다.

박시백 모문룡이 북경에 승전 보고서를 보낼 때, 변발한 조선인들의 머리를 잘라 후금군의 수급이라고 하면서 함께 보낸 거죠.

남경태 임진왜란 때처럼 리더십의 부재로 백성만 고생하는 거예요.

김학원 그리고 조선이 후금의 압박으로 명나라 연호를 쓰지 않게 되는데, 그러면 그때부터 후금의 연호를 쓰기 시작한 건가요?

신병주 후금과의 외교문서에는 쓸 수밖에 없었죠.

김학원 나중에 국호가 청나라로 바뀌고 나서는 어땠나요?

신병주 그때는 청나라의 연호를 썼죠.

박시백 청나라 측이 보는 문서에는 청나라의 연호를 쓰고, 일반 문신들 사이에서는 명나라 연호를 썼어요.

남경태 명나라가 멸망할 때까지는 여전히 명나라 연호를 썼군요.

박시백 멸망하고 나서도 명나라 연호를 썼어요.

남경태 나라가 망하면 연호도 없어지는 거 아닌가요?

신병주 명나라가 망하고 마지막 황제 숭정제가 죽은 뒤에는 '숭정후崇禎後 몇 년', 이런 식으로 계속 썼어요. 그런데 나중에 인조의 지문에 명나라 연호를 쓴 것이 밝혀져 문제가 됩니다. 김자점이 인조의 능인 장릉의 지문에 명나라 연호가 적혀 있다고 청나라에 고발한 거예요. 그래서 엄청나게 곤욕을 치릅니다.

유일한 대안은 남한산성, 그러나 결국 ……

김학원 국호가 후금에서 청나라로 바뀌는 과정을 설명해주시죠.

남경태 정묘호란으로 후방 다지기를 마친 뒤이고, 연도로 보면 병자호란이 일어나는 해인 1636년(인조 14)이죠.

김학원	홍타이지가 청 황제로 등극하죠. 그런데 조선은 정묘호란 이후에도 후금을 오랑캐라고 하면서 배척하는 분위기였어요.
신병주	사실 고려 때도 이와 비슷한 상황이 있었는데, 강한 금나라와 빨리 사대외교를 해서 수습했단 말이죠. 반면 조선은 성리학적 명분에 집착한 나머지 군사 강국인 청나라의 힘을 똑바로 보지 못한 거죠.
김학원	이런 중요한 시기에 인조는 오히려 정원군 추숭에 매달렸어요.
신병주	아들이면 누구라도 생부, 생모를 추숭하고 싶어 하죠.
남경태	자신이 비정상적으로 집권했으니까 더 그랬겠죠?
신병주	그랬죠. 아버지를 왕으로 추숭하면 할아버지(선조)-아버지(정원군)-자신(인조)으로 자연스럽게 계보가 이어지니까, 정통성이 광해군이 아니라 자신에게 있다는 걸 공식화할 수 있는 거죠.
김학원	아버지 추숭에 성공한 데서 나온 자신감의 표현일까요? 얼마 후 인조가 후금에 대해 강경한 입장을 취하기 시작해요. 급기야 1636년(인조 14) 척화교서를 반포하네요.
박시백	전쟁을 불사하겠다는 거죠. 그리고 홍타이지가 국호를 후금에서 청으로 바꾸고 황제로 등극했다는 소식이 들리니까, '우리가 수천 리의 국토를 가지고 있는데 어찌 움츠리고만 있으면서 저들의 모욕을 받아야겠는가?'라고까지 합니다.
김학원	당시 온 나라에 강경한 척화 분위기가 확산되었는데, 유일하게 최명길만이 강물이 얼면 화가 목전에 닥칠 거라며 제동을 걸었어요. 하지만 신하들은 오히려 최명길을 탄핵하면서 더욱 강경하게 나갑니다. 결국 그해 12월 강물이 얼자 청군이 조선 국경을 넘습니다. 이번에는 정묘호란 때와 달리 빠른 속도로 한양으로 진군하는데요.
신병주	이때도 조선 조정은 청군이 정묘년 때처럼 의주산성, 백마산성, 황

주산성 등 거점 산성을 공격하며 내려올 것이라 예상했죠. 그런데 성들을 지나쳐 바로 한양을 향해 간 거예요.

김학원 예전에 광해군이 이런 지적을 한 적이 있잖아요. "이들은 왜적과 다르다. 곧바로 서울로 들어오면 어찌할 것인가? 중도에 막을 계책을 마련하라."

남경태 신하들이 내놓은 답은 강화도와 남한산성이었어요.

김학원 청군이 압록강을 건넌 것은 12월 8일이고, 12월 13일에 청군이 안주에 이르렀다는 보고가 한양에 들어오고, 14일에 송도를 지났다는 보고가 들어옵니다.

박시백 어쨌든 청군이 기병이다 보니까 굉장히 빠른 속도로 진격합니다.

신병주 정묘호란 때처럼 강화도로 피란을 가려고 했는데 청군이 너무 빨리 오는 바람에 길이 막혀 14일에 남한산성으로 갑니다.

김학원 그리고 보름 후에 청 태종 홍타이지도 현장으로 오는데요. 직접 항복 서약을 받겠다는 거죠. 곧바로 인조의 국서와 청 황제의 답서가 오갑니다.

박시백 청 황제의 답서 내용이 이랬어요. "항거하는 자는 반드시 죽일 것이요, 순종하는 자는 기필코 받아들일 것이요, 도망하는 자는 기어이 사로잡을 것이니라." 어쨌든 청나라의 요구는 조선 왕이 직접 나와서 항복하라는 거죠.

남경태 남한산성 안에서는 버티면서 계속 싸워야 한다는 주전론과 화친을 하자는 주화론으로 갈려서 대립합니다.

박시백 화의를 주장한 것이니 주화론이라는 표현 자체는 맞지만, 사실은 화의만이 현실을 직시한 유일한 대책이었잖아요? 그래서 주화론, 주전론 하면서 마치 철학의 차이인 듯 대비시켜 뭉뚱그리는 게 저는 좀 못마땅합니다.

김학원	한쪽은 현실과는 동떨어진 채 명분만 내세운 거고, 다른 한쪽은 현실의 다급함을 인식한 거죠.
박시백	더 황당한 것은 그 당시 주전론을 편 사람들, 즉 척화론자들이 이후 사대부 진영에서 더 숭앙을 받는다는 겁니다. 김상헌의 이름이 높아지고 삼학사가 충신의 대명사로 자리 잡죠.
남경태	명분도 좋고 의리도 좋고 다 좋습니다. 그렇지만 현실적으로 백성이 죽어 나가는데 위정자들이 왜 그런 점을 고려하지 않는지 참 답답합니다. 아무리 왕조시대라고 해도 그건 당연히 고려해야 하는 거 아닙니까?
박시백	인조가 답이 없는 사람인 게, '경상도 군사가 근처에 왔다더라, 전라도 군사도 왔다더라' 그러면 금방 기가 살아서 한번 싸워보자는 태도를 보여요. 그러다가도 상황이 조금 나빠지면 금방 돌변해서 척화론을 주장한 사람들한테 '니들이 도대체 현실을 알고는 있느냐?'고 핀잔을 주기도 해요. 정말로 무능한 리더였던 것 같아요.
김학원	청군이 숨통을 조여오는 가운데 왕을 도와줄 군대가 나타나지 않자 1637년(인조 15) 1월 30일에 결국 항복을 결정합니다.
신병주	항복하게 된 또 하나의 결정적인 계기가 1월 22일의 강화도 함락이에요. 봉림대군 등 일부 왕족이 피란 간 강화도가 함락되니까 남한산성의 조정이 더 흔들리는 거죠.
남경태	청나라가 강화도 해변으로 홍이포*를 쏘니까 조선군이 성곽 밖으

• **홍이포紅夷砲** 명나라 때 네덜란드의 대포를 모방하여 만든 중국식 대포이다. 이 명칭은 네덜란드인을 '머리카락이 빨간 오랑캐'라고 부른 데서 유래했다. 당시까지 사용되던 중국의 대포에 비해 사정거리, 위력 등 모든 면에서 월등히 뛰어났다. 누르하치가 영원성 공략에 실패한 이유 중 하나도 명군이 보유한 홍이포의 위력 때문이다. 이후 청군도 도입하여 병자호란 당시 사용한다.

지난 날의 일을 말하려면 길다. 이제 용단을 내려 왔으니 매우 다행스럽고 기쁘다.

천은이 망극하옵니다.

왕은 청나라식 삼배구고두(세 번 절하고 아홉 번 조아리는)의 예를 올렸다. 이제 신하로서 충성을 다해 섬기겠다는 의미다.

그렇게 45일에 걸친 남한산성 농성은 끝이 났다.

자. 이제 다 끝났으니 기념으로 활쏘기나 한판 할까

둥글둥글라~

로 나오지를 못합니다. 그런 상태에서 청군이 해안에 상륙해서 성을 포위한 거죠.

남경태 몽골군도 점령하지 못한 강화도를 청군이 점령한 거예요.

신병주 강화도가 함락당할 때 많은 사람이 자결했어요. 예를 들어 척화론자인 김상헌의 형 김상용은 강화성 문루에서 화약에 불을 붙여 자폭합니다. 그래서 김상용, 김상헌 형제 집안이 조선 후기 충절의 대명사로 불리게 됐어요.

김학원 결국 항복을 결정한 인조가 남한산성을 나가는데요, 남문이 아니라 서문을 이용합니다.

박시백 청나라 장수 용골대가 인조는 죄인 신분이니 정문인 남문으로 나올 수 없다고 했거든요.

신병주 또 인조에게 곤룡포가 아니라 군사복인 융복을 입고 나오게 합니다. 그리고 삼전도에 수항단을 만들어놓고 거기서 항복의식을 거행합니다. 인조가 청나라 황제에게 세 번 절하고 아홉 번 머리를 조아리는 '삼배구고두'를 하는데, 우리 역사에서 가장 치욕적인 장면을 연출한 왕이 된 거죠.

시대착오적인 친명배금의 대가

김학원 항복의식을 치르기 전에 청 황제가 조선 국왕에게 내린 조유 내용을 살펴보죠. 그런데 신 교수님, 조유가 무슨 의미인가요?

신병주 황제의 명령을 '조詔'라고 하고, '유諭'는 가르친다는 의미로, 한마디로 황제의 가르침이라는 거예요. 왕은 '교敎' 자를 써서 교서, 교지, 전교 이런 식으로 씁니다. 우리도 대한제국 때 고종황제가 조칙, 조유라는 말을 썼죠.

김학원 청 황제의 조유가 이런 내용이에요. "군신의 관계로 신의를 삼는 바이다. 명나라와의 수호를 끊고 공문서에 우리의 연호를 쓴다. 조선 왕의 장자와 재일자再—子 그리고 제 대신의 아들, 아들이 없으면 동생을 인질로 삼겠다. 조선 왕에게 뜻하지 않은 일이 발생하면 인질로 삼은 아들을 세워 왕위를 계승하게 할 것이다."

신병주 이건 진짜 엄청난 굴욕이네요.

김학원 굴욕적인 것일수록 더 점검해볼 필요가 있을 것 같아요. 특히 인질로 삼은 아들을 조선의 왕으로 세울 수도 있다는 거잖아요?

박시백 이게 나중에 소현세자를 죽음으로 몰고 간 조항이죠.

김학원 빠뜨리지 말고 봐야 할 조항이 또 있어요. '성벽은 신축, 수리를 허용하지 않는다.'

신병주 군비를 전혀 하지 말라는 거죠.

김학원 또, 자기네들이 데려간 포로들이 압록강을 건너서 도망 오면 바로 돌려보내야 하고, 속바치고 데려오려면 그 주인의 편의대로 해야 한다는 조항도 있어요. 어쨌든 주인에게 돈 내고 허락받아야 데려올 수 있다는 거네요?

신병주 엄청난 비용을 주고 데려오는 경우도 많았죠.

김학원 세폐 목록도 있는데, 정말 엄청납니다.

신병주 1637년 정축년에 맺은 화해의 조약이라고 해서 정축화약이라고도 하는데, 조약 내용을 보면 1876년 강화도조약보다도 더 굴욕적이죠.

남경태 화약이라는 말조차 성립이 안 될 것 같습니다.

김학원 병자호란과 삼전도의 굴욕에 대해 간단히 평을 하고 마무리하죠.

신병주 삼전도의 굴욕은 우리 역사상 가장 치욕적인 장면일 겁니다. 드라마에서는 인조가 삼배구고두를 할 때 이마를 땅에 찧어 피가 흥건한 모습을 보여주고 있어요. 그러나 기록에는 피를 흘렸다는 내용은 나오지 않아요. 어쨌든 왕, 신하, 백성 할 것 없이 조선의 자존심이 한꺼번에 무너져버린 사건이죠. 그런데 이게 자승자박이라고 해도 할 말이 없다는 거죠. 인조와 집권 세력들이 현실을 무시하고 명분만 내세우다가 호되게 당한 거니까요.

남경태 광해군식 외교가 유지되었다면 이렇게까지 굴욕적인 상황에는 이르지는 않았을 가능성이 커요.

박시백 정묘호란 때처럼 형제국 정도로 남았을 가능성이 높죠.

남경태 인조 정권이 성리학적 세계관에 완전히 빠져서 시대착오적인 친명배금을 했다는 것이 안타까울 따름입니다.

박시백 임진왜란 때와 마찬가지로 인조뿐 아니라 조정 대신들이 정말로 입으로만 큰소리치고 속으로는 '어떻게 되겠지, 별일 없겠지' 하는 안이한 생각을 했어요. 일이 벌어진 뒤에도 여전히 현실성 없는 목소리만 냈고요. 막바지에 항복을 해야 하는 상황으로 몰렸을 때에도 인조는 '아들(소현세자)이 나 대신 나가는 걸로 협상을 한번 해봐라' 이런 식으로 끝까지 책임지지 않는 모습으로 일관하거든요.

김학원 역사가 과거의 것만은 아니죠. 여전히 우리에게 남겨진 과제들을 생각해보게 됩니다.

박시백 한 가지 더 덧붙이면, 우리가 조선 중기 이후에 사대부들의 한심한 작태들을 많이 보았지만, 그래도 임진왜란 때는 사대부들이 의병을 일으켜서 자신들의 본분을 다하는 모습도 보였잖아요? 하지만 그들의 공을 제대로 인정해주기는커녕 의병장들을 역모 혐의로 처형하기까지 했어요. 그래서인지 정묘호란이나 병자호란 때는 의병이 일어나지 않았어요. 물론 전쟁의 양상이 달랐던 측면도 있지만, 나라를 위해 싸워봤자 공신 책봉은커녕 역모로 몰리고 집안만 박살났던 임진왜란 때의 경험들이 크게 작용하지 않았나 싶습니다.

'환향녀'를 저버린 조선 사대부들

김학원 항복의식을 마친 인조가 용골대의 호위를 받으며 한양으로 돌아가는 한편, 홍타이지가 철병하면서 소현세자와 봉림대군을 인질로 데려갑니다.

남경태 조유에 이미 예고되어 있었죠.

김학원 그리고 삼전도에 청 태종의 공덕비를 세웁니다.

신병주 원래 명칭은 '대청황제공덕비'예요. 청 태종이 세우라고 해서 세우기는 해야겠는데, 신하들이 비문을 쓰려고 하지 않았어요. 당시 문장가로 이름 높은 사람들에게 시켰더니, 이경전은 병을 핑계로 빠지고 조희일은 일부러 엉성하게 쓴 거죠.(웃음)

남경태 맞춤법도 막 틀리게 쓰고……(웃음) 누가 하고 싶었겠습니까?

신병주 그래서 이경석*이 이건 어차피 누군가는 해야 할 일이라고 생각하고 총대를 메요. 삼전도비를 보면, 이경석의 문장이 만주어, 몽골어로도 번역되어 새겨져 있습니다.

● 이경석李景奭(1595~1671) 병자호란이 일어나자 인조를 호종해 남한산성으로 피란했으며, 대청황제공덕비의 비문을 썼다. 효종 즉위 후 청나라의 외교 미찰이 일이있을 때 모든 일은 자신의 책임이라고 나섬으로써 조야의 인정을 받기도 했다.

김학원 척화신 윤집, 오달제, 홍익한은 청나라로 끌려가서 처형을 당합니다. 이들이 바로 '삼학사'라고 불리는 사람들이죠. 그런데 인조는 항복에 반대하고 자결을 시도한 신하들에게는 싸늘하게 대했다면서요? 인조도 선조처럼 자괴감과 열등감이 상당했겠죠?

남경태 선조보다 더했겠죠.

김학원 병자호란 이후에 수많은 조선인이 청나라에 포로로 끌려갔어요.

신병주 정확한 수는 파악되고 있지 않지만 거의 수십만 명이라고 할 정도로 많았어요.

남경태 청군이 압록강을 건너고 두 달 사이에 그렇게 된 거예요.

김학원 조유에도 나오지만 포로들이 조선으로 도망치면 돌려보내야 하잖아요? 다만 '속환'이라고 해서 돈을 주면 데려올 수 있었죠.

신병주 당시 심양의 남탑 거리에 조선인 포로들을 속환하는 시장까지 생길 정도로 비참한 상황이었어요.

박시백 돈 있는 사대부들은 엄청나게 많은 돈을 지불하고 포로로 끌려간 가족들을 데려왔어요. 처음에는 몸값이 1인당 10냥이었는데 나중에는 어떤 사람이 아들을 1,500금이나 주고 데려오는 바람에 속환 값이 폭등했다고 해요.

김학원 청나라에 잡혀갔다 돌아온 여인들을 '환향녀'라고 하는데, 사대부들은 이 여인들과의 재결합을 거부하고 새장가를 가는 경우가 많았어요.

박시백 그래서 인조가 이혼을 금지했는데도 사대부들은 새장가를 들었다고 합니다. 재결합한 경우는 없었고요.

신병주 이때 최명길도 이혼에 반대했는데, 어떤 아이디어까지 내냐 하면, 각 지방의 큰 강을 '회절강回節江', 즉 절개를 회복하는 강으로 삼아 청나라에서 돌아온 여인들이 거기서 몸을 씻으면 절개를 회복

아들 속환비로 1,500금을 써서 물의를 일으킨 이성구는 말했다.

예전에도 역적의 딸을 이혼시킨 전례가 있었나이다. 이들의 경우는 몸을 더럽혔으니 그보다 더 심한 경우이옵니다. 이혼을 허락하시옵소서.

끝내 이혼을 허락하지는 않았지만

본인들이 원해서 간 게 아니잖은가?

사대부들은 모두 새장가를 들었고, 재결합하는 이는 없었다.

재결합 대신 재혼을 ^^

딴딴딴딴

사관은 이혼에 반대한 최명길을 이렇게 논하고 있다.

비록 본심이 아니었다 해도 변을 만나 죽지 않았으니 절의를 잃지 않았다고 할 수 있는가? 아! 백년 풍속을 무너뜨리고 삼한을 들어 오랑캐로 만든 자는 명길이다. 통분함을 금할 수가 없도다.

살아남은 사대부들의 뻔뻔함이 이와 같았다.

오랑캐라 북스던 이들에게 무릎을 꿇고도 죽지 않았으니 절의를 잃지 않았다고 할 수 있는 거니?

응? 너희 잘난 남자들아!

에라이

한 것으로 봐주자고 합니다. 이런 최명길에 대한 사관의 논평이 실록에 실려 있습니다. "비록 본심이 아니었다 해도 변을 만나 죽지 않았으니 절의를 잃지 않았다고 할 수 있는가? 아! 백년 풍속을 무너뜨리고 삼한을 들어 오랑캐로 만든 자는 명길이다." 당시 사대부들의 뻔뻔함을 보여주는 대목입니다.

김학원 사실 오랑캐에게 무릎을 꿇고 절의를 잃은 건 사대부 자신들인데 말이에요.

김학원   병자년의 침략으로 조선과 명나라의 고리를 끊어냈다고 생각한 청
나라가 다시 중원으로 눈을 돌립니다. 그런데 조선은 그 치욕을 당
하고도 명나라와 계속 밀교를 했어요.

남경태   병자호란 이후 명나라가 멸망하는 1644년까지 8년 사이에 조선과
명나라 간의 밀교 문제가 계속 갈등을 불러일으키는 거죠.

김학원   청나라가 처음에는 김상헌의 압송을 요구합니다.

박시백   조선이 명나라와 계속 연락을 취하고 있다는 정보가 들어오니까,
청나라에서 척화신의 거두 김상헌을 그 배후로 지목한 거죠.

김학원   심양에 도착하기 전 의주에서 김상헌이 용골대의 심문을 받는 장
면을 보면 71세의 고령인데도 참 의연해요.

남경태   기개는 있는 사람인 것 같아요.

박시백   아, 그럼요. 청나라 사람들도 김상헌의 담대한 모습을 칭찬했다고
합니다.

신병주   김상헌은 인조반정에 참여하지는 않았지만 서인의 핵심으로 관료
생활도 오래 했고 학자로서도 아주 명망가입니다. 상당히 비타협
적인 사람이어서 정묘호란과 병자호란 때는 그야말로 척화파의 거
두로 자리매김했죠.

김학원   청나라가 2년 뒤에는 최명길도 요구합니다.

박시백   김상헌을 요구할 때는 청나라도 심증만 있지 물증은 없었는데,
1642년에 명나라의 병부 상서가 청나라에 투항하면서 그동안 명
나라와 조선이 연락한 자료를 보여주니까, 당시 국정의 실질적인
책임자라고 할 수 있는 영의정 최명길의 압송을 요구한 거죠.

신병주   최명길은 병자호란 이후에도 명나라와 계속 연결고리를 가져야 한

다고 판단했어요. 아직은 명나라가 무너진 게 아니니까요. 그래서 몰래 통교를 시도했는데 그런 정황이 포착된 거죠.

박시백   최명길의 정세 인식 능력은 정말 광해군 수준이에요. 아직은 명나라가 살아 있으니 향후 상황이 어떻게 전개될지 모른다는 판단 아래 중립외교를 지향한 거죠.

남경태   김상헌은 반정에 참여하지 않았지만 인조 정권과 이념을 같이했어요. 반면 최명길은 왜 인조반정에 참여했는지 의아할 정도로 전쟁 초기부터 광해군의 외교 노선을 따르고 있어요. 대단한 현실 감각이라고 봅니다.

박시백   그뿐 아니라 진짜 위험하다 싶은 상황에서도 자기가 다 책임지려는 자세를 보입니다. 그래서 저는 이때까지 나온 조선의 재상들 중에서 최명길이 최고가 아닌가 싶어요. 정말 나라와 백성을 먼저 생각하고, 단지 그런 마음만 있는 게 아니라 책임지는 자세와 빼어난 판단력을 두루 갖춘 인물이라고 봅니다.

김학원   최명길이 광해군하고 만났으면 상당한 시너지 효과를 일으켰을 것 같아요.

신병주   아니, 오히려 토목공사에 반대하다가 유배를 갔을지도 모르죠.(웃음)

김학원   척화파 김상헌과 주화파 최명길, 두 사람의 심양 스토리가 감동적이에요. 적진에서 감옥살이를 하면서 서로에 대해 깊이 이해하게 되죠?

남경태   같은 감옥에 수감되었으니, 아마 통방을 했겠죠?(웃음) 김상헌과 최명길이 이때 주고받은 시가 지금 남아 있습니다.

김학원   두 사람은 소현세자가 귀국한 직후에 풀려나서 돌아왔는데, 최명길은 귀국한 지 얼마 안 되어 죽고 김상헌은 5년을 더 살았습니다. 두 인물의 캐릭터를 정리해주세요.

성공과 실패는 천운에 달렸으니
의로 돌아가는 것을 보아야겠네.
아침과 저녁이 바뀐다 해도
웃옷과 아래옷을 바꿔 입으랴.
권도는 현인도 잘못 쓸 수 있으나
정도는 뭇사람들 어기지 못하리.
이에게 밝은 선비에게 말하노니
급할수록 저울질을 신중히 하소.

成敗關天運
雖然反風暮
權或賢猶誤
寄言明理士
須看義與歸
詎可倒裳衣
經應衆莫違
造次愼衡機

고요한 곳에서 뭇 움직임을 볼 수 있어야
진정 마음대로 돌아갈 수 있나니
끓는 물도 얼음장도 다 같은 물이요
털옷이나 삼베옷이나 옷 아닌 것 없네.
일이 때에 따라 다를망정
마음이야 어찌 정도를 벗어날까?
그대 능히 이 이치를 깨닫는다면
말함도 침묵함도 각기 천기로세.

靜處觀群動
湯氷俱是水
事或隨時別
君能悟斯理
眞成爛漫歸
裘葛莫非衣
心寧與道違
語默各天機

박시백 김상헌과 최명길 둘 다 인간 됨됨이 자체는 참으로 훌륭하다고 할
수 있습니다. 하지만 한 시대를 책임지는 위치에 있는 사람이라면
그 시대를 냉철하게 분석하고 그것에 기초해서 정책과 입장을 내
놓아야 하는데, 그런 면으로 본다면 저는 김상헌보다는 최명길이
옳은 노선을 견지했다고 판단합니다. 다만 후손들이 두 사람이 갖
고 있는 장점을 고루 계승해야 하는데, 최명길은 폄하하고 김상헌
만 숭상한 게 아쉽습니다.

비운의 장수 임경업, 인생 역전 정명수

김학원 　김상헌과 최명길의 인연도 독특하지만, 임경업과 정명수의 인연은 더 독특한 것 같아요.

박시백 　임경업은 많이 소개됐지만 정명수는 별로 들어보지 못했을 거예요.

김학원 　격변하는 북방 정세 속에서 옷깃 한 번 스친 적 없는 두 사람이 어느 순간 서로의 운명을 결정짓게 됩니다.

남경태 　임경업은 조선의 장수인데, 청나라에서 굉장히 좋아했어요.

박시백 　유능하고 수완이 아주 좋았죠.

신병주 　인조시대를 대표하는 장군 하면 임경업을 떠올리게 돼죠.《임경업전》이라는 소설이 민간에 많이 퍼졌기 때문이에요. 임경업은 청나라에게서 지휘관 능력을 인정받았지만 청나라가 압송을 요구하자 명나라로 망명합니다.

박시백 　최명길과 함께 명나라와 비밀리에 통교했고, 금주 전투에 청나라 측 파병군 지휘관으로 참전했을 때는 태업을 했어요. 그 일로 청나라의 호출을 받은 뒤 명나라로 망명한 거죠. 명나라에서 평로장군이라는 직책을 받고 4만 명의 군사를 지휘하게 되었으니까 파격적인 대우를 받은 거죠. 그런데 1644년 명나라의 수도 북경이 함락되자, 이번에는 다시 청나라의 귀순 요청을 받아들여 청나라에 갑니다. 조선, 명나라, 청나라를 두루 거친 장수인 셈이죠.

김학원 　정명수는 임경업보다 훨씬 더 흥미로운 캐릭터예요. 평안도 은산의 관노비 출신이었다면서요? 강홍립 부대에 소속되어 싸우다가 후금의 포로가 됐는데 이것이 일생일대의 반전 기회가 됐던 거죠.

박시백 　인생 역전의 기회죠. 로또가 터진 거죠.

신병주 　자질이 워낙 뛰어나서 통역관으로 성공하죠.

김학원   청 태종의 신임까지 받으면서, 조선과 청나라의 중요한 채널로 자리 잡았어요.

남경태   노비 출신이지만 조선 조정이 무시할 수 없는 인물이 된 겁니다.

김학원   이런 정명수가 임경업의 운명을 결정하게 됩니다. 임경업의 청나라 귀순 소식에 자신의 입지가 불안해질 것을 우려한 정명수가 사은사로 청나라에 온 김자점에게 조선에 가서 왕에게 임경업 송환을 요구하게 하라고 말합니다. 당시 임경업이 조선에서 역모사건에 연루되어 있었거든요. 결국 임경업은 조선으로 보내지고, 국문 과정에서 숨을 거두죠.

비극의 씨앗이 된 심양 생활

김학원   이제 소현세자 이야기로 넘어가겠습니다. 임진왜란 당시 광해군이 분조 활동을 했는데, 소현세자도 정묘호란 때 분조 활동을 했어요.

남경태   선조-광해군 세트와 인조-소현세자 세트가 여러모로 비슷합니다. 인물됨도 그렇고요.

박시백   소현세자는 인조의 장자입니다. 정묘호란 당시 조정이 강화도로 들어갔을 때 아직 열여섯 살밖에 안 된 소현세자가 지방을 돌면서 백성을 위무하고 의병을 촉구하는 역할을 합니다. 소현세자도 광해군처럼 활동을 잘 했어요. 그러나 이때 얻은 신망이 어찌 보면 소현세자의 비극을 불러온 걸 수도 있습니다.

김학원   사실 소현세자의 훌륭한 분조 활동이 문제가 아니라 세자를 시기한 인조가 문제잖아요? 신 교수님, 소현세자가 청나라에 인질로 가 있을 때의 모습은 어땠나요?

신병주   조유의 내용에 따라, 소현세자 부부가 봉림대군 부부와 함께 심양관으로 갑니다. 인질 하면 눈 가리고 결박한 모습을 떠올리기 쉬운데 그러지는 않았어요.(웃음) 조선의 왕이 될 사람이기 때문에 청나라에서도 대접을 잘 해주었습니다. 지금의 대사관 정도 대우와 비슷하다고 보면 됩니다. 4년 뒤부터는 청나라에서 자급자족하라고 준 땅을 가지고 조선인 포로들과 함께 농사도 지었습니다. 특히 소현세자 부인 민회빈 강씨(강빈)는 상업에도 눈을 떠 그곳에서 장사도 했어요. 그런데 인조 입장에서는 세자가 청나라에 가서 너무 자리를 잘 잡으니까 오히려 못마땅한 거예요.(웃음)

박시백   무엇보다 못마땅한 점은 소현세자가 청나라 조정의 인정을 받았다는 거예요.

김학원   광해군이 명나라의 인정을 받은 것처럼요.

신병주   당시 소현세자는 볼모라는 처지에 얽매이기보다는 오히려 심양 생활을 국정 경험도 쌓고 국제정세도 익힐 기회로 활용했죠. 인조 입장에서는 청나라에 복수를 해줘야 할 아들이 오히려 짝짜꿍이 잘 맞아 지내는 게 불만이었겠죠. 게다가 청 황제의 조유에 인질 중에서 새로운 왕을 삼을 수 있다는 내용이 있으니, 이제는 아들이 아니라 경쟁자로 느끼기 시작했는지도 모르죠.

김학원   볼모 생활 3년 만에 일시 귀국했다가 4년 만에 다시 귀국을 하는데, 첫 번째 귀국 때는 인조가 함께 울어주기도 했지만, 두 번째 귀국 때는 노골적으로 냉대를 합니다. 세자 부부가 임금의 얼굴도 보지 못한 채 심양으로 돌아가죠.

남경태   친아들인데 참 너무하네요.

김학원   심양으로 돌아간 세자가 청나라의 마지막 명나라 공격에 동행하는데요.

남경태 1644년 이자성이 농민 반란을 일으켜서 수도 북경까지 점령하고 대순이라는 나라를 세웁니다. 이 혼란기를 틈타 청나라의 섭정 도르곤*이 수도로 진격해서 북경을 점령하고 중원을 석권하는 거죠.

김학원 이 과정을 소현세자가 직접 목격한 거잖아요?

박시백 봉림대군도 같이 있었어요.

김학원 중원을 정복한 도르곤이 여유를 보이면서 세자를 영구 귀국시키는 아량을 보이는데, 사실 쉽지 않은 결정 아닌가요?

박시백 아니죠. 명나라를 치는 과정에서 조선이 혹시라도 다른 수를 쓸까 봐 소현세자를 인질로 잡고 있었던 건데, 자기네 목표를 다 이루었으니 더는 쓸모가 없어졌기 때문에 돌려보내기로 한 거죠.

신병주 한편으로는 소현세자가 조선에 돌아가서 왕이 되면 양국 관계가 훨씬 좋아질 거라고 생각했을 거예요. 빨리 가서 조선의 왕이 되라, 이런 메시지도 있었을 거고요.

김학원 1645년(인조 23) 2월, 삼전도의 굴욕 이후 9년간의 기나긴 볼모 생활을 마치고 소현세자가 영구 귀국합니다. 그동안 얼마나 고된 세월을 보냈습니까?

남경태 그래도 그동안 쌓은 경험을 펼칠 수 있을 거라는 생각을 했겠죠.

김학원 서양 문물도 접하고 청나라의 중원 정복 과정도 보면서 조선이 앞으로 나아가야 할 방향에 대해 날마다 생각했을 것 같아요.

남경태 소현세자는 장차 왕이 될 사람이었으니 그런 생각을 했겠죠. 그런데 오히려 비극이 시작되는 거죠.

● 도르곤(1612~1650) 누르하치의 열네 번째 아들로, 청 태종 홍타이지를 도와 전장을 누볐다. 청 태종이 죽고 그의 다섯 살 아들 순치제가 황제로 등극하자 섭정을 맡았다. 1644년 북경을 점령하고 중원을 평정했으며, 만주족 중국 지배의 기초를 닦았다.

소현세자의 죽음, 독살인가?

김학원   소현세자가 귀국 후 두 달 만에 갑작스레 숨을 거둡니다. 학질에 걸렸다는데, 어의의 침을 맞고 사흘 뒤에 죽은 거잖아요?

남경태   온 몸이 까맣게 되어서 죽었다고 해요.

박시백   그냥 보통의 침을 맞으면 그렇게 까맣게 될 리가 없죠. 어의 이형 익이 침을 잘못 놓아 죽었다는 이야기가 많은데, 제가 보기에도 독 살인 것 같아요.

김학원   장례도 굉장히 빠르고 간소하게 치렀는데, 소현세자의 죽음을 어 떻게 봐야 할까요?

신병주   실록에서조차 독살의 의혹이 많다고 하는데, 무엇보다 이형익이 별다른 처벌을 받지 않았다는 게 이상하죠.

박시백   왕이나 세자가 죽으면 최소한 벌주는 시늉 정도는 하는데, 그러지 않았죠.

신병주   소현세자가 죽은 직후에 인조가 소현세자의 아들인 원손이 아니라 세자의 동생 봉림대군을 세자로 책봉합니다. 이것이 독살의 의혹 을 키운 사건이죠. 인조의 사후 처리과정을 보면, 이 죽음에 인조 가 개입됐을지도 모른다는 의문을 품게 돼요.

박시백   거의 100퍼센트가 아닌가 싶어요. 왜냐하면 이후에 며느리와 손자 들을 제거하는 과정을 보면, 처음부터 하나의 플랜 아래서 진행된 것 같거든요.

남경태   소현세자가 병이나 의료 사고로 안타깝게 죽은 거라면, 원손을 세 손에 책봉하지는 않더라도 최소한 손자들을 박대해선 안 되는 거 예요. 그런데 오히려 유배를 보내죠.

박시백   1645년(인조 23) 6월 27일 세자의 졸곡제가 있는 날 실록의 내용이 이렇습니다. "온 몸이 전부 검은 빛이었고 이목구비의 일곱 구멍에서는 모두 선혈이 흘러나오므로 검은 천으로 얼굴 반쪽을 덮어놓았지만 곁에 있는 사람조차 그 얼굴빛을 천 색깔과 구분할 수 없을 정도로 마치 약물에 중독되어 죽은 사람 같았다." 조선 왕실에 수많은 독살설이 있는데, 소현세자는 확실한 독살이에요.

남경태 어떻게 이렇게 자기 자식까지 죽입니까? 저는 세계관의 차이가 결국 이런 비극을 낳았다고 봅니다.

박시백 세계관의 차이를 강조하는 시각이 있긴 한데, 제가 보기에 그건 나중에 만들어진 그림인 것 같아요. 소현세자는 굉장히 친청적인 인물, 봉림대군은 북벌의식에 불타는 인물로 전형화된 거죠. 인조는 청나라라면 이를 가는 사람이라 소현세자와 뜻이 맞지 않으니 그를 죽이고 자기 뜻에 맞는 봉림대군을 세웠다, 이것이 야사의 기본 입장이에요. 그런데 그런 이야기를 하려면 적어도 인조가 반청적인 모습을 보여주어야 하는데, 전혀 그렇지가 않아요. 인조의 최측근 김자점은 조정 내에서 가장 친청적인 인물이에요. 이것은 인조가 반청적이었을 거라는 주장과 너무나 다른 이야기입니다.

잔혹한 인조, 며느리와 손자들을 죽음으로 몰아넣다

김학원 소현세자의 갑작스런 죽음에 이어서 이번에는 인조의 노골적인 잔혹사가 펼쳐집니다. 강빈과 그 일가족이 모두 죽음에 이르게 되는 거죠. 이 대목을 보면 정말 입이 다물어지지 않을 지경이에요.

신병주 소성대비가 광해군과 원수가 된 가장 큰 이유가 영창대군의 죽음이잖아요? 강빈도 이때 어느 정도는 감을 잡았을 것 같아요. 남편이 의문의 죽음을 당했는데, 시아버지가 하는 행동을 보면서 시아버지가 죽인 게 아니냐는 생각을 하게 됐겠죠. 게다가 당연히 자신의 아들이 왕위를 계승해야 하는데, 후계가 시동생인 봉림대군한테 갔단 말이죠. 그때 소현세자의 장자가 열 살이었으니 군주 수업을 시작할 수 있는 나이였어요.

김학원 강빈이 죽음에 이르게 된 결정적 계기가 이듬해인 1646년(인조 24) 2월에 인조가 대신들에게 내린 비망기예요.

박시백 소현세자를 죽이고 나서 당연히 강빈을 제거해야겠다는 플랜을 세웠겠죠. 그래서 꼬투리를 잡기 위해 다짜고짜 강빈의 시녀를 잡아다가 고문을 합니다. 뭐 하나라도 나와야 하는데, 이 시녀가 강빈에 대한 의리를 지켰죠. 그래서 시녀만 유배 보내고 그냥 넘어갔단 말이에요. 그런데 얼마 안 가 저주를 했다며 강빈의 시녀 두 명을 잡아다가 고문을 해서 죽였어요.

신병주 이때 강빈이 머리를 풀고 인조의 처소에 찾아가 하소연했다는 기록이 있어요.

남경태 이때는 봉림대군이 세자로 책봉된 뒤입니까?

박시백 그렇죠. 그런데 몇 달 뒤 난데없이 전복 구이에 독이 들어 있다고 하면서 무조건 강빈이 한 거라고 몰아붙이죠. 이때는 대전과 동궁전 사이에 왕래가 끊긴 지 오래라서 강빈이 임금의 수라상 근처에도 올 수 없는 상황이었어요. 그런데 무조건 강빈의 소행으로 단정 짓고 강빈의 시녀 열 명을 데려다가 고문을 하는데, 열 명 중에 일곱 명이 죽습니다. 그런데 거기서도 한마디도 나오지 않았어요.

남경태 사실이 아니니까요.

박시백 그래서 너는 명분이 없으니까 인조가 이 비망기를 내린 거예요. 아무 근거 없이 자기의 생각과 판단만으로 강빈이 역모를 꾀했다고 얼마나 막무가내의 비논리적인 글인지 보자.

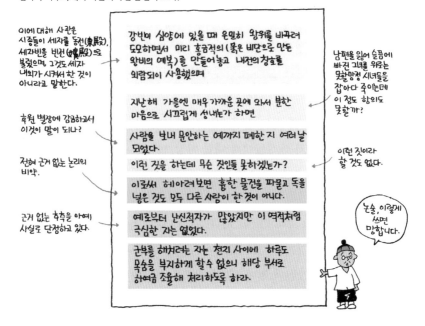

이에 대해 사관은 시종들이 세자를 동전(東殿), 세자빈을 빈전(嬪殿)으로 불렀으며, 그것도 세자 내외가 시켜서 한 것이 아니라고 말한다.

휴원 별장에 감금하고서 이것이 말이 되나?

전혀 근거 없는 논리의 비약.

근거 없는 추측을 아예 사실로 단정하고 있다.

강빈이 심양에 있을 때 은밀히 왕위를 바꾸려 도모하면서 미리 홍금적의(붉은 비단으로 만든 왕비의 예복)를 만들어놓고 내전의 창호를 외람되이 사용했으며

지난해 가을엔 매우 가까운 곳에 와서 분한 마음으로 시끄럽게 성내는가 하면

사람을 보내 문안하는 예까지 폐한 지 여러 날 되었다.

이런 짓을 하는데 무슨 짓인들 못하겠는가?

이로써 헤아려보면 흉한 물건을 파묻고 독을 넣은 것도 모두 다른 사람이 한 것이 아니다.

예로부터 난신적자가 많았지만 이 역적처럼 극심한 자는 없었다.

군부를 해치려는 자는 천지 사이에 하루도 목숨을 부지하게 할 수 없으니 해당 부서로 하여금 조율해 처리하도록 하라.

남편을 잃어 슬픔에 빠진 그녀를 위로는 못할망정 시녀들을 잡아다 죽이는데 이 점도 항의도 못할까?

이런 짓이라 할 것도 없다.

논술, 이렇게 쓰면 망합니다.

몰아세우는 어처구니없는 과정이었죠.

신병주   사가로 쫓겨났다가, 결국 사약을 받고 죽게 되지요.

박시백   당시 강빈을 배신하고 살아남은 시녀 하나가 강빈이 죽고 1년 뒤, 강빈이 생전에 왕을 저주하는 물건들을 궁궐 곳곳에 묻었다고 하면서 나섭니다. '여기도 있습니다, 여기도 있습니다' 하면서 발굴 작업을 벌이는데 그 양이 어마어마해요.(웃음)

남경태   날조일 가능성이 높네요.(웃음)

박시백   강빈을 죽일 당시에 그런 게 하나만 나왔어도 좋은 명분이 될 수 있었는데, 이미 죽고 난 다음에 이런 행각을 벌입니다. 얼마나 치졸합니까?

김학원 　소현세자의 세 아들도 제주로 유배됩니다. 그리고 1년여 만에 소현세자의 장자가 죽고 둘째도 죽었죠.

신병주 　풍토병으로 죽었다고 해요.

남경태 　사실은 풍토병으로 죽었다는 것도 의심스러워요.

박시백 　왜냐하면 죽기 바로 전에 청나라의 실력자 용골대가 와서 소현세자의 큰아들을 데려가서 키우겠다고 했거든요. 그 이후에 공교롭게 풍토병으로 죽었다는 기록이 있는 걸로 봐서는 죽였을 가능성도 배제할 수 없죠.

인조와 소현세자: 선조·광해군 세트의 확대증보판

김학원 　1649년(인조 27) 5월 인조가 눈을 감습니다. 소현세자가 귀국한 게 1645년(인조 23) 2월이니까 인조가 4년만 더 빨리 눈을 감았어도 조선의 운명은 달라졌을 거예요. 이 4년 동안 너무나 참혹한 일들이 벌어졌네요. 삼전도의 굴욕 그리고 세자와 세자빈에 대한 잔혹사의 주인공 인조의 26년을 어떻게 정리할 수 있을까요?

남경태 　인조·소현세자 세트가 선조·광해군 세트와 너무나 비슷하고, 오히려 확대증보판이라는 생각이 들어요.

신병주 　인조는 반정에 직접 참여할 만큼 당시 광해군 정권의 모순을 확실히 알고 있었어요. 그래서 광해군 정권과 차별화해야 한다는 생각이 분명히 있었던 것 같아요. 하지만 전 정권에서 잘한 정책조차 무조건 뒤집은 것은 문제가 있었고, 그게 결과적으로 두 차례의 호란을 초래했습니다. 또 성리학 이념이 강고하게 정착되면서 우리가 흔히 생각하는 조선의 모습들이 사실 인조반정 이후에 상당히

세계사적 전환기의 조선에 꼭 필요한 정치적 자질과 경험을 갖추었던 소현세자다.

갖춰져요. 성리학 일변도의 사회가 된 거죠. 조선이라는 나라가 현실 문제에 관심을 갖기보다는 철저하게 이념 성향을 띠는 경향이 본격적으로 나타난 것이 인조시대부터입니다.

김학원 만일 새로운 서양 문물과 열린 외교정책을 경험한 소현세자가 집권했다면 조선사회가 많이 달라졌을 것 같아요.

남경태 제가 앞서 광해군의 집권이 좀 더 연장되었다면 좋았을 것 같다는 말씀을 드렸는데요, 소현세자가 집권했다면 광해군의 집권 연장보다 더 긍정적인 효과가 있었을 것 같아요. 소현세자의 경험은 아버지나 조선 조정에서는 알지 못하는 새로운 것이었으니까요. 그래서 만일 소현세자가 집권했다면 그 당시 세계사적인 흐름에 훨씬

부합한 정책을 펴고, 청나라를 통해서 서학과 북학을 받아들일 수 있는 비성리학적 노선을 견지할 수 있었을 거란 생각이 들어요.

김학원 그런 점에서 인조의 갈팡질팡, 우왕좌왕하는 무기력함과 더불어 소현세자에 대한 안타까움은 광해군시대보다 더 큰 것 같아요. 박화백님은 어떻게 보셨어요?

박시백 인조 때가 지금 정서하고 참 비슷하지 않나 싶어요. 요즘 국제정세도 우리가 그동안 정말 상국처럼 떠받들던 미국과 신흥 강자인 중국 사이에 세력 교체에 준하는 상황이 벌어지고 있잖아요? 작은 나라인 우리로서는 인조시대를 반면교사로 삼아야 하지 않나 싶습니다.

박사관은 말한다

임진왜란 당시 조선 조정은 무능하고 한심했지만, 이순신 같은 불세출의 영웅이 나오고 곳곳에서 의병이 일어나 싸우는 등 조선의 저력을 보여주었던 것도 사실이다. 그러나 인조시대의 정묘호란과 병자호란 때는 그런 움직임이 별로 포착되지 않는다. 그런데도 조선이 병자호란 이후 거의 300년이나 더 존속한 이유가 무엇일까? 한편, 광해군과 인조로 이어지는 시기는 최근의 현실과 많이 닮아 있다. 현재의 나라나 인물들을 청나라, 명나라, 광해군, 인조 등과 연결시켜보는 것도 재미있을 성싶다. 하지만 촛불에 짝할 수 있는 항목은 아무리 찾아보아도 찾을 길이 없다. 당시에도 촛불이나 그에 상응하는 힘이 있었다면 인조와 서인 정권이 적어도 같은 실패는 반복하지 않았을 것이다.

Talk 13
효종 · 현종실록

군약신강의
나라

1649년(효종 즉위년)	효종이 즉위하다. 김집, 송시열, 송준길 등 산림의 영수들을 불러들이다. 우의정 김육이 호서와 호남에서 대동법을 실시하자고 주장하다.
1651년(효종 2)	윤방의 시장에 '강빈'이라 칭한 조익을 삭탈관직하다. 호서에서 대동법을 시행하기로 결정하다. 김자점을 처형하다.
1652년(효종 3)	어영군을 이완에게 맡겨 규모를 늘리고 정예화하게 하다.
1653년(효종 4)	그동안 써오던 대통력을 시헌력으로 대체하다. 하멜 일행이 제주도에 표착했다는 보고가 있자 올려보내라 이르다.
1654년(효종 5)	1차 나선정벌에 나서다. 김홍욱이 곤장을 맞고 죽다.
1655년(효종 6)	하멜 일행을 훈련도감에 예속시키다.
1657년(효종 8)	《선조수정실록》을 완성하다.
1658년(효종 9)	김육이 죽다.
1659년(효종 10)	2차 나선정벌에 나서다. 효종과 송시열이 독대하다(기해독대). 효종이 세상을 떠나다.
1659년(현종 즉위년)	현종이 즉위하다. 기해예송이 시작되다(~1660).
1661년(현종 2)	유배지에서 송시열을 공격한 윤선도를 위리안치하다.
1662년(현종 3)	경기도를 시작으로 양전을 실시하다.
1663년(현종 4)	호남에서 대동법을 시행하다.
1666년(현종 7)	예송 금지령을 내리다. 하멜 일행이 일본으로 탈출하다.
1670년(현종 11)	경신대기근이 일어나다.
1671년(현종 12)	전국에서 아사자와 병사자가 속출하다.
1673년(현종 14)	효종의 무덤 영릉을 여주로 천장하다.
1674년(현종 15)	효종의 비 인선왕후가 승하하여 갑인예송이 촉발되다. 1년복으로 고치도록 명하다. 현종이 세상을 떠나다.

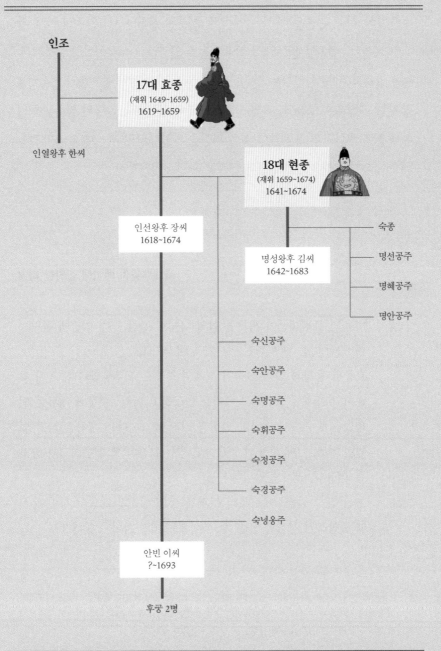

인조

17대 효종
(재위 1649~1659)
1619~1659

인열왕후 한씨

18대 현종
(재위 1659~1674)
1641~1674

인선왕후 장씨
1618~1674

명성왕후 김씨
1642~1683

숙종

명선공주

명혜공주

명안공주

숙신공주

숙안공주

숙명공주

숙휘공주

숙정공주

숙경공주

숙녕옹주

안빈 이씨
?~1693

후궁 2명

소현세자 사후 원손을 제치고 세자에 책봉된 봉림대군이 인조에 이어 왕위에 오른다. 정통성 문제에서 자유로울 수 없었던 효종은 성실한 군주의 모습을 갖추기 위해 노력하는 한편, 산림들을 대거 조정에 불러들여 정통성을 강화할 기반으로 삼는다. 그리고 효종이 죽고 16년 뒤, 산림의 영수 송시열은 효종이 자신과의 독대에서 북벌 의지를 피력했다며 그 내용을 공개하는데……. 우리가 알고 있던 북벌의 실체는 과연 무엇인가?

사대부들이 예학에 집착한 까닭

김학원 1649년 봉림대군이 서른한 살의 나이로 조선 17대 임금에 올랐는데, 즉위 다음 날 이뤄진 인사가 눈에 띄네요.

신병주 효종의 등장과 함께 산림이 정계의 중심으로 부상합니다. 당시 효종이 재야에서 성리학과 예학을 연구하고 의리명분론에 정통한 인물들을 등용해서 추락한 민심과 기강을 잡는다는 생각을 하고 있었던 거죠. 그때 등용된 인물이 김집*, 김집의 제자 송시열과 송준길, 이유태, 권시 등입니다.

김학원 조선 전기 김종직에서부터 시작된 정통 성리학 계통의 사림과 이때 등장하기 시작한 산림, 둘 사이에는 어떤 차이가 있나요?

---

* 김집金集(1574~1656) 김장생의 아들이자 예학 전문가로 명성을 떨쳤다. 광해군시대에 외교정책이나 대동법에 반대하여 벼슬에서 물러났다가 인조반정으로 다시 등용되었다. 이후 산당의 영수로서 커다란 영향력을 행사했으며, 대동법 시행을 주장하는 김육과 대립했다.

이황, 조식 이래 선비들은 벼슬을 버리고 물러가거나 아예 벼슬을 하지 않는 처신을 아름답게 여겼다.

삼전도의 항복을 겪고 난 뒤 그런 경향은 더욱 강해졌다.

벼슬을 하면 꼭 오랑캐의 졸개가 된 것 같단 말야.

물러나 학문에나 힘쓰며 몸이라도 더럽히지 말자.

내 말이!

세상에서는 이들을 산림(山林)이라 불렀다.

신병주   크게 보면 산림도 사림의 한 집단입니다. 재야에서 학문을 닦다가 성종 때 본격적으로 중앙 정치에 진출하기 시작한 세력을 사림이라고 하죠. 반면 산림은 중앙 정계에서 활동하기보다 재야에 은거하면서 영향력을 행사하는 세력을 말합니다. '산림山林'이라는 용어에 은거한다는 의미도 포함되어 있죠.

김학원   상대적으로 예학을 중시했어요.

신병주   사림들은 혼란한 사회를 바로잡고 안정을 되찾기 위한 방법을 모색합니다. 그 과정에서 예학이야말로 유학의 이념을 현실에서 구현하여 성리학적 질서를 확립할 방안이라고 여기게 된 거죠.

남경태   17세기에 예학이 발달한 이유에 대해서 신 교수님께 한 가지 여쭤볼게요. 1644년 명나라가 없어지고 중국이 소위 오랑캐의 땅이 되면서, 이제 예를 아는 유자들의 땅은 조선뿐이라고 생각하게 된 조선 유학자들이 예법을 더욱 강조하기 시작한 것 아닐까요?

신병주 　그런 면도 분명히 있을 거예요. 주자가 《주자가례》를 만들 때도 한족이 세운 송나라가 여진의 금나라에 쫓겨 남쪽으로 내려갔을 때였으니까요. 사회 분위기가 17세기 조선과 비슷했어요. 그러다 보니 예전보다 더 의리와 명분에 집착하게 되었죠. 그것이 예학의 발달로 이어진 거고요.

김학원 　예를 중시하는 분위기가 형성되면서 신하들이 예를 왕과의 관계를 개선해나갈 무기로 이용하기도 했어요.

신병주 　그렇죠. 예학 논쟁이 왕과 신하 간, 서인과 남인 간의 이념 투쟁의 장이 되는 거죠. 그게 결국 예를 둘러싼 논쟁, 즉 예송논쟁으로 이어집니다.

박시백 　좀 덧붙이면, 예학 논쟁은 당시 사대부들의 본능적인 자구책이었다고 봅니다. 사대부들은 의도했건 의도하지 않았건 임진왜란과 병자호란을 거친 이후 더욱 급격하게 보수화하고 자기 권력을 강화하는 방향으로 나아갔잖아요? 전쟁을 어떻게 극복하고, 무엇을 반성하고 나라를 어떻게 재건할지를 고민하는 것이 아니라, 오히려 성리학에서도 가장 말단인 예학에 집중함으로써 자신들의 흔들리는 입지를 다지려 했다는 생각이 들어요.

남경태 　그러니까 백성의 현실이나 외부세계의 변화와는 점점 괴리되는 방향으로 나아간 거죠. 관념화되고 형식화되는 거죠.

두 번 쿠데타의 주역이 될 뻔한 김자점

김학원 　효종 초기에 반청적 성향이 강한 산림 세력이 대거 등장하면서 가장 긴장한 사람이 바로 친청 세력의 수장 김자점*이죠? 김자점에 대한 탄핵의 목소리가 높아지니까 아들 김식이 무장들을 규합하는 한편 청나라에 역관을 보냈어요.

박시백 　정확히 말하면 청나라에 있는 정명수에게 보낸 거죠. 정명수를 통해서 청 조정에 청을 넣으면 아버지를 탄핵하는 세력들을 물리칠 수 있을 거라고 본 거죠. 인조의 능인 장릉의 지문에 청나라 연호를 쓰지 않았다고 밀고한 것도 바로 이때죠. 하지만 이 일로 오히려 김자점은 유배되고 두 아들은 외직으로 발령됩니다.

김학원 　그러고 나서 얼마 뒤에 김자점 일가의 옥사가 일어나는데요.

신병주 　1651년(효종 2) 김자점에 대한 고변이 들어오죠. 고변한 자의 장인과 김자점이 비밀스럽게 왕래했는데 그 정상이 의심스럽다고 해서 김자점 일가를 국문하게 됩니다. 먼저 김자점의 아들 김식이 수원 부사, 광주 부윤 등과 모의해서 김자점을 탄핵한 원두표, 특히 송준길 등 산당 세력을 제거하려 했다고 자복합니다. 인조의 다섯째 아들 숭선군을 옹립하려 했다는 진술도 다른 사람 입에서 나왔고요. 결국 김자점은 거열형에 처해집니다.

남경태 　만약 성공했으면 김자점은 두 번의 쿠데타를 성공시키는 기록을 세울 뻔했어요.(웃음) 인조반정 공신이었으니까요.

김학원 　김자점이 친청파의 거두인데도 청나라는 전혀 개입하지 않은 것 같아요. 그것도 참 특이해요.

박시백 　청나라는 도르곤이 죽은(1650) 이후로 조선의 내정에는 별로 간섭

● 김자점金自點(1588~1651) 성혼의 문하에서 공부했고 정치적으로 서인에 속했다. 인조반정에 가담해 공신에 봉해졌고, 김류와 이귀가 대립하자 김류 쪽에 가담했다. 병자호란 때 적의 침략 소식을 늦게 보고하고 전투에서도 참패한 죄로 2년간 유배되었다가 관직에 복귀했다. 봉림대군의 왕세자 책봉 때 인조의 뜻에 영합했다. 효종 즉위 후 김상헌, 송준길 등의 탄핵을 받자 청나라의 정명수에게 도움을 청했다가 유배되었고, 이후 아들의 역모가 드러나 처형되었다.

을 안 했어요. 그보다는 병자호란 때 끌고 가서 노예로 부리던 조선 사람들이 강을 건너 도망쳤을 때 다시 돌려받는 문제에 신경을 많이 썼죠. 그리고 조선인들이 국경을 넘어 만주에 드나드는 문제에도 굉장히 민감한 반응을 보였어요. 예를 들어 조선의 심마니들이 삼을 캐가는 것에 굉장히 히스테릭한 반응을 보였죠.

남경태 그건 만주가 청나라에 특별한 의미를 지닌 지역이기 때문이기도 해요. 만주는 그들에게 황제의 고향이자 청나라의 발상지였죠. 그래서 타민족이 마음대로 드나드는 걸 원치 않았어요. 수도를 북경으로 옮기고 만주의 여진인들이 대부분 중원으로 이주한 후로는 이런 경향이 더 심해져요. 17세기 후반에는 만주를 아예 봉금 지역으로 선포하고 조선인은 물론 한족의 왕래나 이주도 금지해버리죠.

효종의 정통성 콤플렉스

김학원 효종도 아버지 인조처럼 정통성 콤플렉스가 있었다면서요?

박시백 효종은 세자 시절 술을 끊은 뒤 평생 술을 한 방울도 안 마셨을 정도로 자기 관리가 철저한 왕이었어요. 정통성이 취약한 왕일수록 자기 처신에 엄격한 경향이 있죠.

김학원 강빈 이야기가 나올 때마다 민감한 반응을 보입니다.

박시백 당시 산림들은 소현세자의 뒤는 당연히 원손이 이었어야 한다고 생각했고, 강빈의 옥사에 대해서도 의혹을 느끼고 있었으니까요.

신병주 1651년에 조익이 윤방의 시장諡狀을 쓰면서 거기에 '강빈'이라는 표현을 썼는데, 그걸 알고 효종이 대노합니다.

김학원   1654년 황해 감사 김홍욱의 죽음도 사실 그것의 연장선상에 있는 사건 아닌가요?

신병주   그렇죠. 당시에 재해가 잦아서 구언상소를 올리라고 했는데, 김홍욱이 강빈의 옥사를 거론했어요. 거듭된 재해의 원인이 강빈의 억울한 죽음에 있다는 식으로요. 효종의 입장에서는 판도라의 상자를 열어버린 거예요.

박시백   심지어 효종이 강빈 이야기를 꺼내면 역당으로 다스리겠다고 말한 이후였는데 말이에요. 그런 걸 보면 김홍욱도 정말 작심을 한 거예요. 맞아죽을 지경에 몰려서도 "내가 죽거든 내 눈을 뽑아 도성문에 걸어두어라. 나라가 망해가는 꼴을 보겠노라!"고 합니다.

김학원   자신의 정통성 문제 때문에 콤플렉스가 컸던 효종이 국제정치적인 이슈인 북벌을 들고 나옵니다.

신병주   효종이 북벌을 기치로 내건 것도 어떻게 보면 사대부들의 입맛에 맞는 국정 지표와 이념을 내세운 거라고 볼 수 있어요.

박시백   또 한 가지, 북벌은 소현세자가 아니라 자기가 왕권을 승계한 것이 정당하다는 점을 보여주는 데도 유용했어요.

남경태   소현세자와의 차별성을 명확히 드러낼 수 있는 지점이었죠.

무인적 기질이 강한 실용주의자

김학원   군주 효종에 대해서 이야기를 해보죠.

남경태   사실 효종이 10년을 집권했는데, 10년도 짧은 시간은 아니잖아요? 그런데 효종의 업적을 꼽으라면 잘 모르겠어요.

박시백   보통 나선정벌과 대동법의 확대 실시를 이야기하죠.

김학원   군사력을 강화한 것도 효종의 업적이라고 할 수 있는 거잖아요?

박시백   효종 자신이 무인적 경향이 강한 인물이죠.

신병주   수시로 무재를 관람했고 능행길에도 국왕의 군대 사열이나 군사훈
          련을 실시했어요. 그런 만큼 군대의 기강이 흐트러지는 것도 용납
          하지 않았고요. 무엇보다 효종은 인종 때 국왕 호위를 위해 설치한
          어영군의 규모를 확대하고 정예화합니다. 그리고 수도방위군이라
          할 수 있는 훈련도감을 통해 포수를 양성하고, 네덜란드인 하멜 일
          행을 훈련도감에 예속시켜 그들의 조총을 모방한 새로운 무기들을
          개발하기도 하죠. 효종의 명을 받아 이런 일들을 주도한 인물이 바
          로 이완*입니다.

김학원   북벌을 슬로건으로 내세웠지만 실제로는 국내의 국방 문제를 착실
          하게 챙긴 셈이죠.

남경태   사실은 방어의 측면이 컸죠. 다시는 삼전도의 굴욕을 당하지 말자
          는 거였어요.

박시백   어찌 보면 선조, 광해군, 인조, 효종 중에 효종이 가장 임금다운 임
          금이었다는 생각이 들어요. 나라의 기본인 국방력을 갖추고 대동
          법도 확대 실시하고, 정말 부지런하게 그때그때 필요한 것들을 제
          대로 하려고 했던 왕이었다고 평가하고 싶습니다. 그러니까 무모
          한 이상주의자가 아니라 현실적인 판단을 하고 상황에 맞는 조처
          를 취했다고 보는 게 효종에 대한 제대로 된 평가인 것 같아요.

김학원   효종의 현실주의자적인 면모는 의복제도에서도 드러납니다. 효종

● **이완**李浣(1602~1674) 1624년(인조 2) 무과에 급제했다. 병자호란 때 도원수 김자점 휘하에서 싸
웠고 이후에는 임경업의 부장으로 명나라 공격에 참전하기도 했다. 효종 즉위 후 북벌을 계획함에 따
라 북벌과 관련된 요직을 두루 맡았다.

정시영이라는 자가 부정출발해서
기를 뽑아가지고 왔다.

1등 먹었,,,

화르르

환궁하고 나서 왕이 명했다.

내 듣건대, 병법에 이르길
북을 치면 백만의 군사가
앞을 가로막고 있어도
물러갈 수 없고
징을 치면 금은 보화가
산처럼 쌓여 있어도
나아갈 수 없다고 했다.

이는 다름이 아니라
군령이 엄한 것을
두려워하기
때문이다.

열무 때 영을 어긴
정시영을 효시해
군법의 엄함을
알리도록 하라!

이에 신하들이 나서서
선처를 호소했지만,

경들은 서생이니
어찌 군법을
알겠는가?

우리나라의 군율은
엄하지 않아 이처럼
놀라고 괴이하게
여기는 것이다.

…… 라며 들어주지
않았다.

은 대단히 실용을 강조했어요. 청나라 시절의 경험이 반영된 게 아닐까요?

박시백 그렇죠. 청나라는 옷이 정말 실용적이어서 전투복도 정말 전투복답게 간소하고 가벼웠죠. 심지어 명나라 전투복도 우리 같지는 않았어요. 그래서 임진왜란 때 파병 온 명나라 장수들이 조선의 융복과 철릭을 보고 되게 비웃었다고 해요.

김학원 술 따를 때도 굉장히 불편했을 거예요.(웃음)

네덜란드 상인들은 조선의 존재를 몰랐을까?

김학원 1653년(효종 4)에 일본으로 가던 네덜란드 상선이 표류하다가 제주 해안에 도착합니다. 생존한 선원이 모두 36명이었어요.

남경태 당시 제주 목사가 서양인의 존재를 알고 있었어요. 그래서 처음부터 통역을 붙입니다.

김학원 통역을 맡은 사람이 네덜란드인 벨테브레＊인가요?

신병주 네. 인조 때 제주에 표착한 사람인데, 한국 이름은 박연이에요. 이 사람을 통역으로 보낸 거죠. 그런데 조선에 온 지 20년이 훌쩍 넘어서인지, 네덜란드 말을 거의 다 까먹어서 무척 힘들어했다는 기록이 있어요.(웃음)

＊ 벨테브레(박연, ?~?) 네덜란드 선원으로, 1627년 일본 나가사키를 향하던 중 제주도에 표착하여 동료 두 명과 함께 조선에 귀화, 훈련도감에 배속되어 무기 제조를 맡았다. 병자호란 때 동료 두 사람을 잃었다. 1653년 하멜 일행이 왔을 때 통역과 호송 임무를 담당했다. 조선 여자와 결혼하여 1남 1녀를 두었고 조선에서 생을 마쳤다.

김학원 당시 도착한 네덜란드 상인들이 애초에 조선의 존재를 몰랐을
까요?

남경태 알고는 있었을 거예요. 한반도가 아주 작냐 하면 그것도 아니거든
요. 하지만 서양인들 생각에 한반도는 중국의 일부니까 굳이 올 필
요가 없었던 거죠. 인정하기는 싫지만 서구에서 보는 우리와 우리
가 보는 우리가 달랐던 거예요.

김학원 한편으로는 난파 외국인들에 대한 조선의 정책이나 태도가 아쉬워
요. 위리안치하는 것처럼 억류해버리잖아요?

신병주 그러니까 하멜 일행이 계속 탈출을 시도하죠.

김학원 결국 하멜이 13년 만인 1666년(현종 7)에 일본으로 탈출합니다.

박시백 당시 조선은, 외국인이 들어오면 살려는 주고 귀화하겠다고 하면
집도 주고 부인도 얻어주었어요. 여진인이나 일본인도 그렇게 처
우했죠. 다만 도로 나가는 건 허용을 안 했어요.

남경태 하멜도 나가사키로 보내달라고 했는데 들어주지 않았어요.

박시백 우리에 대한 정보를 넘길 거라고 본 것 같아요.(웃음)

김학원 서양을 궁금해하는 조선 사람들을 그 사람들과 함께 보내서 서양
을 경험하게 했으면 좋았을 텐데요.

신병주 탈출에 성공한 하멜이 네덜란드로 돌아가서 억류 생활에 대한 보
고서를 작성해요. 그 책이 바로 《하멜 표류기》죠. 내용을 보면 조
선의 지리와 풍속은 물론, 정치와 군사, 교육에 이르기까지 광범위
한 내용을 다루고 있어요. 단순히 선원 출신이 썼다고는 볼 수 없
는 수준이죠. 이런 사람을 조선에서 우호적으로 대했다면 훨씬 효
과가 있었겠죠.

김학원 효종시대에는 서인 중에서도 산당이 정국의 주도권을 갖기 시작하
는 거죠?

신병주 이 시기에 서인이 산당과 한당으로 나뉘게 됩니다. 산당은 주로 산
림들이 결집한 세력으로, 김집 이하 송시열과 송준길 등이 막강한
영향력을 행사했습니다. 한당은 주로 경기, 서울 지역에 근거한 세
력으로 김육과 같은 관료 출신들입니다. 산당이 대표적으로 추진
한 사업이 우율종사예요. 서인의 원류가 되는 우계 성혼과 율곡 이
이를 문묘에 종사하자는 거죠. 이미 종사된 오현, 그중에서도 이황
은 남인의 원류로 분류되는 사람이어서 서인들이 불만이 많았거든
요. 서인에도 학문적으로 명망 있는 이이나 성혼과 같은 인물이 있
다며 문묘 종사를 추진한 겁니다.

박시백 효종이 생각해보니까 두 사람이 문묘에 종사되면 안 그래도 센 서
인의 힘이 더 세질까 봐 승인을 안 하죠.

김학원 그런데 산당으로 불리는 세력이 사실상 송시열의 당 아닌가요?

신병주 그렇죠. 송시열이 이때 본격적으로 정계에 영향을 미치기 시작해
서 숙종시대까지 군림합니다.

김학원 김육이 대동법 실시를 주장하자 산당의 대표 주자인 김집이 반대
를 해요. 백성의 피해를 해결해줄 수 있는 정책을 어떻게 반대할
수가 있죠?

남경태 대동법이 전국적으로 실시되면 산당의 기반이라고 할 수 있는 사
대부들에게 불리하거든요. 당연히 반대할 수밖에 없죠.

박시백 송시열은 균역법이나 대동법 등, 백성에게 정말 필요한 개혁은 하
나도 주장하지 않았어요.

신병주   그런 인물이 거의 50년 가까이 권력의 중심에 있었다는 게 조선 후기 사회의 특징을 아주 적나라하게 보여주는 거죠.

효종과 송시열의 미스터리한 독대

김학원   1659년(효종 10) 3월 송시열이 왕과 대면을 합니다. '기해독대'라고 하죠. 그런데 그 이전에 두 사람 사이에 밀당이 꽤 길었어요.

박시백   당시 산림들은 오랑캐 청나라에 먹힌 조선 땅에서 버슬을 하고 싶어 하지 않았고, 적통이 아닌 효종의 집권에 대해서도 내심 인정하지 않았어요. 송시열도 마찬가지였죠. 효종이 아무리 불러도 잠깐 올라왔다가 내려가기를 반복했죠. 하지만 송시열의 세력이 조정에 포진해 있기 때문에 효종으로서는 끊임없이 송시열을 불러야 했습니다. 효종은 이런 상황을 무척 개탄스러워하죠.

김학원   그러다가 기해독대가 이루어지는데요.

신병주   이것이 송시열의 문집《송자대전宋子大全》에 '악대설화幄對說話'라는 제목으로 실려 있어요. 이 내용을 효종이 북벌을 추진했다는 가장 유력한 증거 자료로 보고 있죠.

남경태   승지를 비롯해 아무도 배석시키지 않고 둘이서 만났다는 것 아닙니까?

김학원   이거는 전무후무한 일이죠?

신병주   왕조국가에서 독대라는 것은 아주 비정상적인 방법이에요.

박시백   사림이 집권하기 전에는 꽤 있었어요. 하지만 사림이 집권한 이후에는 거의 없었던 것 같아요.

신병주   그런데 실록에는 그날의 대화 내용뿐 아니라 북벌과 관련된 구체

어느 날은 송시열을 따로 불러 사관과 승지 없이 독대하기도 했는데,
외부에서는 무슨 말이 오고 갔는지 몰랐다.

독대는 조선 전기엔
더러 있었으나
사림의 집권 후엔
없었던 일입니다.

이날의 독대는
기해독대라
불리는데 《실록》에도
그 내용은 실려 있지
않습니다.

적인 내용을 거의 찾아볼 수가 없어요. 공식적인 자리에서 논의하
기 어렵기 때문에 효종이 송시열과 비공식적인 독대를 통해 북벌
에 관한 이야기를 나눴다고 보는 거예요. '잘 준비해서 10년 뒤에
중원을 정복하자. 10만의 군사를 기르고 내가 내려준 갑옷을 입고
만주 벌판에서 함께하자!'는 요지의 내용이 '악대설화'에 나오는
데, 이것이 효종이 북벌 정책을 폈다는 확실한 증거라는 거죠. 이
걸 보면 효종이 어느 정도는 북벌 의지가 있었던 것 같아요. 반면
에 송시열은 북벌 이야기를 같이 하긴 했지만, 항상 내부를 먼저
정비해야 한다며 내수를 강조했어요. 송시열은 북벌은 아직 무모
하다고 생각했던 거예요.

김학원   그런데 의문점은 송시열이 기해독대의 내용을 왜 효종이 죽고 나
서 16년이 지난 후에야 공개했냐는 거죠.

박시백   그때가 1675년(숙종 1)인데, 송시열이 예송과 관련해서 효종에게

불충했다는 비판을 받고 있는 때였어요. 그래서 효종과 자신은 독대를 할 정도로 특수관계였다는 걸 내보인 건데, 하지만 그걸 확인해줄 유일한 사람이 이미 세상을 떠난 뒤였으니, 그 내용이 사실인지는 아무도 모르죠.

효종이 꺼내 든 회심의 카드, 북벌

김학원   또 하나의 의문은 16년 뒤 송시열이 밝힌 독대의 내용을 보면 효종이 북벌과 관련해서 구체적인 지시를 하는데도 이후 송시열은 아무런 움직임도 보이지 않았다는 거예요.

박시백   또 한 가지 생각해볼 점은, 독대 자리에서 송시열이 지금은 마음을 다스려야 한다는 말만 되풀이하는데도 효종이 결코 실망하거나 분노하지 않는다는 겁니다. 게다가 그 이후에도 송시열을 만날 때마다 가급적이면 좋은 말을 하고, 자신이 정말 마음을 잘 다스리고 있다는 식의 제스처를 취했어요. 이런 것들을 볼 때 효종의 북벌 카드는 북벌 자체가 아니라, 송시열을 끌어들여 사대부 사회로부터 자신의 정통성을 인정받는 것이 목적이었지 않나 싶어요. 당시에는 송시열뿐 아니라 당파를 막론하고 모든 사대부가 적어도 말로는 '복수를 해서 치욕을 씻자'고 했어요. 그러니 효종이 북벌을 이야기하면 사대부 가운데 누구도 '그건 아니 되옵니다' 할 수 없는 거예요. 효종의 입장에서 사대부를 견인할 최상의 카드였던 거죠.

김학원   신 교수님, 학계의 견해는 어떤가요?

신병주   학계에서는 대부분 효종이 어느 정도는 북벌 의지를 가지고 있었

효종으로서는 자신의 정통성을 인정받기 위해 자신이 즉위해야 했던 당위성이 필요했다.

소현세자가 줄 수 없는 것.

나아가 소현세자보다 자신이 보위를 이은 게 더 낫다고 여겨질 만한 그 무엇을 보여주어야 했다.

북벌이 바로 그런 무엇이었다.

비록 관념 속의 외침이기는 해도 사대부들은 늘 설치를 꿈꾸었다.

그냥 북경으로 쳐들어가설랑 오랑캐들을 몽땅 쓸어버렸으면...

따라서 북벌은 사대부들에 대한 강력한 유인 카드이자

유용한 압박 카드가 될 수 있었다.

보라! 그대들의 꿈을 내가 이루려 한다!

이런 임금을 인정하지 않으면서 어떤 임금을 바라는가? 정녕 그대들이 북벌에 뜻이 있긴 한 건가?

다고 보죠. 그래서 이완과 같은 무장도 키워 군사력 강화 방안을 모색하는 한편, 북벌에 대한 지지를 얻기 위해서 집권 사림의 영수 격인 송시열을 끌어들였다는 거예요. 하지만 문제는, 효종은 송시열을 북벌의 정신적 지도자로 세우고 싶었는데 송시열의 생각은 달랐다는 거죠. 결론적으로 저는 효종의 북벌은 외로운 투쟁이었다고 봅니다.

낙경태 효종이 북벌을 시도했지만 실제로는 부국강병 정도에 그쳤다, 이렇게 보면 될까요?

박시백 북벌은 산림을 견인하기 위한 하나의 카드였고, 실제 목표로 삼은 것은 제대로 된 부국강병이었다고 봅니다.

여론조사로 대동법 실시의 근거를 마련하다

김학원 이 시대에 김육이라는 사람이 있다는 게 위안이 됩니다. 신 교수님이 소개해주시죠.

신병주 김육은 인조시대에 본격적으로 정치 무대에 등장했죠. 인조 말년에 소현세자의 맏아들인 원손의 교육을 맡는 보양관을 지냈어요. 그래서 당연히 원손이 왕위에 올라야 한다고 생각했고, 봉림대군이 세자가 되는 것을 반대했어요. 그런데도 효종은 즉위하자마자 김육을 승진 기용해요. 관료적인 능력과 청렴성을 인정한 겁니다. 효종시대를 대표하는 간판 관료라고 보면 될 것 같습니다.

낙경태 권력형 관료가 아니에요.

신병주 김육은 대동법의 확대 실시에도 상당히 공을 세웠지만, 시헌력이라는 달력이나 수차 개발 등 실용과학에도 능한 인물이에요.

김학원 아무튼 1651년(효종 2) 김육의 끈질긴 건의 끝에 충청 지역에 대동법이 실시됩니다. 이 일을 계기로 대동법의 호남 확대에 박차를 가하죠. 그 과정에서 김육이 하는 주장이 상당히 인상적이에요.

남경태 "호남에서 1결에 거둬들이는 쌀이 60여 두인데, 10두만 거둬들이면 백성에겐 부담이 다섯 배나 감소되지만 나라의 쓰임엔 부족함이 없습니다." 내용이 아주 구체적이고 실무적입니다.

박시백 저는 대동법과 관련해서 김육이 한 말 중에 "부호들의 불평을 꺼려 백성에게 편리한 법을 시행하지 않는대서야 되겠사옵니까?" 이 말이 그렇게 마음에 듭니다. 우리 정치인들도 김육과 같은 마인드를 가져야 한다는 생각이 들어요.

김학원 사대부들이 하는 말이, '백성은 모두 원하지만 수령들이 싫어하니 시행할 수 없다'는 거예요. 그런데 김육은 '호남의 백성 수는 헤아릴 수 없이 많고 수령은 불과 50여 명밖에 안 되는데, 50여 명이 싫어한다고 해서 안 할 수 있냐'고 했죠.

박시백 그렇게 주장한 다음에 바로 여론조사를 하는데, 이게 참 재미있어요. 실제로 호남 수령들에게 일일이 물어서 대동법 시행 여부의 판단 근거로 사용합니다.

남경태 여론조사를 했다니, 굉장히 근대적인 마인드예요.

김학원 결과가 '찬성 34, 반대 13, 어정쩡 16'으로 나왔어요.

박시백 실제로 실록에 나오는 수치예요.

남경태 그런데 '어정쩡'은 박 화백님식 어휘죠?(웃음)

신병주 결정을 내리지 못했다는 뜻으로 '지양단불결持兩端不決'이란 말이 실록에 나오는데, 이걸 '어정쩡'으로 표현하셨네요.(웃음)

1년복이냐 3년복이냐 – 기해년의 예송논쟁

김학원 1659년(효종 10) 5월 머리의 종기에서 시작된 병증이 악화되어 효종이 눈을 감고 열아홉 살 현종이 조선의 18대 임금으로 즉위하는데요. 효종도 그렇지만 종기로 죽는 임금이 많네요.

박시백 종기가 제일 문제가 되는 게, 머리나 등, 척추 이런 데 나버리면 계속 파고드는 거예요. 낫게 할 방법이 없었어요.

김학원 현종이 즉위한 뒤에도 선왕 효종의 정통성 문제가 정국에 파란을 몰고 와요. 효종이 승하한 해에 일어난 기해예송이 그 시작이죠. 효종의 상에 효종의 계모후인 자의대비(장렬왕후)가 얼마 동안 상복을 입을 것인가에 관한 논쟁이죠?

남경태 이 모든 게 둘째 아들 효종이 적장자를 제치고 왕이 된 데서 비롯됐죠.

김학원 1차 예송이라 불리는 기해예송은 어떻게 시작된 건가요?

신병주 효종이 승하하고 나서 자의대비가 상복을 몇 년 입느냐가 쟁점이 됐어요. 처음에는 논의에 참여한 대신들이 "1년복을 입는 게 마땅하다."고 하고, 송시열과 송준길도 같은 견해라고 해서 1년복으로 결정되는 분위기였어요. 그런데 남인 윤휴가 "장자가 죽으면 적처 소생의 둘째 아들을 장자라 부른다."며 3년복이 마땅하다고 반기를 들죠.

박시백 그래도 영의정 정태화가 대안을 내고 송시열이 동의를 해서 1년복으로 논란을 일단락 짓습니다. 그런데 효종이 죽고 10개월이 넘게 지났을 무렵 남인 허목이 상소를 올립니다. 자의대비의 복제 기간인 1년이 다 되어가는 시점에서 다시 3년복을 입어야 한다고 주장하죠.

김학원   허목의 상소로 다시 한 번 논쟁이 붙는 거잖아요?

신병주   1년복은 효종이 왕이라는 것보다는 차남이라는 걸 더 강조한 건데, 허목이 이것은 결국 왕의 정통성을 부정하는 거라고 문제제기를 한 거죠. 그런데 송시열이 또 나서서, 소현세자가 죽었을 때 자의대비가 3년복을 입었는데 또 3년복을 입느냐고 한 거죠.

박시백   문제는 송시열이 정태화와의 대화에서 '체이부정體而不正'이라는 아주 위험한 발언을 해버렸다는 거예요. 이 이야기를 들은 남인들은 오랜 서인 정권을 끌어내릴 수 있는 절호의 기회로 여깁니다.

김학원   '체이부정'이 무슨 의미인가요?

신병주   '체'는 직접 혈통을 이었다는 것이고, '정'은 적자와 적손을 뜻하는 말입니다. 그러니까 '체이부정'은 혈통은 이었으나 적자는 아니라는 뜻으로, 결국 효종은 서자로서 왕위를 계승했다고 보는 거죠.

남경태   그런데 '서자'의 해석을 놓고 의견이 갈리는 거죠?

신병주   송시열은 '서자'를 장남을 제외한 아들이라고 주장했지만, 남인 쪽에서는 '서자'라는 의미를 첩자妾子로 몰고 가려 했어요. 그러면서 효종이 첩의 자식이냐는 거죠.

박시백   그런데 양쪽에서 다 인용하고 있는 《의례》라는 책에 혼란을 줄 수 있는 구절들이 섞여 있어요. '장자가 죽으면 차자가 이어서 장남이 된다'는 구절도 있고, '첩의 자식은 서자라고 한다'는 구절도 있어요. 게다가 장자 아닌 자를 서자라고 한다는 구절도 있는 거예요. 그러니까 어느 쪽에 방점을 찍느냐에 따라 해석이 달라질 수 있는 거죠. 송시열은 이 중 '장자가 아닌 자' 곧 '차남 이하'를 서자라고 한 구절을 취한 거죠. 그런데 제가 보기에는 송시열이 효종을 서자라고 하면서 깎아내리고 싶은 심리가 강했던 것 같아요.

신병주 | 예송논쟁이 이렇게 치열해진 본질적 이유는 서인과 남인의 대립 때문이에요. 1년복을 주장하는 사람은 송시열, 송준길, 정태화 등 대부분 서인이고, 3년복을 주장하는 사람은 윤휴, 허목, 윤선도 등 남인이었어요. 그렇게 허목과 송시열이 한참 대립하고 있는데 윤선도의 상소가 등장하죠.

박시백 | 윤선도가 핵폭발을 일으켜요.(웃음)

김학원 | 송시열 진영에 찬물을 확 끼얹었죠.

박시백 | 윤선도의 상소를 읽어보면, 사실상 윤선도가 게임을 정리해버린 느낌이에요. 윤선도의 글에 송시열 주장의 약점이 확연하게 드러났죠. 당시 워낙 산당이 막강했으니 말이지, 두 당파가 대등한 상황이었으면 그때 서인이 몰락했을 거예요. 하지만 결과적으로는 윤선도가 유배되고 맙니다.

남경태 | 서인이 집권 여당이었으니까요.

김학원 | 아무튼 윤선도의 상소가 등장하면서, 예송논쟁이 정치투쟁으로 비화되는 거죠?

신병주 | 그렇죠. 당시 남인이 3년설을 주장한 이유는 세력이 약했기 때문이에요. 왕통을 강화하는 논리를 펴면서 왕권과 연합하려는 모습을 보인 거죠. 반면 서인들은 왕의 예법도 사대부나 일반 백성의 예법과 똑같다는 논리를 내세우면서 왕가의 특수성을 부인하려 합니다. 자신들이 집권당이기 때문이었죠.

김학원 | 학계에서는 예송논쟁을 어떻게 보나요?

신병주 | 효종시대에는 10년의 시간 동안 민생 안정과 부국강병, 북벌을 강조했는데, 현종 즉위 후에 바로 예송논쟁이 일어나면서 각종 현안에 대한 논의가 거의 이루어지지 못한 것이 문제점으로 지적되고 있습니다.

현종의 이미지와 실체

김학원   현종에 대해서 이야기를 하고 넘어가죠.

남경태   현종이 15년 동안 재위했는데 왕으로서의 존재감이 별로 없어요. 두 차례의 예송논쟁에 너무 가려진 면이 있어요. 게다가 건강까지 안 좋았으니 뭘 하고 싶어도 하기가 쉽지 않았을 거예요.

김학원   박 화백님, 현종의 리더로서의 특징을 설명해주세요.

박시백   앞서 언급했지만 아버지 효종의 가장 큰 과제는 어쩌면 송시열에게서 인정받는 거였어요. 문제는 그 과정에서 송시열을 너무 키워버렸다는 거예요. 안 그래도 산림들 사이에서 넘버원이었는데 왕과 독대까지 하는 어마어마한 존재로 커버린 거죠. 그래서 현종으로서는 집권 기간 내내 송시열의 힘을 약화시키는 게 중요한 과제가 될 수밖에 없었어요. 나중에 언급하겠지만 실제로 현종은 송시열의 힘을 꺾기 위해서 굉장히 많은 노력을 합니다.

김학원   그래도 현종은 대동법 시행 범위도 호남으로 확장하고 양전을 실시해서 세수 자원도 확보했죠.

신병주   왕족의 토지 보유 상한선을 두는 데 동의했고요.

김학원   왕자나 궁가 들의 토지 점유가 극에 달해서 많은 경우에는 한 궁가가 1,400결을 소유했다고 하죠?

박시백   정확하지는 않지만 1결이 보통 3,000평 정도라고 하니까, 정말 어마어마한 거죠.

남경태   게다가 세금도 안 내는 면세 땅이었고요. 그 당시 궁가나 사대부의 토지 독점이 어느 정도였는지 이 수치만으로도 상상할 수 있을 것 같습니다.

김학원   군사력 강화는 현종시대에도 계속 진행이 되죠?

낙경태 축성하고 병력 늘리고 군사훈련하고, 아버지가 한 것을 답습했죠.

김학원 현종이 온천에 자주 갔죠?

박시백 공식 기록으로 온천을 가장 많이 간 왕이에요.

낙경태 현종이 피부병이 잦아서 온양 온천에 자주 갔는데, 그 길에 군사훈련을 자주 실시합니다. 재미있는 발상인 것 같아요.

신병주 〈온양행궁도〉라고 온양 온천 그림이 남아 있어요. 왕이 자주 가니까 아예 행궁을 둔 거예요. 행궁 한복판에 '온천'이라는 표시가 되어 있어요. 온양 온천 운영하시는 분이 이 그림을 걸어놓고 왕이 자주 왔던 곳이라고 하면 매상이 오를 거예요.(웃음)

송시열과 그의 적들

김학원 다시 송시열 이야기를 해보죠. 현종 초에 조정에 나와 있다가 반대 진영의 비판을 받자 낙향하고, 그 다음에 잠깐 얼굴 비추고 다시 낙향하고, 이를 반복해요.

낙경태 자존심이 셌던 모양이에요.

김학원 효종이 죽자 그 책임을 물어 어의 중 한 사람을 유배형에 처하는데, 그 무렵 현종의 병세가 심각해지자 신하들이 이 어의의 유배를 늦추고 현종을 진찰하게 합니다. 송시열이 그건 예에 맞지 않는다며 반대했는데 어의의 처방이 효험이 있었어요. 그러자 송시열을 비판하는 분위기가 형성되었고, 송시열은 바로 낙향을 해버립니다.

낙경태 송시열은 왕이 자신의 의견을 받아들이지 않거나 신하들 사이에서 반대 의견이 나오면 바로 낙향을 해요. 그럼 왕이 또 불러요. 이

게 뭡니까?(웃음)

박시백   당시 유학자들 사이에서는 자기 의견을 써주지 않으면 물러가는 게 하나의 관행이었어요.

신병주   송시열이 학문적, 사상적 리더로서 능력이 탁월한 데다 워낙 영향력이 막강해서 송시열이 없으면 조정이 잘 굴러가질 않았어요. 그래서 왕들도 아쉬워할 수밖에 없었죠.

남경태   거기에는 왕의 의사만이 아니라 송시열을 추종하는 무리의 의사가 상당히 개입된 거죠. 그들은 늘 이렇게 건의해요. '시열을 부르소서.'(웃음)

신병주   산림은 단순한 은둔자를 의미하는 개념이 아니에요. 은둔한 듯 보이지만 중앙과 연결된 채 정치적 영향력을 행사하는 사대부들을 의미하는 개념이에요. 그런 의미에서 황현은 《매천야록》에서 광해군시대의 정인홍을 최초의 산림으로 규정해요. 정인홍은 주로 합천에 거주하면서 북인 정권에 무시할 수 없는 영향력을 행사했죠.

남경태   정도전은 유배지에서 책을 많이 썼는데, 송시열은 낙향해서도 계속 현실정치에 참여했어요.

김학원   책을 많이 쓰긴 했는데 대부분 예학과 관련된 팸플릿 수준이에요.

박시백   송시열의 그런 행태가 유독 도드라져 보이는 이유가 있어요. 사실 송시열 이후에는 지방 사람들이 거의 힘을 갖지 못하거든요. 그 전까지만 해도 정인홍이라든가 이황이라든가 지방에 은거하는 사람들이 자신의 학문적 명성으로 정치적 영향력을 행사했는데, 이후로는 서울 사람들이 관직을 거의 다 독점합니다. 서울 사람들은 왕에게 받아들여지지 않고 물러나도 서울에 있는 자기 집에 가는 거니까 별로 표가 안 나는 거예요.

어찌 그럴 수가 있단 말이냐? 제까짓 게 뭔데 감히 주자가 틀렸다고 떠든단 말인가?

송시열은 일생을 주자의 가르침대로 산 인물이다.

주자처럼!

조선 정세에 대한 인식도 금·송 시대에 대한 주자의 생각과 일치했고,

야만이 승한 시대! 이런 때일수록 근본을 튼튼히 해야.

언제나 주자를 인용했다.

주자께서 말씀하시길,

심지어 왕이 구황 대책을 물었을 때 주자의 대책을 그대로 올린 일도 있을 정도였다.

주자의 대책보다 더 나은 대책이 있을라고?

김학원 　그런데 송시열은 '송시열과 그의 적들'이라는 말이 나올 정도로 계속 적이 생겨요. 효종시대에는 대동법 실시를 둘러싸고 김육과 팽팽하게 맞섰고, 현종시대에는 김육의 아들 김좌명과 김우명, 그리고 현종 말년부터 숙종 초까지는 김좌명의 아들 김석주와 격하게 대립합니다.

신병주 　현종 말년에는 라이벌이라고 표현해도 좋을, 남인의 영수 허적이 등장해요.

남경태   이름도 '적'이네요.(웃음)

신병주   송시열의 라이벌이나 적들은 공교롭게도 이름이 외자인 경우가 많
          아요. 김육, 허목, 허적, 윤휴, 윤증 다 이렇게 외자예요.

김학원   신 교수님이 암기에 도움이 되는 중요한 코드를 주시네요.(웃음) 송
          시열과 외자 이름을 가진 적들!(웃음) 그중에서도 윤휴와 틀어지게
          된 상황을 보면 송시열에게 왜 적이 많은지, 그 이유를 알 수 있어
          요. 둘은 친한 친구 사이였는데, 윤휴가 주자의 《중용장구》가 틀렸
          다며 수정한 걸 계기로 완전히 틀어졌죠. 그런 걸 보면 송시열은
          교조주의자예요. 원래 교조주의자들이 굉장히 배타적이잖아요?
          송시열이 적이 많은 이유도 거기에 있는 것 같아요.

군약신강의 나라

김학원   현종시대 초반에는 산당이 국정을 완전히 장악했다고 보는 게
          맞는 거죠?

박시백   사실상 그런 상황이죠.

김학원   그래서 현종이 산당을 약화시키고 그 외의 세력들을 끌어들여 세
          력 균형을 이루려는 움직임을 보이기 시작하죠?

남경태   왕도 20대에 접어들면서 뭔가 해보려고 한 거겠지요?

김학원   먼저 윤선도를 옹호하는 상소를 썼다가 대간의 탄핵을 받고 시골
          로 내려간 권시를 다시 불러들이라고 명을 내렸는데 신하들이 거
          부했어요.

박시백   신하들이 모른 척한 거죠.(웃음)

남경태   당시 집권 여당인 산당의 힘이 어느 정도였는지 확실히 보여주고

있어요.

신병주 1663년(현종 4)에는 드디어 현종이 송시열을 견제하는 사건이 일어나죠. 청나라 사신이 와서 현종이 김만균에게 접대를 명했는데, 김만균이 병자호란 때 자기 할머니가 강화도에서 청군 때문에 죽었다며 접대를 거부합니다.

김학원 공사 구분이 안 되는 발언이네요.

신병주 그러자 승지 서필원이 공직자가 그런 청을 하는 건 말이 안 된다며 김만균을 탄핵합니다. 그런데 이때 송시열이 김만균을 옹호하고 나서죠. "주자께서도 복수는 5대까지는 해야 한다고 하셨다." 면서요.

남경태 참 송시열답습니다.(웃음)

신병주 예전 같으면 현종이 송시열의 말에 끌려갔겠지만 이때는 오히려 서필원을 옹호합니다.

김학원 그리고 이때는 이조에서 인사 추천이 올라와도 현종이 호락호락하지 않았어요. 송시열과의 싸움을 염두에 두고, 이조의 인사 추천안과는 반대로 송시열 측 인사들을 한직으로 발령을 내립니다.

박시백 특히 남인의 영수 허적을 공격하는 신하들은 가차없이 삭탈관직이나 유배형에 처했죠.

김학원 이때부터 현종과 송시열의 정치게임이 시작됩니다. 그런데 한편으로는 어떻게 한 나라의 왕과 신하가 이런 식으로 다툴 수 있는지 흥미롭기도 해요.

남경태 당시 사대부들은 아마 왕보다 송시열을 더 겁냈을 거예요. 송시열이 효종과 현종의 스승이기도 하고 사림의 거두였으니까요. 어쩌면, 오히려 현종이 송시열에게 도전한다, 이런 느낌을 받았을 거예요.(웃음)

김학원	'송시열을 곁에 두면 10년 동안 책을 읽는 것보다 낫다'는 말도 나왔어요. 아무리 생각해봐도, 이런 표현은 좀 심한 것 같아요.
남경태	뭐든지 송시열한테 물어보면 된다는 거 아니에요?
김학원	송시열이 선왕 효종이 자신과의 독대 자리에서 언급한 북벌을 무기로 내세우면서, 선왕의 뜻을 이으려면 '쓸 만한 사람을 가려 쓰라'고 말하죠. 결국 자기 사람을 쓰라는 거잖아요?(웃음)
박시백	자기를 쓰라는 얘기죠.(웃음)
김학원	박 화백님 말씀대로 송시열이 자기를 써야 한다고 하는데 끝내 현종이 화답하지 않으니까 다시 낙향합니다. 그런데 이때의 낙향은 종전과 달리 뒷골이 약간 당기는 낙향이에요.(웃음)
박시백	대놓고 다 달라고 한 건 아니지만, 송시열이 효종 말년에 독대를 통해 왕에게 전권을 위임받은 것처럼, 사실상 그때와 같이 전권을 달라는 이야기를 하니까 현종이 답을 안 준 거죠.
김학원	하지만 신하들이 계속해서 부르라고 하니까 왕이 송시열이 원하는 답은 하지 않고 올라오라고만 하죠. 결국 송시열이 다시 올라왔는데, 와서는 정작 이런 말을 합니다. "백성의 폐해를 돌보지 않음이 여전하시고……."
남경태	본인도 그런 말 할 자격이 없는 것 같은데…….
박시백	대여섯 가지를 말하고는, 이 중에 하나만 해도 망할 판인데 왕이 이걸 다 하고 있다는 식으로 발언을 하죠.(웃음)
남경태	이런 발언을 한다는 건 임금을 거의 학생 취급 한다는 거예요.(웃음)
박시백	현종이 이때쯤에는 남인 허적은 강력하게 비호하는 반면, 송시열에 대해서는 확실하게 선을 긋고 송준길이 죽었을 때도 거의 일언반구도 없이 지나가 버립니다.

이번에는 '9개월복이냐 1년복이냐'로 – 갑인년의 예송논쟁

김학원   1674년(현종 15) 효종 비 인선왕후가 세상을 떠나자, 시어머니인 자의대비의 상복이 또다시 문제가 되면서 2차 예송이 벌어집니다.

남경태   1차 예송은 효종의 죽음, 이때는 효종 비의 죽음이 계기였죠.

김학원   자의대비도 힘들었겠어요.(웃음)

신병주   효종 비 인선왕후가 세상을 떠났을 때, 여섯 살 아래의 시어머니 자의대비의 상복이 또다시 문제가 됩니다. 예조는 9개월복(대공복)이 맞다고 결론을 내립니다. 즉, 효종을 큰아들로 보면 인선왕후도 큰며느리이므로 1년복을 입어야 하지만, 효종을 둘째 아들로 보면 둘째 며느리이므로 9개월복을 입어야 한다는 거죠. 그게 서인들의 주장이었죠. 이때는 현종이 담당자를 잡아 죄를 주라고는 했지만 일이 확대되지는 않았어요. 그런데 몇 달 뒤 대구의 유생 하나가 대공복에 반발하는 상소를 올립니다.

남경태   요약하자면, 효종이 죽었을 때 사실은 1년복이 아니라 3년복을 입었어야 하니까, 이번에도 9개월복이 아니라 1년복을 입어야 한다는 이야기죠.

신병주   예전 것이 잘못 됐으니까 지금이라도 바로잡아야 한다는 거죠.

남경태   서인과 남인의 논지는 변함이 없네요.

박시백   그런데 이때는 현종이 직접 개입했어요. 1차 예송 때는 지켜만 봤는데, 2차 예송 때는 1년복을 입어야 한다고 주장합니다. 그러니까 논쟁이 시작된 거죠.

김학원   1차는 산당과 남인의 대립 구도였는데, 2차는 산당과 현종의 대립 구도가 됩니다.

신병주   현종이 기해예송의 과정을 복기해보니, 서인이 왕통을 너무 우습

게 보는 거예요. 이번에도 왕비가 돌아가셨는데 왕비라는 기준보다는 차남의 부인이라는 논리로 접근하고 있다는 사실을 확인한 거죠. 현종은 결국 끈질기게 9개월복을 주장하는 신하들을 누르고 1년복으로 대비의 복제를 결정해버립니다.

남경태 이렇게 15년 사이에 결론이 뒤바뀌었다는 건, 예송이 사실 예법에 관한 논쟁만이 아니라 서인과 남인 간, 서인과 국왕 간 권력투쟁이었다는 걸 방증하는 거죠.

김학원 2차 예송의 후속 조치를 보면 현종의 의중이 어디에 있는지도 드러납니다. 현종은 서인인 영의정 김수흥을 춘천에 부처하고, 김수흥을 변호한 대간들을 내쫓습니다. 그리고 낙향한 남인 허적을 영의정으로 복직시키죠.

남경태 안 그래도 서인을 좀 약화시키려 했는데 마침 잘 된 거죠.

김학원 대신 김수흥의 동생 김수항을 좌의정으로 삼아 세력의 균형을 맞췄어요. 그런 점에서 보면 현종이 정치 감각이 괜찮은 편이에요.

신병주 예송에서 보듯 신권 강화에 혈안이 되어 있는 서인 세력을 약화시켜 왕권을 강화하되, 남인에게 지나치게 큰 힘을 실어 제2의 집권 서인으로 만들지는 않겠다는 거였죠.

박시백 김수항을 허적과 함께 등용하면서 쌍두마차로 앞세우는 것을 보면 당파 간 균형 인사를 하겠다는 의사 표현이 아니었나 싶어요. 이 점에서 숙종의 정치와 다른데, 숙종은 이 정도 일이 있으면 잘못한 쪽을 다 쳐내고 반대쪽을 등용하는 식의 환국정치를 하거든요.

김학원 현종이 판을 정리해서 어느 정도 균형을 맞춰놓고 허적을 만났는데, 그 다음 날 서른네 살의 젊은 나이로 죽습니다.

신병주 공교롭게도 현종이 즉위한 해인 1659년 기해예송이 시작됐고, 1674년 갑인예송이 일어났는데 이걸 마무리하고 그해에 세상을 떠났어요.

남경태 임기가 예송논쟁으로 시작해서 예송논쟁으로 끝났네요.(웃음)

밖으로는 굴욕, 안으로는 기근

김학원 이제 현종시대를 마무리하면서 당시 조선과 백성의 상황에 대해서 알아보죠.

박시백 청나라에 포로로 잡혀간 사람들이 많이 탈출했어요.. 안추원 역시 그런 경우인데, 북경을 탈출하다가 산해관에서 붙잡혀 이마에

'도망자'라고 새기는 자자형을 받고 심양에서 지냈죠. 그러다가 또 탈출합니다. 고향에 오고 싶은 마음이 얼마나 간절했으면 그랬을까요? 결국 조선 땅에 돌아오는데, 문제는 조선에서는 탈출한 사람을 다시 청나라로 돌려보내야 한다는 약조가 있었던 거예요.

남경태 그렇죠. 그게 청나라에서 가장 중요하게 여긴 항목이었죠.

박시백 그런데 안추원의 인생이 너무나 딱하잖아요? 그래서 청나라로 돌려보내지 않고 고향에 가서 조용히 살게 해줬는데, 막상 고향에 가보니까 부모님도 돌아가시고 마을 사람들도 별로 반겨주지 않으니 다시 심양으로 돌아간 거예요. 그 바람에 청나라에 들켰죠.

남경태 그게 외교문제가 됐군요.

김학원 청나라 사신이 와서 관련 대신들을 처형해야 한다고 강경하게 나오죠.

박시백 그래서 왕이 청나라 사신 앞에서 무릎을 꿇고 자기 책임이라고 말합니다. 약소국의 설움이 극명하게 드러나는 장면이죠.

김학원 한편, 이 시기에 대기근으로 백성의 상태가 말이 아니었어요.

신병주 실록의 1671년(현종 12) 5월 29일자 기사를 보면, "전국의 아사자와 병사자 수가 1만 3,420여 명에 이르고 이 가운데 서울에서 사망한 이가 3,120여 명에 이른다."고 나와요.

남경태 6월에도 1만 7,400여 명, 8월에도 1만 5,800여 명이 죽었다고 나와요. 매달 1만 명 넘게 굶어죽었으니 얼마나 어려운 시절이었는지 알 수 있죠.

신병주 실록에 자연재해 관련 기록이 정확하게 나와 있는데, 저도 쭉 살펴봤지만 이때가 가장 심했던 것 같아요.

그리고 대인! 도망 온 한 명의 백성을 미쳐 아리지 못했다고 어찌 대신을 죽이까지 한단 말씀입니까?

나는 적어도 사형에 해당하진 않는다 생각합니다. 그리고 이번 일은 계통상 내게 최종 책임이 있습니다.

그럼 국왕 전하께선 어떤 법률로 다스려야 한다고 생각하십니까?

국왕 전하의 말씀이 매우 간절하시니 한두 급 낮은 법률로 죄를 장하겠습니다.

참으로 감사합니다.

결국 국왕이 책임을 지고 은을 벌금으로 내서 대신들의 죄는 용서받았다.

설마 청국에서 그만한 일로 대신을 죽이기야 했겠어?

그러게 말야. 뇌물은 뇌물대로 다 쓰고 전하께서 북쪽을 향해 무릎까지 꿇었으니

한마디로 외교력의 부재야. 칙사한테 놀아난 거지.

완전 삼전도의 굴욕 시즌Ⅱ였지 뭐야.

남경태   제가 송시열을 너무 미워한다고 생각할 수도 있지만, 송시열을 비롯한 집권 서인들이 예송 같은 논쟁에 매달릴 게 아니라 난세 극복에 매달렸어야 하는 것 아닙니까?

정통성 문제로 에너지를 소모한 25년

김학원   효종과 현종의 시대를 마무리해보겠습니다.

남경태   효종의 10년과 현종의 15년 사이에 어떤 차별성이 있나요?

신병주   제가 봤을 때는 비슷합니다. 전쟁으로 국토가 황폐해지고 자존심에도 상처를 입은 상황에서 지배층이 빠른 시일 내에 국가 경제 재건과 민생 안정 정책을 폈어야 하는데, 북벌이나 예송 등 이념 논쟁에 치우쳤어요. 지배층이 자기들만의 국정 지표에 매몰되어 민생은 거의 신경 쓰지 않았죠.

김학원   인조반정으로 시작된 정통성 문제가 효종과 현종시대에 확대 재생산되지 않았나 싶어요. 한편으로는 북벌, 다른 한편으로는 예송으로 확장된 거죠.

박시백   저는 효종의 단명이 가장 안타까웠어요. 요즘 우리가 광해군을 개혁군주라고 많이 이야기하는데 저는 광해군보다는 효종에게서 그런 모습을 많이 봤어요. 그런데 재위 기간이 짧아서 성공을 거두지 못했다는 생각이 들어요.

김학원   저는 효종과 현종의 시대가 오늘의 현실과 자꾸 겹쳐 보이더라고요. 당시의 사대부나 우리 시대의 정치인들이나 다 그들만의 정치를 하고 있지 않나 싶어요. 참 안타깝습니다.

박사관은
말한다

16세기 중후반 당시 청나라가 군강신약의 나라였다면 조선은 군약신강의 나라였다는 것이 대체적인 평이다. 조선은 건국 이래 주로 신권이 우위를 점해왔다. 그러나 이 시기의 군약신강은 과거 한명회나 김안로 같은 권신들이 권력을 쥐고 있던 때와는 사뭇 다르다. 그때는 특정 개인이 요직을 두루 장악해 권력을 행사했지만, 효종, 현종시대의 송시열은 산림에 앉아서도 조정의 흐름을 좌우했다. 성리학 질서가 지배하는, 참으로 조선다운 군약신강이라 하겠다. 한편, 대동법을 위해 일생을 바친 김육의 정치 철학은 사뭇 감동적이다. 그는 일관되게 소수의 특권층이 아닌 다수의 백성을 위한 정치를 주장했다. 부호가 싫어한다고, 관리들이 싫어한다고 백성에게 이익이 되는 법을 행하지 않아서야 되겠는가라는 그의 일갈이 오늘의 위정자들에게도 전해지면 좋겠다.

공작정치, 궁중 암투, 그리고 환국

1674년(숙종 즉위년)	숙종이 즉위하다. 송시열을 삭탈관직하고 문외출송하다.
1675년(숙종 1)	현열대비(명성왕후)가 복창군 형제의 죄상을 말하다. 복창군 형제를 귀양 보냈다가 풀어주다.
1677년(숙종 3)	윤휴가 호포법 실시를 주장하다.
1678년(숙종 4)	상평통보를 만들어 사용케 하다.
1680년(숙종 6)	경신환국이 일어나 남인에서 서인으로 정권이 교체되다. 복선군과 복창군, 허적과 윤휴를 사사하다.
1681년(숙종 7)	민유중의 딸(인현왕후)을 계비로 맞이하다. 공정대왕의 묘호를 정종이라 추가하고 시호를 올리다.
1682년(숙종 8)	이이와 성혼을 문묘에 종사하다.
1684년(숙종 10)	윤증이 송시열에게 쓴 편지가 세상에 드러나다.
1689년(숙종 15)	기사환국이 일어나 남인이 재집권하다. 인현왕후를 폐서인하고 희빈 장씨를 왕비로 삼다. 송시열을 사사하다.
1694년(숙종 20)	갑술환국이 일어나 서인이 재집권하다. 중전 장씨를 폐위하고 인현왕후를 복위하다.
1696년(숙종 22)	안용복의 일본행으로 울릉도 문제가 해결되다.
1701년(숙종 27)	인현왕후가 죽고 희빈 장씨가 사사되다.
1704년(숙종 30)	《노산군일기》를 《단종실록》이라고 개서하다. 대보단을 준공하다.
1711년(숙종 37)	북한산성 공사를 마치다.
1712년(숙종 38)	백두산정계비를 세우다.
1716년(숙종 42)	병신처분을 내리다.
1717년(숙종 43)	이이명과 정유독대 이후 왕세자의 대리청정을 결정하다.
1720년(숙종 46)	숙종이 세상을 떠나다.

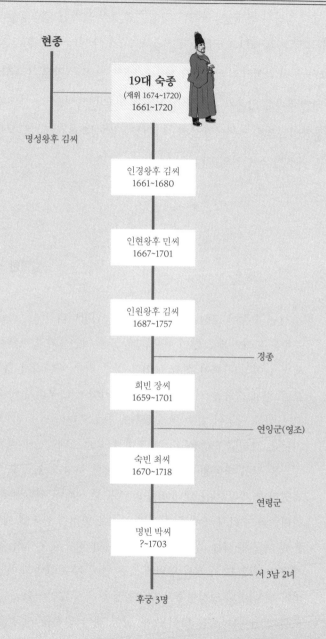

현종

19대 숙종
(재위 1674~1720)
1661~1720

명성왕후 김씨

인경왕후 김씨
1661~1680

인현왕후 민씨
1667~1701

인원왕후 김씨
1687~1757

경종

희빈 장씨
1659~1701

연잉군(영조)

숙빈 최씨
1670~1718

연령군

명빈 박씨
?~1703

서 3남 2녀

후궁 3명

열네 살에 임금이 된 숙종. 그러나 적장자로서의 확고한 정통성을 바탕으로 강력한 군주로 부상하고, 재위 기간 중 모두 세 차례에 걸쳐 환국을 단행한다. 그러나 파괴적이고 소모적인 환국은 당파 간 적대감을 극대화하고, 서인과 남인 모두를 임금의 눈치만 살피는 존재로 전락시킨다. 선대의 군약신강을 군강신약으로 역전시킨 숙종. 강력한 리더십으로 당대에 주어진 개혁 과제를 완수할 수 있었을까?

강력한 소년 군주

김학원   1674년 숙종이 조선 19대 임금으로 즉위합니다.

신병주   숙종은 드라마에도 많이 나오는데, 궁중 여인들과의 스캔들이 강조되면서 여성 편력이 심한 노회한 군주 같은 이미지가 형성되었어요. 그런데 숙종은 겨우 열네 살에 즉위했어요. 우리가 아주 어리다고 느끼는 단종이 열두 살에 왕위에 올랐으니까 별로 차이가 안 나거든요. 그리고 숙종은 조선왕조에서 정말 오래간만에 적장자 프리미엄을 갖고 대통을 이은 군주예요. 물론 부왕 현종도 효종의 적장자였지만 재위 기간 내내 효종의 정통성 시비에 휘말려 적장자 프리미엄을 누리지 못했죠. 하지만 숙종은 아버지 현종이 예송논쟁을 통해 나름 문제를 해결한 덕분에 확고한 정통성 위에서 임기를 시작할 수 있었죠. 그래서 왕위에 오를 당시 겨우 열네 살이었지만 대비가 된 어머니 명성왕후가 수렴청정을 하지 않았어요.

박시백   조선 전기에는 보통 왕이 스무 살이 돼야 친정을 시작했어요. 그런데 숙종의 사례가 전례가 되면서 이후에는 열네 살 겨울에, 그러니까 열다섯 살이 되기 전에 대부분 수렴을 거둬요.

김학원 숙종이 즉위하자마자 진주 유생 곽세건이 송시열은 효종과 현종의 죄인이라며 그에게 선왕의 지문을 짓게 해서는 안 된다는 내용의 상소를 올리는데, 이에 대해 숙종이 "알았다."고 하죠. 여전히 서인이 조정의 다수파를 형성하고 있는 상황임을 감안하면 정말 의외의 반응이었습니다.

신병주 2차 예송 과정에서 현종이 그동안 서인에게 속아왔다는 생각을 하게 되면서, 김수홍 같은 서인의 핵심을 유배 보내고 붕당 간 균형 인사를 꾀하죠. 하지만 얼마 안 가 세상을 등지고 맙니다. 숙종은 이 부분을 어떻게든 마무리할 필요가 있었어요. 때마침 곽세건이 상소를 올려 1차 예송에서 드러난 문제를 지적하면서 송시열의 잘못을 꼬집은 거죠.

김학원 이때 서인만이 아니라 남인인 영의정 허적까지 곽세건의 주장을 문제 삼으면서 숙종이 정거 조치를 내리죠.

남경태 과거에 일정 기간 응시하지 못하게 한 거죠.

신병주 그렇지만 송시열이 예를 잘못 해석한 것은 맞다며 지문 짓는 일을 김석주에게 맡깁니다. 이건 정말 엄청난 처분이었어요. 열네 살짜리 어린 군주가 자기 아버지, 할아버지의 스승인 송시열에게 요즘 표현으로 하면 맞짱을 뜬 거니까요.

박시백 그 과정에서 신하들이 송시열을 변호하니까 "스승이 있는 것만 알고 군주가 있는 것을 모르는 자들이다!"라고까지 합니다. 초기부터 강한 발언으로 송시열과 그 옹호 세력에게 일침을 가했어요.

김학원 박 화백님, 어린 숙종의 이런 태도는 어디에서 나온 건까요?

박시백 아무래도 캐릭터 차이가 아닌가 싶어요. 타고난 기질이 강했던 거죠. 게다가 아버지 현종 곁에서 현종의 고뇌를 지켜봤을 테고요.
어린 마음이지만, 자기는 신하들의 기에 눌리지 않겠다고 작심하
지 않았나 싶어요. 그리고 부왕이 재위 말년에 송시열을 어떻게 제
압하는지도 봤을 거고요.

김학원   세자 시절 종친세력인 복창군, 복선군, 복평군과 가깝게 지내면서
그들의 영향을 받은 까닭도 있는 것 같아요.

신병주   이 셋은 효종의 아우인 인평대군의 아들들이에요. '복 복福' 자를
쓰는 세 사람이라 '삼복'이라고 하죠.

김학원   종친의 입장에서 봤을 때는 송시열의 주장이 효종의 정통성을 깎
아내리는 거죠.

사관조차 쩔쩔매게 한 왕의 비답

김학원   숙종의 단호한 태도에 힘입어 남인이 송시열에 대한 공세를 시작
했고, 결국 송시열이 유배를 가죠. 그 과정에서 남인이 다시 청남
과 탁남으로 나누어지는데요.

신병주   2차 예송에서 재기할 힘을 얻은 남인이 숙종 초반 드디어 정국을
주도할 기회를 잡은 거죠. 그런 만큼 화살은 서인의 영수인 송시열
을 향할 수밖에 없었어요. 그런데 남인들 내에서 송시열에 대한 처
벌을 둘러싸고 의견이 갈립니다. 강력한 처벌을 주장한 세력이 청
남인데, 허목, 윤휴처럼 예송논쟁에서 송시열과 직접 맞짱을 떴던
사람들이 중심이었어요. 이들은 방금 이야기한 삼복과 연결된 인
물들이기도 해요. 반면 상대적으로 온건한 처벌을 주장하며 서인
이나 송시열과 너무 선명하게 대립하지는 말자고 주장한 세력이

탁남이에요. 허적, 권대운 등 예송논쟁에서 한 발 물러나 있으면서 서인 정권에서 요직을 지낸 사람들입니다.

박시백 청남이라고 자칭하는 이들에게서 탁남이라고 불린 거죠.

신병주 이때 정치적으로 중요한 변수가 되는 인물이 숙종의 어머니이자 현종 비인 현열대비(명성왕후)예요. 현열대비의 아버지 김우명이 서인의 핵심 인물이다 보니까 남인이 정국을 주도하는 것을 크게 견제했어요. 그래서 김우명이 남인, 특히 강경파 청남과 손을 잡은 삼복을 타깃으로 삼아 그들의 행실을 지적하면서 처벌을 주장하죠. 그런데 숙종이 조사받던 그들을 죄주기는커녕 오히려 방면하자, 하루는 현열대비가 울면서 왕에게 복창군 형제의 죄상을 이야기합니다.

박시백 결국 복창군과 복평군이 유배길에 오르죠. 그러자 이번에는 윤휴가 나서서 자전, 즉 현열대비를 단속해야 한다는 위험한 발언을 하고, 몇 달 뒤에는 복창군과 복평군의 석방을 청해서 승낙을 받습니다.

신병주 이렇게 임금이 남인의 손을 들어주는 와중에 김수항*이 작심하고 상소를 올립니다. 대비를 제대로 예우해달라, 송시열에 대한 벌이 너무 지나치다, 복창군과 복평군을 석방할 게 아니라 제대로 벌을 줘야 한다고 주장한 거예요.

김학원 김수항의 상소에 대해서 어린 숙종이 비답을 내리는데, 초강경 자세예요.

• **김수항 金壽恒**(1629~1689) 김상헌의 손자이며 서인의 대표적 인물인 김수흥의 아우다. 산당의 구심 역할을 했다. 2차 예송 때 현종이 남인의 1년설을 채택하면서 형 김수흥이 쫓겨나자 대신 좌의정이 되었다. 1675년 숙종이 복창군 형제를 석방하자 이를 비판하다가 유배되었고, 1680년 경신환국으로 서인이 집권하자 영의정에 올랐다. 남인에 대한 처벌 문제로 서인이 분화할 때 노론의 영수 역할을 했고, 1689년 기사환국 때 사사되었다.

... 내 듣기에 대신의 책무는 당을 보호하는 데
있지 않고 나라를 위해 성심을 다하는 데 있다고 한다 ...

이제 경의 차자를 보니 놀랍고 분할 뿐이다.
아! 효종께서 송시열을 대우하기를 ... 촉나라 소열이 공명에게,
당 태종이 위징에게 대하듯 했는데 ...

윤서를 평강하고 예제를 괴란하였다. 마땅히 일죄(一罪)로
논단해야 할 것이로되 차율을 적용한 것이다.

(대비에 대한 것, 복창군 형제에 대한 것 반박하고)
복창군 정과 복평군 연이 범한 것은 단지 몸가짐을
삼가지 못한 데 지나지 않지만 송시열의 죄는
일죄를 범한 것이다.
그런데도 경은 도리어 송시열은 신구하려 하고
나의 골육지친을 불측한 곳에 빠뜨리려 했다.

대신이 하는 짓이 이러고서야 어찌 재앙을
부른 데 한 도움이 되었다 하지 않겠는가?
나는 장차 나라가 망할까 통탄한다.

흥분하여 폭포수처럼 쏟아내는
말들을 승지와 사관은 따라잡지
못해 쩔쩔맸다.

사관은 이날 왕의 구술이
마치 외운 글을 말하듯 했다고
쓰고 있다.

논리에서도
노성한 대신에게
별로 밀리지
않아.

서인은 빠르게 배제되어
갔다.

김수항
유배!

납경태 숙종이 '삼복은 예의에 어긋난 것에 불과한 데 반해, 송시열은 죄를 지은 것'이라고 했어요.

김학원 당시 숙종의 비답 내용이 무척 논리 정연해요. 사관조차도 쩔쩔맸다고요?

박시백 보통 비답은 '이러이러한 내용으로 써라' 하면 승정원에서 알아서 준비를 하는데, 이때는 숙종이 '내가 부르는 대로 받아쓰라'면서 폭포수처럼 말을 쏟아냈습니다. 그런데 그 말이 상당히 논리적인데다 김수항이나 송시열의 약점을 잘 짚어내고 있죠.

신병주 한자로 받아 적어야 한다는 걸 감안하면, 당시 사관이 얼마나 곤란했을지 상상이 가요. 숙종이 화가 나서 막말을 쏟아내는데, '이건 어떤 한자로 적어야 하지?' 하면서 쩔쩔맸을 거예요.(웃음)

북벌의 숨은 주창자, 윤휴

김학원 숙종이 정국을 주도하는 가운데 청남과 탁남으로 분화한 남인 세력이 김수항의 상소를 계기로 집권당으로 부상합니다. 탁남이 영의정 허적을 중심으로 정국의 안정적인 운영을 담당했다면, 윤휴•가 사실상의 리더 역할을 한 청남은 개혁적 성향이 강했습니다.

신병주 숙종 초반에 윤휴가 숙종의 지원 아래 여러 주장을 합니다. 특히

• 윤휴尹鑴(1617~1680) 일찍이 학문적 명성이 높아서 송시열에게 칭송을 받았다. 그러나 주자를 독자적으로 해석한 일로 송시열에게 사문난적이라는 비난을 받았고, 1차 예송 때 두 사람은 완전히 갈라섰다. 숙종이 즉위하고 남인이 정권을 장악하자, 남인의 핵심 이론가로서 호패법, 오가작통법, 호포법, 체찰부 설치, 전투용 수레 제작 등 여러 가지 개혁안을 내놓았다 1680년 경신환국으로 역모에 연루되어 사사되었다.

북벌 하면 우리가 흔히 효종을 떠올리는데, 사실 가장 구체적으로 북벌을 추진한 인물은 윤휴예요.

박시백 　현실적인 북벌을 말하죠.

신병주 　당시 청나라는 삼번의 난(1673~1681)이 한창이던 때라 이들과 손잡으면 청나라에 복수를 할 수 있다고 보고 실제로 북벌을 추진하려 한 거죠. 이를 위해 호패법을 실시해서 군정의 누락을 막고, 체찰부를 설치해 효율적인 지휘체계를 세우고, 한꺼번에 1만 명을 뽑는 만과萬科를 실시해서 하급 장교를 양성하자고 했어요.

박시백 　앞서 효종 때는 왕만 혼자서 애가 탔을 뿐 의지를 가진 힘 있는 주체가 없었던 반면, 윤휴는 실제로 북벌에 필요한 군사력 확보를 주장했죠.

김학원 　또 호포법 주장도 나왔는데 대단히 중요한 거예요. 양반에게도 호포를 부과해서 백성의 고통도 덜고 군비도 확충하자는 거죠.

박시백 　호포법은 흥선대원군 때 가서야 실시됩니다.

남경태 　윤휴가 참 아이디어가 출중한 사람이었던 것 같아요.

박시백 　다만 정치력이 부족했어요. 안 그래도 탁남에게는 너무 허무맹랑한 소리로 들렸는데, 그들을 설득하기보다는 독불장군처럼 자기 주장만 고집했어요. 물론 그가 주장한 것 중 호패법, 만과, 체찰부 등 실행된 것도 많지만, 대부분 초기에 잠깐 실행되다가 말았죠.

남경태 　가장 아쉬운 것이 호포법이에요. 이 제도가 200년 뒤에나 실시되었다는 건, 그만큼 조선 사회가 건강하지 못했다는 겁니다.

박시백 　실제로 당시 군역 문제가 너무나 심각했어요. 인징, 족징, 황구첨정, 백골징포 등이 다 이때부터 만연했어요. 그래서 윤휴뿐 아니라 송시열과 가까웠던 유계, 김수항 등도 단발적이지만 호포법을 주장했어요.

신병주 영조시대에 균역법을 실시할 때도 이 호포법을 같이 시행하려고
했거든요. 하지만 영조가 강한 의지를 드러냈는데도 잘 안 된 걸
보면 양반층의 저항이 엄청났던 겁니다.

당파에 치우치지 않은 허적과 공작정치의 달인 김석주의 연대

김학원 탁남의 영수 허적이 김석주와 정치적으로 연대하는 거죠?

신병주 정치적 이익을 위해서는 반대 당파 간에도 연합할 수 있다는 것을
보여주는 대표적 사례입니다. 허적*은 남인이고 김석주**는 서인
이에요.

박시백 연합이라기보다는 허적이 거의 달라붙었다고 해야 하지 않을까
요? 허적은 남인의 영수로서 서인이자 외척인 김석주에게 병권을
양보하면 당파에 치우치지 않는 모습으로 왕의 신뢰를 얻을 수 있
고, 왕을 안심시킬 수 있다고 본 것 같아요.

신병주 김석주는 김육의 손자예요. 김육의 아들이 김좌명, 김우명인데, 김
좌명의 아들이 김석주, 김우명의 딸이 현열대비입니다.

박시백 과거에 김육과 송시열이 사이가 안 좋았어요. 송시열이 대동법에

● 허적許積(1610~1680) 주요 관직을 거쳐 재상의 자리에 올랐다. 숙종이 즉위한 후 탁남의 영수가
되었다. 김석주에게 병권을 양보하여 당파에 치우치지 않는 행보를 보이면서 숙종의 신임을 얻었다.
그러나 허목 등의 청남과 김석주의 사주를 받은 서인의 경계가 끊이지 않는 가운데, 1680년 서자 허
견이 반역을 꾀하고 있다는 무고에 연루되어 사사되었다.
●● 김석주金錫胄(1634~1684) 김육의 손자이자 김좌명의 아들로 대를 이어 송시열과 대립했고, 남
인인 허적 등과 함께 산당을 몰아냈다. 그러나 이후에는 남인에 대한 숙종의 경계심을 자극하고 송시
열의 사사를 막아 그와 긴밀한 관계를 유지했다. 1680년 허견의 모역사건을 고변하여 경신환국을 일
으키고 남인을 숙청했다. 이후 송시열과 함께 노론을 이끌며 소론과 대립했다.

계속 반대하니까 김육이 송시열을 좀 우습게 생각했어요. 이후 김육의 장례 때 송시열 쪽에서 무덤이 너무 호화롭다고 비판을 하면서 사이가 더 벌어졌죠. 그래서 현종 말년에 이르러 자연스럽게 김석주와 허적이 연합해서 반反송시열 세력을 이룬 것이죠.

신병주   김석주는 이 연합을 이용해 서인이면서 당파에 치우치지 않는 듯 보이도록 처신했어요. 그리고 척신으로서 왕의 입장을 옹호하는 척하면서 권력이 허적에게 쏠리는 걸 막았죠. 김석주는 외척이지만 문과에 장원급제할 만큼 능력이 있는 데다 정치 감각까지 탁월했어요.

김학원   김석주를 보면 국정원장 같은 캐릭터예요. 정보력도 대단하고 상대 스파이를 역으로 포섭하고, 프락치까지 심었어요.

신병주   실록과 《당의통략》을 보면 정말 공작정치의 달인입니다.

김학원   그런데 당시 남인은 숙종이 만들어준 유리한 정치 지형 속에서 너무 안일한 모습을 보인 것 같아요.

신병주   남인은 집권하자마자 청남과 탁남으로 분열돼서 한목소리를 내지 못했죠. 대표적으로 송시열의 죄를 종묘에 고하자는 '고묘론'이 나왔을 때에도, 허목은 찬성했지만 허적은 김석주와 붙어 반대했어요. 그리고 윤휴는 북벌에 관계된 개혁안들을 건의하느라 정신이 없었고요.

남경태   청남과 탁남으로 나뉜 것보다 어느 쪽에도 강력한 카리스마를 지닌 리더가 없었던 게 문제였던 것 같아요. 윤휴가 그런 역할을 해주었으면 좋았을 텐데요.

신병주   허목은 주로 산림에 있었고 상당히 고령이었어요. 그리고 허적은 관료 경험은 많지만 너무 정치 지형만을 좇았죠. 또 윤휴는 독불장군처럼 독자 노선을 걸어서 남인 내에서도 지원을 받기는커녕 오히려 비판의 타깃이 되었어요.

숙종식 환국정치의 서막 – 경신환국

김학원 1680년(숙종 6) 어느 날 갑자기 정국이 반전됩니다. 바로 경신환국
이죠. 남인이 몰락하고 서인이 집권했어요.

남경태 경신환국의 직접적인 발단은 '유악 사건'이라고 알려져 있어요.

신병주 조부 허잠이 시호를 받자 허적이 축하연을 열어요. 그날 마침 비
가 오자 숙종이 선심을 써서 왕실에서 쓰는 유악(비가 새지 않도록
기름을 바른 장막)과 차일을 보내주라고 했는데 허적이 이미 가져갔
다는 거예요. 왕의 허락도 없이 가져갔으니 숙종이 대노했죠.

박시백 그런데 이 유악 사건은 실록에는 안 나오고 《연려실기술》이나 《당
의통략》에만 나옵니다. 실록에는 어느 날 갑자기 숙종이 남인에게
서 병권을 빼앗은 뒤 일사천리로 정권을 교체한 것으로 기술되어
있어요. 유악 사건은 환국이 일어난 이유를 설명하기 위해 만들어
낸 게 아닌가 싶어요. '자기 허락도 없이 유악을 가져간 허적의 방
자함에 분노해서 숙종이 환국을 일으켰다'는 식으로 말이죠.

김학원 그렇다면 사건의 진상을 어떻게 봐야 할까요?

박시백 실록에 보면 원래 허적 본인을 위한 잔치가 예정되어 있었어요. 허적
이 왕에게서 안석과 궤장을 하사받기로 되어 있었고, 그걸 축하하기
위한 잔치를 열 예정이었죠. 그런데 환국이 일어나는 바람에 잔치도
열리지 않았고 안석과 궤장도 하사되지 않았어요. 이게 팩트예요. 그
래서 저는 안석과 궤장 하사를 허적 측을 안심시키고 환국을 준비하
기 위한 일종의 연막이라고 봐요. 유악 사건이 만약 사실이라면 굉장
히 큰 불경이니 허적을 죽일 때 명분으로 삼았어야 해요. 그런데 실록
에 거론조차 안 됐다는 것은 실제 일어난 사건이 아니라는 거죠.

김학원 그런데 숙종이 왜 이렇게 갑자기 변심한 걸까요?

박시백 　김석주의 노련한 공작에 세뇌되어 전격적으로 뒤집기를 결심한 것 같아요. 하지만 실행 과정을 보면, 안석과 궤장에서 보다시피 숙종이 주도한 측면이 커요.

남경태 　경신환국은 김석주의 정치력과 숙종의 결합으로 이뤄진 거네요.

김학원 　남인들이 줄줄이 실각하는 가운데 허적의 아들 허견과 복선군이 역모를 꾀한다는 고변이 나옵니다. 이른바 허견의 옥사죠. 여기에 김석주가 개입하는 거잖아요?

남경태 　기록에는 허견의 자백이 있었다고 하지만, 처음부터 김석주의 완전한 공작일지도 모른다는 의심이 들 정도예요.

박시백 　김석주가 사전에 공작을 했을 수 있어요. 김석주는 청남과 연합한 복선군을 제거하고 싶어 했으니까요. 그래서 정원로를 이용해 복선군 쪽에 '김석주가 너희를 제거하려고 복병을 심어놓았다'는 말을 흘려서 위기를 느낀 복선군 쪽에서 역모성 발언이 나오게끔 유도했다고 볼 수 있는 거죠.

신병주 　복선군 그리고 함께 역모를 모의했다는 허견은 물론, 자식 잘못 둔 죄로 탁남의 영수 허적도 사약을 받습니다.

김학원 　옥사가 마무리되기도 전에 공신 책봉이 이뤄집니다. 그런데 이 공신들의 면면을 보면 경신환국은 사실상 김석주가 주도했다는 것을 알 수 있어요.

박시백 　아주 선명하게 드러나죠. 김석주가 일등공신인 거야 당연하지만, 김석주가 부렸던 정보원들이 이등공신, 삼등공신에 책봉되니까요.

신병주 　공신 책봉 이틀 뒤에는, 끼워 팔기도 아니고, 청남의 영수 윤휴도 사약을 받아요. 특히 윤휴는 유교 경전을 주자를 따라 해석하지 않았다고 해서 송시열에게 사문난적이라는 소리를 들었는데, 그의 사사를 명하는 전지에 이 혐의도 기재되어 있습니다. 그래서 송시

유악 사건은 평소 허적의
스타일과도 어울리지 않는다.

돌다리도
두드려보고
건너는 게
내 스타일.

쿵 쿵

이즈음 아무리 늙고 권력에
취했다 해도 그런 무모한 행동을
했을 것 같지는 않다.

나
허적이야.
처신의
달인!

무엇보다 유악 사건은 환국이
시작된 당일은 물론, 이후의
기록에도 언급되지 않는다.

심지어 허적을
사사할 때는 마땅한
사유가 없어 옹색한
이유를 갖다대면서도
유악 이야기를 하지
않습니다.

유악 사건이 사실이 아니라면
무엇으로 환국을
설명해야 할까?

에이~
알면서.

그렇다.
경신환국은 김석주가
오래도록 치밀하게
준비해온 드라마였다.

열이 윤휴를 사문난적으로 몰아 죽였다는 이야기가 나왔죠.

박시백 　남인이 6년 동안 집권하면서 송시열을 잡으려고 얼마나 애를 썼습니까? 그런데 송시열을 잡기는커녕 남인 영수들의 목이 다 날아가죠. 그만큼 남인의 힘이 약했다는 거예요.

김학원 　경신환국으로 서인이 집권하면서 김수항이 영의정, 민정중이 우의정에 오릅니다. 그리고 송시열의 명예 회복을 주청하죠.

남경태 　숙종이 예전에는 송시열이 죄를 범했다고 하더니 이제는 '도덕이 순수하고 학문이 고명하기로는 경보다 뛰어난 자가 없다'고 해요.(웃음) 송시열에 대한 애증은 숙종도 전 왕들과 마찬가지예요.

박시백 　저는 그건 아니라고 봐요. 숙종은 허적이나 윤휴 같은 사람에 대해서도 똑같이 말 바꾸기를 해요. 정치 스타일이 그런 거죠.

서인이 노론과 소론으로 분화하다

김학원 　송시열 세력이 다시 등장하면서 서인이 노론과 소론으로 분화하는데요. 그 실질적인 계기는 김석주의 정국 주도 과정과 관련 있는 것 아닌가요?

박시백 　우의정에 제수된 데다 호위대장까지 맡게 된 김석주가 또 다른 외척 김익훈*과 함께 공작정치를 펴서 남인의 싹을 완전히 뽑아버리

● 김익훈金益勳(1619~1689)　김장생의 손자이며 숙종 비 인경왕후의 종조부다. 김석주가 경신환국을 일으킬 때 적극적으로 동참해 남인을 몰아냈다. 1682년 거짓 고변으로 남인을 뿌리 뽑으려 했으나 오히려 서인 소장파의 반발을 불러일으켜 거센 탄핵을 받았다. 이때 송시열이 그를 옹호함으로써 서인이 노론과 소론으로 갈라지는 계기가 되었다. 기사환국으로 죽었다.

려고 하죠. 그런데 젊은 서인들 사이에서 외척들의 이런 공작정치를 비판하는 움직임이 일어납니다. 신진들은 상대적으로 힘이 약한 김익훈을 집중 공격했죠.

김학원   그래서 송시열이 김익훈에 대해 어떤 입장을 취할지에 세인의 관심이 집중되었죠.

박시백   그런데 송시열이 김익훈을 옹호하는 입장을 취한 거죠. 김익훈은 스승 김집의 부친 김장생의 손자로 자기와는 형제 같은 사이인데 아무 도움도 못 줘서 부끄럽다고까지 합니다.(웃음)

김학원   명분을 버리고 사사로운 이해관계를 취한 거네요. 그런데 김석주를 비호하기 위한 게 아니었을까요?

박시백   그렇다고 볼 수 있죠. 송시열에게 남인 정권을 몰아낸 김석주는 구원자나 다름없었으니까요.

신병주   송시열에게 실망한 신진들은 외척 탄핵을 더욱 큰 목소리로 외쳤고, 박세채●가 이들의 주장에 동조하면서 일약 리더로 떠올랐어요. 이들을 젊다고 해서 소론으로 불렀죠. 하지만 노론을 등에 업은 김석주는 한 발짝도 물러서지 않았어요. 오히려 소론들을 파직하거나 외방으로 쫓아내라고 왕을 압박합니다.

김학원   그만큼 힘이 막강했으니까요. 그런데 이 와중에 김석주가 세상을 뜹니다. 노소 갈등도 자연스레 누그러졌죠. 하지만 또 다른 문제가 갈등의 불씨를 되살립니다. 송시열과 윤증의, 이른바 '회니시비'라

● **박세채**朴世采(1631~1695) 성균관 유생 시절 이이와 성혼의 문묘 종사를 주장하다가 효종의 비판을 받자 과거를 포기했다. 김상헌과 김집 문하에서 공부하며 송시열과 교유했고 이후 천거되어 요직을 거쳤다. 송시열이 외척 김석주와 손을 잡자 멀어지기 시작했고 이후 소론의 영수가 되었다. 그러나 장희재에 대해 남구만이 가벼운 처벌을 하자고 건의할 때 노론 대간들이 강력히 반발했는데, 이때 노론 대간의 주장을 옹호함으로써 박세채 문하의 상당수가 노론으로 전향했다.

마침내 송시열이 한마디 했다.

김익훈은 신의 스승 김집의 아비인 김장생의 친손으로 신에게는 형제의 의리가 있는 이인데 오늘 어려움을 겪고 있는 그에게 신은 아무런 도움도 못 되고 있어 부끄럽사옵니다.

뭔 소리?

혀! 송시열 선생이 전과는 아주 다른 사람이 돼버렸네.

김석주랑 짝짜꿍하는 걸 보고 예상은 했지만

깨실망

굿바이

고 하는 사건이죠.

신병주   회덕에 살았던 송시열과 이성에 살았던 윤증* 간에 벌어진 논쟁이 라 해서 '회니시비', '회니논쟁'이라고 합니다.

김학원   1673년(현종 14) 윤증이 아버지 윤선거의 묘갈명을 부탁하러 송시 열을 찾아가면서 논쟁이 시작되는 거죠.

신병주   송시열과 윤선거는 아주 친한 친구였고, 윤증은 송시열의 수제자 였거든요. 그런데 송시열이 윤선거의 묘갈명을 성의 없이 써줍니 다. 앞서도 나왔지만 윤휴가 주자의 해석을 따르지 않자 송시열이

●   윤증尹拯(1629~1714)   윤선거의 아들로, 권시, 김집, 송시열에게 학문을 배웠다. 과거를 보지 않 았으나 학행이 뛰어나 벼슬이 계속 높아졌고, 1709년에는 우의정에 임명됨으로써 임금의 얼굴을 한 번도 보지 않은 채 정승의 반열에 오른 유일한 인물이 되었다. 아버지의 묘갈명 문제로 송시열과 대 립했고 이것이 소론과 노론의 대립을 심화하는 계기로 작용했다.

사문난적이라며 절교를 선언했는데, 윤선거가 그런 윤휴와 계속 놀았거든요.(웃음)

박시백 예론으로 송시열과 윤휴가 극단적으로 대립했을 때에는 윤선거도 할 수 없이 윤휴와 절교를 공언했어요. 그렇지만 마음으로는 윤휴를 끊지 못했어요. 송시열이 주도한 왕따에 윤선거가 참여를 안 한 거죠.(웃음)

신병주 자세한 내막을 몰랐던 윤증은 몇 번이나 다시 써줄 것을 요청했지만 끝까지 거절당합니다. 게다가 송시열 주변에서 윤선거가 강화도에서 자결하지 못한 것에 대한 비판이 흘러나옵니다. 병자호란 때 윤선거는 강화도에 피란해 있었는데, 그 당시 함께 있던 벗들과 강화도가 함락되면 같이 자결하기로 약속했어요. 그런데 강화도가 함락되자 벗들은 물론이고 자신의 아내마저도 자결했지만, 윤선거는 미복을 입고 몰래 빠져나갔거든요. '아버님이 살아계셔서'라는 이유 때문이었죠. 이 일을 두고 송시열이 참 선비가 아니라며 윤선거를 비판한 거죠.

김학원 송시열이 그런 꼬투리를 참 잘 잡아요.(웃음)

박시백 사실 윤선거가 강화도에서 나온 이후에도 송시열은 윤선거와 친하게 지냈어요. 그 문제보다는 윤선거가 윤휴와 가까이 지낸 것에 대한 앙금이 더 컸던 거예요.

남경태 참 꽁한 사람이에요.(웃음) 친구의 묘갈명이니 잘 써줄 만도 한데요.

박시백 방식도 치사해요. "박세채가 (행장에) 잘 썼으니 나는 다만 그의 말을 옮길 뿐 새로 짓지 않노라."며 '술이부작述而不作'이라는 표현을 쓰잖아요.(웃음)

남경태 그러니 윤증이 얼마나 열 받았겠어요?(웃음) 이럴 거면 차라리 거절을 하지, 이런 생각도 들었을 거예요.

박시백 그래서 윤증이 절교를 선언하는 아주 강한 톤의 편지를 써놓고, 그 편지를 스승 송시열에게 보내도 되겠냐고 박세채에게 한번 물어봐요. 박세채가 읽어보고는 보내지 않는 게 좋겠다고 해서 윤증도 그 의견을 따랐는데, 하필이면 박세채의 사위가 송시열의 손자였어요. 편지가 작성된 지 3년 뒤에 사위가 이걸 보고는 베껴서 조부인 송시열에게 보여준 거예요.(웃음)

신병주 편지 내용에 '의와 이를 같이 행하고, 왕도와 패도를 아울러 썼다'는 구절이 있는데, 이건 유학자에게는 가장 큰 모독이에요. 그것도 제자가 스승을 비판한 거예요. 이후로 한동안 둘 사이에 편지를 통한 논쟁이 계속 됐죠.

박시백 윤증이 편지를 쓴 건 1681년(숙종 7)이에요. 하지만 1684년(숙종 10) 김석주가 죽기 얼마 전에 편지 내용이 세상에 알려져 윤증을 지지하는 소론과 송시열을 지지하는 노론의 반박 상소가 번갈아 이어지면서 정국의 주요 쟁점이 됩니다.

사극의 단골 주인공 장 희빈의 부상

김학원 1680년(숙종 6)에 김만기의 딸 인경왕후가 눈을 감고, 이듬해 노론의 핵심 민유중의 열다섯 살 된 딸을 두 번째 왕비로 삼습니다. 바로 인현왕후입니다.

신병주 인현왕후를 숙종의 첫 번째 정비로 착각하시는 분들이 많더라고요.

남경태 워낙 유명한 왕후니까요.

김학원 인경왕후가 눈을 감고 인현왕후를 맞이하기까지 6개월의 공백이 있었는데, 이때 여인 장씨가 숙종의 마음을 사로잡았어요. 훗날의 장 희빈이죠.

남경태   아, 그 사이군요?(웃음)

박시백   그 잠깐 사이에……(웃음)

신병주   역관 장현의 조카딸입니다. 숙종의 어머니 현열대비가 아직 살아 계실 때인데, 이런 여인을 들여서는 안 된다며 장씨를 궁궐에서 쫓 아냅니다. 장씨의 성품 탓을 했지만, 사실은 숙부 장현이 남인하고 가까운 사이였기 때문이에요. 그런데 1683년(숙종 9)에 현열대비가 세상을 떠나자 인현왕후가 불러들이라고 합니다.

김학원   그게 악수였던 거죠.

신병주   이때 장씨를 지원한 사람이 현종시대의 예송 때 언급된 자의대비 예요. 이분이 이때까지 살아계셨어요.(웃음) 장씨가 자의대비의 마 음을 얻어서 왕실에서 상당히 입지를 넓혀갔죠.

김학원   1688년(숙종 14) 총애를 받던 장씨가 왕자를 낳는데, 훗날의 경종이 죠. 숙종으로서는 첫아들이라 엄청나게 기뻐했습니다.

신병주   그러고는 100일도 안 된 아이를 원자로 삼겠다고 선언하면서 파문 이 일어나죠.

남경태   그때 인현왕후가 20대 초반이니까 아직 생산 가능성이 있었어요.

신병주   그렇죠. 게다가 인현왕후의 아버지 민유중이 서인의 핵심이라 서 인 측에서는 중전의 나이가 아직 한창인데 왜 이렇게 서두르느냐 며 반대를 하죠. 그럼에도 숙종은 후사가 없는 것이 가장 큰 불효 라며 원자 명호를 강행합니다.

김학원   그리고 여인 장씨를 정이품 소의에서 정일품 희빈으로 승격하죠. 그러자 송시열이 반대 상소를 올립니다.

신병주   희빈 장씨의 소생을 원자로 삼는 것에 가장 강하게 반대한 인물이 송시열이에요. 이때도 중국의 사례를 들어 반대 논리를 폅니다.

박시백　송나라 신종은 철종이 후궁의 자식이라 열 살이 되어도 태자로 삼지 않다가, 신종이 병든 다음에야 비로소 태자로 삼았다는 이야기를 합니다. 그러자 숙종이 명나라 황제 중에는 낳은 지 넉 달 만에 봉호한 이도 있다며 반대 논리를 펴죠.

김학원　숙종이 그러면서 송시열을 삭탈관직, 문외출송하고, 이를 시작으로 서인들을 내치고 다시 남인들을 대거 기용합니다. 바로 기사환국이죠.

기사환국: 그녀를 위한 기획

김학원　기사환국으로 9년 만에 남인이 복귀해서 정말 모든 것을 동전 뒤집듯 뒤집어버립니다.

박시백　경신환국 때보다 더 '어느 날 갑자기'라는 생각이 드는데, 만약 이때 송시열이 상소를 올리지 않았으면 일어나지 않을 일이었을까 싶지만 제가 보기에는 아닌 것 같아요. 어쨌든 숙종은 이미 희빈 장씨를 중전으로 만들어야겠다는 생각을 하고 있었어요. 그래서 어떤 식으로든 서인 세력을 제거하리라 작심했는데 때마침 송시열의 상소가 올라온 거죠.

남경태　아, 그러면 숙종이 개인적으로 희빈 장씨를 총애한 것도 있지만, 사실은 서인 세력을 제거하기 위한 결정이었다고 보시는 거네요.

박시백　아니, 오히려 희빈 장씨를 중전으로 세우기 위해 서인에서 남인으로 물갈이했다고 보는 거죠. 서인 정권 아래에서 서인 중전을 폐출시키고 남인 중전을 세우기란 쉽지 않은 일이니까요.

김학원　그래서 박 화백님은 숙종 초의 경신환국은 김석주의 기획, 숙종의

후원이었다면, 기사환국은 그야말로 숙종이 주도한 거라고 보신 거죠? 이후 곧바로 중전 교체가 이루어져요.

남경태 인현왕후에게는 뚜렷한 결격 사유가 없었어요. 아들을 못 낳았지만 아직 젊은 나이라 가능성은 충분히 있었고요.

신병주 후사 얘기는 숙종도 무리수라는 걸 아니까, 인현왕후가 덕이 없고 투기의 습관이 있다는 논리를 내세웁니다. 그런데 이건 누구에게나 갖다 붙여도 되는 논리예요. 서인 정권 아래서는 통할 리 만무했죠. 그래서 좀 더 기다렸다가 남인으로 정권을 교체한 뒤 중전의 폐출을 추진한 거죠. 그런데 남인들 사이에서도 반대 여론이 만만치가 않았어요.

박시백 그럼요. 남인이라고 하더라도 동의하기 힘든 이유였죠.

신병주 숙종의 입장에서는 희빈 장씨의 소생인 원자를 후계자로 확고히 하기 위해서라도 중전을 쫓아내야 했어요. 중전이 혹시라도 아들을 낳으면 상황이 복잡해질 수 있으니까요. 그래서 희빈 장씨를 왕비로까지 올려줍니다.

김학원 오두인, 박태보 등 86명이 연명으로 인현왕후 폐출에 반대하는 상소를 올렸는데, 숙종이 모반대역보다 더 심하다며 한밤중에 국청을 열었어요. 이후 열흘도 안 돼 중전을 폐비시킵니다.

신병주 이때 고문 후유증으로 죽은 오두인, 박태보 등은 나중에 소론의 아주 충직한 신하로 기억이 되죠.

김학원 드디어 희빈 장씨가 궁인, 희빈을 거쳐 국모의 자리에 오릅니다. 이후의 과정까지 보면 조선시대 궁중 여인들 가운데 가장 파란만장한 삶을 산 것 같아요.

신병주 신데렐라 같은 삶을 살다가 초고속으로 몰락하죠.

송시열의 시대가 막을 내리다

김학원 송시열이 남인의 마지막 타깃이 됩니다. 숙종도 더는 송시열 문제로 고민하지 않았어요. 그런데 박 화백님은 송시열의 죽음을 둘러싸고 약간의 의혹이 있다고 보시는 거죠?

박시백 송시열이 서울로 올라오는 도중에 사약을 받거든요. 이것에 대해 '남인들이 제대로 조사도 안 하고 죽었다'는 식으로 말하는 사람들이 있는데, 제가 보기에는 오히려 나이 많은 송시열에 대한 배려가 아니었나 싶어요. 국문을 견디기란 사약을 마시는 것보다 더한 일이거든요.

김학원 　어쨌든 송시열은 끝까지 자기 원칙과 소신을 지켰어요.

박시백 　송시열이 정말 영민한 게 죽는 순간까지도 어떻게 해야 영원히 살수 있는지 너무 잘 알고 있었어요. 사약을 받으면서 이런 유언을 남깁니다. "학문은 마땅히 주자를 주로 삼고 사업은 효종께서 하시려던 바를 주로 삼아야 할 것이다." 주자의 학문과 효종이 추구한 북벌, 이걸 양대 기치로 삼고 가야 한다는 거죠. 그렇게 해야 예송 과정에서 자신에게 쏠렸던 비난, 즉 효종에게 불경한 신하라는 비판이 상쇄되고 효종의 충신으로 역사에 기록될 테니까요.

김학원 　송시열은 우리가 꽤 긴 시간 동안 언급했어요.

남경태 　오죽하면 '17세기는 송시열의 세기'라는 말이 나왔겠습니까? 효종, 현종, 숙종 3대를 거치면서 정치적으로 가장 큰 영향력을 행사한 사람이죠.

신병주 　송시열은 실록을 검색하면 3,000번 가까이 나올 정도로 비중 있는 인물이에요.

박시백 　제가 보기에는 우리 현대사의 3김을 다 모아놓은 정도의 영향력을 행사했어요.(웃음) 왕을 제외하면 그야말로 수십 년에 걸쳐서 거의 최고의 정점에서 정치적 영향력을 행사했으니까요. 늘 핫한 인물이었죠.(웃음)

신병주 　죽은 뒤에도 이처럼 영예를 누린 인물이 별로 없어요. 노론이 권력을 잡으면서 《송자대전》이라는 송시열의 문집이 나옵니다. 공자, 맹자, 주자처럼 '자'를 써서 '송자'라고 칭한 거예요.

남경태 　그런데 송시열을 정도전이나 조광조처럼 강렬한 존재로 기억하는 사람은 사실 별로 없어요.(웃음)

그는 죽어서도 노론의 구심으로 남았다.
《숙종실록》 사관들의 인물평은
송시열과의 관계를 언제나
최우선의 잣대로 삼고 있어서
재미있다.

가령 이런 식이다.

김 아무개.
평생을 오직
송시열의 뜻에 따른
멋진 남자.

A

내가
치부도 좀
했는데

이 아무개.
송시열에 맞서서
간교한 말과 흉패한
행동을 일삼은 무뢰한.

F

그래.
나 맹렬
소론이야.

박세채

송시열을 존경했으나
시류에 휩쓸려 소론의
영수가 됨.
그러나 송시열의 죽음에
심상(心喪)하여
유종의 원망을 샀다.
이로 보아도 인품은
훌륭한 인물.

…

B

*심상(心喪): 상복은 입지 않으나 상세가 된 심정으로 근신하는 것.

김학원   예송 등이 부각되면서 탁상공론의 상징적 인물로 격하된 측면이
         있죠.

박시백   수많은 사람을 적으로 삼아서 참 많이도 싸웠어요.(웃음)

김학원   만화에 보면, 박 화백님이 송시열에 대한 사관의 평에 기초해서 당
         시 송시열이 어떤 위치를 차지하고 있는지를 보여주고 있어요.

박시백   이 시대에는 사관들이 졸기를 작성할 때 대부분 송시열을 평가의
         기준으로 삼았어요.

김학원   송시열을 따르면 A학점이고 훌륭한 인재라는 거군요.(웃음)

박시백   치부를 했더라도 송시열을 추종했으면 높은 평가를 받은 거죠.

신병주   박세채는 B학점인데 '송시열을 존경했지만 시류에 휩쓸려 소론의

영수가 되었다'는 평을 받았습니다.

박시백 원래는 B학점도 받기 어려웠어요. 바로 뒤에 나오겠지만, 갑술환국 후 희빈 장씨의 오빠 장희재 사사 문제에 처음에는 반대하다가 결국 송시열 측의 편을 들어 장희재를 죽이자는 쪽으로 입장을 바꾼 덕에 그나마 B학점이라도 받을 수 있었죠. 실제 박세채 문하의 사람들이 이 일을 계기로 대거 노론으로 움직입니다.

갑술환국: 군강신약의 나라로

김학원 1693년(숙종 19) 숙종이 궁인 최씨를 숙원으로 삼으면서 새로운 긴장 국면이 조성되는데요.

신병주 궁인 최씨는 원래 인현왕후 궁에 출입한 궁녀라고 해요.

김학원 그래서 폐비인 인현왕후에게 의리를 다하는 모습을 보이는군요.

신병주 그렇죠. 그 모습이 숙종의 눈에 띄어 일약 후궁이 되고, 나중에 왕자를 낳죠. 그가 곧 영조죠.

박시백 이때는 숙종이 이미 중전 장씨에게 싫증을 느끼고 있었죠.

김학원 때마침 남인과 서인이 각각 고변을 하면서 궁중 암투가 벌어지고 있었는데요.

신병주 우의정 민암*이 노론 명문가의 젊은 자제들 사이에서 중전을 복위

● 민암閔黯(1636~1694) 숙종 초기 송시열의 처벌을 놓고 다툴 때 탁남에 속했다. 기사환국 이후 송시열의 사사 등 서인에 대한 강력한 처벌을 주장했다. 우의정에 오른 이후 남인 정권의 최고 실세로서 정국을 이끌었다. 한중혁, 김춘택 등이 인현왕후를 복위시키려 하자 함이완을 협박해 그들의 죄상을 고변하게 해서 옥사를 일으켰으나 갑술환국으로 사사되었다.

시키려는 움직임이 있다는 걸 포착하고, 그들 중 한 사람인 함이완을 협박해서 고변하게 합니다. 그래서 사건의 모양새가 제법 갖춰졌는데, 서인 쪽에서 또 다른 고변이 들어온 거예요.

박시백　중전 장씨의 오빠 장희재가 숙원 최씨를 독살하려 했다는 내용이었죠.

신병주　그런데 숙종이 여기서 서인의 손을 들어준 거죠. 함이완의 고변은 민암이 꾸민 거라고 하면서, 함이완이 역모자로 지목한 김춘택을 석방하고 함이완은 절도에 정배합니다. 나아가 영의정 권대운과 우의정 민암을 숙청하고, 바로 소론인 남구만을 영의정에 제수합니다. 이렇게 서인 중심으로 다시 정국을 바꾼 게 1694년의 갑술환국이에요.

박시백　5년 전 기사환국이 장씨를 중전으로 삼기 위해서 벌인 거라면, 이번에는 인현왕후를 컴백시켜야겠다는 마음으로 준비한 것 같아요.

남경태　이유야 어쨌든 숙종의 환국정치는 왕권이 그만큼 강화되었다는 증거인 거죠?

박시백　효종, 현종 때는 군약신강의 나라라고 했는데, 정반대로 군강신약의 나라가 된 거죠. 이렇게 무원칙한 환국이 계속되는데도 신하들은 왕이 내미는 카드를 덥석덥석 받았을 정도니까요.

남경태　저는 14, 15세기 조선은 그야말로 왕국이었고, 16, 17세기 200년간은 신권이 앞선 사대부국가였는데, 숙종시대를 거쳐 영조, 정조 때 왕정복고를 했다고 봅니다.

박시백　왕권의 세기로 보자면 숙종 때가 더 세죠. 한 20~30년 넘게 재위를 하다 보면 왕권은 자연스럽게 세질 수밖에 없어요. 영조 말년에는 왕권이 무척 강했죠. 그런데 숙종은 열네 살 때부터 이미 신하들을 쥐락펴락했어요. 조선 후기에서 숙종시대가 가장 왕권이 강한 시기가 아니었나 싶어요.

신병주   숙종의 적장자 프리미엄이 큰 역할을 한 거예요. 숙종이 스스로 움 츠러들 이유도, 신하들이 숙종의 권력을 견제할 명분도 없었다는 거죠.

장 희빈과 인현왕후의 최후

김학원   폐비가 환궁한 날 중전 장씨는 바로 희빈으로 강등되어 처지가 하루아침에 역전됩니다. 이후 인현왕후는 숙원 최씨와 공고히 연 대합니다.

박시백   숙원 최씨는 굉장히 총명한 여자예요. 장씨는 숙부를 통해 남인과 손을 잡았고, 인현왕후는 아버지 민유중이 노론의 핵심이라 뒷배 가 든든했어요. 반면 숙원 최씨는 출신이 워낙 천해서 의지할 친정 도 정치 세력도 없었어요. 인현왕후를 따르는 것으로 자신의 입지 를 넓힐 수 있었던 거죠.

남경태   이후 숙의, 귀인을 거쳐 숙빈에 봉해지죠.

김학원   장씨는 강등된 뒤라도 조용히 살았으면 좋았을 텐데요.(웃음)

박시백   세자의 생모니까 조금만 기다렸다면 모든 것을 회복할 수 있었는 데 말이에요.

남경태   왕의 사랑은 식었을지언정 권력은 되찾을 수 있었던 거죠. 조용히 지냈더라면 숙종도 죽이지 못했을 텐데, 장씨가 오버합니다.

김학원   장씨가 자작극도 꾸몄다는데, 어떻게 한 건가요?

박시백   자기 아버지의 무덤에 나무 인형과 나무 칼 등을 묻고 비석을 훼손 하는 자작극을 벌이죠. 그리고 장희재 집안의 종을 통해서 고발하게 해서 서인의 짓으로 몰아가려고 했는데, 일을 너무 허접하게 꾸며서 들통이 납니다.

남경태 다행히 수사가 확대되지는 않아서 희빈 장씨와 장희재는 처벌을 면하죠.

김학원 그러고 나서도 수많은 저주 행각을 벌였어요.

남경태 실록에도 관련 기록이 나오나요?

박시백 그럼요. 바늘로 나무 인형을 찌르거나 화살로 쏘아 맞추기도 했죠.(웃음)

김학원 문제는 그사이에 인현왕후가 병에 걸려 죽었다는 거예요.

신병주 저주가 통한 건가요?(웃음)

김학원 인현왕후가 궁에 복귀한 지 7년 만에 죽었는데, 40일 후에 숙종이 그런 사실을 알고 진노하죠.

박시백 인현왕후의 죽음에 위기를 느낀 숙빈 최씨가 희빈 장씨가 저주한 사실을 고해바쳐서 숙종이 알게 되죠.

김학원 결국 희빈 장씨는 사약을 받는데요.

신병주 인현왕후와 장 희빈, 두 여인이 운명처럼 1701년, 같은 해에 죽습니다.

대리청정의 그물에 걸린 세자

김학원 다시 갑술환국 때로 돌아가 보죠. 이 세 번째 환국으로 서인이 다시 집권하는데요.

박시백 이때는 영수 송시열을 잃어버린 서인 강경파가 아니라 소론이 실권을 잡습니다. 그래서 장희재와 희빈 장씨의 자작극 조사도 소론인 남구만이 지휘합니다. 이 과정에서 소론이 보여준 태도는 어쨌든 세자를 흔드는 일이 있어서는 안 된다는 거였어요. 장희재와 희빈 장씨에 대한 지나친 조사를 차단한 것도 그 때문이죠. 하지만 노론의 입장에서는 이게 굉장히 못마땅했고, 소론을 공격하게 됩니다.

남경태 그 전에 잠깐, 갑술환국으로 실각한 남인들은 어떻게 되나요?

신병주 다시는 세력화되지 못하죠. 남인 쪽에서 실학자들이 많이 나오게 된 이유가 이때 이후 완전히 재야에 은둔했기 때문이에요. 재야에 있으니 비판의식은 더 싹트는 거죠. 그러니까 갑술환국이 남인들을 실학자로 양성한 셈이죠.

김학원 송시열과 윤증의 회니시비 논쟁이 다시 한 번 불거지면서 환국이나 다름 없는 상황이 전개됩니다. 이런 상황의 전기가 된 것이 1716년(숙종 42) 병신년의 '병신처분'이죠?

박시백 《가례원류》라는 책이 유계의 단독 작품이냐 유계와 윤선거, 윤증 부자의 합작품이냐를 놓고 유계의 손자 유상기와 윤증 사이에 시비가 붙은 데서 시작된 일이에요. 그 과정에서 옛날의 회니시비가 다시 불거지니까 숙종이 계속 윤증 편을 들어주죠. 그런데 사실 이건 숙종이 진짜 목표를 이루기 위해 명분을 쌓는 과정이었어요. 윤증, 즉 소론 편을 드는 것처럼 하더니 어느 날 갑자기 정반대의 결론을 내립니다. '봐라, 송시열은 윤선거를 욕하지 않았지만 윤증 너는 송시열을 욕했다'고 하면서 노론의 손을 들어주는 거죠. 이것이 병신처분입니다. 이로써 조정은 노론 일색이 됩니다.

김학원 그 진짜 목표라는 게 세자 교체였던 거죠?

박시백 세자는 몸도 허약하고 성격도 소심했어요. 희빈 장씨의 아들이라는 점도 마음에 걸렸고요. 이대로는 안 되겠다는 판단으로 세자를 교체하려 합니다. 하지만 세자를 옹호하는 소론이 있는 한 불가능한 일이었죠. 그래서 병신처분을 통해 소론을 제압해버린 거죠.

김학원 그러니까 이번에는 중전이 아니라 세자를 교체하고 싶어서 이런 정치적인 수를 놓은 거네요.

신병주 병신처분이 있은 다음 해인 1717년에 숙종이 이이명*을 독대합니다. 정유년이어서 정유독대라고 하는데, 세자에게 대리청정을 시키자는 내용이었어요. 그런데 말처럼 세자에게 국정수업을 받게 하는 게 아니라, 대리청정을 시켜놓고 약점을 잡으려 한 거죠.

박시백 그래서 대개의 경우 왕이 대리청정을 명하면 신하들은 반대하는 게 상례인데, 이때는 홍문관에서조차 바로 '그게 좋겠습니다'라는 반응을 보였어요. 그래서 소론 측은 노론과 왕 사이에 밀약이 있었다고 본 거죠.

김학원 숙종과 노론의 담합으로 세자의 대리청정이 시작되는데, 참 웃지 못할 형국이 벌어집니다.(웃음)

남경태 대리청정하는 세자가 아무 의견도 내놓지 않습니다.(웃음)

박시백 특정 당파나 인물을 죄주라는 건의에는 절대 응하지 않아요. 새로운 적을 만들거나 원한을 쌓는 걸 경계한 거죠.

김학원 책에 보면, '아뢴 대로 하라', '따르지 않겠다', '유의하겠다' 딱 이 세 마디만 해요.(웃음)

박시백 제일 많이 한 게 '유의하겠다'예요. 신하들이 제발 그 '유의하겠다

● 이이명李頤命(1658~1722) 벼슬하는 내내 노론의 기수로 활약했다. 갑술환국 이후 조정에 돌아왔는데, 기사환국 때 죽은 형의 신원을 청하다가 유배되었다. 이후 관직에 복귀했고, 숙종과 독대해서 왕세자의 대리청정을 청하면서 숙종으로부터 연잉군(영조)을 보호해달라는 부탁을 받았다. 경종 즉위 후 김창집, 이건명, 조태채와 함께 왕세제(영조)의 대리청정을 청했다가 김일경 등 소론의 공격을 받아 유배되었고, 이듬해 목호룡 고변사건에 연루되어 사사되었다.

는 말 좀 그만 하십시오' 하니까 또 '유의하겠다'고 합니다.(웃음)

박경태 　어린 나이에 어머니가 사약을 받는 것을 봤으니 인간적으로는 이
해가 됩니다.

김학원 　그런 과정을 십분 이해한다고 해도 어쨌든 신하들이 봤을 때는 세
자가 참 답답했을 거예요. 소론 입장에서 보면 더 답답한 지경이었
을 거고요.

박시백 　그런데 지나고 보니 이것이 세자 나름의 현명한 처신이었던 거죠.
경종이 즉위해서 노론을 제압하는 과정을 보면 바보가 아니거든요.

조선 사회에 다양한 변화를 가져온 숙종시대 46년

김학원 　이제 숙종시대의 주요 정치에 대해 이야기해보죠.

박경태 　숙종시대 하면 보통 당쟁, 환국, 궁중 암투, 장 희빈만 떠올릴 뿐,
정치 프로그램에 대해서는 잘 모르는 것 같아요. 하지만 중요한 변
화들이 있었어요.

김학원 　그렇습니다. 당시 백성의 가장 큰 고역이 군역이었는데, 군역에 대
한 개혁 조치가 있었죠.

박시백 　아니, 조치가 이루어지지 못했어요. 숙종 재위 기간 내내 군역 문
제가 정말 심각하다고 하면서도 결국은 개선책을 내놓지 못했죠.
영조 때 가서 균역법으로 정착됐지만, 균역법은 윤휴가 주장한 호
포법에 비해서 굉장히 후퇴한 안이거든요.

박경태 　그 모순이 잠복해 있다가 19세기에 가서 삼정의 문란으로 터져 나
오는 거예요.

신병주 　숙종시대에 가장 돋보이는 것이 국방 강화와 군영체제 정비예요.

금위영을 조직해서 5군영*을 완성하고 강화도에 지금의 돈대를 쌓아 국방 강화에 힘씁니다.

김학원　북한산성도 이때 쌓은 거죠?

신병주　그렇죠. 그리고 한양 도성도 태조시대에 처음 쌓고 세종시대에 보완한 것을 숙종시대에 대대적인 보수작업을 합니다.

김학원　숙종은 무엇보다 성리학의 의리와 명분이 확실하게 관철되는 사회를 구상했어요.

신병주　당시까지 묘호를 받지 못한 정종에게 묘호를 올립니다. 정종은 이때까지도 '공정왕'으로 불리고 있었어요. 또 단종을 노산군에서 단종으로 복권하면서 사육신도 복권하죠. 인조시대에 사약을 받은 강빈도 신원 조치를 하죠.

남경태　정국이 안정되니까 자신감을 얻은 숙종이 중화 이데올로기를 내세웁니다. 송시열의 제자인 권상하에게 대보단을 만들게 하는데, 대보단은 100년 전 임진왜란 때 도와준 명나라에 크게 보답한다는 의미에서 만든 거예요. 이 일로 사대부들을 감동시킵니다.

박시백　제가 보기에는 환국정치로 피바람을 일으킨 숙종이 사대부들을 회유하고 달래기 위해서 한 것 같아요.

김학원　또 하나 중요한 제도적 개선이 있었죠. 100년에 걸쳐 확대 실시되던 대동법이 숙종시대에 이르러 전국적으로 시행됩니다. 그걸 바탕으로 상평통보가 유통되고 우리 역사상 처음으로 화폐경제가 정착됩니다.

● 5군영　훈련도감, 어영청, 총융청, 수어청, 금위영으로, 서울과 외곽 방어를 담당하는 조선 후기의 중앙 군사조직이다. 임진왜란 시기의 훈련도감 창설을 시작으로 차례로 조직되다가 숙종시대 금위영의 조직으로 완성되었다.

나라에서는 대동미로 거둔 쌀을 공인이라 불리는 상인들에게 주어 필요한 물품을 구해오게 했다.

자네는 화문석 ××장 유기 세트 ××벌,

임자는 문방사우 일체를 적힌 수량만큼.

또 자네는 ……

최상품으로 대령하겠습니다.

공인들은 해당 물품을 수공업자에게 주문해 만들게 하여 납품한다.

이 과정에서 쏠쏠한 이문이 남지요.

납기는 꼭 지켜야 하네

옛썰!

수공업자는 연심히 일해 주문품을 만들고, 남은 생산물은 시장에 내다 팔 수 있어 좋았다.

납경태 상평통보를 도입한 뒤 단기간에 유통이 이루어졌다면서요?

신병주 대동법의 정착으로 수공업이 활발해져 곳곳에 시장이 생겨나면서 유통경제가 발달할 수 있는 여건이 만들어진 거죠. 그리고 채소와 원예 작물 등 상업 작물이 나오면서 농업이 상당히 발달합니다.

납경태 인삼과 담배가 주요 수출품으로 자리 잡았죠.

김학원 그렇지만 숙종시대에는 기근이 잦았어요.

박시백 현종 때도 기근이 굉장히 심했는데, 숙종 때도 마찬가지였죠. 예를 들어 1699년(숙종 25)에는 흉년과 전염병으로 6년 전에 비해 인구가 141만 명이나 줄었다는 기록이 나와요.

김학원 당시 조선의 인구가 어느 정도였나요?

박시백 조선 초와 후기 모두 600만~700만 내외로 큰 차이가 없어요.

김학원 조사가 체계적이지 않았던 것 아닌가요?

박시백 노비 등은 조사 대상이 아니었던 데다 호구조사에서 빠지는 경우도 굉장히 많았을 것 같아요. 어쨌든 항상 700만 명 정도였는데, 고종 말년에 신하들이 올리는 글을 보면 1,500만 명이라고 나와요. 그걸 감안하면 조선 후기 인구가 대략 1,000만 내외는 되지 않았을까 싶어요.

민간 외교사상 유례없는 쾌거 – 안용복의 울릉도 지키기

김학원 1693년(숙종 19) 봄에 울산의 어부 40여 명이 울릉도에 갔는데, 그중 두 사람이 일본 어부들에 의해 일본으로 피랍됩니다. 이때 끌려간 어부 중에 안용복이 있었죠.

박시백 안용복은 말도 안 통하는 나라로 끌려갔는데도 쫄기는커녕 '울릉도가 원래 우리 땅인데 왜 너희가 와서 고기잡이를 하냐?'고 큰소리를 쳤어요. 일본 쪽에서도 처음에는 무시하다가 응대하기 시작합니다. 안용복의 주장에 따르면, 결국 그곳 백기주伯耆洲의 태수가 울릉도는 조선 땅이라는 문서를 작성해줬다고 해요. 그리고 백기주의 태수가 안용복을 대마도로 보냈는데 그동안 일본과 조선의 교류를 독점해온 대마도는 백기주라는 새로운 라인이 생기는 걸 원치 않아서인지 안용복의 문서를 빼앗아버립니다. 그러고는 안용복을 돌려보내는 길에 사신을 보내서 울릉도가 자기네 땅이라고 주장합니다. 그런데 문제는 조선이 태종시대에 공도 정책으로 주민을 육지로 이주시킨 뒤로 울릉도를 방치해왔다는 거예요.

김학원 왜구의 노략질 대상이 되기 쉽고, 국내 범죄자들의 도피처가 될 수도 있으니까요.

박시백 그래서 광해군시대부터 일본 어부들이 울릉도에 와서 고기도 잡고 벌목도 하기 시작했죠.

남경태 울릉도가 사실상 무인도 비슷하게 방치되어 있었다는 말씀이죠? 우리 백성이 살고 있었으면 아무 문제가 없었을 텐데요.

박시백 그렇죠. 실효 지배를 못하고 있었던 거죠. 그래서 대마도 사신이 '너희가 버려둔 땅을 우리가 활용하고 있으니 더는 너희 땅이 아니다'라는 논리를 내세운 거죠.

김학원 조선에 돌아온 안용복이 다시 승려와 어부 등을 규합해서 울릉도에 갑니다.

박시백 울릉도에 이어서 독도까지 가서 일본인들을 내쫓고, 도주하는 일본인들을 쫓아 이번에도 일본으로 들어가죠. 이때는 마치 외교관처럼 의복을 갖추고 심지어 교자까지 준비해서 제대로 행차를 합니다.(웃음) 여기서도 큰소리를 치면서 대마도의 위법행위에 대해 일본의 관백에게 알리겠다고 하니까, 대마도 도주가 달려와서 싹싹 빌며 사죄합니다.

김학원 이때는 울릉도와 독도 둘 다 조선 땅이라는 것을 인정받고 돌아온 거죠. 그러니까 안용복의 입장에서는 의기양양했겠죠.

신병주 그런데 돌아오자마자 관직 사칭 죄로 체포돼서 유배를 갑니다.

김학원 안용복이 아니었다면 동해 해상의 절반을 일본에 넘겨줄 수도 있었는데 말이에요.

박시백 지금 생각해봐도 민간 외교사에서 유례가 없는 일이었어요.

김학원 그런데 이후 안용복의 행적에 대한 기록은 없다면서요.

박시백 네, 실록에는 안용복에 대한 기록이 더는 없더라고요. 다른 데는 모르겠습니다.

남경태 이후 울릉도로 사람들이 이민하기 시작했고, 지금도 울릉도에 꽤 많은 사람이 살고 있죠. 결과적으로 안용복이 울릉도의 실효적 지배를 가능하게 해준 겁니다.

군강신약은 이루었으나

김학원 자, 46년간의 숙종시대를 마감하겠습니다.

박시백 숙종은 신하를 예뻐할 때는 정말 무릎에라도 앉힐 듯이 하다가도, 어느 순간 미워지면 정말 뒤도 안 돌아봤다고 해요. 거침없이 고문하고 죽이면서도 전혀 표정 변화가 없었다고 하죠. 정말 숙종은 비정한 정치인이었던 것 같아요. 아무리 권력이 냉혹한 것이라고 해도 군신 간에 최소한의 정이나 교감은 있었을 텐데 말이에요.

남경태 신하뿐 아니라 여자에게도 그렇지 않습니까?(웃음)

김학원 맞습니다.(웃음)

신병주 숙종이 강심장임에는 분명했던 것 같아요. 열네 살에 왕위에 올라서 송시열의 잘못을 지적하는 강단 있는 모습을 보였어요. 그리고 군약신강에서 벗어나서 철저히 왕 중심의 정치를 펼칩니다. 다만 그것이 너무 자의적인 측면이 있었고, 특히 왕비 문제 등 개인적인 문제를 정치에 결부시킨 것은 한계였다고 지적할 수 있겠습니다.

박시백 특히 46년 동안 강력한 왕권을 구축하고도 그 시대의 병폐에 대해서 이렇다 할 해결책을 내놓지 못한 점은 비판을 받아야 한다고 봅니다.

신병주 그런데 지금까지의 조선 후기를 놓고 보면 그래도 가장 왕다운 왕이 숙종이었어요. 광해군과 인조는 전쟁의 후유증으로 정신이 없었고, 효종은 북벌에 치우쳐 있었고, 현종은 건강이 나쁜 데다 가뭄과 재해가 계속되면서 제대로 왕 노릇을 할 수 없었어요. 그런 왕들과 비교하면 숙종은 정말 자기 소신껏 정치를 했죠. 당쟁과 환국이라는 부정적인 키워드도 분명히 있지만, 숙종시대에 대동법 실시와 상평통보 유통으로 경제가 성장했다는 건 부정할 수 없는 사실입니다. 국방에도 주력했고요. 한편 성리학 중심의 나라를 만들어 조선을 이념적으로 바로 세우려 했는데, 이게 영정조시대에 계승되거든요. 저는 숙종이 정치적으로 분명한 한계를 보였지만, 결국 조선왕조 부흥기라는 영정조시대를 여는 밑거름이 되었다고 평가합니다.

남경태 저는 숙종보다는 창의적인 사고를 한 윤휴에게 새로운 매력을 느꼈습니다. 안타까운 것은 그가 주창한 호포법이 시행되지 못한 점이에요. 호포법이 시행되어 신분에 관계없이 공평한 납세가 이루어졌다면 조선이 좀 더 부강해지지 않았을까 싶습니다. 저는 개인적으로 이상주의자를 좋아하는데, 숙종시대를 공부하는 와중에 윤휴라는 이상주의자를 하나 얻어서 그나마 위안이 되었습니다.

박사관은 말한디 숙종은 열네 살의 어린 나이에 보위를 잇고도 노련한 신하들을 상대로 조금도 위축되지 않았다. 부왕 현종이 감히 어쩌지 못했던 송시열을 귀양 보낸 것도 소년 왕 숙종이었다. 그리고 스무 살이 된 왕은 외척 김석주의 힘을 빌려 경신환국을 단행했다. 기사환국과 갑술환국은 자신의 애정 문제를 정치와 결부시켜 직접 주도했다. 이후 숙종은 환국 없이도 20년 넘게 강력한 왕권을 유지했다. 사실 환국은 유교 정치 시스템을 완전히 무시한 위로부터의 쿠데타라 할 만하다. 그런데도 계속해서 환국이 가능했던 데는 상대 당에 대한 원한에 사로잡혀 왕이 내미는 손을 잡기에 바빴던 신하들에게도 그 원인이 있다. 그러나 이보다 더 큰 문제는, 숙종이 무려 46년 동안 강력한 왕권을 구축하고도 그 시대의 병폐에 대해서 이렇다 할 해결책을 내놓지 못했다는 점이다.

Talk 15
경종·영조실록

탕평의
깃발 아래

1720년(경종 즉위년)	경종이 즉위하다. 희빈 장씨의 신원을 주장한 조중우가 형장에서 죽다.
1721년(경종 1)	연잉군(영조)을 왕세제에 책봉하다. 세제 대리 파동과 김일경의 상소를 계기로 소론을 요직에 등용하다.
1722년(경종 2)	목호룡 고변사건으로 노론 4대신이 사사되다.
1724년(경종 4)	경종이 세상을 떠나다.
1724년(영조 즉위년)	영조가 즉위하다. 김일경이 처형당하다.
1725년(영조 1)	노론 4대신을 신원하다.
1727년(영조 3)	정미환국을 단행하다. 조태채를 제외하고 노론 4대신에 대한 신원 조치를 철회하다.
1728년(영조 4)	이인좌의 난(무신란)이 일어나다.
1729년(영조 5)	기유처분을 내려 노론 4대신 중 이건명과 조태채를 신원하다.
1733년(영조 9)	이광좌와 민진원을 불러 눈물로 호소하다.
1735년(영조 11)	원자(사도세자)가 태어나다.
1740년(영조 16)	노론 4대신 중 김창집과 이이명을 신원하다. 삼수역안을 임인국안으로 변경하다.
1746년(영조 22)	《속대전》이 완성되다.
1749년(영조 25)	왕세자에게 대리청정을 명하다.
1750년(영조 26)	균역청을 설치하다.
1752년(영조 28)	왕손(정조)이 태어나다.
1755년(영조 31)	나주 괘서사건이 일어나 토적을 명하다.
1759년(영조 35)	정순왕후를 계비로 맞이하다. 왕세손을 책봉하다.
1761년(영조 37)	왕세자가 관서지역을 여행하다. 왕세손의 혼례를 행하다.
1762년(영조 38)	나경언 고변사건이 일어나다. 사도세자가 뒤주에 갇혀 죽다.
1775년(영조 51)	대리청정을 결정하다.
1776년(영조 52)	영조가 승하하다.

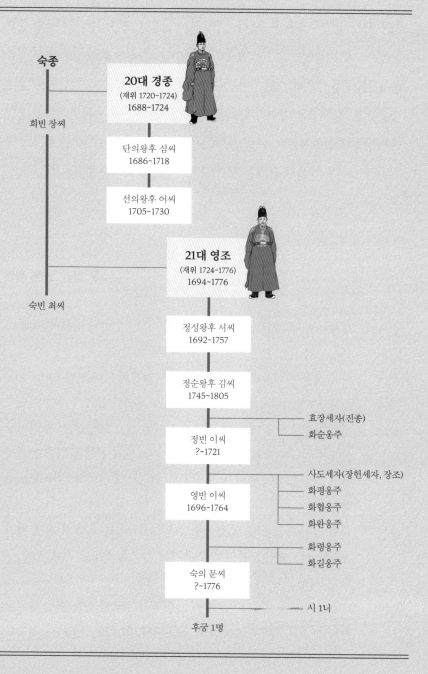

숙종

희빈 장씨

20대 경종
(재위 1720~1724)
1688~1724

단의왕후 심씨
1686~1718

선의왕후 어씨
1705~1730

21대 영조
(재위 1724~1776)
1694~1776

숙빈 최씨

정성왕후 서씨
1692~1757

정순왕후 김씨
1745~1805

정빈 이씨
?~1721

┬ 효장세자(진종)
└ 화순옹주

영빈 이씨
1696~1764

┬ 사도세자(장헌세자, 장조)
├ 화평옹주
├ 화협옹주
└ 화완옹주

┬ 화령옹주
└ 화길옹주

숙의 문씨
?~1776

── 시 1녀

후궁 1명

생모 희빈 장씨가 죽은 후 불안과 긴장의 나날을 보내던 경종. 우여곡절 끝에 30년의 세자 생활을 마치고 왕위에 오르지만, 집권 노론의 강요 속에 이복동생 연잉군을 세제로 책봉하고 재위 4년 만에 눈을 감는다. 자신의 취약한 정통성 문제 해결과 정치적 안정을 바란 영조는 소론과 노론 온건파를 중심으로 탕평에 힘을 쏟는다. 그러나 자신과 성향이 다른 사도세자를 못마땅해하는데……. 두 사람의 관계는 왜 파국으로 치달을 수밖에 없었는가?

소론 임금, 노론 정권

김학원   세자로 30년 세월을 버텨온 경종이 1720년 드디어 조선의 20대 임금으로 즉위합니다.

신병주   세자 생활 29년이라는 문종의 기록을 경신한 왕이죠.(웃음)

김학원   조선왕조 500년사에서 가장 오래 세자 자리에 있었던 사람이죠.

신병주   게다가 경종은 열네 살에 생모가 사사된 뒤로 20년 가까이 가시방석에서 지냈다고 볼 수 있습니다. 물론 소론과 잔여 남인이 노론에 맞서 자신을 비호했지만, 병신처분 뒤로는 소론마저 비주류로 전락했죠.

김학원   즉위 당시는 노론이 정국을 주도하고 있었어요. 숙종과 함께 세자 교체를 시도했던 노론이 경종 초기에 정국을 주도한 거죠. 이런 구도를 보여주는 사건이 조중우의 상소예요.

박시백   경종이 집권하자마자 조중우라는 인물이 경종의 생모 희빈 장씨의 작호를 바로 잡으라는 상소를 올립니다. 임금의 생모이니 제대로

사방에 그의 실수만
바라는 눈들이
번득였다.

말 한마디 실수하면 어쩌나?
혹 무슨 잘못된 행동을 하지는 않았을까?
미리 염려하고 돌아보며 근심하기를
19년이었다.

오늘 하루는
별일 없었지?
내일도
조심 또 조심!

신원을 해달라는 주장인데, 노론이 곧바로 조중우를 공격했고, 조중우는 결국 죽게 됩니다.

남경태 조중우의 상소가 통했다면 큰 옥사로 번졌겠죠.

김학원 반면 희빈 장씨의 잘못을 정확하게 기술하라고 주장한 노론 윤지술은 석방되는 거죠?

신병주 유배는커녕 석방을 했으니 참 묘한 거죠. 장씨의 아들인 경종이 어머니를 신원, 복권시키라는 인물은 죽이고, 반대로 어머니의 잘못을 제대로 인정해야 한다고 주장하는 사람은 석방시켰으니까요. 정말 아이러니하죠.

김학원 소론 임금과 노론 정권이라는 구도를 더욱 극명하게 드러내주는 게 '건저(왕의 후사를 정하는 일)'와 '대리' 파동입니다. 1721년(경종 1) 8월, 노론과 당시 대비였던 숙종의 계비 인원왕후(혜순대비)가 사전 교감을 하고 건저를 주도합니다.

신병주　노론의 지원을 등에 업은 사간원 정언 이정소가 후계자를 정해야 한다고 주장합니다. 그런데 이때 경종이 서른네 살이었어요. 경종의 계비는 이때 겨우 열일곱이었고요. 그러니까 얼마든지 후사를 생산할 수 있는 나이였죠.

김학원　이건 사실 불충 아닌가요?

박시백　굉장히 위험한 발언이죠.

김학원　그런데도 이런 발언을 했다는 게 당시 노론의 힘을 보여주는 것 같아요.

남경태　당시 경종의 마음이 얼마나 참담했을까요? '이것들이 완전히 나를 허수아비로 보는구나' 이런 생각을 했을 것 같아요.

박시백　정상적인 신하라면 왕이 빨리 득남할 수 있게, 건강 관리나 양생에 힘쓰라고 요구했어야 해요. 그런데 난데없이 세자를 세우라고 했으니까 정말 웃기는 거죠.

신병주　결국 건저가 성공을 하죠. 당시 일부의 반대가 있자 노론들은 대비의 수결을 받자고 합니다. 이건 말이 안 되는 거예요. 서른이 넘은 왕이 친정을 하는 상황에서 대비에게 결재를 받자고 한 거니까요. 그럼에도 경종은 이 요구를 수락했고, 결국 연잉군이 세제로 책봉됩니다.

경종의 '숙종식' 환국

김학원　세제 책봉도 기가 막힌데, 노론은 세제의 대리청정까지 주장하는 거잖아요?

박시백　대리청정은 노론 내에서 논의된 게 아니라 이이명과 김창집이 밀고 나간 거예요. 무리수로 보였던 건저 요구가 관철되자, 이참에 대리청정까지 밀어붙여 세제 자리를 확고히 할 심산이었죠.

신병주　당시 소론의 핵심이었던 최석항이나 조태억 등이 강하게 반대했지만 경종은 병을 핑계 대며 대리청정마저 수락하죠.

남경태　연잉군이 경종하고 몇 살 차이였죠?

신병주　여섯 살 차이가 납니다.

김학원　이때 최석항이 심야에 임금을 청대해서 눈물로 만류를 하니까 경종이 못 이기는 척 명을 거두죠. 그런데 이 과정을 보면 최석항과 임금 사이에 뭔가 교감이 있었던 것 같아요.

박시백　제가 보기에는 경종이 간을 본 것 같아요. '대소국사를 다 맡기라'는, 그 누구도 동의할 수 없는, 심지어는 노론 내에서조차 동의하기 힘든 말을 던져놓고 어떤 세력이 자신을 받쳐줄지 간을 본 것 같아요.

신병주　하지만 노론 쪽에서 최석항의 청대는 규례를 어긴 거라며 반발하니까 경종이 다시 대리청정을 명합니다.

박시백　그런데 갑자기 우의정 조태구*의 알현 요청에 경종이 반응을 해요. 낌새가 이상하다고 느낀 노론 대신들은 부랴부랴 입궐했고, 이 자리에서 왕이 다시 대리의 명을 거두죠.

김학원　그리고 나서 50여 일이 지난 뒤 김일경**을 필두로 한 연명 상소가 올라옵니다. 이게 정국 반전의 계기가 됩니다. 핵심은 "군신의

● **조태구**趙泰耈(1660~1723)　노론 4대신의 한 명인 조태채의 사촌이다. 소론의 영수로 경종 즉위 후 노론과 대립했다. 노론 4대신이 연잉군을 세제로 책봉하고 대리청정을 청하자 강력하게 반대했고, 목호룡 고변사건으로 노론 4대신이 사사된 뒤 영의정에 올랐나. 이후 소론이 준론과 완론으로 나뉠 때 완론에 속했으며 경종에게 형제의 우애를 강조하는 등 세제 보호를 위해서도 노력했다.

어눌하고 조그맣던 목소리는 쩌렁쩌렁하게 바뀌고

한번 결심하자 전광석화처럼 환국을 해치워버렸다.

노론은 물론 소론까지도 깜짝 놀란 변신이었다.

질서를 세우고 흉한 무리를 용서하지 마라."는 거죠?

신병주   김일경의 상소에 아예 '사흉'이라고 딱 언급이 됩니다. 나중에 우리 역사에서 '노론 4대신'이라고 하는 김창집, 이이명, 이건명, 조태채, 이들을 제거하라는 거죠. 결과적으로 경종이 조태구를 영의정, 최규서와 최석항을 좌의정과 우의정으로 등용하죠. 모두 소론입니다.

박시백   숙종 말년에 대리청정을 할 당시 경종은 정서적으로나 성격으로나 신하들에게 굉장히 연약한 인상을 주었어요. 노론이 경종을 우습게 알 만큼요. 그래서 즉위 직후부터 노론은 연잉군을 세제로 세우고 빨리 자기들의 토대를 구축해야겠다는 생각으로 덤볐는데, 결

●●   김일경金一鏡(1662~1724) 소론 준론에 속했다. 노론이 연잉군을 세제로 책봉한 뒤 대리청정을 주청하자 노론 4대신을 탄핵하는 소를 올려 유배시켰다. 이어 권력에서 배제되었던 남인들을 끌어들이고 노론을 쫓아내는 데 앞장서면서 정국을 이끌었다. 목호룡 고변사건으로 노론 4대신을 모두 사사시키고 그 세력을 제거했다. 영조가 즉위하고 노론이 집권하자 붕당을 일으키고 사화를 조작했다는 이유로 처형되었다.

과적으로는 경종에게 한 방 먹은 거죠.

김학원 굉장히 드라마틱한 반전이에요.

박시백 당시 경종은 노론의 그런 행태를 지켜보며 자신을 뒷받침해줄 정치 세력을 기다리고 있었어요. 건저와 대리 파동 과정에서 그게 누구인지 확인한 거고요. 그리고 김일경의 상소를 계기로 한 방에 뒤집어버립니다. 이때는 거의 '숙종식 환국'에 준하는 행동이었죠.

벼랑 끝에 몰린 세제 – 목호룡 고변사건

김학원 이 과정에서 세제가 정면 돌파를 시도합니다. 특이하게 경종시대에는 내관과 궁녀의 움직임이 활발했어요.

박시백 숙종 말년에는 노론이 궁궐 안까지 모두 장악하면서, 내관과 궁녀가 거의 다 노론 판으로 정리되었어요. 그래도 경종을 모시던 쪽에서는 경종에 충성을 하는 거죠.

김학원 이때 세제 연잉군이 경종의 내관과 궁녀가 자기를 죽이려 한다는 주장을 하면서 초강수를 둡니다.

박시백 당시 내관들의 움직임을 보면 세제가 포착한 내용이 사실이었을 가능성이 커요. 이전에 조태구가 밤에 청대했을 때에도 승정원에서 막았지만 경종이 내관을 통해 들게 했거든요. 연잉군의 입장에서는 이런 내관들을 경계할 수밖에 없었던 것 같아요.

김학원 내관들은 경종의 심문에 다들 아니라고 답변합니다. 그러자 연잉군이 재조사를 청하는데, 이때는 경종이 얼굴을 확 바꾸면서 차마 듣지 못할 하교를 내렸다고 해요. 그 '차마 듣지 못할 하교'가 뭘까요?

남경태	'삐~' 처리를 해야 하는 욕인가 봐요.(웃음)
김학원	중요한 건 세제의 그다음 행동입니다. 연잉군이 세제 자리를 내놓겠다며 초강수를 둔 거죠.
박시백	굉장히 탁월한 한 수였어요. 정말 보통 사람 같았으면 납작 엎드려 있을 상황에서 오히려 정공법으로 나간 거죠.
김학원	1722년(경종 2) 3월 충격적인 사건이 일어납니다. 바로 목호룡 고변 사건이죠.
신병주	목호룡*이 연잉군과 가까이 지낸 김창집, 이이명 등 노론 핵심의 일가붙이들이 숙종 말년부터 경종의 제거를 도모했다는 내용의 상소를 올린 거죠. 이때 대급수, 소급수, 평지수라고 해서 삼급수를 논의했다(삼수의 역)는 이야기가 나옵니다. 대급수는 칼로 시해한다는 전략, 소급수는 궁녀를 시켜서 독살을 하는 것, 평지수는 폐위 교지를 가짜로 만들어 궁을 봉쇄하고 경종을 쫓아낸다는 내용이에요. 목호룡은 원래 남인 출신인데 소론인 김일경과 손잡고 엄청난 폭탄을 터뜨린 거죠.
김학원	목호룡의 고변은 실체와 증거가 있나요?
박시백	아주 없다고는 할 수 없죠. 진술이 어디까지가 사실인지는 모르겠지만 어쨌든 노론 4대신의 한 사람인 이이명의 아들과 사위, 김창집의 손자와 서종형제 그리고 백망, 서덕수 등이 연루되었어요. 백망은 왕자 시절 연잉군의 호위무사였고 서덕수는 연잉군의 처조카예요. 그러니까 연잉군이나 노론 최측근들과 관련된 사람들이 모

● **목호룡**睦虎龍(1684~1724) 남인 서얼 출신으로 풍수설에 능해 노론 핵심 인물의 자제들과 인연을 맺었다. 그러나 시간이 지나면서 그들에게 의심을 받게 되자 소론 강경파 김일경과 손을 잡고 삼급수설을 고변하여 공신이 되었다. 그러나 영조 즉위 후 김일경과 함께 체포되어 죽었다.

여서 경종을 제거하려 한 것만은 분명한 사실이죠. 삼급수 이야기도 자기들끼리 논의하는 과정에서 나온 것 같아요. 실행 여부가 명확하지 않고 이후 국문 과정에서 과장된 측면도 있지만, 경종 즉위전에 이런 논의가 이루어진 건 분명하다는 거예요. 그리고 실제로 연잉군도 관련되어 있었어요. 나중에 연잉군이 왕이 되고 나서 이런 증언을 하거든요. "어느 날 서덕수가 찾아와서는 자신들이 나를 위해 도모하고 있으니 알고 있으라더군."

김학원 결국 노론 4대신은 모두 사사되는데, 그런데도 세제인 연잉군은 살아남아요.

신병주 경종의 입장에서는 후계를 생각하지 않을 수 없었어요. 대안이 연잉군밖에 없었으니까요. 경종 본인도 자신이 자식을 낳을 수 없다고 생각한 것 같아요. 연잉군을 죽이면 왕실의 대가 끊길지도 모른다고 생각한 거죠.

남경태 제 생각에는 정치적 부담을 두려워한 때문인 것 같아요.

박시백 연잉군을 제거하려면 노론과 사생결단을 각오해야 하는 상황이었죠. 소론이 집권한 상황이었지만 사대부 진영 전체로 보면 어쨌든 노론 세력이 압도적이었으니까요. 이들을 적으로 돌릴 경우 반정도 각오해야 하는데 쉽지 않은 일이죠.

거대한 그늘을 남긴 경종 집권 4년

김학원 1724년 8월 25일, 즉위 4년 2개월 만에 경종이 안타깝게 눈을 감는데, 실록에 흥미로운 기록이 있어요. "걱정과 두려움이 쌓여 형용키 어려운 병을 이루었고, 해를 넘길수록 깊은 고질이 되었다."

경종은 정말 극도의 불안과 스트레스 때문에 죽은 것 같아요.

남경태 독살설도 있죠?

박시백 병약했던 게 사실이라 그럴 가능성이 크진 않지만, 있긴 있었어요. 죽기 며칠 전, 게장과 생감을 먹고 크게 탈이 났으니까요. 또 굳이 시비를 걸자면, 의원이 반대하는데도 연잉군이 직접 나서서 인삼과 부자附子를 먹인 것이 하나의 원인이 될 수 있다는 거예요.

김학원 경종 4년을 잠깐 정리하고 넘어가죠.

박시백 경종은 노론 정권에서 힘들게 왕이 됐고 처음에는 무기력한 모습을 보였어요. 하지만 노론의 본질을 충분히 꿰뚫고 있었어요. 그래서 정치력을 최대한 발휘해서 소론 세력을 육성한 다음에 노론을 제압할 수 있었죠. 하지만 이후를 보장할 만큼 건강하지 못했던 데다 후사도 없었기 때문에, 자신을 제거하려던 세력의 우두머리 격인 동생 연잉군으로 하여금 대를 잇게 한 겁니다.

김학원 그 점은 우리가 높이 사야 할 것 같아요.

박시백 사적인 감정을 누르고 대계를 택한 거죠.

남경태 목호룡 고변사건 이후 마지막 1년여 간에는 특기할 만한 활동이 없었어요.

박시백 몸이 너무 안 좋아서 정사에 별로 신경을 쓰지 못했어요.

남경태 경종이 몇 년을 더 재위했어도 국면을 전환시키는 데는 한계가 있었겠네요.

신병주 결과적으로 46년의 숙종시대에서 52년의 영조시대로 가는 과도기 역할을 한 정도에 그친 거예요.

남경태 저는 여태 경종이 아주 병약하고 유약한, 존재감이 없는 왕인 줄로만 알았어요. 그런데 적어도 재위 전반기에는 아버지 숙종의 환국 정치에 맞먹는 정도의 정치적 변화를 가져온, 카리스마 있는 군주였다는 걸 알게 되었어요.

박시백 경종은 강력한 신권 그리고 아주 극에 달한 당쟁의 희생자라는 생각이 들어요. 세자 시절에는 노론이 부왕과 손을 잡고 세자 교체를 시도했고, 왕이 된 이후에는 노론이 연잉군을 후계로 삼도록 강요했죠. 정상적인 왕조국가라면 감히 신하가 왕을 선택하는 것은 사실상 불가능해요. 그런데도 신하들이 대놓고 그런 일을 벌인 거죠. 조선왕조 역사상 가장 추락한 왕권의 상징이라고 봅니다.

노론 임금, 소론 정권

김학원 이제 영조시대로 들어가 보겠습니다. 세제 시절을 마치고 영조가 21대 임금으로 즉위합니다. 즉위 당시 소론이 집권당이었는데 노론 임금이 즉위한 거죠.

남경태 정치적으로 경종이 즉위할 때와 정반대의 구도였죠. 그때는 소론 임금, 노론 정권이었으니까요.

박시백 즉위 당시 영조는 기존의 어떤 왕보다도 정통성이 취약한 왕이었어요. 무수리의 자식인 데다 세제 시절 역모에 개입한 정황도 이미 드러난 상태였으니까요. 그 때문인지 경종이 독살을 당했다는 소문이 쫙 퍼져 있었어요. 그러니 영조로서는 정통성을 세우는 것이 최우선 과제였다고 볼 수 있습니다.

김학원 그래서 소론 준론은 배제하고 소론 완론과 연대하는 정국을 구상합니다.

박시백 완론은 반노론에 그치지만, 준론은 노론은 물론이고 자신마저 반대했으니까요.

신병주 　영조는 당쟁을 완화하려면 탕평을 해야 한다고 생각했어요. 그런데 탕평을 현실화하려면 소론과 노론 어느 쪽도 완전히 배제할 수는 없는 거예요. 그래서 고민 끝에 노론 중에서 온건파인 '완로'와 소론 중에서 온건파인 '완소'를 끌어들인 거죠.

남경태 　양극단을 배제하고 중도를 중용하는 거군요.

김학원 　이광좌*를 영의정에, 유봉휘를 좌의정에 제수하는데, 이들이 다 소론 완론이에요. 그 과정에서 김일경의 토죄를 청하는 상소가 올라오고 목호룡도 끌려옵니다. 결국 두 사람 모두 죽음에 이릅니다.

신병주 　영조가 초반에는 소론계 인물을 등용했지만, 경종시대에 노론이 크게 화를 당하는 데 단서를 제공한 김일경과 목호룡을 처형함으로써 왕의 뜻은 노론에게 있다는 것을 드러낸 거죠.

김학원 　다만 소론 완론에 대해서는 제휴의 손길을 뻗어 소론 전체를 적대시하지 않는 방향으로 갔다는 점에서 영조가 정말 정치적인 수가 높은 사람이라고 봅니다.

박시백 　그런데 영조의 이런 모습을 보고 노론에서 '아, 역시 우리 편이시구나' 했는데, 이후에는 영조가 다른 모습을 보입니다. 노론 강경파들까지도 필요에 따라 쥐락펴락하는 모습을 쭉 보이는 거죠.

● 이광좌李光佐(1674~1740) 숙종의 병신처분에 반대하다가 파직되었다. 경종 즉위 후 소론이 정권을 잡자 요직을 두루 거쳤다. 영조가 즉위한 후 영의정에 올랐으나 노론의 공격으로 파직되었다가 정미환국으로 다시 영의정에 복귀했다. 이인좌의 난이 일어나자 수도 방위 계획을 세우는 등 난의 확산을 막았다.

김학원 영조가 숨고르기를 한 다음에 정권 교체 작업을 진행하는데, 노론인 민진원, 정호, 홍치중, 김재로 등을 등용합니다.

박시백 이제 노론 임금에 노론 정권이 들어서는 거예요.

김학원 대부분 온건파들이죠?

박시백 민진원과 정호는 아니죠.

김학원 아, 그렇죠. 홍치중과 김재로가 온건파죠.

박시백 영조는 노론의 주장을 받아들여, 목호룡 고변사건으로 사사된 노론 4대신을 신원합니다. 더 나아가 삼수의 역 관련자도 대거 신원하죠. 노론은 쾌재를 부르면서 한편으로는 소론에 대한 복수를 생각했죠. 하지만 영조의 생각은 달랐어요. 노론으로 정권 교체를 했지만, 영조가 탕평의 기치를 버린 것은 아니었어요. 소론에게도 정통성을 인정받고 싶은 욕구가 강했죠. 하지만 노론 강경파들이 탕평이라는 왕의 본심을 모르고 '소론 5대신'을 모두 사사하라고까지 하는 거예요.

신병주 소론 5대신은 최석항, 유봉휘, 조태구, 이광좌, 조태억을 말합니다.

박시백 왕이 거부하는데도 몇 달 동안이나 같은 주장을 반복하자, 영조는 순식간에 입장을 바꿔서 이들을 내칩니다.

김학원 영조가 민진원 등 노론 강경파인 세 정승을 내치고 탕평에 우호적인 홍치중을 우의정에 제수합니다.

신병주 그런데도 노론 강경파들이 굽히지 않자 소론 이광좌를 영의정에, 조태억을 좌의정에 임명합니다. 이때 정권이 노론에서 소론으로 바뀌었다고 해서 정미환국이라고 하는 겁니다.

김학원 1727년(영조 3) 정미환국은 숙종의 환국과는 의미가 좀 다른 거죠?

박시백   탕평을 위한 정권교체였죠. 자신의 정치적 손실에도 불구하고 탕평을 위해 노론 강경파를 제압하면서 소론을 등용한 거죠.

김학원   영조가 한걸음 더 나아가서 민진원 등을 파면하고, 노론 4대신의 신원을 철회합니다.

남경태   당시 영조의 탕평책은 어떤 의미인가요? 어떤 정치적 의도가 있었던 건가요? 아니면 정말 탕평 자체에 관심이 있었던 건가요?

박시백   저는 둘 다라고 봐요. 숙종시대부터 노론과 소론이 경종과 자기를 둘러싸고 한쪽에서는 지지를 하고 한쪽에서는 반대를 했는데, 이런 극단적인 상황을 반드시 극복해야 한다는 판단을 한 거죠. 또 하나는, 자신이 노론에 의해 옹립된 왕이긴 하지만 노론만의 왕이 아니라 사대부의 왕, 백성의 왕이고 싶었다는 거예요. 그러려면 누구보다 먼저 자신을 반대해온 소론의 인정을 받아야 했어요. 정리해보면, 탕평은 어느 정파도 흔들 수 없는 강한 왕권을 세우는 길이자 특정 정파가 아닌 전체 사대부의 왕이 되고 싶다는 열망을 실현할 길이었던 거죠.

남경태   오늘날에도 관리를 임명할 때 지역 안배를 하는 경우가 있지 않습니까? 그런데 지역 안배나 학교 안배는 상식적으로 생각해보면 모순을 갖고 있어요. 탕평을 하면 베스트 인물을 쓰기가 어렵죠.

김학원   오히려 정치적인 고려가 들어간 인사를 하게 되죠.

남경태   영조시대에도 마찬가지예요. 처음에는 '쌍거호대'라고 노론에서 한 명 등용하면 소론에서도 한 명 등용하는 식으로 균형을 맞추다가, 나중에는 이런 경우에 발생하는 문제를 보완하기 위해서 재능에 따라 사람을 쓴다는 '유재시용'을 병행합니다. 이 두 가지를 병용한 탕평을 하지 않으면 제대로 된 국정 운영을 할 수 없다는 것을 영조도 알았던 거죠.

오직 무조건적인 충성만이 신하의 몫인데, 보라! 소론과 노론이 서로 다른 이를 미는 이른바 택군(擇君) 현상이 벌어지지 않았는가?

불군

이머로 가면 나는 노론에 의해 지명된 노론 수장에 그치고 만다.

나는, 나라와 백성의 임금, 전체 사대부의 임금을 포기할 수 없다!!

신병주   탕평의 핵심은 당파가 너무 세게 나올 때 왕이 확실하게 제어하고 견제하는 데 있어요. 왕이 정치를 주도하겠다는 거죠. 물론 숙종도 환국을 통해 왕권을 강화하려 했지만 영조는 더 시스템적으로 하겠다는 생각을 한 거죠.

박시백   재미있는 건 영조 집권 후 정미환국 때까지 3년 사이에 소론에서 노론 그리고 다시 소론으로 정권이 두 번이나 바뀌었다는 거예요.

남경태   숙종의 환국과 좀 다른 점은 덜 폭력적이었다는 것 아니겠습니까? 숙종은 많은 사람을 숙청했는데, 영조는 정치 구도의 변화만 가져 왔죠.

탕평의 효과, 하나: 소론이 소론의 난을 평정하다

김학원   1728년(영조 4)에 '무신란'이라고 하는 이인좌의 난이 발생하는데요.

신병주   무신武臣이 일으킨 난이 아니라 1728년 무신戊申년에 일어난 난이
　　　　라서 '무신란'이라고 부릅니다.

김학원   이인좌의 난은 이전까지의 난과 비교해보면 반란군의 규모나 짜임
　　　　새가 상당하고 조직력도 있었어요.

남경태   우리가 숙종, 경종시대에도 봤지만, 다 말로만 역모 아니겠습니
　　　　까?(웃음) 그런데 이번에는 진짜 반란이 일어났어요.

김학원   그것도 충청, 호남, 영남, 평안도 등 전국적인 규모로요. 이인좌의
　　　　난을 신 교수님께서 정리해주시죠.

신병주   영조가 즉위한 직후부터 경종의 지지 세력들, 특히 소론 준론과 정
　　　　권에서 소외된 남인들이 불만이 많았어요. 여기에 기름을 부은 것
　　　　이 경종 독살설이에요. '독살당한 경종의 원수를 갚자'는 의견이
　　　　실세한 소론 준론과 남인 쪽에 전파된 거예요. 그 핵심 주동자가
　　　　이인좌*인데, 이인좌가 충청도를 기반으로 청주에서 거병하고, 호
　　　　남 지역에서는 박필현, 경상우도에서는 조식의 제자이자 정온의
　　　　후손인 정희량이 중심이 되었어요. 소론, 남인과 관련된 세력들이
　　　　이인좌를 중심으로 연결망을 갖고 동시에 거병을 하자고 했는데,
　　　　이인좌가 거병해서 생각보다 너무 쉽게 청주성을 점령한 거예요.
　　　　그래서 영조가 큰 위기를 맞았죠.

●   이인좌李麟佐(?~1728) 남인의 거두 윤휴의 손녀사위이며 소론 준론에 속했다. 정미환국으로 소
론이 정권을 잡았으나 이광좌를 중심으로 한 소론 완론이 주도권을 쥐자 반란을 일으켰다. 그러나 오
명항이 이끄는 관군에게 패해 붙잡혀 처형되었다.

박시백 　조선 역사상 이렇게 전국에서 동시다발적으로 봉기가 일어나기는 처음이었던 것 같아요.

김학원 　서울하고 내응하는 작전까지 세웠어요.

박시백 　서울에서는 바로 체포되었죠. 그렇지 않으면 분위기가 달라졌을 거예요.

신병주 　이때 영의정 이광좌가 이끄는 소론 정권이 소론의 반란을 진압합니다. 토벌군 사령관 오명항을 비롯해 그 휘하에서 토벌에 나서는 박문수, 조현명 등도 다 소론이었죠.

김학원 　박문수*는 암행어사로 잘 알려진 그 박문수죠. 어쨌든 반란군의 규모와 선왕의 원수를 갚자는 그들의 주장에 충격을 받았을 텐데도, 영조는 반란 진압 후 초강수를 두는 대신 오히려 탕평을 강화하는 방향으로 나아갔어요. 소론, 노론을 막론하고 탕평에 동의하는 탕평파들을 중점적으로 등용합니다.

박시백 　하지만 노론 내에서 탕평파는 항상 소수였어요.

김학원 　그렇죠. 노론의 주류는 시종일관 강경파였죠.

신병주 　노론에는 탕평파가 소수라서 홍치중 등만 영조에 동조했죠. 반대로 소론 쪽에서는 영조에 동조하는 인사들이 많았어요. 실권을 얻을 수 있으니까요.

남경태 　이인좌의 난이 일어난 후 노론 강경파들은 '토역을 제대로 하지 않아서 이인좌가 난을 일으킨 것'이라며 자기네 말을 안 들어서 반란

● 박문수朴文秀(1691~1756) 소론의 영수 이광좌의 문하에서 공부했다. 정미환국이 단행되자 영남어사로 나갔고, 이인좌의 난 때 토벌에 참가했다. 소론이면서도 당론을 비판하고 영조의 탕평책에 동의했으며, 군정과 세정에 밝아 영조의 신임을 받았다. 암행어사로 나간 시간은 길지 않지만 많은 일화가 사람들 사이에서 전해졌다.

이 일어난 거라고 주장합니다. 그런데도 영조는 끝까지 탕평책을 밀고 나갑니다. 탕평책의 일환으로 등용한 소론 세력으로 소론이 일으킨 이인좌의 난을 진압했기 때문에 탕평책이 성공한 것으로 본 거죠. 영조가 참 정치 감각이 있습니다.

탕평의 효과, 둘: 소론의 양보를 얻어내다

김학원 1729년(영조 5) 기유처분도 짚고 넘어갈까요?

신병주 노론의 다수인 강경파가 토역을 제대로 하지 않아 이인좌의 난이 일어난 거라며 선토역, 후탕평의 논리를 앞세워 탕평을 거부하자, 소론 탕평파인 송인명*이 타협안을 제시합니다. 바로 1727년(영조 3) 정미환국 때 철회된 노론 4대신의 신원 문제를 꺼내든 것이죠. 노론 4대신 중 김창집과 이이명은 그 아들들이 삼수의 역에 연루되었기 때문에 용서할 수 없지만, 이건명과 조태채는 신원해주자고 절충안을 낸 겁니다. 즉 건저와 대리를 한 것은 충이고, 삼수의 역은 역이라는 거죠.

박시백 소론 측에서 왕의 운신의 폭을 확 넓혀준 거예요.

김학원 영조로서는 굉장히 환영할 만한 제안이었어요.

박시백 경종의 입장에서는 '역'이 분명한 건저와 대리를, 소론 측에서 먼저 '충'이라고 하면서 판을 깔아주니까 얼마나 좋아요.

● **송인명宋寅明**(1689~1746) 영조의 세제 시절 세자시강원 설서에 임명되어 영조와 인연을 맺었다. 영조 즉위 후 노론 강경파가 탕평책을 강력히 반대하자 소론 탕평파로서 건저와 대리는 충성이고 삼수의 역은 반역이라는 타협안을 내놓아 기유처분의 근거를 마련했다.

남경태 이게 바로 탕평의 효과인 거죠. 탕평이란 이름 아래 영조가 소론을 등용하니까 소론도 영조를 배려해준 것 아닙니까?

신병주 송인명의 제안을 영조가 받아들여 이건명과 조태채는 신원합니다. 이걸 기유처분이라고 하죠.

박시백 이 기유처분은 소론 측에서 정말 탕평에 협조하겠다는 의미로 나름 굉장히 양보를 한 거예요. 하지만 노론 측에서는 이것조차 받으려 하지 않았어요. 강경파만이 아니라 탕평파인 홍치중마저 반대합니다. '네 명의 대신에게 죄가 있으면 다 같이 있고, 없으면 다 같이 없어야 한다'는 거였죠.

김학원 영조가 홍치중을 설득하는 한편, 강경파 민진원과 정호도 다시 불러들입니다. 그러자 노론 강경파는 조정에 들어가되 거기서 싸우자는 노선을 택합니다. 이때 타깃이 이광좌예요.

박시백 소론 5대신 중 생존해 있는 유일한 사람이었거든요. 이광좌는 소론의 수장이자 소론 완론 내에서 가장 강경한 입장을 취해온 사람이에요.

김학원 유겸명이 이광좌를 탄핵하자 왕이 불러서 그 이유를 물었는데, 그 답이 정말 이랬을까 싶을 정도예요. "광좌가 소인이고 신들이 군자이옵니다." 대신을 아랫사람 말하듯 해요.

박시백 왕 앞에서는 대신이라 해도 이름 뒤에 존칭을 붙이지 않아요. '영상 이광좌' 정도면 굉장히 높은 거고, 보통은 '이광좌는' 이런 식으로 말합니다. 하지만 이때는 성조차 뺀 거죠. 그러니까 왕이 그러죠. "대신은 만 사람의 위이기에 감히 그 이름만 부르지 않는 법이거늘……."

신병주 조선 후기 당론서를 보면, 동인이 서인 정철을 칭할 때 독한 정철이라는 의미로 '독철'이라는 표현도 썼죠.(웃음)

박시백   당시에도 지금처럼 줄임말을 많이 썼죠.(웃음)

신병주   어떤 인물을 높일 때는 보통 호를 부르죠. 그래서 우계 성혼과 율
         곡 이이를 통칭할 때 '우율'이라고 했죠. 그런데 동인들은 성혼을
         비판할 때 간사한 성혼이란 의미로 '간혼'이라고 불렀어요.(웃음)

김학원   참다못한 영조가 1733년(영조 9) 1월 소론의 수장 이광좌와 노론의
         수장 민진원*을 불러서 눈물로 호소하면서 두 사람으로 하여금 양
         손을 마주잡게 하죠. 조선사에서 이런 장면이 또 있었을까요?

박시백   이때 말고는 없었던 것 같아요.

남경태   저는 정말 진정성이 느껴집니다. 영조는 이대로 놔뒀다가는 당쟁
         때문에 나라가 망하겠다고 생각한 것 같아요. 눈물이야 영조의 특
         기니 특별한 의미를 부여할 필요가 없지만(웃음) 정말 나라를 생각
         한 건 분명한 것 같아요.

신병주   영조는 탕평책을 국정 운영의 최우선 과제로 삼았습니다. 영조 스
         스로 '내가 제일 전념한 게 탕평, 경제적으로는 균역, 사회적으로
         는 준천이다'라고 회고할 만큼요. 영조는 탕평이 되면 나머지는 다
         될 수 있다고 확신했죠.

박시백   여기서 재미있는 건, 소론 내에서 강경파에 가까운 이광좌는 '선뜻'
         까지는 아니어도 결국엔 항상 왕의 뜻을 수용한 반면, 노론은 왕이
         이렇게까지 하는데도 곧바로 상소해서 반박을 했다는 거예요.

신병주   노론이 항상 우위에 있었으니까요.

---

* 민진원閔鎭遠(1664~1736) 민유중의 아들이자 인현왕후의 오라비이다. 송시열의 문하에서 공부
했다. 《가례원류》를 둘러싸고 노론과 소론이 대립할 때 같은 노론인 정호를 옹호하다가 파직되었으
나, 병신처분으로 다시 등용되었다. 이후 목호룡 고변사건 때 쫓겨났다가 영조가 즉위하자 다시 복귀
했고 정미환국으로 다시 유배되었다. 풀려난 뒤에도 노론의 수장으로서 여전히 소론과 대립했다.

눈물로 호소했다.

내 마음은 얼음처럼 깨끗하오. 황형께 후사가 있었다면 나는 본래의 뜻을 지키며 분수대로 산야에 살았을 것이오.

경들께서 시종 나를 보호했으니 이는 역사에 드문 일이오. 원컨대 경들은 부디 옛 버릇을 잊어버리고 한 마음을 갖도록 하오.

이어 앞으로 불러 두 신하의 손을 서로 마주잡게까지 했으나

김학원 민진원은 결국 영조의 제안을 거부했어요. 이후 민진원이 죽고 김재로가 노론의 수장이 되었을 때 영조가 다시 화해를 주도합니다.

신병주 김재로와 이광좌를 불러 같은 장면을 다시 연출했죠.(웃음)

박시백 그런데 온건파에 가까운 김재로 역시 민진원처럼 거부하죠.

김학원 결국 이광좌는 물러나고, 노론의 김재로와 소론의 조현명, 송인명이 이후 두 정파의 수장으로서 탕평 정국을 이끌어나갑니다.

박시백 이때가 전체 탕평 과정 중에서 그나마 제대로 된 탕평이 이루어진 시절이에요. 이전까지는 노론의 비토 때문에 제대로 안 됐고, 뒤에

가면 탕평이 무늬만 남게 됩니다. 이때는 어쨌든 쌍거호대의 원칙에 따라 균형이 이뤄진 시기예요.

김학원   물론 이 시기에도 노론은 틈만 나면 토적을 외쳐댔어요. 그래서 영조가 툭 하면 단식을 합니다.

박시백   화합의 다짐을 얻어내기 위한 단식이었죠. 때로는 문 딱 닫아걸고 며칠 동안 면대를 거부하기도 했어요. 이러면 신하들이 어떻게 할 수가 없어요. 노소 불문하고 다 나와서 엎드려서 '잘못했습니다. 다시는 안 그러겠습니다' 하죠. 그래도 안 되면 이마를 땅에 찧었어요. 그 당시에는 궁궐 바닥이 다 돌이잖아요?(웃음) 피도 좀 흘리고 해야 비로소 왕이 고집을 꺾곤 했죠.(웃음)

탕평의 효과, 셋: 영조가 역모의 혐의를 벗다

김학원   특이한 것은 1739년(영조 15)에 있었던 선위파동이에요.

신병주   영조가 다섯 살짜리 사도세자에게 왕위를 넘긴다고 했죠. 영조가 이러는 바람에 신하들 이마에서 피가 자주 났어요.(웃음)

박시백   사도세자도 나이가 들고 나서는 몇 번이나 나와서 이마를 바닥에 찧었어요. 영조의 선위 쇼가 이후에도 몇 번이고 계속되었거든요. 그런데 이게 다 자신이 형의 자리를 탐내서 뭔가를 하려고 했다는 의심을 지우고 싶었기 때문이에요. '나는 정말 임금 자리에는 전혀 관심 없다'는 것을 보여주기 위한 쇼였죠.

김학원   그런데 얼마 안 가 노론이 노론 4대신 전원의 신원을 주장합니다.

신병주   앞서 언급했지만 소론의 송인명이 반충, 반역이라는 타협책을 제시하면서 노론 4대신 중에 이건명과 조태채를 신원했잖아요? 그런데 이번에는 김창집과 이이명까지 모두 신원하라고 요구한 겁니다. 영조는 결국 이 두 사람도 신원합니다.

김학원 왕의 태도에 변화가 보이니까 노론이 이참에 삼수의 역도 꺼내는데요.

박시백 그러자 왕이 얼른 노론의 주장을 받아 안으려고 했는데 소론의 새로운 수장 조현명*이 반대합니다. 이때 조현명의 말이 굉장히 설득력이 있어요. 조현명 자신도 노론의 주장처럼 처음에는 삼수의 옥을 무고에 의한 옥사라고 의심했지만, 영조 즉위 후 옥안을 보고 난 뒤 사실임을 알게 됐다면서 반대를 한 거예요. 삼수역안의 완전 폐기를 원한 영조이지만, 반박할 말이 없자 할 수 없이 역안의 이름을 '삼수역안'에서 '임인국안'으로 바꾸는 정도로 후퇴를 하죠. 그리고 다음 해인 1741년(영조 17)에 김용택 등 다섯 명을 역안에 두는 선에서 타협을 하고 삼수역안을 불태워버리죠. 그렇게 해서 영조 자신이 삼수의 역과 관련되었다는 혐의에서 벗어난 거죠.

김학원 그 후 영조의 탕평에도 변화가 생기죠?

박시백 탕평이라는 것도 달리 보면, 영조가 신하들에게 자신의 결백을 인정받기 위한 방안이었던 거잖아요? 신원 과정에서 소론의 동의까지 얻었기 때문에 명실상부하게 자기 신원이 이루어진 셈이죠. 그러니 이 시점부터는 사실상 탕평은 끝났다고 봐야 해요. 이후의 탕평은 무늬만 탕평이에요. 영조도 예전만큼 탕평에 목맬 필요가 없어진 거죠.

● **조현명趙顯命**(1690~1752) 경종 시절 세제(영조) 보호에 힘썼다. 영조 즉위 후 이인좌의 난 때 오명항의 종사관으로 종군했고, 경신처분(1740) 뒤 정승 반열에 올랐다. 이후 영의정에 올라 균역법 제정에 힘썼다.

김학원 영조는 탕평책을 구사하면서 정국을 끌고 갔지만 영조의 정통성을 원칙적으로 부정하는 흐름은 지속되었어요. 김일경 이래 소론 준론 세력과 그 자손들, 정권에서 소외된 남인 세력이 끊임없이 반발했습니다.

신병주 그중에서도 대표적인 게 1755년(영조 31)의 나주 괘서사건이에요. 나주 객사에 경종의 복수를 하자는 내용의 괘서가 걸린 사건이죠. 영조 집권 초기 김일경의 옥사에 연루되어 사망한 윤취상의 아들 윤지가 귀양살이 중에 역모를 꾀한 건데, 이 사건으로 많은 소론 준론이 처형되었어요. 무엇보다 영조는 이 사건을 빌미로 30년 넘게 노론이 주청해온 '토적'을 명합니다. 이제는 노론과 함께 갈 수밖에 없다는 생각을 굳힌 겁니다.

남경태 탕평을 포기하는 거네요.

김학원 얼마 뒤에는 토적을 기념해 개최한 과거시험장에서도 주목할 만한 사건이 일어나요.

박시백 나주 괘서사건이 마무리되고 두 달도 안 되었을 때의 일인데, 형제가 무신란에 연루되어 처형당한 심정연이라는 사람이 임금의 면전에서 작성한 답안지에 무신란 세력이 그동안 주장해온 내용을 적어냈어요. 자기와 뜻을 같이하는 사람들과 미리 준비해둔 내용을 답안지로 써 낸 거죠. 거의 자살 테러에 준하는 행동이었죠.

남경태 '경종이 독살되었다'고 그냥 노골적으로 쓴 거예요.

신병주 그때 참여한 사람들 중 한 명인 신치운은 국문을 당할 때, 자신은 갑진년부터 게장을 먹지 않았다는 말까지 했어요.(웃음)

남경태 게장 독살설로 영조를 조롱한 거죠?(웃음)

박시백   무신란 관련자들이 큰 탈 없이 살 수 있었는데 왜 이렇게까지 했는지 궁금해요. 화약을 안고 불 속에 뛰어든 격이니까요.

신병주   언제부터인가 소론 온건파들조차 권력의 중심부에서 밀려나고 있었는데, 나주 괘서사건으로 토적은 물론이고 무신란 주모자들의 자식들마저 처형당하는 지경에 이르자 소론 강경파와 남인들 사이에서 가만히 앉아만 있어서는 그 이상 희망이 없다는 인식이 팽배해진 것 같아요.

탕평정치에서 척신정치로

김학원   이제 영조의 탕평이 사실상 끝나고 노론 중심으로 정국이 흘러가면서 영조의 선택은 척신으로 갈 수밖에 없는 상황이 됐는데, 그 1번 타자가 홍봉한이죠? 사도세자의 장인이자 혜경궁 홍씨의 아버지입니다.

신병주   홍봉한은 영조시대에 초고속 승진을 해서, 왕의 최측근으로 자리 잡죠.

김학원   그리고 2번 타자가 김귀주예요.

신병주   영조가 66세 되던 해에 15세 신부 정순왕후를 맞이하는데, 정순왕후의 아버지 김한구보다 아들 김귀주가 정치적으로 더 큰 활약을 하죠.

박시백   김귀주는 약간 특색이 있는 인물이에요. 당시 노론 정통파는 끝까지 탕평을 옹호하지 않았기 때문에 권력의 중심부에서 버텨내기 힘들었어요. 대신 탕평파들이 조정을 장악하는데, 그 우두머리가 바로 척신 홍봉한이었죠. 사대부 진영 내에서 홍봉한에 대한 반감

노소 탕평의 끝에 왕이 주목한 이들은 척신이었다.

먼저 득세한 이는 홍봉한.

이 형성되었고, 그중에서도 가장 핵심 세력이 김종수 등이 참여한 청명당이었는데 김귀주는 그 일원을 자처했어요. 그러니까 자신은 척신이기 이전에 의리를 앞세우는 진정한 사대부라는 거죠.

남경태 어찌 됐든 처남이 아니었으면 영조가 이렇게 중용했겠습니까? 처남이긴 하지만 거의 아들 뻘이네요.(웃음) 워낙 왕비가 어렸으니까요.

박시백 아들요? 거의 손주뻘일 걸요.(웃음) 그런데 김귀주는 한 번도 실권을 가져보지 못했어요. 홍봉한에게 계속 잽을 날렸지만 상대가 되

지 못했죠.(웃음)

김학원 이렇게 두 집안이 권력다툼을 벌인다는 사실을 알게 된 영조가 새로운 척신에게 눈을 돌려요. 바로 화완옹주의 양아들 정후겸이죠.

남경태 화완옹주는 영조가 굉장히 총애한 딸이죠.

김학원 영조 말년에는 척신들의 등장과 내부의 권력다툼으로 탕평이 후퇴합니다. 영조시대의 탕평정치에 대해 평가해주세요.

박시백 탕평의 출발점은 자신의 신원 문제였어요. 자신이 역모를 일으키지 않았다는 인증을 받아야 했거든요. 그 인증을 자신을 지지한 노론만이 아니라 소론에게도 받고 싶다는 것이 영조의 생각이었고, 20년 동안 탕평을 해서 결국 성공시키죠. 또 하나 무시할 수 없는 성과는, 의도했건 의도하지 않았건, 탕평으로 인해 숙종시대부터 쭉 이어져온, 상대방을 다 죽이는 식의 격한 당쟁이 종식되었다는 거예요.

남경태 이 탕평이라는 게 늘 최선은 아닙니다. 최선은 인물을 적재적소에 쓰는 건데, 현실적으로 그게 불가능하다면 차선으로 약간 안배를 하자는 거죠. 중요한 건 이 정책이 결국은 안 먹혔다는 거예요. 정치적으로 후진성에서 벗어나지 못하고 척신정치로 가고 맙니다. 이 척신정치가 곧 몇십 년 뒤의 세도정치를 예고하는 것 같아서 더 슬픕니다.

신병주 영조는 오랜 기간 당쟁의 폐해를 경험했기 때문에 세제 시절부터 탕평을 고민했고, 즉위 후 탕평을 실행에 옮겨 강력한 왕권을 이루었어요. 그래서 영조시대는 전반적으로 정치가 안정될 수 있었고, 그걸 바탕으로 균역법과 같은 개혁정책은 물론 청계천 준천사업과 같은 민생과 직결된 토목공사 그리고 각종 문화 사업을 진행할 수 있었던 거죠. 그래서 저는 영조의 탕평정치를 당쟁으로 얼룩진 조선 후기의 정치 수준을 한 단계 업그레이드시킨 정치 형태였다고 평가하고 싶습니다.

박시백 저도 그 이유가 무엇이었든 간에 탕평이라는 방식을 취한 것 자체가 당대로서는 최선이었다는 생각이 듭니다. 더 나아가서 지금까지도 탕평의 정신은 여전히 유용한 것이 아닌가 생각합니다.

성실한 유학 군주의 긴 치세

김학원 영조는 1694년에 태어나 1724년에 즉위해서 1776년까지 52년을 통치했고, 83세에 눈을 감았어요. 조선시대 왕들 중에서 가장 오래 살았고, 재위 기간도 가장 길었죠. 이제 영조의 치세를 전체적으로 다뤄보겠는데, 박 화백님은 영조가 성종처럼 성실한 유학 군주의 모습을 보여줬다고 보시는 거죠?

박시백 영조는 생모가 무수리 출신인 데다 역모에 가담했다는 의심을 받는 상태에서 즉위했죠. 그래서 군주로 인정받기 위해 더 바른 태도를 갖추려고 하지 않았나 싶어요. 영조 자체가 굉장히 공부를 좋아한 호학군주이기도 했어요. 경연도 열심히 하고 유학을 깊이 파고들었어요.

김학원 영조의 업적을 하나씩 정리해볼까요? 1750년(영조 26)에 균역청을 설치해서 균역법을 시행하는데 이것도 영조의 중요한 업적이죠?

신병주 가장 큰 문젯거리로 꼽히던 방납의 폐단은 숙종시대에 대동법으로 극복되었고, 영조시대에는 군역의 폐단이 백성의 삶을 짓눌렀어요. 영조는 백성을 만나서 의견을 수렴한 끝에, 1년에 두 필 내던 군포를 한 필로 줄여줍니다. 그리고 나머지 부족한 재정은 선무군관포*와 토지세, 어염세, 선세 등을 부과해서 메웠어요. 결국 국가 재정은 유지하면서 백성에게는 '반값 군포'를 실현시켰죠.

남경태   우리가 유념해야 할 것이 현재의 근대적 군사제도에서는 돈을 내고 군대를 빠질 수는 없지 않습니까? 그런데 조선시대에는 그게 합법적이어서 군포를 내고 면제받을 수 있었다는 거예요. 그러니까 지금의 국민개병제의 관점에서 조선시대의 제도를 불법적인 것으로 오해해서는 안 됩니다.

박시백   맞아요. 다만 그 역(세금)을 충분히 부담 가능한 양반들한테는 부과하지 않았다는 것이 문제였죠.

김학원   그동안의 관행으로 봤을 때 궁가들의 어염세를 국고에 귀속시킨 것은 나름대로 개혁적인 조치였다고 할 수 있습니다.

박시백   나름이 아니라 대단한 개혁 조치라고 볼 수 있어요. 선조시대부터 이런 궁가들이 어염이나 갈대밭을 거의 일방적으로 접수해나갔지만 어느 왕도 조치를 취하지 않았으니까요. 이건 정말 민생과 직결되는 문제였어요. 예를 들면, 예전에는 누구나 갈대를 베어다가 돗자리를 짜서 내다팔 수 있었는데, 궁가들이 저마다 어느 강 유역의 갈대밭은 다 자기네 것이라고 주장하기 시작했거든요.

김학원   그냥 말뚝 하나 박아서 그 넓은 땅을 다 사유화한 거죠.

박시백   이런 상황이 점점 더 심각해져서 중요 궁가들의 토지가 조선 초에 일등공신이 받은 토지보다 열 배에서 삼사십 배에 이를 정도였어요. 게다가 외딴 섬이나 바닷가마저도 궁가들이 다 차지해버렸고

• 선무군관포選武軍官布 당시 양반이 아닌 부유층 자제까지 양역에서 빠져 있었는데, 이들에게 선무군관이라는 칭호를 내리는 대신 징수한 군포이다. 균역법 시행으로 부족해진 국가재정을 충당하기 위해 징수한 것이다.

요. 그중 일부이긴 하지만 어염세를 국고에 귀속시켰다는 것은 궁가들의 이런 탐욕에 직접 제동을 건 조치였다고 할 수 있죠.

김학원 그리고 서원의 신설을 금지하고 형벌을 완화하고 새로운 법전을 편찬합니다. 《경국대전》을 손질하고 보강해서 1746년(영조 22) 《속대전》을 만들었어요.

남경태 참 놀라운 게, 《경국대전》이 조선 초기에 만든 법전 아닙니까? 그걸 200년이 넘게 썼다는 건, 좋게 말하면 사회가 안정되었다는 것이고 나쁘게 말하면 사회의 불변성이 얼마나 심했는지를 알 수가 있다는 거예요.

신병주 긍정적으로 보는 관점의 하나는 《경국대전》이 여러 차례 보완을 거쳐 만들어졌다는 거예요. 성종시대에 반포될 때까지 약 90년에 걸쳐서 수정과 보완을 계속했죠. 그런 과정을 거쳤기 때문에 오랫동안 쓸 수 있는 법전이 된 겁니다.

박시백 우리가 보통 영조시대와 정조시대를 묶어서 개혁이 굉장히 많이 이루어진 시기라고 이야기하는데, 영조의 중요한 개혁 조치들, 그러니까 백성의 생활과 관련된 균역법이라든가 궁가의 어염세 국고 귀속, 서원 신설 금지, 압슬형 폐지를 통한 형벌 완화 등은 다 영조 전반기의 업적이에요. 실제로 영조 30년 이후에는 백성의 생활과 직결되는 개혁 조치들이 거의 없었다고 할 수 있어요.

최연소 원자, 최연소 세자

김학원 왕의 가족을 살펴보면, 숙종의 비 인원왕후 김씨가 영조의 후원자 역할을 한 것 같아요. 신 교수님께서 주변 인물들을 간단히 정리해주세요.

박시백 인원왕후는 인현왕후가 죽은 이듬해에 중전이 된 인물이죠.

신병주 영조가 왕위에 올랐을 때 인원왕후가 살아 있었어요. 그리고 영조의 첫 번째 부인 정성왕후 서씨가 있었죠. 영조와 50년 넘게 해로했어요. 숙종의 비 인원왕후와 영조의 비 정성왕후가 같은 해인 1757(영조 33)년에 죽습니다. 그래서 영조가 정성왕후의 삼년상을 치르고, 1759년 66세의 나이로 열다섯 살 난 정순왕후 김씨를 계비로 맞아들이죠.

김학원 네, 아주 어린 왕비를 맞아들였죠.(웃음) 그런데 영조가 딸들에 대한 사랑이 지극했다고 해요.

신병주 영조가 유별나게 딸들을 좋아했어요. 화평옹주의 사저를 숱하게 찾아갔고, 그녀가 죽자 파주에 민가 100여 채를 사들여서 묘역을 조성하기까지 했죠.

박시백 조선시대에 임금이 사가로 출가한 딸들의 집을 찾아가는 일은 거의 없었어요. 나가려고 해도 신하들이 극구 말렸는데, 영조는 그야말로 뻔질나게 찾아갔죠.(웃음).

신병주 그리고 특히 사랑한 옹주가 화완옹주죠. 그런 영조가 사도세자한테는 그렇게 가혹했어요.

박시백 제가 만화에 언급은 안 했는데, 화협옹주도 있었어요. 그런데 영조가 이 화협옹주는 사도세자처럼 굉장히 싫어했어요. 호불호가 분명했죠.

김학원 이제 가장 많이 알려진 사도세자의 비극으로 넘어가 보죠. 정빈 이씨의 소생 효장세자가 열 살 때 죽고, 7년 후에 영빈 이씨가 왕자를 낳았는데 바로 사도세자죠.

박시백 효장세자가 죽고 나서 영조 나이 마흔이 넘도록 후사가 없었으니 얼마나 걱정이 됐겠어요? 그러다 마흔둘에 그토록 기다리던 왕자가 태어났으니 영조가 얼마나 기뻤는지 태어난 바로 그날 원자의 명호를 내리죠.

김학원   태어난 날에 원자의 명호를 내린 건 처음인 것 같아요.

박시백   숙종이 희빈 장씨 소생을 태어난 지 몇 달 안 돼 원자로 삼은 적은 있었죠. 그런데 사도세자는 태어난 날 원자 명호를 받고 이듬해에 세자 책봉이 됩니다. 조선시대 전반기에는 보통 여덟 살, 후반기에는 한 다섯 살 정도는 되어야 세자 책봉을 했는데, 이때는 1년 만에 한 거예요.

김학원   최연소 원자, 최연소 세자네요.(웃음) 그런 걸 감안하면 사도세자가 어렸을 때 영조가 무척 총애했을 것 같은데, 시간이 지나면서 둘 사이가 점차 갈등 국면으로 들어갑니다. 박 화백님, 실록의 기록과 《한중록》의 기록이 많이 다르다면서요?

박시백   《한중록》은 사도세자에 대한 영조의 말과 태도를 자세하게 묘사한 반면, 실록은 '어느 날 야단쳤다', '어느 날 칭찬했다', 이런 식으로 단편적인 사실만 서술하고 있어요.

김학원   사도세자에 대해서 실록은 주로 칭찬받은 일을 기록하고, 《한중록》은 질책당한 일을 기록했다고 하던데요.

박시백   그렇지 않아요. 실록도 어렸을 때를 제외하고는 칭찬과 질책이 비슷한 비율로 나와요. 문제는 질책의 강도가 무척 세다는 거예요.

남경태   영조가 참 모질었죠?(웃음)

박시백   네, 눈물이 쏙 빠질 정도로 매섭게 야단을 쳤죠.

남경태   남편이 아버지한테 갔다 와서 얼마나 힘들어했는지 《한중록》에 아주 자세히 나옵니다.

선위파동 – 세자 길들이기

김학원 1749년(영조 25) 1월, 영조가 선위를 발표합니다.

신병주 사도세자가 열다섯 살 되던 해예요. 왕위를 물려주겠다면서 "이렇게 선위를 하고서야 저승에 가서 형님(경종)을 볼 면목이 있다."는 이유를 댑니다. 그리고 "세자가 뒷날 어떤 행동을 할지 모르니 자신이 살아 있을 때 보려 한다."고도 하죠. 결국 물러선 듯 보이지만 사실은 선위가 아니라 대리가 목적이었죠.

박시백 정리하면 크게 두 가지인데요. 한 가지는 경종 시절의 대리 요구가 역이 아니라는 걸 말하려던 거예요. '봐라. 나도 때가 되니까 자식에게 대리청정을 시키지 않느냐', '그 당시 대리도 별 거 아니었다' 이렇게 말하고 싶었던 거죠. 자기는 정말 하고 싶지 않았는데 어쩔 수 없이 왕위에 오른 것처럼 보이고 싶어 했어요. 83세로 세상을 떠나기 직전까지도 왕권을 꽉 쥐고 있을 정도로 강하게 집착했으면서도 남들 눈에는 정반대로 보이고 싶어 한 거죠.(웃음)

남경태 모순되지만 사실 심리적으로 충분히 이해할 수 있는 행동이에요.

박시백 그런 측면 하나와 또 하나는 신 교수님도 말씀하셨지만 세자를 가르치겠다는 게 핵심적인 이유죠.

김학원 대리청정 과정에서 소소한 갈등들이 확대재생산되는데, 이게 영조가 의도한 건가요?

박시백 그건 아니라고 봐요. 적어도 대리청정 초기에는 잘 가르치자는 마음이 있었을 거예요.

김학원 1752년(영조 28) 12월에 또 한 차례 선위파동을 일으키는데, 며칠 후에 영조가 사도세자에게 아주 독특한 하명을 합니다. 자기가 시를 읽을 때 눈물을 흘리면 선위의 전교를 거두겠다고 했어요.(웃음)

다행히 세자는 시 읽기가 끝나기 전에 눈물을 쏟았다.

남경태 　발상 자체가 너무 유치한 거 아닙니까? 어쨌든 사도세자가 눈물을
　　　　흘리는 데 성공합니다.(웃음)

박시백 　제가 보기에는 사도세자가 연기자처럼 감정 몰입을 잘 해서라기보
　　　　다는, 아버지가 너무 무서워서 혹은 너무 억울해서 눈물이 나지 않
　　　　았을까 싶어요.(웃음)

김학원 그럴 만도 하죠.

박시백 숙종이 말년에 세자(경종)에게 대리청정을 시켰는데, 세자가 일처리를 잘못해 살짝 질책하는 소리를 했다가 신하들에게 한 소리 들은 적이 있어요. 세자의 위신을 그런 식으로 깎으면 안 된다는 얘기였거든요. 그런데 영조는 대리청정 기간 내내 정말 별일도 아닌 것을 가지고 신하들 다 있는 앞에서 사도세자를 면박을 주고 야단쳤어요. 그런 일이 다반사였으니 세자 노릇 하기가 얼마나 어려웠겠습니까?

노론이 왕과 세자 사이를 이간질했을까?

김학원 사도세자가 급기야 병을 얻었죠. 이후에는 병을 핑계로 대리 업무를 회피하거나 서연을 열지 않는 일이 잦아졌어요. 몇 년 뒤에는 왕에게 문안을 올리는 진현조차 몇 달씩 거르는 지경이 되죠.

박시백 세자가 해야 할 가장 중요한 역할이 부왕의 잠자리와 수라상을 돌보는 거죠.

남경태 이건 일반 사대부 집안에서도 하는 거죠.

박시백 세자가 미래의 군주이고 2인자이긴 하지만, 하늘에 두 개의 태양이 있으면 안 되기 때문에 정치적인 부분에 있어서는 극도로 조심해야 했어요. 그래서 무엇보다도 부왕의 문안을 여쭙는 것이 가장 중요한 일이라고 할 수 있는데, 석 달이고 다섯 달이고 진현을 안 했다는 건 이미 돌이킬 수 없는 상황까지 갔다는 거예요.

남경태 《한중록》에 보면 사도세자가 왕에게 가는 것을 굉장히 무서워했다고 해요.

박시백 무서워서 가지도 못하고, 왕이 찾아온다고 하면 전날 밤에는 잠도 못 잤어요.

김학원 그런데 그사이에 원손이 세손으로 책봉됩니다. 이때가 1759년(영조 35)이죠.

신병주 사도세자의 첫째 아들 의소세손은 세 살 되던 해인 1752년(영조 28)에 죽었고, 그 해 태어난 둘째가 여덟 살이 되자 세손으로 책봉한 거죠.

김학원 영조가 세손과 있을 때에는 사도세자와 있을 때와 전혀 다른 모습을 보입니다.

남경태 사도세자는 영조의 기대를 채워주지 못했는데, 세손은 그야말로 영조가 바라던 후계의 모습이었거든요.

김학원 반면 사도세자는 병을 핑계로 진현을 전폐하고 관서지방으로 유람을 떠나버려. 1761년(영조 37)의 일인데, 세자가 대리한 지 12년 만의 일이에요. 이거는 전혀 예측불허의 사태인데요.(웃음) 하지만 영조는 이 사실을 알지 못했죠.

신병주 아무도 고하지 않은 데다 세자가 워낙 안 왔으니까 영조도 그러려니 했고, 무엇보다 세자가 동궁 내관들에게 미리 다 조치를 취해 장부상으로는 궁에 있는 걸로 해놨거든요.(웃음)

박시백 심지어 당시는 세자가 대리청정을 하던 중이니만큼 세자에게 올라오는 상소도 있었어요. 세자가 왕처럼 비답을 해야 하는 거죠. 그런데 유람을 떠나면서 내시들에게 그 비답까지도 대신 쓰게 해놓은 거예요.(웃음)

김학원 갈 데까지 간 거죠. 결국 몇 달 후에 이 사실을 알게 된 영조가 관련자와 동궁 내시들을 벌하고 유배를 보냅니다.

박시백 당시에 노론이나 세자를 싫어하는 쪽에서 왕과 세자를 이간질했다는 주장이 있어요. 그러면서 사도세자의 죽음을 당쟁과 연결짓는 거죠. 그런데 실록에는 그들이 이간질했다는 증거가 없어요. 세자가 세자궁을 15일, 20일씩이나 비우고 관서지방에 갔다 왔는데 누구도 이 사실을 왕에게 고하지 않았어요. 슬쩍 고하는 것만으로도 세자 자리를 위협할 수 있는데, 신하 누구도 이 이야기를 입에 올리지 않았다는 거죠.

김학원 왜 그랬을까요?

박시백 이때 영조는 그야말로 칠십을 바라보는 나이였으니까요. 미래 권력인 세자에게 밉보이는 것은 굉장히 위험한 일이죠. 그 몇 년 전에 신하 하나가 세자가 공부를 열심히 하지 않는다고 지적하는 글을 올린 적이 있어요. 임금이 그걸 보고 칭찬하면서 상을 내렸는데 아무도 부러워하지 않았어요. 심지어 그 이후에는 그런 일이 거의 없었다고 실록에 나와 있을 정도예요. 신하들은 세자의 행동이나 문제를 지적하는 것을 두려워했지요.

영조는 아들의 죽음을 슬퍼했나?

김학원 1762년(영조 38) 5월 나경언의 고변으로 영조의 친국이 열립니다. 이게 임오화변의 결정적인 계기가 되는 사건인데요. 신 교수님이 소개해주시죠.

신병주 한 해 전 사도세자의 관서행이 들통났을 때에는 영조가 관련자 몇 명을 벌주었을 뿐 정작 사도세자에게는 별다른 조치를 취하지 않았어요. 그런데 이듬해에 나경언이라는 사람이 사도세자의 비행을 고변하자 영조가 극단적인 반응을 보입니다. 나경언은 사도세자가 왕손의 어미, 즉 세자의 후궁을 때려죽이고 여승을 궁으로 불러들인 일 등 세자의 비행을 열 가지로 나누어 조목조목 설명합니다.

박시백 나경언이 처음에는 세자가 역모를 꾀하고 있다는 식으로 고변을 했어요. 그런데 왕이 친국하는 자리에서 새로운 글을 옷소매에서 꺼내 올렸다고 해요. 이게 바로 세자의 비행을 열 가지로 정리하여 설명한 글이었죠.

신병주 나경언은 결국 세자를 무함했음을 자백하고 참수되죠. 순리대로라면 고변자가 무함을 자인할 경우 곧바로 배후 색출에 나서야 하지만 영조는 그러지 않았죠.

박시백 나경언의 고변이 있고 나서 사도세자는 그야말로 매일 엎드려 죄를 청하고 용서를 구했지만 영조는 가타부타 말이 없었어요.

김학원 영조의 마음이 떠났다는 간접적인 표현이죠.

박시백 그러니까 극도로 불안해진 사도세자가 굉장히 돌출적이고 위험한 행동과 발언을 많이 했다고 해요.

김학원 사도세자의 생모인 영빈 이씨가 영조를 찾아가서 눈물로 청합니다. "세자를 처분하시되 세손 모자는 편안하게 하시옵소서." 아들을 죽이되 며느리와 손자는 살려달라는 거죠. 생모가 이런 청을 했다는 게 충격적이긴 하지만, 영빈 이씨도 세자의 깊은 병증에 대한 우려가 그만큼 컸다는 얘기죠.

박시백 아니, 그 이전부터 우려가 많았죠. 사도세자가 자신의 후궁도 때려죽이고, 내시들도 칼로 베어 죽이는 일이 세자궁 내에서 왕왕 있었단 말이에요. 그래서 세자가 폭발하면 어떻게 될지 누구나 다 알고 있었다는 거죠.

남경태 영빈이 영조의 의중을 읽고 자기가 방아쇠 역할을 해야겠다는 생각을 한 거네요.

신병주 어떤 사람들은 영빈 이씨가 그래도 생모인데 어떻게 저런 말을 할 수 있냐고 하는데, 제 판단으로는 영빈 이씨도 영조의 강한 성격을 감안해서 판단한 것 같아요. 영조가 사도세자를 제거하려고 벼르고 있는데 자신이 어설프게 사도세자 편을 들었다가는 더 큰일이 날 것 같거든요.

박시백 자칫하면 사도세자뿐 아니라 혜경궁 홍씨와 세손까지 날아갈 수 있다고 판단한 거죠. 어쩌면 사도세자가 실제로 아버지가 저렇게까지 나오는 바에는 차라리 아들이고 뭐고 다 죽이겠다는 식으로 발언했을 가능성도 있어요. 그리고 영조가 사전에 '이렇게 하는 것이 모두 사는 것이다' 하면서 영빈 이씨에게 그런 역할을 맡겼을 가능성도 충분해요. 오죽하면 생모까지 나서겠냐며 사도세자를 죽일 명분을 만든 거죠.

김학원 결국 영조가 사도세자를 불러서 자결을 명하는데, 신하들이 말리자 뒤주에 가두었어요.

박시백 사약을 내리면 될 텐데, 너무 엽기적이에요.

남경태 정말 참혹하게 죽인 거거든요.

신병주 왜 뒤주에 가뒀냐는 질문을 자주 받는데, 그냥 단순하게 생각했을 것 같아요. 수라간에 큰 뒤주들이 있으니까, 집어넣기 좋고 잠금장치가 있다는 것도 장점이었겠죠.

남경태 어쨌든 영조는 뒤주에 가둘 때, 내보낼 생각이 없었고 거기서 죽일 생각이었어요.

김학원 이미 자결을 명했잖아요.

박시백 사도세자가 8일 동안이나 갇혀 있다 죽었는데, 영조가 그사이에 아무 말도 하지 않습니다. 그런데 죽고 나서 생각할 사思, 슬퍼한 도悼, 즉 '사도'라는 시호를 내린 것을 두고 마치 영조가 후회한 것

왕은 뒤주를 내오게 하고 그 속에 세자를 가두었다.

《실록》은 단지 '깊이 가두었다'고만 쓰고 있다.

처럼 해석하는데 그건 전혀 사실이 아니에요. 애당초 죽일 생각을 한 거고, 뒤주에 가둬놓고 죽을 때까지 기다린 거예요. 그런 시호를 내린 건 세손을 역적의 자식으로 만들지 않기 위한 조치였어요.

사도세자의 죽음에 대한 몇 가지 해석

김학원 　영조는 왜 아들을 죽였을까요?

박시백 　전통적인 해석은 세자가 미쳐서 죽였다는 거죠.(웃음)

남경태 　그건 실록에 충실한 해석이죠.

박시백 　실록이라기보다도 그 당시의 설명이에요. 현대에 와서는 당쟁을 끌어와서 해석을 하는데 제가 보기에는 당시는 그런 상황이 아니었어요.

신병주 영조와 사도세자의 불화가 가장 큰 원인이지만, 영조의 이례적인 장수도 사도세자의 죽음에 한몫을 했다고 봅니다.(웃음) 조선시대 왕들은 대개 10대 후반이나 20대 초반에 왕이 되어 40대 후반이나 50대 초반에 세상을 떴죠. 그런데 영조는 건강 관리를 너무 잘 해서인지 한 텀을 더 하게 된 거예요.(웃음) 결과적으로 사도세자가 장성할수록 영조에게는 정적으로 인식되었을지도 모르죠.

박시백 영조가 60대 중반에만 죽었어도 사도세자가 제거되지는 않았을 거예요. 그때만 해도 세손이 어려서 다른 대안이 없었으니까요. 그런데 사도세자가 죽을 당시 세손이 열한 살이었고, 가례도 이미 올린 상태였어요. 아직 군왕의 자리를 맡기기에 어리지만 몇 년 지나면 충분히 왕이 될 수 있는 나이였어요.

신병주 소위 말하는 후계 구도를 완성한 다음에 사도세자라는 걸림돌을 제거한 거라고 볼 수 있죠.

김학원 아들보다 세손이 왕으로 더 적합하다고 생각했다면 그냥 폐세자 시키고 세손한테 넘겨주면 되는 거 아닌가요?

박시백 세손이 후계를 이어 왕이 됐는데, 아버지가 아직 젊은 나이로 멀쩡히 살아 있다면 어린 왕이 과연 아버지를 폐세자의 위치에 그냥 둘 수 있을까요? 그냥 둔다고 해도 뒷날의 흥선대원군처럼 아버지에게 힘이 실리는 건 너무나 당연합니다. 그러면 폐세자를 주장한 신하들도 굉장히 위험해지고 일대 피바람이 불 수밖에 없어요. 결국 사도세자를 죽일 수밖에 없었다고 봐요.

남경태 박 화백님 말씀에 동의합니다. 영조는 차라리 사도세자를 제거하는 편이 정치적 부담이 덜하다고 판단했을 거예요. 그렇지만 그것이 훗날 또 다른 정치적 부담으로 남게 되거든요. 정조는 아버지를 해원해야 하는 숙제를 안게 됐으니까요.

박시백   그렇죠. 그런데 정조 입장에서는 아버지가 억울하게 죽었다는 것
보다는 자기 때문에 죽었다는 생각이 더 컸을 것 같아요. 그것 때
문에 나중에 즉위하고 나서도 일생 동안 아버지에게서 벗어나지
못한 게 아닌가 싶어요.

김학원   그게 사실이잖아요? 사실 세손이라는 대안이 없었다면 영조도 사
도세자를 제거할 생각을 못했을 테니까요.

신병주   영조와 사도세자의 관계는 정말 절묘하게도 태종과 양녕대군의 관
계와 겹치는 부분이 많아요. 양녕대군과 사도세자는 성격도 비슷
해요. 둘 다 말 타기와 노는 것을 좋아하고, 체격이 크고 무인 기질
이 있는 것도 비슷하죠. 모두 처음에는 아버지와 관계가 좋았다가
신임을 잃게 됐고, 거기에 대안이 나타나면서 폐위되고 맙니다. 태
종에게는 충녕대군이 있었고, 영조에게는 워낙 장수하는 바람에
세손이 나타난 거죠.(웃음) 그러나 태종은 양녕을 폐세자 하고 살려
둔 반면 영조는 사도세자를 죽였습니다. 양녕은 약간의 개인적 비
행을 저지른 정도였지만 사도세자는 많은 사람을 죽였다는 차이도
한몫했죠. 결국 영조로서는 끌어안기 어렵다는 생각을 했다고 봅
니다.

김학원   영조의 눈에 사도세자는 성리학 군주로서 갖추어야 할 기본 자질
을 못 갖춘 인물이었죠.

박시백   만약에 사도세자의 동생 중에 유능한 사람이 있었다면, 충녕대군
과 유사한 경로를 밟았을 수도 있었겠다는 생각이 들어요. 하지만
그런 인물이 없었죠. 따라서 대안이라고는 세손밖에 없는데, 세손
이 왕위를 잇는다면 아버지의 존재가 정치적 부담으로 작용할 가
능성이 큰 거죠. 그 점이 사도세자를 죽음으로 내몰지 않았나 싶어

요. 영조는 왕권에 대한 집착이 무척 강하고 성격도 좀 제멋대로란 점에서 선조나 숙종과 정말 많이 닮았어요. 이런 왕들 밑에서 세자로 산다는 것 자체가 참 너무나 어려운 일이었죠. 광해군과 경종도 사도세자 못지않은 어려운 세자 시절을 겪었죠. 사도세자가 조금 더 자중하면서 버텼으면 어땠을까 하는 아쉬운 마음이 들기도 하지만, 영조 같은 왕 밑에서 그렇게 오랫동안 기다리는 것이 쉽지는 않았을 것 같아요.(웃음)

박사관은 말한다

실록을 쭉 읽어나가다 보면 나의 기존 지식이나 해석과는 다른 느낌, 정황, 기록 들이 자꾸만 눈에 들어온다. 이런 단서들은 마치 아우성치듯 내게 분석과 상상, 판단을 요구한다. 그리고 기존의 여러 해석에다 필자만의 해석을 또 하나 덧붙이고 싶게 만든다. 가장 대표적인 것 중 하나가 영조시대에 일어난 사도세자의 비극에 관한 해석이다. 나의 견해로는, 비극의 가장 큰 원인은 사실 모두의 예상을 뛰어넘은 영조의 장수에 있다 할 것이다. 비극이 있던 그때 영조는 이미 역대 임금들 중 가장 나이가 많은 상태였다. 세자가 더 참으며 2인자답게 처신을 잘했으면 하는 아쉬움이 남긴 하지만, 세자의 비극 이후로도 영조는 14년을 더 살았다. 아무래도 그렇게까지 참아내기는 어려웠을 것 같다.

높은 이상과
빼어난 자질, 그러나…

1776년(정조 즉위년)	정조가 즉위하다. 사도세자를 장헌세자로 추숭하다. 홍인한과 정후겸을 사사하다. 규장각을 완성하다.
1777년(정조 1)	서류허통절목(서얼허통법)을 공포하다. 존현각에 자객이 들어 관련자를 복주하고 은전군을 사사하다.
1778년(정조 2)	홍국영의 누이를 원빈으로 삼다.
1779년(정조 3)	홍국영이 사직하고 물러나다.
1781년(정조 5)	홍국영이 죽다.
1782년(정조 6)	박서집이 문인방의 역모를 고변하다.
1785년(정조 9)	문양해의 역모가 드러나다. 《일성록》을 편찬하다.
1786년(정조 10)	문효세자와 의빈 성씨가 죽다. 김귀주와 상계군이 죽다. 은언군을 강화에 유배하다.
1788년(정조 12)	채제공을 우의정에 제수하다.
1789년(정조 13)	사도세자의 천장을 마치다.
1790년(정조 14)	수원 행궁이 완성되다.
1791년(정조 15)	신해통공을 허락하다. 윤지충과 권상연을 처형하다(신해박해).
1792년(정조 16)	경상도 유생 1만여 명이 두 차례에 걸쳐 연명한 상소를 올리다(1, 2차 영남 만인소). 5·22하교를 내리다.
1793년(정조 17)	장용영을 설치하다. '금등'을 거론하여 채제공을 보호하다.
1795년(정조 19)	《이충무공전서》를 발간하다.
1796년(정조 20)	화성을 완공하다.
1797년(정조 21)	정약용이 서학과 관련해 해명하는 상소를 올리다.
1799년(정조 23)	김종수와 채제공이 죽다.
1800년(정조 24)	오회연교를 내리다. 정조가 승하하다.

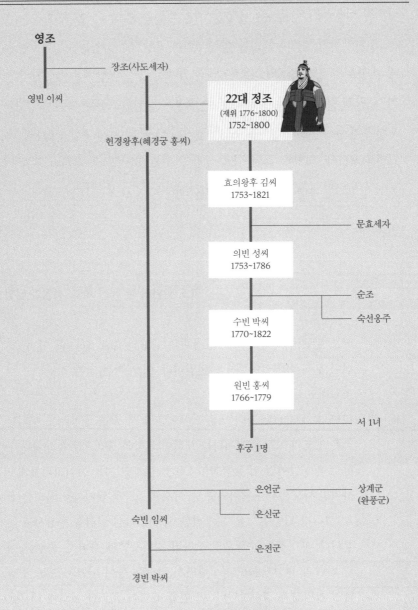

영조

영빈 이씨

장조(사도세자)

22대 정조
(재위 1776~1800)
1752~1800

헌경왕후(혜경궁 홍씨)

효의왕후 김씨
1753~1821

문효세자

의빈 성씨
1753~1786

순조

숙선옹주

수빈 박씨
1770~1822

원빈 홍씨
1766~1779

서 1녀

후궁 1명

은언군

상계군
(완풍군)

은신군

숙빈 임씨

은전군

경빈 박씨

아버지 사도세자의 죽음과 혹독한 세손 시절을 견뎌내고 왕위에 오른 정조. 즉위하자마자 사도세자를 장헌세자로 격상하고 척신들을 정리하는 등 왕권 강화에 힘을 쏟는다. 쌍거호대란 기계적 탕평의 한계를 지적하며 당파에 관계 없이 인재를 등용하겠다는 포부도 밝힌다. 군주로서의 사명감도 투철해서 진정한 위민정치를 구현하겠다며 벼슬아치들의 수탈을 막는 데도 열정을 보인다. 그래서 그의 짧은 생애가 더욱 안타깝다. 그러나 그가 더 오래 살았다면 조선의 운명이 달라졌을까?

영조 말년의 두 척신 세력: 북당과 남당

김학원 영조 말년에 북당의 대표 홍봉한과 남당의 대표 김귀주, 이 두 척신이 본격적인 권력투쟁을 벌입니다. 이 시기를 잠깐 정리하고 정조시대로 들어가겠습니다.

박시백 1755년(영조 31) 조정이 노론 일색이 되면서, 노론 중에서도 무늬만 남은 영조의 탕평을 지지하는 세력이 권력의 중심으로 부상합니다. 바로 척신들이었죠. 홍봉한이 그 첫 주자였는데, 아이러니하게도 사위인 사도세자가 제거되고 난 이후 명실공히 일인자로 자리를 잡죠. 그러자 김종수*, 윤시동, 심환지 등이 척신 척결을 주장하고 나섭니다. 때마침 정순왕후의 오라비 김귀주**와 아버지, 숙부 등이 또 하나의 척신세력을 형성하면서 김종수 등이 이끄는 노론 소장파인 청명당과 결합합니다. 이 연합 세력이 홍봉한 세력에 태클을 걸고, 이에 홍봉한이 맞대응을 하는 상황이 영조 말년까지 쭉 이어집니다. 이때 홍봉한 세력을 북당, 홍봉한을 비판한 청명당과 김귀주 세력을 남당이라고 불렀죠.

신병주 홍봉한이 살았던 안국동이 서울의 북촌이어서 북당이라고 하고, 김귀주가 살았던 이현(배오개) 쪽이 안국동에 비하면 남쪽이라 남당이라고 불렀던 거죠.

박시백 한 가지 덧붙이자면, 홍봉한이 당시 세손의 외조부로서 세손의 보호자를 자처했어요. 그런데 김귀주 세력이 홍봉한을 공격할 때도 세손 보호를 명분으로 내세웠다는 거예요. 홍봉한이 세손을 너무 함부로 대한다는 이유였죠.

남경태 김귀주의 누이 정순왕후와 세손의 사이가 실제로는 좋았잖아요?

박시백 좋았습니다. 드라마 〈이산〉에서는 정조가 세손 시절부터 정순왕후와 갈등관계였던 것처럼 그렸지만, 사실은 그렇지가 않아요. 세손 시절 정조는 오히려 외조부 홍봉한을 경계했어요. 사위를 버리고 승승장구하는 걸 보면서 외손이라고 버리지 못할까 생각한 거죠. 홍봉한 역시 손자가 집권하면 홍씨 가문이 오히려 위험해질 수 있다 싶었겠죠. 그러니 세손 입장에서는 정순왕후나 청명당 세력과 손을 잡는 것이 오히려 자연스러운 일이었어요.

남경태 그런데 당시 영조는 탕평책이 무너지고 척신이 발호하는 상황에

● 김종수金鍾秀(1728~1799) 노론 탕평파의 영수 김재로의 조카다. 왕세손(정조)의 사부로서 척신 정치 청산을 주장해 신임을 얻었다. 정조 즉위 후 정조의 설득으로 척신 제거의 명분 아래 홍국영과 손잡고 김귀주를 몰아냈다. 노론 벽파의 수장으로서 시파와 자주 부딪쳤으나 준론 탕평을 펴나간 정조에 의해 계속 중용되었다.

●● 김귀주金龜柱(1740~1786) 김한구의 아들이며 정순왕후의 오라비다. 청명당(남당)과 사귀고 북당(탕평당)인 홍봉한 가문과 대립했다. 정조 즉위 후 정후겸과 홍인한이 사사되자 홍봉한을 탄핵했다가 척신에 대한 뿌리 깊은 경계를 보이는 정조에 의해 흑산도에 유배되었다.

대해서 별로 신경을 쓰지 않았나요?

박시백   사도세자 제거 이후에는 판단력이 많이 떨어진 느낌이 들어요.

남경태   왕권도 유지하고 세손의 후계 구도도 확립할 수 있는 척신 구도로 가는 게 더 낫다고 생각한 것 같아요.

세손·홍국영·서명선 라인의 형성

김학원   1775년(영조 51) 말에 북당의 홍봉한이 세손의 대리청정을 저지하고 나섰죠?

박시백   홍봉한은 이미 몇 년 전에 일선에서 물러난 상태였고, 대신 동생 홍인한°이 최고 권력자로 떠오릅니다. 홍인한은 이때 화완옹주의 양자 정후겸°°과 결탁했죠. 영조 말년에는 홍인한과 정후겸 듀오가 최고 실세였습니다.

김학원   맞아요. 세손의 대리청정을 막으려 한 사람도 홍인한이었죠.

신병주   사도세자를 죽음으로 내모는 데 일조한 홍씨 형제와 화완옹주 쪽 입장에서는 세손이 대리청정을 하고 이어 왕위에까지 오르면 분명히 자신들을 제거할 거라고 볼 수밖에 없었죠.

박시백   그래서 세손 주변에 사람을 심어서 감시하기도 하고, 세손이 여색

-   홍인한洪麟漢(1722~1776) 홍봉한의 이복동생이다. 홍봉한과 김귀주 두 세력이 약해지자 정후겸과 연합해 입지를 강화하고 왕세손(정조)의 대리청정과 왕위 계승을 방해하기도 했다. 이 일로 서명선의 탄핵을 받아 사사되었다.
- ● 정후겸鄭厚謙(1749~1776) 영조의 딸 화완옹주의 양자. 영조의 총애를 받으며 야심을 키웠고 홍인한과 결탁해 영조 말년에 권력의 실세로 군림했다. 영조가 왕세손의 대리청정을 명하자 이를 반대하는 한편, 왕세손을 보호하던 홍국영을 탄핵했다. 정조 즉위 후 사사되었다.

을 좋아한다는 둥, 미행을 즐긴다는 둥 악성 루머도 퍼뜨렸죠. 그런데도 1775년(영조 51) 11월 영조가 대리청정을 공식화합니다. 재미있는 게, 이때 영조가 신하들에게 "어린 세손이 노론을 알겠는가, 소론을 알겠는가, 남인을 알겠는가, 소북을 알겠는가? … 나는 세손으로 하여금 그것을 알게 하고 싶다."라고 하자, 홍인한이 나서서 "동궁께선 노론이나 소론을 알 필요가 없습니다."라고 이야기를 한 겁니다.

김학원   이거 불충 아닌가요?

박시백   액면 그대로 놓고 보면 불충은 아니에요. 세자나 세손이 해야 할 일은 임금의 침선을 살피는 것이거든요. 정치에 개입하는 것은 위험한 일이죠. 홍인한의 발언 역시 그런 맥락이었기 때문에 큰 문제는 아니었습니다. 그런데 이후 영조가 강력한 의지를 내비치는데도 홍인한과 정후겸이 계속해서 반대하면서 자신을 끌어내리려 하니까, 이제 세손이 정면승부를 결심합니다.

김학원   심복인 홍국영과 상의해서 서명선°에게 홍인한을 비판하는 상소를 올리게 하죠.

신병주   날짜를 정확하게 기억해주세요. 1775년(영조 51) 12월 3일입니다. "대리의 일은 오직 나라를 위하는 뜻에서 나온 것이건만, 홍인한은 동궁이 알게 할 필요가 없다고 했는데 동궁이 알지 못하면 어떤 사람이 알아야겠나이까?" 하면서 그 무엄함과 방자함을 들어 홍인한을 탄핵하고 나서죠. 영조가 서명선의 뜻을 받아들여 홍인한을 파

• 서명선徐命善(1728~1791) 홍인한이 왕세손의 대리청정을 방해하자 홍국영의 권유로 홍인한을 탄핵하는 상소를 올렸다. 소론의 거두로서 탕평정국을 이루려는 정조에게 중용되었으나 노론 벽파와 같은 입장이었으므로 남인 채제공을 탄핵하는 등 왕의 기대에 부응하지는 못했다.

입만 열면 권력에
미련이 없음을 토로하고

그 징표로 술한 선위 쇼를 벌였으며,
어린 사도세자에게 대리청정을
맡겨 비극의 길로 내몬 왕이다.

적어도 조정의 안정을
생각했다면 세손의
나이 스물에는 전위하고
상왕으로 물러나야 했다.

그때라면
내 나이 고작
78밖에
안 될 땐데…

그러나 물러나지 않았고,
노쇠할 대로 노쇠해져
여러 폐해를 낳고서야
대리청정을 결정했을 만큼
권력에 대한 집착이
강한 인물.

권력이란 게
원래 그래.

니들도 한번
권력을 가져봐.
스스로 놓을 수가
있는지.

직하고 며칠 뒤 대리청정을 결정합니다. 서명선의 상소는 결국 '정조를 위한, 정조를 지킨' 상소문이었던 거죠.

김학원　세손-홍국영-서명선 라인의 정치적 연합과 교감이 이긴 거죠. 세손이 이때부터 정치 감각을 발휘하기 시작합니다.

박시백　처음에는 세손이 직접 홍인한을 공격하는 상소를 쓰려 했는데, 홍국영이 그건 위험하다면서 상소를 올릴 만한 사람을 알아보겠다고 해서 서명선을 발탁한 거예요.

남경태　홍국영이 정치 감각이 있네요.

박시백　굉장히 촉이 좋았던 거죠. 그렇게 상황을 반전시켰기 때문에 홍국영, 서명선 그리고 이때까지 10여 년 동안 동궁의 곁을 지켜온 정민시*라는 인물이 정조 즉위의 일등공신으로 자리 잡는 거죠.

신병주 세손이 대리청정을 시작하고 석 달 만에 영조가 세상을 떠나는데, 권력욕이 참 대단했던 것 같아요.(웃음) 손자가 스물넷이면 전위를 해도 충분한 나이인데 그때서야 그것도 고작 대리청정을 시켰으니, 욕심이 엄청 과했죠.

박시백 '정말 나는 왕권에 아무 관심도 없다'는 식의 액션을 끊임없이 취했지만, 실제로는 여든이 넘어서까지도 꽉 쥐고 놓지 않았으니, 왕권에 대한 집착이 얼마나 강했으면 그랬겠습니까?(웃음)

"과인은 사도세자의 아들이오"

김학원 1776년 3월 10일 경희궁 숭정문에서 정조가 조선의 22대 임금으로 즉위합니다. 취임 일성이 특이해요. "과인은 사도세자의 아들이오." 그러고는 끝에 가서 "불령한 무리가 이를 빙자해 (사도세자를) 추숭하자는 의논을 한다면 마땅히 형률로 논죄하겠다."고 해요. 이 말의 진위가 뭔가요?

박시백 이때는 정말 액면 그대로였던 것 같아요. 첫 일성은 사도세자가 자신의 친아버지인데 그동안 제사의 격이 너무 낮았으니 앞으로는 그럴 수 없다는 뜻이고, 뒷말은 사도세자에 대한 본격적인 추숭이

---

* 정민시鄭民始(1745~1800) 왕세손에게 한결같이 의리를 지켰다. 정조 즉위 후 채제공이 사도세자의 신원을 청하는 소를 올려 노론 김종수, 심환지 등의 강력한 성토를 받을 때 그를 변호하기도 했다. 이후로도 줄곧 정조의 입장을 옹호하는 충신이었다.

나 신원에 들어가면 사도세자의 죽음에 관여한 신하들이 위험한 상황에 처하게 될 테니 이 정도로 정리하겠다는 뜻을 밝힌 거죠.

남경태 하지만 사도세자의 아들이라는 사실은 변함이 없는 거고, 지금 추숭을 거론하지 말라는 거는 다시 말하면 나중에는 할 수 있다는 거예요. 신하들로서는 '정조가 사도세자의 아들임을 늘 마음속에 품고 있으니, 언젠가는 추숭할 수밖에 없다'는 의미로 받아들일 수밖에 없는 거죠.

박시백 정조가 이 말을 딱 꺼내는 순간, 신하들이 얼마나 놀랐겠습니까?(웃음)

김학원 정조가 즉위 초에 양부인 효장세자를 진종으로 추숭하고, 사도세자 역시 장헌세자로 격상시킵니다. 반면 사도세자의 억울함을 고한 사람들은 정말 일성처럼 엄벌에 처하는데, 정조의 태도가 굉장히 단호해요. 사도세자의 억울함을 고한 이응원의 무리에 대해 외로운 새새끼나 썩은 쥐새끼 같다고 말했어요. '쥐새끼'라는 표현은 들어봤지만 '새새끼'는 처음 들어요.(웃음)

남경태 너무 빨리 나온 거죠. '좀 있다 나와라' 이거죠.(웃음)

박시백 눈치 없이 나온 건데, 사실 이응원이 처음은 아니었어요. 정조가 세손이던 시절에 사도세자를 신원해야 한다는 이야기가 간혹 흘러나오곤 했는데, 그때는 반응하지 않다가 즉위하고 나서 이 사람들을 대거 처형해버렸죠. 이응원의 상소는 그러고 나서 얼마 뒤에 올라온 거예요. 그런데 이때도 이응원을 처벌했으니, 신하들이 얼마나 안심이 됐겠어요?(웃음)

신병주 그 전에, 정조가 즉위하고 스무 날이 지났을 때 이미 사망한 김상로에게 역률을 적용한 일이 있습니다. 사도세자가 죽기 5년 전에 있었던 김상로의 참소가 임오화변을 부른 거라고 영조가 말한 적이 있는데, 그 말을 빌려 김상로를 벌한 겁니다. 영조의 후궁인 숙의 문씨의 오라비 문성국도 김상로와 함께 사도세자를 참소했다면서 역시 역적으로 몰아 처벌합니다. 숙의 문씨는 궁궐에서 쫓아냈죠.

김학원 아버지가 명예회복할 길을 터놓는 거죠.

박시백 영조가 터준 것이기도 한데, 사실 굉장히 치사한 거죠. 임오화변이 일어나기 5년 전의 일을 가지고 마치 변의 결정적 원인인 것처럼 세손에게 넌지시 흘린 것이니까요. 어쨌든 정조가 그 이야기를 기억하고 있다가 김상로와 문성국을 처벌하면서 사도세자가 그 참소의 희생양이라는 뉘앙스를 남겼죠.

단호한 의지로 척신을 숙청하다

김학원 정조가 정권 초기에 '척신 척결'을 핵심 과제로 삼았는데, 이것도 머뭇거리지 않고 단호한 의지와 정치력으로 실행에 옮깁니다. 그 과정을 한번 짚고 넘어가죠.

신병주 영조 후반에 세손을 가장 위협한 척신 듀오 홍인한과 정후겸은 정조가 즉위한 순간 아마 자신들의 운명을 직감했을 거예요. 아니나 다를까 정조가 즉위한 지 보름 만에 대사헌 이계가 정후겸 모자를 역률로 다스릴 것을 주청하죠. 정조는 정후겸을 바로 귀양 보내고, 얼마 후에는 정후겸과 함께 세손의 대리를 막으려 한 홍인한도 유배시킵니다. 그 뒤 홍인한 측이 반격하는 과정에서 역모 혐의가 드러납니다.

김학원 윤약연의 상소가 그 반격이었던 거죠?

신병주 네, 윤약연이 홍인한을 비호하니까 정조가 역적을 비호하는 자 역시 역적이라며 친국을 하는데, 윤약연이 이때 홍국영을 해치려 했다고 실토합니다. 홍찬해, 홍지해, 홍상간 등과 함께했다고 했는데, 이들 모두 사도세자의 죽음을 촉진한 홍계희*의 자식과 손자들이에요. 정조가 세손 시절 자신을 보호한 홍국영을 해치려는 건 곧 자신을 해치려는 것이라며 이들을 유배시키고, 눈치만 살피던 대신들도 삭직시키는 조치를 취하죠.

박시백　이로써 왕의 의지를 확신한 신하들이 다시 한 번 홍인한과 정후겸을 역률로 다스리라고 청합니다.

김학원　이때 정조와 어머니 혜경궁 홍씨 사이에 사전 교감이 있었나요? 정조의 말로는 혜경궁 홍씨가 홍인한의 사사를 수용했다고 하는데요.

박시백　정조가 혜경궁 홍씨를 압박한 거죠. 어머니의 친정 식구들이지만 손대지 않고 넘어갈 수 없는 문제니까요. 제 생각에는 홍인한을 제거하는 정도로 타협한 게 아닌가 싶어요. 정조가 진짜 배후를 치려고 했다면 홍봉한까지 가야 하는데, 홍봉한은 어머니의 친아버지란 말이죠. 그래서 그 정도 선에서 합의를 한 게 아닌가 싶어요.

김학원　홍인한과 정후겸을 사사한 지 두 달 만에 김귀주 측이 홍봉한을 직접 겨냥합니다. 승부수를 던진 거죠. 그런데 이게 오히려 자충수가 되는 거잖아요?

박시백　결과적으로는 그렇게 되었지만, 김귀주로서는 지극히 당연한 수순이었어요. 김귀주는 정조의 세손 시절부터 홍봉한과 싸워왔고, 그

● 홍계희洪啓禧(1703~1771)　1750년 병조 판서가 되었을 때 영조가 균역법을 실시하려 하자 적극 지지했다. 나경언의 고변이 있자 영조에게 대궐 문을 닫아 지키고 국문을 하도록 권했다. 봉조하에 제수되어 정치 일선에서 물러난 뒤 세상을 떠났으나, 1777년 그의 두 손자가 정조를 시해하려다 발각된 사건으로 관작이 추탈되었다.

때 내건 명분이 세손 보호였단 말이죠. 당시 선비들 사이에서는 호응을 얻었지만 홍봉한의 힘이 너무 세서 번번이 김귀주가 당했어요. 그런데 마침내 정조가 왕위에 올라 홍씨 집안에 손을 대기 시작하니까 드디어 때가 왔다 싶어서 홍봉한까지 칠 것을 요구하는 상소를 올린 거죠. 그런데 뜻밖에도 정조가 오히려 김귀주에게 예봉을 돌립니다.

남경태 　정조가 '너도 아니거든!'이라고 하는 거죠.(웃음)

김학원 　그렇죠. 결국 김귀주는 유배되었다가 10년 뒤에 유배지에서 눈을 감죠. 이때 보면 정조가 '자궁(혜경궁 홍씨)께서 이미 홍인한과 인연을 끊었으니, 자전께서도 어찌 김귀주에게 은혜를 끊지 않겠는가?'라며 대비가 된 정순왕후(예순대비)를 압박하죠.

박시백 　예순대비로서는 완전히 뒤통수를 맞은 거예요. 자기는 그동안 세손과 같이해왔다고 생각했는데 난데없이 자기 오라비를 내쳤으니까요.

대놓고 시도한 정조 암살

김학원 　1777년(정조 1) 7월 무협영화에서나 나올 법한 일이 존현각이라는 곳에서 벌어지는데요.

신병주 　정조가 세손 시절 머문 경희궁의 정각이죠. 당시 존현각에서 일기를 썼는데, 그게 바로 《존현각일기》로 나중에 《일성록》의 모태가 됩니다. 왕이 되고 나서도 일정 기간은 존현각에 머물렀는데, 정조가 밤을 새는 습관이 있었어요.

김학원 　그러게요. 이때 잠을 자고 있었다면 정말 무슨 일이 나도 났을 거예요.

신병주   정조가 세손 시절부터 밤을 새워 책을 읽는 습관이 있었다고 해요. 그러면 세손만 못 자는 게 아니라 보위하는 사람들도 잠을 못 자거든요. 그러다 보니 당연히 안위가 보전되는 거죠.

김학원   이때도 정조가 글을 읽고 있다가 이상한 소리를 들었고 그래서 수색을 하게 된 거죠.

신병주   존현각의 기와가 들춰지고 자갈과 모래가 흩어져 있는 것을 보고 수색에 나서죠. 당시 자객들은 보루각 뒤에 숨어 있었죠.

남경태   실제로 암살범이 있었군요.

김학원   게다가 당일에 잡힌 게 아니라 숨어 있다가 도망을 갔고, 열흘 후에 다시 왔다가 잡힌 거죠. 아무리 궐 내에서 내응하는 자가 있었다고 해도 왕의 침전까지 자객이 침입하다니요. 궁궐 경비가 굉장히 취약했던 것 같아요. 홍국영 제거 음모가 드러나 유배된 홍계희 집안의 복수극이죠?

신병주   그렇죠. 홍씨 집안이 몰락한 것에 앙심을 품고 홍술해(홍계희의 아들)의 처와 아들 홍상범이 일을 꾸민 거예요. 남편과 아버지의 복수를 위해서 정조와 홍국영을 제거하려 한 거죠.

박시백   존현각 지붕 위에 올라간 자객 두 사람도 홍상범이 포섭했어요.

김학원   황당한 사건이긴 하지만 치밀하게 모의한 것 같아요.

박시백   홍봉한의 종용을 받아서 했다는 진술이 나왔는데 진위 여부는 알 수 없죠. 문제는 혜경궁 홍씨의 지친인 이택수란 자도 가담했다는 거예요. 정조 즉위 후에 외가 쪽과 연관된 사건들이 계속 이어집니다.

남경태   이건 그냥 역모라는 추상적인 개념이 아니잖아요? 아주 구체적으로 계획한 암살이거든요. 정조가 꼭지가 완전히 돌았을 것 같아

요.(웃음)

김학원 　맞습니다. 그리고 이때 주모자들이 추대하려 했다는 은전군을 정
법하라는 신하들의 주청이 이어집니다.

신병주 　이때 정조가 상당히 고민을 했어요. 형제라고 해봤자 이복동생인
은언군, 은신군, 은전군, 이렇게 셋밖에 없는데, 은신군은 이미 죽
었고 은언군은 병들어 있었으니, 그나마 은전군을 가까이 두고 잘
해주고 싶었거든요. 하지만 신하들의 주장은 은전군을 살려두면
화의 근원이 될 수밖에 없다는 거였죠.

박시백 　실록을 다 찾아봤는데 삼사가 아뢴 게 예순두 번이라고 해요.(웃음)

김학원 　결국 정조가 은전군을 사사합니다.

신병주 　'단의할은斷義割恩', 은혜를 끊고 대의로 결단하라는 신하들의 요구
를 따른 거죠.

김학원 　나중에 은언군●에 대해서도 문제제기가 있었지만 정조가 끝까지
보호하죠. 유배로만 끝냈어요.

박시백 　정조가 은언군만큼은 보호를 했기 때문에, 나중에 조선왕조의 대
가 안 끊기고 강화도령 철종까지 이어지는 거예요. 철종이 바로 은
언군의 손자거든요.

남경태 　적어도 할아버지 영조보다는 마음이 따뜻한 사람이었던 것 같아
요.(웃음)

● 은언군恩彦君(1755~1801)　사도세자의 아들이자 정조의 이복동생. 정조 즉위 후 홍국영에 의해
맏아들 상계군을 정조의 후궁 원빈의 양사로 보냈는데, 이후 문양해, 구선복 등의 역모사건에 상계군
의 이름이 거론되자 탄핵을 받고 강화도로 유배되었다. 순조 즉위 후 신유박해로 처 송씨와 며느리
신씨가 천주교 신부에게 영세를 받은 일로 죽을 때 그도 사사되었다.

김학원 　앞서 신 교수님께서 서명선이 상소를 올려 정조를 지킨 12월 3일을 기억하라고 하셨는데, 정조가 매년 이날이면 일등공신들을 불러 위로 모임을 가진 때문이죠? 이름하여 '동덕회'죠. 정조 즉위 후 동덕회 멤버인 서명선, 김종수, 정민시, 홍국영이 득세하는 거죠.

박시백 　서명선은 소론계인데 워낙 강직한 인물이어서 홍국영이 세손 보호를 위한 상소를 올리게 했고, 정민시는 동궁의 관원으로 있으면서 정조의 뜻을 끝까지 지지한 인물이에요.

남경태 　정조맨이네요.(웃음)

박시백 　김종수는 앞서 본 청명당의 리더예요. 그야말로 노론 본류 중의 본류라고 할 수 있는 인물이죠. 정조의 세손 시절에 사부로 있으면서 척신정치를 척결해야 한다는 주장을 끊임없이 폈던 인물이에요.

김학원 　홍국영은 당시에 모든 권력을 장악했다고 할 수 있습니다.

박시백 　앞서 윤약연이 홍상간, 홍찬해 등과 함께 홍국영을 제거하려 했다고 실토했을 때 정조가 이렇게 이야기합니다. "오늘 국가에는 믿을 만한 척리가 없다. 서명선의 소는 종사를 위한 계책으로 중요하지 않은 것이 아니지만, 한 손으로 하늘을 떠받쳐 사직에 공이 있게 된 홍국영에 비하면 처진다. 국가의 안위가 호흡지간에 달려 있을 때 시종일관 보호한 이는 오직 홍국영 하나뿐이다." 정조가 이 정도로 신임한 사람이에요.

신병주 　정조 즉위년부터 계속 도승지 자리를 지켜서 '영원한 비서실장'이라는 인식을 주었어요.

남경태 　그런 걸 보면 정조시대 내내 권력을 쥐었을 것 같은데 의외로 그러지 못했어요.

김학원 사람이 권력을 갖고 있을 때 항상 무리수를 두죠.

박시백 오랫동안 정조를 지켜봤으면서 정조를 그렇게도 몰랐는지, 참 한심한 것 같아요.(웃음)

김학원 자기 누이동생을 정조의 후궁으로 들였죠?

남경태 동서고금을 막론하고 누이동생을 왕비나 후궁으로 밀어 넣는 게 제일 하수예요.(웃음)

신병주 홍국영의 누이동생이 원빈이 되는데, 불과 1년 만에 죽어요. 그런데 홍국영이 여기서 그치지 않고 진짜 무리수를 두고 말았죠.

김학원 원빈이 죽자 새로 후궁을 들여야 한다는 말이 나왔는데, 홍국영이 반대하고 나섰죠.

박시백 대신 은언군의 아들 상계군*을 죽은 원빈 홍씨의 양자로 삼게 해요.

남경태 자기가 킹메이커가 되겠다는 거 아닙니까?(웃음)

박시백 이건 정말 눈에 보이는 게 없는 상황이거든요.

남경태 왕에게 후사가 없는 틈을 타 자기 조카도 아닌데 다음 왕으로 만들겠다는 거니까요. 진짜 하수예요.(웃음)

김학원 척신의 행태를 보인 거죠. 정조로서는 눈 뜨고 못 볼 형국이잖아요?(웃음)

박시백 정조가 홍국영에게 어마어마한 믿음을 보여줬는데도 마음 한켠으로는 다소 불신한 게 아닐까라는 생각이 들어요. 진짜 총애하는 신하라면 불러서 살짝 충고를 해주었을 텐데 말이에요.

● 상계군常溪君(1769~1786) 은언군의 맏아들이다. 홍국영에 의해 원빈 홍씨의 양자가 되어 '완풍군'이라는 작호를 받았다. 그러나 얼마 후 홍국영이 벼슬에서 물러나자 이듬해 작호를 상계군으로 고쳤다. 홍국영이 죽은 뒤에도 문양해나 구선복의 역모에 의해 그의 이름이 거론되어 탄핵이 끊이지 않았고, 결국 갑자기 죽고 만다.

홍국영은 은언군 이인의 아들 상계군을
원빈의 양자로 삼게 하고

군호도 완풍군으로 고쳤다.

김학원 　맞습니다. 사실 자기 누이를 왕의 후궁으로 들이려고 했을 때 주의
　　　　를 줄 수도 있지 않았을까요?

박시백 　그런데 내내 지켜보기만 하다가 하루아침에 '알아서 사퇴하라!'고
　　　　했어요. 그래서 홍국영이 사퇴를 고하자 며칠 뒤 왕이 홍국영을 봉
　　　　조하로 삼고 나름 예를 갖춘 이별식을 해주었죠.

김학원 　그런데 문제는 홍국영의 측근들이 가만있지 않았다는 거예요.

남경태 　무엇보다 정계은퇴를 하기에는 너무 젊지 않습니까?(웃음)

박시백 　측근만이 아니라 일반 신하들도 이런 기회에 오히려 홍국영한테
　　　　점수를 따줘야 한다고 생각했을 거예요.

신병주 　홍국영이 사직을 청하기 며칠 전에 정조가 홍국영의 백부 홍낙순

을 우의정에 제수한 데다 사직한 뒤에는 좌의정에 올렸으니, 대부분의 신하가 홍국영의 복귀를 기정사실화했죠.

남경태 홍국영 자신도 그렇게 생각하지 않았을까요?

김학원 그런데 홍낙순이 홍국영의 사퇴를 만류하지 않고 관망하던 서명선을 공격하니까, 정조가 홍낙순을 삭출합니다.

신병주 그제야 신하들이 판세를 읽은 거죠. 홍국영 스스로 물러난 게 아니라 정조가 홍국영을 숙청한 거구나 하고요. 그래서 청명당의 핵심 김종수가 홍국영의 죄를 묻는 상소를 올리죠.

김학원 김종수의 정치 감각과 판단이 대단하죠.

신병주 김종수의 상소를 계기로 결국 정조가 홍국영을 유배 보냅니다. 그리고 홍국영이 1년 뒤 숨을 거두죠. 너무 잘나가던 사람이 한순간에 모든 것을 잃어버리니까 화병이 난 것 같아요. 1781년(정조 5) 강릉에서 죽었는데, 이때가 서른넷이네요. 20대 후반에 권력의 정점에 섰으니 정말 짧고 굵게 산 거죠.(웃음)

김학원 척신정치 척결을 국정 운영의 핵심 과제로 삼았던 정조 초기 상황을 살펴봤습니다.

박시백 여기까지는 아주 좋죠?(웃음)

남경태 정조가 연착륙을 한 느낌이에요.(웃음)

사회 비주류들이 일으킨 역모사건

김학원 홍국영이 실각하고 죽음을 맞이한 뒤 후속 상황이 펼쳐집니다.

박시백 당시 대표적으로 거론된 인물이 송덕상이에요. '신징先正'의 지손이라고 하는데, 선정이 누구냐면 송시열이에요. 홍국영이 송덕상을 픽업해서 자기 라인에 심었는데 홍국영이 제거된 후 서명선이 송덕상에 대한 처벌을 요구합니다. 결국 송덕상이 유배를 가자 송덕상 측, 즉 재야 노론 측에서 여러 가지 일을 벌이죠.

김학원   송시열은 죽은 후에도 여전히 재야에서 막강한 힘을 갖고 있었던 것 같아요. 그런데 송덕상 입장에서는 차라리 노론 측이 가만히 있으면 좋겠다는 생각을 했을 것 같아요.(웃음)

박시백   맞아요.(웃음)

김학원   송덕상의 유배에 대해 계속 문제제기를 하다가 여러 사람이 다쳤죠. 송덕상을 옹호하는 글을 썼다가 신형하라는 이가 유배를 갔고, 신형하를 칭찬한 박서집이 유배를 가죠. 그런데 박서집이 유배된 곳에서 또 하나의 사건이 일어납니다.

신병주   1782년(정조 6) 민심 소란죄를 지은 충청도의 문인방이 박서집이 유배된 곳으로 유배를 왔는데, 박서집과 이야기를 나누다가 자신이 송덕상의 제자라며 거사를 준비해왔다고 하죠. 그런데 놀란 박서집이 기대와 다르게 고변을 택한 거죠.

박시백   문인방은 송덕상의 제자를 자처하기는 했지만 유학보다는 《정감록》이나 도참 쪽에 빠져서 역모를 도모해온 사람이에요. 유배될 때만 해도 그저 '토굴에 숨어살며 요언을 퍼뜨리고 민심을 소란케 했다' 정도의 혐의였는데, 박서집을 만나 목이 날아간 거죠. 결국 송덕상은 이 사건의 뿌리라는 이유로 하옥되었다가 옥사하고 맙니다.

김학원   1785년(정조 9)에도 비슷한 사건이 일어나는데요.

신병주   문양해라는 사람이 가상의 신인神人을 만들어놓고, "그 신인께서 '장차 나라가 셋으로 나뉘어 싸우다가 끝내는 정씨가 통일할 것이다'라고 했다."면서 사람들을 선동했어요.

박시백   숙청당한 김귀주 쪽 사람들과 홍국영의 사촌 등이 문양해에게 가담해서 세상을 바꿔보려다가 발각되어 열 명 가까이 희생되죠.

김경태 그런데 문인방 사건과 이 사건이 과거의 역모사건들과는 성격이 다르다고 박 화백님은 보시는 거죠?

박시백 과거에는 주로 권력 핵심부나 당쟁에서 밀려난 사람들이 역모를 꾀했는데, 이때는 사회 비주류들이 이단 사상에 기대어 나라를 뒤집어보려 했다는 점에서 차이가 있죠.

정조와 예순대비의 정치적 타협

김학원 문양해 사건 이듬해인 1786년(정조 10) 12월, 예순대비가 돌연 수라와 탕약을 거부하겠다며 언문 하교를 내려요. 홍국영이 상계군을 원빈의 양자로 삼은 일, 문양해 사건 때 상계군이 추대된 일을 문제 삼았죠. 그러면서 나라의 역적을 토벌해야 자신의 병이 나을 거라고 하는데요. 당연히 신하들은 상계군과 그의 아버지 은언군에 대한 정조의 정치적 결단을 요구합니다.

박시백 그런데 이때는 상계군이 막 죽고 난 뒤였어요. 상계군이 죽자마자 예순대비가 이 문제를 제기하면서 사건을 확 키운 거죠. 예순대비라는 인물은 쉽게 움직이는 사람이 아니에요. 오라비 김귀주가 유배되어 이해에 죽을 때까지도 일체 말을 꺼내지 않았어요.

김경태 속으로는 천불이 났겠지만요.(웃음)

박시백 이때도 예순대비는 "누구를 막론하고 임금의 원수와 나라의 역적을 토벌하는 자가 있다면 나의 병이 나을 것"이라면서, 개인의 사사로운 정이 아니라 국가와 임금의 안위를 명분으로 딱 틀어쥐었어요.

며칠 뒤 왕대비가 돌연 언문 하교를 내리며 수라와 탕약의 거부를 선언했다.

김학원 어느 누구도 맞설 수 없는 명분입니다. 그런데 정조는 의외로 자기 나름의 정치적 시위를 하네요. 예순대비와 정조가 뭔가 다른 정치 적 의도를 가지고 맞서는 형국 아닌가요?

박시백 세손 시절부터 김귀주와 예순대비 측에서 홍봉한을 공격할 때 꺼 내든 명분 중의 하나가, 바로 홍봉한 측이 은언군, 즉 상계군의 아 버지를 감싸고돌면서 뭔가 도모한다는 거였어요. 예순대비 쪽에서 는 은언군을 역적으로 낙인찍어야 자신들의 행보가 정당화되는 측 면이 있죠. 그런데 정조의 입장에서는 이제 겨우 하나 남은 동생인 은언군마저 죽이면 형제가 다 없어지고 왕실 자체가 너무나 궁색 해지는 거죠.

남경태 　정조는 물론 유일하게 남은 동생에 대한 정도 있었을 테죠. 하지만 예순대비 세력을 경계하려는 의도가 더 크지 않았을까요?

박시백 　어쨌든 예순대비가 역적 토벌이라는 명분을 갖고 치고 들어온 건데, 여기에 떠밀려서 은언군을 죽인다면 그 부담은 결국 본인이 떠안게 된다는 이유도 있었어요. 형제를 둘이나 죽인 비정한 왕이 되는 거니까요.

남경태 　그리고 예순대비의 의도가 100퍼센트 관철되면 이후 정국에 좋지 않은 영향을 미칠 거라고 생각할 수 있거든요.

박시백 　재미있는 것은, 신하들이 사형을 감해 제주에 위리안치하자는 타협책을 내놓자 정조가 그러겠다고 해놓고는 유배지를 강화도로 슬그머니 바꿔버렸다는 거예요.(웃음) 신하들이 반발했지만 끝까지 버텼죠. 그런데 이 정도에서 타협하는 게 사실은 예순대비한테도 좋은 일이었어요. 은언군이란 존재는 예순대비가 언제든 자신의 존재감을 피력할 수 있는 명분이 되니까요. 죽여버리면 더는 정치에 개입할 여지가 없어지잖아요.

남경태 　서로가 묘한 정치적 계산이 있었네요.

박시백 　어쨌든 예순대비는 끝까지 정조 보호를 명분으로 내세웠어요. 심지어 정조 사후 어린 순조를 대신해 수렴청정을 할 때에도 정조의 유지를 중요한 명분으로 내세워 시파들을 제거합니다.

정조식 탕평책: 준론 탕평

김학원 　정조가 집권 초기에 권신 숙청을 일단락 지으면서 영조식 탕평책의 한계를 언급하는데요.

영조가 자기 의리만 고집하는 준론을 배제하고 탕평에 동의하는 완론만 끌어들여 탕평을 펴나갔다면

그래서 나의 탕평은 완론 탕평이라 불리고.

정조는 의리를 앞세우는 준론 인사들을 통해 탕평을 펴나갔다.

나의 탕평은 준론 탕평 혹은 의리 탕평이라 불리지.

신병주 　영조의 탕평책은 '완론 탕평'이라고 해서 노론과 소론의 온건파들을 등용한 거죠.

박시백 　그래서 좀 두루뭉술했죠. 결국 탕평은 탕평대로 안 되고, 탕평당이라는 또 다른 당이 만들어져서 예전보다 더 당파적인 모습을 보이기까지 했으니까요.

김학원 　정조가 선왕의 탕평을 평가하면서 자기식 탕평을 발표하는데요.

신병주 　정조의 탕평은 의리가 확실한 강경파를 중심으로 탕평을 꾀하는 '준론 탕평'이었죠.

박시백 　차라리 시비를 가리고 자기 의리를 다 드러내는 그런 탕평을 하자는 거죠. 여기에 노론이냐 소론이냐는 중요하지 않아요. 어쨌든 영조시대의 충, 의 쪽이 노론이라는 것은 인정하지만, 그렇다고 해서 '노론이 곧 선이고 소론이 곧 악'은 아니라는 것을 전제하고 들어가는 거예요.

남경태 　영조식 탕평은 기계적 탕평이에요. 이쪽에서 한 명 쓰면 저쪽에서 한 명 쓰고, 쌍거호대가 그 말이잖습니까? 그런데 정조는 이제 유기적인 탕평을 하자는 거죠. 탕평의 신념과 소신을 가진 자들이 탕평을 주도하자는 거니까, 한 단계 업그레이드된 거죠.

박시백 '하고 싶은 말 있으면 다 해라' 이거죠.

신병주 그렇게 할 말 다 하는 사람이 김종수, 서명선이에요. 김종수는 노론 준론을 대표하는 인물이고, 서명선은 소론이지만 자기 원칙이 확고한 사람이었죠.

김학원 그럼 기본적으로 정조의 탕평은 진일보한 탕평이라고 이야기할 수 있겠네요.

박시백 종합적인 평가는 정조의 탕평책을 모두 보고 나서 해야 합니다.

정조식 탕평의 세 번째 축, 채제공

김학원 자, 그럼 이 정조식 탕평의 주역들, 삼인방이라고 할 수 있는 김종수, 서명선, 채제공에 대해 살펴보죠.

박시백 김종수는 청명당의 대표 주자이자 노론의 본류 중의 본류라고 할 수 있는 인물입니다. 서명선은 정조가 세손 시절 왕위 계승의 결정적 고비를 맞았을 때 상소를 올려 난국 돌파의 전기를 마련해준 인물이죠. 그리고 홍국영이 가장 잘나갈 때도 홍국영에 빌붙지 않고 자기주장을 고집한 사람이죠. 그런데 사실 정조가 가장 염두에 둔 인물은 남인 채제공이에요.

김학원 히든카드였죠.

박시백 왜냐하면 정조는 머리 한구석에 사도세자의 추숭이라는 패를 갖고 있었거든요. 이것을 감당할 수 있는 세력은 남인밖에 없다고 본 거죠. 다만 당시는 남인이 조정에서 세력을 형성하고 있는 상황은 아니었고, 그냥 채제공이라는 개인을 눈여겨보고 저 정도 인물이면 일정한 기여를 하지 않을까 기대한 정도인 것 같아요.

신병주 　정조가 채제공을 눈여겨본 거는 어쩌면 선대왕 때부터일지도 몰라요. 채제공은 사도세자가 죽기 4년 전에 사도세자 폐위를 명하는 영조를 눈물로 만류해서 오히려 영조의 신임을 얻었는데, 나중에 영조가 이 일을 세손에게 전해주었다는 이야기가 있어요.

김학원 　문제는 남인 출신 채제공을 신하들이 가만히 놔두지를 않았다는 거예요.

박시백 　심지어 홍국영이 실각한 후 정조가 자기식 탕평을 현실화하기 위해 영의정에 제수한 소론 서명선마저 채제공을 내쫓으려고 합니다. 채제공이란 인물의 중용이 남인의 세력화로 이어질 것을 서명선은 직감한 거죠. 채제공이 워낙 유능하기 때문에 경계한 측면도 있고요.

신병주 　중요한 것은 그때쯤이면 남인이 거의 일망타진된 상태인데도 채제공이 여전히 살아남아 있었다는 거죠.

김학원 　노소의 강력한 포격이 계속되자 정조가 한발 물러서서 채제공을 잠시 물러나 있게 하죠. 그리고 1786년 다시 평안 병사로 제수하는데요.

박시백 　평안 병사 정도면 큰 반대가 없을 줄 알았는데, 엄청난 반대에 부딪칩니다. 서명선은 "한 하늘 아래 살 수 없다."고까지 했어요.(웃음)

신병주 　한자 성어로 '불구대천不俱戴天'이라고 하는 거죠.(웃음)

김학원 　정조가 이번에는 물러서지 않아요. 김치인*을 영의정으로 내세워

● 김치인金致仁(1716~1790) 노론 탕평파의 영수 김재로의 아들이자 청명당을 이끌던 김종수의 숙부이다. 정조 즉위 후 영의정이 되어 정조의 뜻에 따라 탕평 정국을 이루기 위해 노력했다.

서 채제공을 등용할 환경을 조성해나갑니다. 그리고 김치인에게 아주 구체적인 미션을 줍니다. "공격하는 무리를 진정시켜라!"

박시백 김치인은 영조 말년에 노론 탕평 대신이었던 김재로의 아들입니다. 김치인에게 아버지의 뒤를 이어 탕평을 담당하라는 오더를 내린 거죠.(웃음)

남경태 이렇게 지침까지 내리는 게 참 재미있네요. '네가 이것 좀 잘 알아서 해줄래? 그러면 내가 뒤를 봐줄게.'(웃음) 이런 것 아닙니까?

김학원 실제로 이 카드가 굉장히 효과를 봤어요. 김종수가 어떻게 할 수 없게 되었으니까요.(웃음)

박시백 김치인이 김종수의 숙부거든요.(웃음)

김학원 그렇게 환경을 만들어서 한 달 뒤에는 드디어 정조의 뜻대로 채제공을 우의정에 제수합니다.

박시백 이때는 정조가 채제공을 공격하는 신하들에게 일일이 해명하면서, 마지막에는 "이렇게까지 말했는데도 다시 시비를 한다면 무고로 다스리겠다."고 딱 엄포를 놓습니다.

남경태 왕이 신하를 이렇게까지 신임하는 사례는 드물어요.

신병주 정조가 세손 시절부터 즉위 후 3년까지 신임한 인물이 홍국영인데, 이후에는 채제공을 홍국영만큼이나 신임한 거죠.

김학원 재미있는 건 서명선의 태도입니다.(웃음) 2년 전에 한 하늘 아래 살 수 없다고 했는데, 채제공이 우의정에 올랐으니 이제 그만둬야 하는 형국이에요.(웃음)

박시백 하지만 정조가 서명선을 설득하죠.

김학원 그리고 강력하게 반대한 판부사 김익도 불러서 채제공과 화해시킵니다. 이 장면을 보면 영조가 노론 민신원과 소론 이광좌를 불러서 손잡게 해주던 장면이 연상됩니다.(웃음) 안대회 교수 등이 번역한 심노숭의 《자저실기》(휴머니스트, 2014)를 보면, 당시의 정적들은 사석에서 만날 때도 중간에다 벽을 쳤대요.(웃음) 뭔가 조정할 일이 있어서 만날 때도 항상 아랫사람들을 시켜 사이에 벽을 치게 하고 이야기를 했다는 거죠. 당파 사이의 벽이 얼마나 강고한지 극명하게 드러나는 사례죠.

남경태 그런데 서명선, 김종수, 채제공, 당파로 보면 소론, 노론, 남인 이렇게 삼두마차로 가려던 정조의 계획이 서명선이 1791년(정조 15)에 죽으면서 어긋나버린 거 아닌가요?

박시백 서명선 이후로는 남인과 노론의 탕평으로 가는 거예요. 한쪽에서는 채제공, 다른 한쪽에서는 청명당계 사람인 윤시동이나 심환지, 주로 김종수가 파트너가 됐죠.

정조는 실학의 후원자인가?

김학원 서학과 문풍에 대해 좀 다뤄볼까요? 1788년(정조 12)에 정언 이경명이 서학의 변괴에 대해서 아룁니다. 서학이란 게 조선에서 천주교를 지칭하는 명칭이었죠?

신병주 보통 천주교를 말할 때는 서교라고 지칭하고, 천주교를 포함한 서양 학문 전체를 의미할 때는 서학이라고 해요. 경우에 따라서는 서학이 천주교를 뜻할 때도 있었어요.

김학원 정조 때 이르면 서학이 식자층을 넘어서 일반 백성으로 확산됩니다.

신병주 천주교 교리가 정조 때 들어온 건 아니에요. 1614년(광해군 6) 이수광이 편찬한 《지봉유설》에도 마테오 리치의 《천주실의》*가 소개되어 있고, 그에 앞서 허균도 중국에서 천주교 경전을 가져왔다고 해요. 소현세자는 청나라에 갔을 때 북경에서 신부 아담 샬과 교류했고 그의 영향을 받았어요. 그런데 17세기에는 소수의 식자층 사이에 천주교란 게 있다는 것 정도만 알려져 있었기 때문에 별다른 사회문제가 되지 않았어요. 그러다가 18세기 후반에 일반 백성에게까지 퍼져나가니까 사회문제가 되는 거죠.

김학원 천주교에 대한 신하들의 의견이 흥미로워요. 천주교를 불교의 한 별파라고 생각하는 신하도 있었죠?

박시백 채제공입니다. 천주교에서 천국을 이야기하니까 극락을 이야기하는 불교와 비슷해 보인 거죠. 소경의 눈을 뜨게 했다는 둥 절름발이를 바로 걷게 했다는 둥 내용이 허무맹랑하다며 비판합니다.

김학원 정조는 경학이나 주자학 공부에 더 신경을 쓰도록 만들면 서학은 저절로 사멸할 거라고 생각했어요.

박시백 정조는 성리학을 워낙 신봉하는 사람이고 자신감이 있었어요. 중국 역사를 놓고 보더라도 유학에서 이단이라고 칭하는 도교나 불교가 쭉 있었단 말이죠. 그런 것처럼 성리학이 성하면 서학은 자연 도태된다는 게 정조의 생각이었던 거죠.

김학원 하지만 중국에서 들어오는 패관소설이나 잡서 등에 대해서는 상당히 경계했어요. 성리학적 시각에서 봤을 때 잡학이라고 본 거죠. 그래서 여기서 이른바 문체반정도 나오는 거잖아요?

박시백 즉위와 동시에 규장각을 설치한 것도 그런 문제의식이 있었기 때문인 것 같아요. 사대부들의 문풍을 바로잡아야 제대로 된 사대부

● 《천주실의》 예수회 소속 이탈리아 신부 미데오 리치가 1603년 저술한 한역漢譯 서학서로 제목은 '하느님에 대한 참된 토론'이란 뜻이다. 중국학자와 서양학자의 대화 형식으로 되어 있는데, 여러 경전을 인용하여 유교적 교양을 바탕으로 천주교를 자연스럽게 이해하도록 유도한다.

정치가 가능하다고 본 거예요.

김학원 정조는 서학의 확산보다는 성리학의 관점에서 어법이나 문체, 공부 등이 곁가지로 흐르는 것을 더 경계한 것 같아요.

박시백 선비들이 유학자답지 않게 이런 데 자꾸 쏠리다 보니까 서학까지 들어온다고 생각한 거죠.

김학원 정조의 문체반정에 대한 학계의 견해는 어떤가요?

신병주 문체반정의 주 타깃은 패관(민간에 떠도는 이야기를 주제로 한 소설)이나 잡기류였어요. 패관, 잡기류에 쓰인 불순한 문체를 버리고 순정문으로 돌아가야 한다는 것이 요지였죠. 정조시대에 이런 문예운동을 촉발한 게 박지원의《열하일기》예요. 당시 선풍적인 인기를 끌었는데, 딱 걸린 거죠.

김학원 부산대 강명관 교수는 정조의 문체반정을 두고 '성리학에 어긋나는 이단적인 사유를 색출한 것'이라고 말했어요. 새로운 사상에 대한 탄압이라는 이야기죠.

박시백 일종의 탄압인 거는 맞는데, 정조가 패관 문체에 대해 보인 태도는 우리가 앞서 본 탕평에 대한 태도와 유사한 것 같아요. 준론 탕평의 기본 입장이 내가 조정할 수 있으니 '하고 싶은 이야기를 다 하라'는 건데, 문체에 대해서도 경계는 했지만 반성문을 요구하는 정도였어요.

김학원 하지만 서학을 비롯한 실학의 대두라는 측면에서 봤을 때는 보수적인 조치로 보여요.

박시백 그런 점에서 저는 정조가 실학의 후원자라는 주장은 옳지 않다고 봐요. 그 시대 선비들이 그 시대의 흐름 속에서 실학적 사고로 나아간 것뿐이죠. 정조는 실학에 반대하는 입장이었어요. 다만 반대를 아주 심하게 하지는 않았을 뿐이죠.

"대체로 이문을 넓히려는 것이었습니다" – 정약용의 해명

김학원   1791년(정조 15)에 진산사건이 불거지는데, 당시에는 상당히 충격
         적이었을 것 같아요. 조선 사대부의 입장에서는 사실 있을 수 없는
         일이죠.

남경태   이렇게까지 나가면 나라의 근간이 흔들리는 거죠.

신병주   진산에 사는 윤지충, 권상연이 제사를 폐하고 신주를 태웠고 조문
         도 받지 않았다는 겁니다. 천주교도이기 때문이었죠. 그 당시로서
         는 정말 충격적인 사건이죠. 이 무렵에 사실 이벽, 이승훈, 이가환,
         권철신, 권일신, 정약용 형제 등이 천주교를 수용했다는 소문이 있
         었는데, 실제 그런 사건이 터지니까 아주 중요한 이슈가 된 거죠.

김학원   이승훈*은 실제로 중국에 가서 세례를 받은 거죠? 우리가 아는 최
         초의 세례자예요.

남경태   정약용의 매형이에요.

신병주   그리고 이벽은 정씨 삼형제의 이복형인 정약현의 처남이에요. 이
         승훈과 정약용에게 천주교를 전해줍니다. 식자층 천주교 신자들
         중에 남인이 많았다는 건, 오랫동안 정권에서 소외되어 있던 이들
         에게 새로운 희망이 필요했다는 거예요. 대안이 필요했는데 천주
         교 사상이 자극한 거예요.

김학원   나중에 국문 과정을 보면, 윤지충과 권상연은 확실히 종교적 신념이
         있었던 것 같아요. 거의 모든 사실을 인정하고 순교의 길을 택하잖

● **이승훈 李承薰**(1756~1801) 정약용의 매형이며 남인에 속했다. 1783년 서장관인 아버지를 따라
북경에 갔다가 세례를 받고 돌아왔다. 이후 숙부 이가환, 권일신, 정약용 형제 등에게 전도하면서 신
앙 모임을 가졌는데, 이것이 한국천주교회의 시초가 되었다. 이후 신유박해 때 처형되었다.

서학과 관련한 승지 정약용의 해명문 (정조 21. 6. 21.)

신이 이른바 서양의 사설(邪說)에 대해 일찍이 그 글을 보고 기뻐하며 사모하였고, 여러 사람에게 자랑했으니 … 이는 바로 맹자 문하에 묵자이고 정자 문하에 선파(禪派)인 격으로 큰 바탕이 이지러졌으며 본령이 그릇된 것으로, 그 빠졌던 정도나 지속한 기간은 논할 것도 없는 것입니다. 비록 그렇기는 하나 증자가 이르기를 '내가 올바른 것을 얻고서 죽겠다' 했으니 신 또한 그리 하려 합니다.

신이 이 책을 본 것은 약관의 초기였습니다. 이때는 천문, 역상, 농정, 수리에 관한 기구, 측량하고 실험하는 방법을 잘 말하는 자가 있으면 해박하다 했으므로 신이 어린 나이에 이를 사모했습니다. … 그리하여 그것을 유문(儒文)의 별파쯤으로 알고 기이한 구경거리가 되는 것으로 보아 다른 사람과 담론하면서 꺼리지 않았고, 다른 사람의 비난이나 배격을 당하면 그의 견해가 좁고 비루하다고 의심했으니 근본 뜻을 캐보면 대체로 이문(異文)을 넓히려는 것이었습니다.

그 글 가운데 제사를 지내지 않는다는 설은 신이 옛날에 보았던 책에서는 보지 못했던 것으로 … 조상을 알아차리는 승냥이나 수달이라도 놀랍게 여길 일인데, 진실로 사람으로서 약간의 도리라도 아는 자라면 어찌 마음이 무너지고 뼛골이 떨려 그 어지러운 싹을 끊어버리지 않을 수 있겠습니까? 그런데 불행히도 신해년의 변고(윤지충, 권상연의 일)가 발생했으니 신은 이때부터 화가 나고 서글퍼 마음속으로 맹세하여 미워하기를 천수처럼 하였으며 성토하기를 흉악한 역적처럼 하였습니다. 양심이 이미 회복되자 이치를 보는 것이 분명해져 지난날에 일찍이 좋아하고 사모했던 것을 돌이켜 생각하니 허황되고 괴이치 않은 것이 없었으며 지리, 기이, 달변, 해박한 글도 패가 소품의 지류에 불과했습니다. …

(이제는) 심장을 쪼개고 창자를 두껴도 실로 남은 찌꺼기가 없습니다. 그런데도 위로는 군부에 의심받고 아래로는 당세에 나무람을 당해 입신한 것이 한 번에 와해돼 버렸으니 살아서 무엇하겠으며 죽어서 어디로 돌아가겠나이까? 신의 직임을 갈고 내쫓으소서.

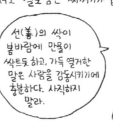

선(善)의 싹이 봄바람에 만물이 싹트듯 하고, 가득 열거한 말은 사람을 감동시키기에 충분하다. 사직하지 말라.

아요? 이때 정약용이 서학과 관련해서 해명하는 상소를 올리는데요.

박시백   정약용의 상소에 당시 분위기를 알 수 있는 대목이 있어요. "신이 이 책을 본 것은 약관의 초기였습니다. 이때는 천문, 역상, 농정, 수리에 관한 기구, 측량하고 실험하는 방법을 잘 말하는 자가 있으면 해박하다 했으므로 신이 어린 나이에 이를 사모했습니다. … 그리하여 그것을 유문의 별파쯤으로 알고 기이한 구경거리가 되는 것으로 보아 다른 사람과 담론하면서 꺼리지 않았고 … 대체로 이문을 넓히려는 것이었습니다." 마치 시대의 공기를 설명하는 글 같아요.

김학원   천문도 이야기하고, 수학도 이야기했을 테죠.

박시백   정약용은 이들을 모두 통틀어서 서학으로 본 거고, 천주학도 서학의 일부로 들어왔다는 거죠.

시파와 벽파

김학원   시파와 벽파가 조성되는데, 정조를 기준으로 파가 만들어지네요.

박시백   정조의 탕평책과 사도세자 추숭 문제에 대한 동의 여부로 나뉘는 거죠.

김학원   그만큼 정조의 정치력이 컸다는 걸 보여주는 거예요.

박시백   시파는 반대편에서 시의時議에 편승하는 무리, 즉 비판의 의미를 담아 부른 명칭이에요. 벽파도 편벽되게 하나만 주장한다고 해서 반대편에서 붙인 이름이고요. 둘 다 좋은 의미는 아니죠.

신병주   정조의 사도세자 추숭 움직임에 맞춰서 시류에 편승했다고 시파로 불린 거예요. 반면 사도세자에 내한 영조의 처분이 옳았다는 입장을 견지하는 사람들은 편벽되다고 해서 벽파로 불린 거고요.

박시백　영조시대에는 시파, 벽파라는 말이 없었어요. 다만 그런 흐름이 영조 때부터 시작된 건 사실이죠. 영조 말년의 청명당이 벽파의 성격을 띠었어요. 여기에 정순왕후(예순대비) 쪽의 김귀주 라인이 결합했고요. 그리고 성격상으로 말하면 사도세자가 제거될 시점의 홍봉한 계가 영조 때에는 시파였어요. 무늬뿐인 거였지만 탕평을 지지하는 사람들이 시파였던 거죠.

김학원　서명선은 벽파죠?

박시백　서명선은 소론인데도 탕평이나 사도세자 문제와 관련해서는 벽파와 입장을 거의 같이했죠.

신병주　노론 중에서는 벽파의 대표주자로 남는 사람이 심환지이고, 시파의 대표주자로 남는 사람이 김조순이에요. 결국 김조순의 딸이 순조가 즉위한 뒤 왕비가 되고 그 결과 시파가 득세합니다.

실록과는 다른 사도세자 묘의 지문 내용

김학원　정조는 아버지 사도세자의 신원과 추숭을 늘 마음속에 품고 있으면서도, 선왕 영조의 당부란 벽에 가로막혀 있었죠. 그런데 1789년(정조 13) 드디어 금성위 박명원*이 사도세자 묘의 천장을 청하는 상소를 올립니다. 정조가 속으로 얼마나 반가웠을까요?

신병주　그랬겠죠. 박명원은 유명한 박지원의 제종 형이죠. 그리고 영조의

● **박명원**朴明源(1725~1790)　영조의 셋째 딸 화평옹주의 남편으로 금성위에 봉해졌다. 1780년 8촌 동생 박지원을 자제군관으로 데리고 청나라에 다녀와 《열하일기》 저술의 계기를 만들어주었다. 1789년 사도세자의 묘를 천장하기를 청하는 소를 올려 정조의 계획을 실현시킬 수 있게 도왔다.

딸 화평옹주의 남편이기도 하고요. 사도세자의 무덤 영우원이 경기도 양주 배봉산에 있었는데, 박명원이 "띠는 말라 죽고 뱀이 묘역 곳곳에 똬리를 틀고 있다."며 천장을 주장합니다. 정조의 가려운 곳을 긁어준 거죠. 이때 신하들도 기꺼이 동의했어요.

김학원 사도세자의 무덤을 수원으로 옮기면서 정조가 직접 지문을 썼는데요. 박 화백님, 이 지문과 실록의 기록이 상당히 다른 것 같아요.

박시백 사도세자의 비행과 영조와의 갈등이 쭉 적혀 있는 실록과 달리, 지문에는 사도세자의 자질에 대한 높은 평가와 함께 그가 여기저기서 모함을 당했다는 것, 특히 관서행은 도적들의 모의를 저지하기 위한 것이었다는 내용이 쓰여 있어요. 상당히 미화해서 쓴 거죠.

남경태 미화라기보다 왜곡 아닙니까?

김학원 그렇죠. 특히 영조가 사도세자를 죽이고 여러 번 후회의 뜻을 보였다는 내용을 보면 상당히 왜곡된 측면이 있어요.

박시백 영조가 후회했다는 건 다른 사람은 알 수가 없잖아요? 자신과 둘이 있을 때 영조가 그랬다는 건데, 진짜 그런 말을 했냐고 왕한테 물어볼 수도 없고, 그야말로 정조의 일방적인 주장이죠.

신병주 그래서 지문이나 비명을 보고 그 사람을 평가하면 안 돼요. 아무리 나쁜 사람에게도 나쁘다고 쓰지는 않거든요.

김학원 1789년(정조 13) 수원으로 묘를 옮기고, 이듬해 수원에 행궁을 완성한 뒤 1796년(정조 20)에는 화성 축성을 완료합니다.

신병주 수원 화성 공사는 1794년에 착공했는데, 원래 목표한 것보다 2년 이상 앞당겨 완공했죠. 정조가 큰 관심을 갖고 독려했고 인부에게 임금도 지불했다고 하죠. 거중기도 공사기간 단축에 큰몫을 했다고 하고요.

김학원   남인 채제공이 우의정에 제수된 1788년(정조 12) 11월, 영남 유생들이 상소를 올립니다. 영조시대의 무신란으로 영남 선비들의 중앙 진출이 구조적으로 차단된 것에 대해 탄원 상소를 올린 거죠.

박시백   남인은 숙종시대에 서인과의 당쟁에서 패한 뒤로 그야말로 정권에서 완전히 배제되어 있었어요. 이 남인의 주요 근거지가 영남인데, 영조 때 남인이 무신란에 적극 가담하면서 영남 전체가 반역향으로 낙인찍혀버렸죠.

김학원   불온 세력의 온상지로 찍혀버린 거예요.

박시백   이후로 남인 중에서도 특히 영남 남인은 출셋길이 원천봉쇄됐어요. 이들은 무신년에 반란군에 맞서 싸웠다며 억울함을 호소합니다. 그러자 정조가 '영남은 사대부의 고향'이라면서 남인들의 울분을 풀어주는 답변을 하죠. 이에 더 자극을 받은 영남 남인들이 정치 세력화에 나서죠. 그 첫 번째 집단 행동이 1차 영남 만인소 사건입니다.

김학원   1792년(정조 16) 윤4월, 1만 명이 넘는 유생들이 연명한 상소를 들고 그 대표자들이 상경합니다. 그래서 만인소萬人疏죠. 조선 역사상 최대 규모 아닌가요?

박시백   2차의 규모가 더 크긴 한데, 이때까지는 없었던 것 같아요.

김학원   상소는 "신들은 한 조각 의리를 마음속에 간직해온 지 30년이 되었사옵니다."로 시작됩니다. 이 말은 즉 사도세자가 뒤주에 갇혀 죽은 지 30년이 되었다는 얘기죠.

박시백   그렇죠. 사도세자 문제를 직접 들고 나온 겁니다. 상소자들을 접견하는 자리에서 그 말을 듣고 정조가 눈물을 흘리죠. 정말 저라도 눈물을 안 흘릴 수가 없었을 것 같아요.

김학원   1차 만인소에 대한 정조의 답변은 사실 좀 불명확해요. 그런데 충분히 이해가 가요. 눈물로 공감을 표시하면서도 쉽게 건드릴 문제는 아니라고 하는 거죠.

박시백   이것을 수용하는 순간 탕평은 끝나버리거든요.

김학원   그리고 병조 판서 이병모와 사직 서유린이 이어서 올린 상소가 계기가 되어 열흘 만에 다시 만인소가 작성됩니다. 더욱 강력해진 이 2차 만인소에 대해 정조가 하교를 내리는데, 이걸 '5·22하교'라고 부르는 거죠?

신병주   5·22하교는 '아버지 사도세자가 모함을 당했다. 나는 그것에 대해서 잊지 않고 있고 어쨌든 하나씩 처분을 할 것이다. 그러나 할아버지 영조가 이것에 대해서 금령을 내렸으니 더 거론하지는 말라'는 내용이었어요.

김학원   선왕의 뜻을 거스르지 말라는 거죠. 그렇지만 한편으로는 추숭과 신원은 반드시 하겠다는 의지를 표명한 건데, 상당히 모호한 내용이에요.

박시백   정조 자신은 아버지의 추숭이 옳다고 생각하지만 아직은 분위기가 무르익지 않았다고 본 거죠.

금등 이야기는 사실일까?

김학원   1793년(정조 17) 정조가 수원성 축성을 총괄하던 채제공을 불러들여 영의정에 제수합니다. 그런데 채제공이 무슨 생각에서인지 승부수를 던지네요.

박시백 　채제공으로서는 왕이 자신을 불러들인 이유가 무척 궁금했을 것 같아요. 왜냐하면 몇 개월 전에 노론 벽파의 탄핵을 받고 좌천된 상황이었거든요. 그런데 일약 영의정으로 발탁하니까 의문이 든 거죠. 제 생각에는, 채제공이 이때 정조가 사도세자의 추숭을 본격화하기를 원한다고 판단한 것 같아요. 자신에게 사전 정지작업을 해달라는 의미로 받아들였다는 거죠. 그래서 제수된 지 3일 만에 사도세자 추숭 문제를 강하게 제기합니다. 자신의 모든 것을 걸겠다는 식으로 이야기하는데, 이때 탕평의 파트너 김종수가 반발하죠. 5·22하교를 들어 채제공을 공격합니다.

김학원 　당시 김종수의 말 중에 압권은 "신은 저 사람과 의리상 한 하늘 아래 있을 수 없사옵니다."라는 거예요.

신병주 　예전에 서명선이 했던 멘트와 똑같네요.(웃음)

박시백 　김종수가 좀 이해가 되는 게 채제공이 '사도세자의 모함이 다 씻기기 전에 자신이 다시 관복을 입으면 부귀영화를 누리려고 이 자리에 있는 것밖에 안 된다'고까지 했거든요. 그러니 김종수도 강하게 반발할 수밖에 없었죠.

김학원 　결국 정조가 채제공과 김종수를 한꺼번에 파직해버리죠. 그래도 논란이 가라앉지 않으니까 2품 이상 대신들을 불러 다소 엉뚱한 얘기를 꺼내요. "채제공이 말한 것에는 곡절이 있다. 그가 도승지로 있을 때 선왕(영조)께서 사관을 물리치고 어서御書 한 통을 내리면서 금등 속에 간수하게 했다. 채제공이 올린 상소의 한 구절은 바로 그 안에 있는 말이다." 이 말이 도대체 무슨 뜻이죠?

박시백 　저는 금등 이야기는 지어냈을 가능성이 매우 크다고 봐요. 정조로서는 사도세자 추숭 문제를 풀어가려면 채제공이 반드시 필요한데, 당시는 채제공을 역적으로 몰아가는 분위기였거든요. 채제공

전 영상이 죽기로 작정하고 피 끓는 정성으로 아뢴 말이라 해도 내가 감히 말하지 못하는 것을 말했으니 그 겉면만을 본다면 죄를 용서하기 어렵다.

그러나,

전 영상이 말한 것엔 곡절이 있다. 그가 도승지로 있을 때 선왕께서 사관을 물리친 다음 어서 한 통을 내리면서 금등 속에 간수토록 했는데 상소의 한 구절은 바로 그 가운데의 말이다.

금등??

지금 그가 죽음에 임박해 진실을 말한 것은 그만이 사실을 알기 때문에 한 것이니 이는 우러나온 충성과 의리의 발로로 본다.

＊금등(金縢): 비밀스러운 글을 넣고 쇠줄로 단단히 묶어두는 상자.

을 보호하기 위해 금등 이야기를 지어낸 게 아닌가 싶어요.(웃음) "그런 게 있다면 보여달라."고 할 수는 없거든요.

김학원 　학계에서는 어떻게 해석하나요?

신병주 　사실 여부에 대한 논란이 좀 있어요. 다만 성조가 영조도 사도세자를 신원할 의중이 있었다는 것을 강조함으로써 자신의 입장을 강화하려 한 것만은 분명해요.

김학원 몇 년 후인 1799년(정조 23) 채제공이 세상을 뜹니다. 정조는 "이제 곧 80이 되면 궤장을 하사하려 했는데……"란 말로 채제공의 죽음에 대한 안타까움을 표현하죠. 그런 걸 보면 정조시대 최고의 인물은 채제공이 아니었나 싶어요.

남경태 정조같이 카리스마 있는 군주들이 대개 그런데요. 능력을 발휘하는 재상을 원하는 것 아니겠습니까? 그런 점에서 채제공의 죽음은 굉장히 안타까운 일이었을 거예요. 게다가 채제공은 권력을 지향하는 인물도 아니었어요.

박시백 저는 약간 생각이 다른 게, 자신이 속한 정치 세력의 집권을 도모했다는 면에서는 권력 지향적이라고 봐야 해요. 정조는 남인이 정치세력으로 제대로 자리를 잡아야 사도세자 추숭 문제를 해결할 수 있다고 봤고, 채제공도 왕의 생각이 그렇다는 걸 잘 알았어요. 노론이 채제공을 영남 만인소의 배후로 확신한 것도 바로 그 때문이죠. 채제공은 사도세자 추숭을 주장하면서 남인의 집권을 도모한 거예요.

김학원 어쨌든 채제공이 눈을 감은 뒤로는 남인 쪽에서 리더가 될 만한 인물이 나오지 않았습니다. 결국은 강경파인 심환지*를 위시한 노론 벽파 중심의 정국이 다시 조성됩니다.

● **심환지沈煥之**(1730~1802) 영조 말기 청명당에 속했고, 정조 즉위 후 서명선을 탄핵함으로써 탕평책을 펴던 정조의 노여움을 샀다. 정조가 채제공과 이가환을 중용하자 그들을 공격하는 데 앞장섰다. 김종수가 죽자 노론 벽파의 수장이 되었고 사도세자 추숭에 끝까지 반대 입장을 고수했다. 순조 즉위 후 영의정에 올라 권력을 장악하고 김귀주를 신원하는 등 노론 벽파의 입지를 더욱 다졌다.

김학원 정조는 민본정치라는 관점에서 볼 때 어떤 군주였나요?

박시백 정조는 군주로서의 자질이란 측면에서 보면 조선 역사상 가장 완벽에 가까운 군주상이 아니었나 싶어요. 일단 머리가 굉장히 좋고 신체도 건강했고, 무엇보다도 아주 성실하고 애민 정신이 확고한 사람이었어요. 가장 인상적인 게 수령을 파견할 때마다 일일이 불러서는, 가서 뭘 해야 하는지, 뭘 주의해야 하는지를 직접 이야기했다고 해요. 그리고 암행어사를 보내 이 사람들이 잘 하는지도 확인했는데, 어사마다 구체적인 임무를 적어서 보냈다고 해요. 그리고 암행어사라는 위세를 가지고 못된 짓을 할까 싶어서 또 다른 암행어사를 보내기도 했고요.

김학원 수령들의 부정을 제대로 적발하지 못한 어사들에게도 벌을 내렸다죠.

박시백 수령의 백성 수탈을 방지하기 위해 굉장히 애를 많이 썼죠. 그래서 그 시절의 백성은 환곡으로 대표되는 삼정의 문란이 있었음에도, 그나마 좀 편안한 시절을 보냈다고 볼 수 있을 것 같아요.

김학원 무엇보다 금난전권을 폐지했는데, 이건 나름대로 의미 있는 시도 아닌가요?

남경태 금禁 난전亂廛 권權 이렇게 읽어야죠? 난전을 금하는 권리란 뜻입니다.

신병주 금난전권은 일종의 시장 독점권이에요. 조선시대에는 서울의 시전상인들이 이런 독점권을 행사했어요. 나라에 물건을 납품하는 대신, 난전 즉 미허가 점포들의 영업행위를 막을 권한을 부여받은 거죠. 그런데 사상私商들의 진출이 워낙 활발해지니까, 시대 흐름을 읽은 채제공이 금난전권의 폐지를 청했고 정조가 허락한 거죠. 이 해가 1791년(정조 15) 신해년이라 '신해통공'이라고 부릅니다. '통공'은 '통할 통通', '함께 공共'을 써서 다 함께 혜택을 보자는 뜻입니다. 이때 기득권을 행사해온 시전 상인들의 반대가 엄청 심했어요. 하지만 채제공은 자신이 정경유착과 거리가 먼 사람이었기 때문에 강행할 수 있었죠.

김학원 　한편, 정조가 신분제도도 개선하는데요.

신병주 　정조는 즉위 후 1년 만인 1777년에 '서류허통절목'이라는 명칭의 서얼허통법을 공포해서 서얼도 관직에 진출할 수 있게 했어요. 그 일환으로 규장각 검서관 직에 서얼 출신을 등용합니다. 박제가, 유득공, 이덕무, 서이수를 4검서라고 하는데, 이들이 다 서얼 출신이에요. 정조 자신이 서얼 차별 폐지의 모범을 보인 거죠. 그리고 발표는 순조시대인 1801년에 하지만, 공노비 해방의 기틀을 잡은 것도 사실상 정조예요. 정조시대에는 반발을 우려해 도망 노비를 붙잡으러 다니는 노비 추쇄관만 혁파했는데, 순조 초에 드디어 궁궐과 관청에 소속된 관노비를 해방시킵니다. 1894년 갑오개혁 때 사노비도 해방되어서 조선왕조에서 노비제가 공식적으로 폐지되죠.

정조는 개혁군주인가?

김학원 　몇 년 전부터 논쟁이 되어온 정조의 개혁군주 상에 대해서 이야기해보죠. 조선 후기의 개혁군주 하면 항상 정조를 떠올리는데, 박화백님은 정조가 정말 뛰어난 군주였지만 개혁군주가 맞느냐에 대해서는 물음표를 던지셨어요.

박시백   개혁군주가 아니었다는 이야기는 아니에요. 다만 정조가 서얼허통법이나 신해통공 등의 개혁 조치들을 취하기는 했지만, 그 시대가 요구하는 개혁 요구에 얼마나 다가갔는가 하는 문제에 있어서는 만족할 만하지 못하다는 거예요. 정조는 진정한 사대부의 나라를 꿈꾼 군주였어요. 그야말로 유교 근본주의에 가까울 정도로 주자학을 철학의 중심에 두고 여타의 것을 이단시하는 사고를 갖고 있었어요. 정조를 실학의 후원자라고 생각하기 쉽지만 정조는 오히려 실학적인 움직임을 배격한 사람이에요. 문체반정이 그 대표적인 예죠. 그리고 정조식 탕평이라고 하는 것도 따지고 보면, 당파들이 각기 자리를 잡고 거침없이 자기주장을 하는 정치예요. 그래서 당파를 오히려 조장한 측면이 있는 거죠.

김학원   신 교수님, 정조가 개혁군주라는 시각에 대한 학계의 의견을 좀 알려주세요.

신병주   유교 국가에서 왕은 성리학 이념에 충실하죠. 특히 정조는 조선의 왕들 중 성리학에 대한 이해가 최고로 깊은 군주였어요. 하지만 정조를 단순히 성리학 이념에만 충실한 군주로 해석하면 곤란할 것 같아요. 당시 기준으로 보면, 정조는 서학 수용에도 상당히 개방적이었어요. 청나라에서 새로운 지식이 축약된 책들을 많이 수입해서 연구를 하게 했고, 수원 화성을 건설할 때도 신공법을 연구하고 청나라 벽돌을 사용했어요. 서얼허통법, 신해통공 같은 개혁정책에도 적극적이었고요. 특히 신해통공은 수백 년 동안 이어져온 정경유착의 고리를 끊었다는 점에서 높이 살 만합니다. 이런 점에서 저는 정조가 아주 뛰어난 개혁군주였고, 분명히 시대를 한 단계 업그레이드시킨 왕이라고 보고 싶습니다.

박시백   저 역시 조선 후기의 개혁군주 하면 정조라고 생각합니다. 정조의

정조가 꿈꾼 이상은 여전히
삼대의 정치 실현이었으며,
현실적으로 조선 초로의 복귀였다.

그는 문풍을 바로잡아
충실한 유자들을
양성하고, 그들과
함께 그런 세상을
만들려고 한
정통 유자.

특히나 그는 송시열만큼이나
열렬한 주자 신봉자.

내가 동궁에
있을 때부터
《주자대전》,
《주자어류》의 선집인
《선통》, 《회선》,
《회영》 등을
엮어냈고

이후 주자가 평가한
두보와 육유의 시를 모아
《두육분운》, 《두육천선》
등을 엮었지.
교화엔 좋은 시가
최고지.

말년엔 또
주자의 시 중에서
뽑은 《아송》을
펴내기도 했지.

*삼대(三代)의 정치: 유교에서 이상적으로 생각해온 하나라, 은나라, 주나라의 정치.

빼어난 자질, 엄청난 성실성, 군주로서의 훌륭한 자세, 이런 것들
도 다 인정하고요. 하지만 개혁군주라면 시대의 모순을 근본적으
로 타개할 방안들을 고민하고 실질적으로 수행해나갔어야 한다고
봅니다. 그런데 환곡과 같은 민생 최대의 현안에 대해서 정조는 수
령들을 달달 볶아서 문제를 심화시키지 않는 데만 주력했지, 근본
적인 해결책은 전혀 내놓지 못합니다. 그리고 이 시대 최대의 개
혁 과제였던 과거와 관직의 서울 독점 문제에 대해서도 태도가 다
르지 않았어요. 숙종시대부터 시작해서 영정조시대를 거치며 고착

된 이 문제는 조선 초기의 역동성을 되살리기 위해 반드시 해결했어야 해요. 물론 호남 출신을 천거해서 쓰는 조치를 취하긴 합니다만, 이것은 그야말로 시늉하는 수준이었지 결코 근본적인 해결책이 아니었습니다. 저는 지금도 마찬가지지만, 어느 시대건 시대적 과제에 정면으로 맞서지 않는 군주를 과연 진정한 의미의 개혁군주라고 부를 수 있나 싶어요.

김학원   '시대적 과제에 제대로 부응한 개혁군주였는가'라는 질문을 던진다면 조금 더 논란의 여지가 있을 것 같아요.

박시백   조금만 덧붙이면, 가령 흥선대원군은 정말 그 시대에 곪을 대로 곪아 터진 문제에 대해 과감한 개혁을 진행하거든요. 자기 세력도 없는 상황에서 섭정이라는 지위만으로 해낸 겁니다. 물론 시대 환경이 달랐지만, 정조 정도의 능력과 카리스마를 지닌 군주라면, 마음만 먹었으면 충분히 할 수 있는 일들이었다고 생각해요. 그런데 정조는 여기에 쓸 공력을 상당 부분 사도세자 추숭 문제에 할애했죠. 아버지를 추숭해야겠다는 생각이 너무 강한 나머지 다른 것들은 부차적으로 여긴 측면이 큰 거죠.

신병주   우리 역사학계에 정조를 연구하는 학자들이 많아요. 그 중 약 70~80퍼센트는 정조를 긍정적으로 평가하고 있고요. 거기에는 이유가 있습니다. 지금 여기서 다 말씀을 드릴 수는 없지만, 정조의 업적은 지금까지 언급된 것 외에도 엄청나게 많습니다.

김학원   하지만 개혁의 내용을 어떻게 볼 것인가라는 문제에는 의견 차이가 있지 않을까요?

신병주   있죠. 하지만 흥선대원군의 개혁은 아주 바람직한 개혁이고, 정조의 개혁은 시대적 과제를 정면으로 받아 안지 못한 수박 겉핥기식 개혁이었다는 해석에는 동의할 수 없어요.

박시백 그런 이야기는 아니에요.(웃음) 이를 테면 1980년대에도 지금처럼 빈부격차란 문제는 있었지만 그 시대의 화두는 민주화였지 빈부 격차의 해소는 아니었다고 생각해요. 그러니 민주화에 올인했는지 여부로 그 사람이 시대적 과제를 제대로 읽고 감당하려 한 인물인 지를 판단할 수 있다고 보는 거예요. 가령 조선 초기의 세종은 새 로운 나라 건설이라는 시대적 과제에 부응해 나라의 제도와 문물 을 새로 갖추는 과업을 훌륭하게 수행했어요. 그래서 세종의 개혁 에 대해서는 누구도 이의를 제기하지 못하죠. 반면에 조선 후기는 그동안 누적된 병폐들을 해결하는 일이 시대적 과제였다고 봅니 다. 그런 점을 감안해서 정조를 평가해야 한다는 거죠.

18세기를 마감하고 떠나다

김학원 이제 정조시대를 마무리해야겠는데요. 정조가 죽은 뒤 후사는 어 떻게 되나요?

신병주 정조와 효의왕후 김씨 사이에는 자식이 없었고, 의빈 성씨와의 사 이에 문효세자가 있었지만 1786년(정조 10)에 홍역을 앓다가 다 섯 살 어린 나이에 죽습니다. 그리고 의빈 성씨 사후에 새로 맞이 한 수빈 박씨의 아들이 정조의 뒤를 잇게 되죠. 바로 순조입니다. 말년에 정조가 세자 책봉과 동시에 세자의 혼사를 진행하는데, 그 때 마음으로 정한 후보자가 시파의 중심 인물인 안동 김씨 김조순 의 딸이에요. 정조의 입장에서는 시파와 사돈을 맺어 사도세자 추 숭 문제도 원만히 해결하고 노론 벽파도 견제하려고 한 거죠. 안동 김씨 가문은 인조시대의 김상용, 김상헌, 숙종시대의 김수항과 김수흥, 영조시대의 김창집, 김창협 등 이름만 들어도 쟁쟁한 사람들을 배출해온 노론 명문가였어요. 그런데 재간택까지 치른 상황에서 정조가 세상을 떠나는 바람에 이 혼례가 바로 이뤄지지는 않아요. 예순대비 덕에 겨우 김조순의 딸이 왕비로 최종 간택되면서 나중에 소위 말하는 안동 김씨 세도정치의 서막이 열리는 거죠.

김학원   척신 척결을 주창한 정조인데, 말년에 역행을 하네요.

박시백   역행을 했다기보다는, 세자를 보호해줄 수 있는 사람으로 김조순을 눈여겨본 거죠. 김조순은 굉장히 영민하고 정치력도 빼어났어요. 게다가 신 교수님 말씀처럼 집안도 든든했고요. 무엇보다 시파였죠. 다만 이것이 세도정치의 서막이 될 줄은 미처 예상하지 못한 거죠.

김학원   1800년 6월 28일 정조가 눈을 감는데, 이때 세자의 나이 겨우 열한 살이었습니다.

신병주   개혁군주라는 이미지 때문인지 정조가 빨리 세상을 떠난 것으로 생각하는 경향이 있는데, 그렇지 않아요. 마흔아홉까지 살았으니까 조선 왕의 평균 수명은 채운 거예요. 그런데 정조는 자신은 19세기는 건드리지 않겠다는 의도였는지(웃음) 깔끔하게 18세기를 마감하고 돌아가십니다.

박시백   "19세기는 건드리지 않겠다!"(웃음) 저는 오늘 정조한테 좀 미안한 마음이 드네요.(웃음) 정조에 대한 기대가 너무 컸고, 실제 기대를 충족시킬 만큼 너무나 빼어난 자질을 가진 임금이었는데 그에 미치지 못했다는 생각에 아쉬움을 피력하게 된 것 같아요.

김학원   좀 엉뚱하지만, 저는 정조가 북경 정도는 한번 가봤으면 어땠을까 하는 생각을 해보게 됩니다. 그게 어렵다면 북경을 넘나든 당대 지식인들과 교류를 했더라면 어땠을까 싶기도 하고요. 정조가 실학을 연구한 재야 지식인들과 교감을 했다면 당대의 개혁 과제에 훨씬 더 가까이 다가갈 수 있었을 것 같아요.

박사관은 말한다

《정조실록》을 읽어보면, 기존 상식과 어긋나는 점이 많다는 걸 깨닫게 된다. 예컨대 홍인한과 김귀주 모두 벽파라는 식의 설명이 여전하고, 벽파와 예순대비의 경우는 거의 악의 축으로 묘사되곤 하는데 실상은 그렇지 않았다. 그리고 학교에서 이 시대를 공부할 때 중요하게 다루는 실학도, 정약용이 거중기를 만들어 수원성 축성에 기여한 일도, 실록에는 관련 기록이 없다. 《열하일기》와 패관 문체로 유명한 박지원의 경우 그 이름조차 나오지 않는다. 반면 《정조실록》을 통해 새롭게 알게 된 면모도 있다. 우선 정조는 의외로 막후 정치에 능했다는 것. 자신의 구상을 관철하고자 할 때 언제나 사전 정지 작업을 한 뒤 자연스럽게 공식화했다. 또한 마음에 안 드는 소를 불태우게 하거나 특정 사안에 대해서는 금령을 내려 거론조차 못하게 했는데, 언로를 중시한 정조와 어울리지 않는 모습이다.

가문이 당파를
삼키다

1800년(순조 즉위년)	순조가 즉위하다. 예순대비(정순왕후)가 수렴청정을 시작하다. 장시경 역모사건이 일어나다. 예순대비가 장문의 언문 하교를 내려 오회연교를 해석하고 의리를 범한 자들의 자수를 촉구하다.
1801년(순조 1)	내노비, 시노비의 혁파를 명하다. 신유박해가 일어나다. 홍낙임을 사사하다. 이여절의 죄상을 밝히고 백성을 위무하는 하교를 내리다. 황사영을 정법하다.
1802년(순조 2)	장용영을 혁파하다. 삼간택을 행하고 김조순을 돈령부 영사로 삼다. 심환지가 죽다.
1803년(순조 3)	예순대비가 수렴청정을 거두다.
1804년(순조 4)	예순대비가 다시 수렴하자 좌의정 이시수가 저지하다.
1805년(순조 5)	예순대비가 죽다.
1806년(순조 6)	조득영이 김달순의 발언을 비판하다.
1809년(순조 9)	효명세자가 태어나다.
1811년(순조 11)	곡산 백성이 관아를 습격하다. 홍경래의 난이 일어나다.
1812년(순조 12)	홍경래의 난이 진압되다.
1815년(순조 15)	혜경궁 홍씨가 죽다.
1816년(순조 16)	충청도 수군절도사가 장계를 올려 영국 배 두 척에 대해 보고하다.
1817년(순조 17)	홍경래를 빌미로 반란을 도모한 채수명 등을 정법하다.
1819년(순조 19)	왕세자빈을 간택하여 조만영의 딸로 정하다.
1827년(순조 27)	효명세자가 대리청정을 시작하다.
1830년(순조 30)	효명세자가 죽다.
1832년(순조 32)	김조순이 죽다. 영국 상선이 통상을 요구하다.
1834년(순조 34)	순조가 승하하다.

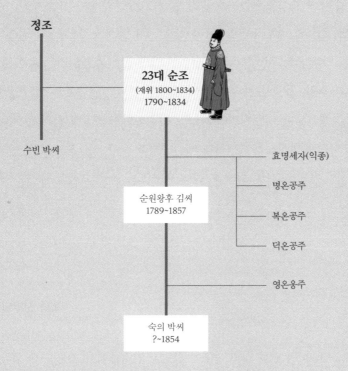

정조

23대 순조
(재위 1800~1834)
1790~1834

수빈 박씨

순원왕후 김씨
1789~1857

효명세자(익종)

명온공주

복온공주

덕온공주

영온옹주

숙의 박씨
?~1854

순조 즉위 후 수렴을 드리우고 권력 장악에 나선 예순대비(정순왕후). 그녀는 정보력, 정치력, 승부사 기질을 두루 갖춘 데다 언제나 명분을 쥐고 뜻을 관철시키는 여주였다. 그런 여주의 수렴청정 아래 정치 수업을 마친 순조 역시 총명함과 수완, 결단력, 어느 것 하나 모자람 없는 청년 군주로 자라났다. 하지만 그에게는 정치적 비전이 부족했다. 그리하여 어느새 왕의 정치는 실종되고, 탕평의 기치는 세도정치에 제압당하고 만다. 안으로는 민란, 밖으로는 이양선이 일으키는 변화의 소용돌이로 빠져드는 조선. 조선의 앞날은 어떻게 될까?

벽파 정부의 등장

김학원   1800년 열한 살의 순조가 창덕궁 인정문에서 조선 23대 임금으로 즉위하면서 대왕대비가 된 예순대비가 수렴청정에 나섭니다. 예순대비가 좌의정 심환지를 영의정으로 등용해 정치적 파트너로 삼는데, 그 이유와 배경은 뭘까요?

박시백   군이 배경이라 할 만한 건 없어요. 그저 심환지가 정조 말년에 정승으로 있으면서, 사실상 정국을 주도했기 때문이에요. 그동안 예순대비와 정치적 행보를 같이 해온 벽파의 수장이었다는 점도 고려했을 거고요.

김학원   그럼 벽파 중에서도 강경파인 심환지와 예순대비의 연합정부라고 불러도 될까요?

박시백   벽파 정부죠. 심환지가 벽파 신료들의 대표격이긴 하지만, 당시 실질적인 벽파의 수장은 예순대비였으니까요.

김학원 벽파는 정조 때 야당 역할을 했는데도 늘 여당 같았어요. 참 독특한 정치 역학이란 말이죠.

남경태 그러게요. 이상하게도 벽파는 항상 여당 같다는 느낌이 들어요. 늘 입장이 선명했기 때문이 아닐까 싶어요.

박시백 그러기도 했지만 상대적으로 시파를 당파로 보기에는 좀 모호한 측면이 있었기 때문이기도 해요. 시파의 주류라고 볼 수 있는 남인이나 소론은 힘이 워낙 약했기 때문에 이때만 해도 벽파가 가장 비중 있는 당파였어요.

신병주 정조시대에는 오랫동안 김종수가 벽파를 대표했고, 말기에 심환지가 리더 대열에 합류했죠. 그래도 김종수는 말년에 어느 정도 정조의 입장을 이해하면서 유연함을 보였는데 심환지는 끝까지 강경노선을 견지했어요. 그런 인물이 순조 즉위 이후 영의정이 되어 예순대비와 손을 잡은 거죠.

김학원 순조가 즉위하고 두 달 남짓 됐을 때 경상도 선비 장시경의 역모 사건이 발생하는데, 박 화백님 표현대로 하자면 '돈키호테식 황당 역모 해프닝'입니다. 장시경이 "약을 과도하게 써서 갑자기 천붕의 슬픔을 당했다."며 칼을 드는데, 이게 저잣거리에 나돌던 소문이죠?

박시백 정조 독살설이 이 사건으로 증폭된 측면이 커요.

신병주 영남 남인들 사이에서 정조 독살설을 상당히 믿는 분위기가 있었다는 것을 방증하는 거죠.

박시백 영남 남인들로서는 영남 만인소를 통해 사실상 정계 복귀의 목전까지 갔는데, 정조가 죽으면서 눈앞이 캄캄해진 거죠. 그래서 이런 이야기들이 더욱 힘을 얻지 않았나 싶습니다.

명분의 승리 – 예순대비의 언문 하교

김학원   수렴청정을 시작하고 석 달이 지난 12월에 예순대비가 언문 하교를 내리는데요.

박시백   지금으로 치면 원고지 50매에 달하는 장문이에요. 게다가 내용도 굉장히 어려워요. 이것을 얘기하려면 우리가 앞 장에서 언급하지 않고 넘어간 '오회연교'라는 정조 말년의 하교까지 함께 얘기해야 합니다. 그런데 정조의 오회연교도 해석이 굉장히 분분하고 대체 무슨 소린지 잘 모를 정도로 어려운 내용입니다. 어쨌든 간단히 말씀드려볼게요.

신병주   여기서 잠깐, '오회연교五晦筵敎'라는 말은 '오월 그믐날 경연 때 내린 하교'라는 뜻입니다.

박시백   오회연교는 노론 시파 김이재가 소론 이만수의 이조 판서 임명에 불만을 품고 올린 상소가 계기가 된 거예요. 이만수의 형이자 소론 인 이시수가 우의정으로 있는 상황에서 당색이 같은 동생을 대신 의 반열에 올리자, 김이재가 정조의 인사에 반발하고 이만수가 예 전에 올린 상소 내용을 비판한 거죠. 이만수가 올린 상소 중에, '벼슬을 받으면 일단 몇 번 사양하는 게 마치 예의인 양 하는데 그게 진정한 충성은 아니다'라고 한 부분이 있어요. 김이재는 그것이 군주의 뜻에 영합하는 행동이라고 비판했어요. 그런데 이 김이재의 상소에 대해 정조가 화를 냅니다. 그 전에 이미 정조가 벼슬을 사양하는 것을 비롯해서 과거의 나쁜 풍습에 대해 비판한 적이 있는데, 김이재가 자신의 의견에 반해서 이만수의 상소 한 부분을 꼬투리 잡아 지적하니까 화가 난 거죠. 그래서 사실 별 문제도 아닌데, 김이재를 바로 귀양 보내버려요.

남경태 어떻게 보면 예법 같은 건데요.

박시백 당시 좌의정이 정조에게 귀양은 과한 처사라고 하자 정조가 버럭 화를 내면서 '오회연교'라는 하교를 토해낸 겁니다. 정조는 사실 이 오회연교를 통해 노론 시파인 김이재뿐 아니라 의리 탕평에 기반한 군주의 정당한 인사행위를 당색에 치우쳐 비판하는 모든 신료를 향해 준엄한 경고를 한 겁니다. 그런데 훗날 예순대비가 장문의 언문 하교에서 이 오회연교를 언급하면서 당시 정조가 공격한 김이재가 시파인 점을 이용해 선왕의 뜻이 그렇다며 시파 공격의 빌미로 삼은 거죠.

김학원 어쨌든 언문 하교의 핵심은 홍봉한과 그의 아들 홍낙임•이 의리를 범했는데도 끝내 처벌받지 않았고, 이후 남인 채제공과 영남 유생들이 벽파에게 죄를 떠넘기려 했다는 것인데, 좀 더 부연 설명을 해주시죠.

박시백 약간 덧붙이면, 사도세자가 죽고 몇 년 뒤에 홍봉한 측에서 사도세자를 추숭하자는 얘기를 한 적이 있어요. 예순대비는 사도세자를 뒤주에 가둬 죽인 일은 부득이한 일이었고 그래서 영조가 이것을 재론하지 말라고 했는데, 홍봉한이 이것을 뒤집으려 했으니 의리를 범한 것이다, 게다가 그 세력은 세손의 대리청정을 저지해 승계를 막으려 했고 세손이 즉위한 이후에도 제거 시도를 멈추지 않았다, 그런데도 홍봉한과 그 아들 홍낙임을 제거하지 않고 잔가지만

• 홍낙임洪樂任(1741~1801) 홍봉한의 아들이자 혜경궁 홍씨의 동생이다. 영조 후반기에 홍봉한, 홍인한과 함께 권력의 실세가 되었다. 정조 즉위 후 왕세손이 대리청정을 반대했던 일로 김귀주 등의 탄핵을 받았으나 정조의 친국을 통해 면죄부를 받았다. 순조 즉위 후 벽파의 집중 공격을 받아 집안이 몰락했고, 은언군과 내통했다는 혐의로 사사되었다.

승지가 읽은
그녀의 언문 하교는
원고지 50매 가까이에
이를 만큼 장문의
글이었다.

아! 세월이 물처럼
흘러 대행대왕의 인산이
벌써 지나가고
우제와 졸곡도 이미
끝났으니 만사가
그만이다.

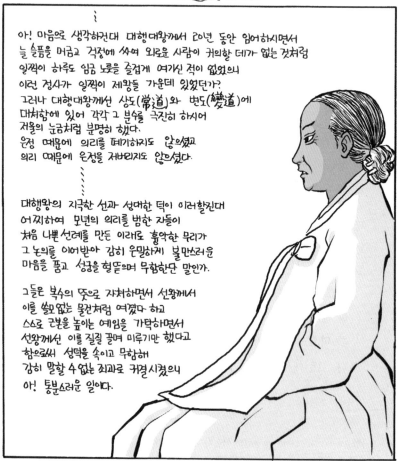

아! 마음으로 생각하건대 대행대왕께서 20년 동안 임어하시면서
늘 슬픔을 머금고 걱정에 싸여 외로운 사람이 귀의할 데가 없는 것처럼
일찍이 하루도 임금 노릇을 즐겁게 여기신 적이 없었으니
이런 정사가 일찍이 제왕들 가운데 있었던가?
그러나 대행대왕께선 상도(常道)와 변도(變道)에
대처함에 있어 각각 그 분수를 극진히 하시어
저울의 눈금처럼 분명히 했다.
은정 때문에 의리를 폐기하지도 않았고
의리 때문에 은정을 저버리지도 않으셨다.

대행왕의 지극한 선과 성대한 덕이 이러할진대
어찌하여 모년의 의리를 범한 자들이
처음 나쁜 선례를 만든 이래도 흉악한 무리가
그 뜻을 이어받아 감히 은밀하게 불만스러운
마음을 품고 성궁을 헐뜯으며 무함한단 말인가.

그들은 복수의 뜻으로 자처하면서 선왕께서
이를 쓸모 없는 물건처럼 여겼다 하고
스스로 근본을 높이는 예임을 가탁하면서
선왕께선 이를 질질 끌며 미루기만 했다고
함으로써 성덕을 속이고 무함해
강히 말할 수 없는 죄과로 귀결시켰으니
아! 통분스러운 일이다.

*인산(因山): 상왕이나 왕, 왕세자, 왕세손과 그 비들의 장례.
*우제(虞祭): 부모의 장례를 마친 후 지내는 제사. 초우(初虞), 재우(再虞), 삼우(三虞)가 있다.
*졸곡(卒哭): 삼우제를 지낸 후 이제 곡을 끝냄을 알리는 제사. 죽은 지 석 달 만에 오는 첫 정일(丁日)이나 해일(亥日)에 지낸다.

처냈기 때문에 모든 걸 벽파의 탓으로 돌리는 일이 계속 반복되었
다고 주장하는 거죠. 그러니까 예순대비의 주장은 논리적으로 상
당히 일리가 있는 거죠. 임오화변과 관련해 홍봉한 세력을 의리를
범한 무리로 낙인찍고, 사도세자 추숭을 매개로 홍봉한 세력과 채
제공 그리고 영남 유생들을 하나로 묶어서, 결과적으로 그들과 대
척점에 서온 벽파에게 정당성을 부여한 것이니까요.

김학원   그러니까 예순대비가 오회연교의 핵심은 버리고 정조의 처분 내
용만 따다가 자신의 정치적 목적에 활용한 거군요? 결과적으로 정
조의 내심과는 정반대가 된 거죠. 의리 탕평도 사도세자 추숭도 물
건너가 버린 거예요.

남경태   예순대비 입장에서는 굉장히 통쾌했을 거예요. 정조가 살아 있을 때
는 오라비가 내쳐지는데도 어쩌지 못하고 한만 품고 있다가 정조가
죽고 나서 정조에게 한 방 먹이고 자신의 목적도 이룬 셈이니까요.
더군다나 그녀의 하교 내용은 논리적이고 정치적으로도 모순이 없
습니다. 예순대비의 입장은 일관되기 때문에 욕먹을 일이 없어요.

김학원   이 장문의 언문 하교로 긴장 국면이 조성되지 않나요?

신병주   그렇죠. 벽파들은 자신들의 오랜 숙원이던 정당성을 확보하게 됐
지만, 기존의 시파들은 당연히 긴장할 수밖에 없었죠.

벽파의 복수 – 홍낙임 처형

김학원   이제 벽파의 공격이 시작됩니다.

박시백   앞서 벽파가 여당 같았다고 했지만 어쨌든 정조의 치세가 길어지
면서 세력이 위축되어온 것이 사실이에요. 그래서 예순대비가 수

수십 년을 이어온 그녀의 친정 홍씨가와 대왕대비의 친정 김씨가 간의 반목과 전쟁의 한 과정이다.

나이로는 열 살 아래이나, 시어머니로 임금과 다름없는 그녀에게 행여 미움을 살세라 극구 자신을 낮추는 수밖에.

럼청정을 시작할 때만 해도 복수심을 노골적으로 드러내지는 못했어요. 그런데 예순대비의 언문 하교가 그들에게 천군만마 같은 원군이자 결정적인 신호탄이 된 거죠.

김학원   탕평은 이제 물 건너간 것 아닌가요?

신병주   그렇죠. 예순대비가 하교를 통해 남인은 물론 같은 노론 내에서도 시파는 확실하게 축출하겠다는 사인을 보낸 거니까요. 당연히 탕평은 깨지는 거죠.

김학원   맞습니다. 채제공과 남인을 반대하고 사도세자 추숭에도 반대 입장을 분명히 하는 등 벽파와 입장을 같이한 서명선조차 탄핵당하네요.

박시백   뿌리는 소론이라는 거죠.

김학원 그리고 홍봉한의 아들 홍낙임에게 화살이 집중되는데, 이 과정에서 예순대비와 혜경궁 홍씨 집안의 처지가 뒤바뀝니다.

박시백 혜경궁 홍씨가 예순대비의 상대가 안 됐죠. 혜경궁 홍씨는 정조시대에는 아들이 왕이었으니 수많은 공격 속에서도 친정아버지와 오라비를 지켜낼 수 있었죠. 하지만 정조가 죽고 예순대비가 수렴청정에 나선 상황에서는 지위나 항렬, 무엇보다 정치력에서 예순대비와 게임이 안 됐죠. 그래서 오라비에게 죽음이 다가오고 있는데도 아무것도 할 수 없었죠.

신병주 혜경궁 홍씨가 할 수 있는 일이라고는 시어머니 앞에서 최대한 몸을 낮춰 목숨을 부지하는 일뿐이었어요. 만약 이때 혜경궁 홍씨가 오라비의 구명을 간청하기라도 했다면 그녀 자신도 어떻게 되었을지 모르죠.

김학원 아무튼 예순대비가 죽은 오라비 김귀주의 명예를 회복시키고 이조 판서에 추증하는 한편, 김관주나 김용주 같은 일가 사람들을 중용하기 시작합니다. 혜경궁의 오라비 홍낙임은 사사했고요.

박시백 하지만 벽파가 시파를 쫓아내는 정도였지 피바람을 일으키지는 않았죠.

남경태 예순대비도 벽파가 집권하는 선에서 마무리하려 한 것 같아요.

예순대비는 왜 천주교를 박해했나?

김학원 시파에 대한 탄핵이 진행되던 1801년(순조 1) 예순대비의 천주교 탄압정책이 발표되는데요. 이제 천주교도들에겐 초강경 공안전국이 조성된 거죠?

남경태 　그렇죠. 정조는 서학을 사학邪學으로 규정했지만 정학正學을 바로 세우면 사학은 자연히 약해진다고 봤어요. 1791년(정조 15) 진산사건 때 몇 사람을 치죄하기는 했지만, 재위 내내 이런 생각을 바꾸지 않았죠. 그런데 진산사건 이후 불과 10년 만에 예순대비가 다시 서학을 적극 탄압한 거죠. 그런데 이게 서학이 득세하고 신도가 많아진다는 위기감 때문이라기보다는 뭔가 정치적인 의도가 있었기 때문인 것 같아요. 진산사건으로 촉발된 신해박해에 비해 좀 뜬금없다는 느낌이 있거든요.

박시백 　남 선생님 말씀을 부정하는 건 아니지만, 저는 액면 그대로 받아들일 측면도 있다고 봐요. "선왕께서는 매번 정학이 밝아지면 사학은 절로 종식될 것이라 하였다. 지금 듣건대 사학이 옛날과 다름없어서 서울에서 기호 지방에 이르기까지 불길처럼 번져가고 있다 한다." 즉, 서학에 대한 정조의 대책이 실패했다고 예순대비가 판단한 건데, 어쨌든 진산사건 이후 중국인 신부 주문모가 조선에 파견되고 교세가 계속 확장되어 신도가 1만 명에 이르렀으니, 예순대비의 말이 틀린 말은 아니잖아요.

김학원 　예순대비의 발언 이후, 동시다발적인 검거 열풍이 불어 많은 사람이 탄압을 당합니다. 정조가 채제공 이후를 대비해 중용했던 이가환도 이때 물고를 당하고 이승훈, 정약종도 정법되는데, 정약용은 형 정약종*의 글 때문에 사사를 면하네요?

박시백 　정약종의 집에서 문서가 발견되었는데, "아우(정약용)로 하여 알지

• 정약종丁若鍾(1760~1801) 정약용의 형이다. 이익의 학문을 공부했으며 이승훈을 통해 천주교에 귀의했다. 진산사건으로 천주교가 탄압을 받을 때도 믿음을 지켰다. 이승훈과 함께 청나라 신부 주문모를 맞아들이고 선교 활동에 힘썼지만, 신유박해 때 체포되어 서소문 밖에서 처형되었다.

못하게 해야 합니다." "형제와 함께 서학을 할 수 없으니……." 같은 내용이 적혀 있었거든요. 적어도 정약종이 다른 두 형제를 끌어들이지는 않았다는 증거니까요. 그래서 형 정약전과 아우 정약용은 혐의를 벗을 수 있었죠.

신병주   첫째가 정약전, 둘째가 정약종, 그다음이 정약용이에요. 둘째 정약종이 가장 골수여서 처형을 당하고, 정약전과 정약용은 유배를 갑니다. 앞 장에서 잠깐 언급했지만, 정약용의 서형 정약현도 나중에 연루가 됩니다.

김학원   중국인 신부 주문모의 진술에서 충격적인 이야기가 나오는데, 충신의 표상이라는 김상헌의 봉사손 김건순도 관련자로 드러나고, 은언군의 처 송씨와 그의 아들 상계군의 처 신씨도 영세를 받았다고 하죠.

박시백   하층민들 사이에서뿐만 아니라 명문 사대부가, 심지어 왕실에까지 퍼졌다는 거예요.

김학원   이때 종친과 사대부, 궁인, 부녀자, 일반 백성 수백 명이 죽거나 유배를 갔다고 하는데, 이 와중에 터진 '황사영 백서사건'은 좀 경악할 만한 내용이에요.

신병주   천주교 박해가 한창일 때, 정약현의 사위 황사영이 북경의 주교에게 보내려던 서신이 발각된 겁니다. 청나라 황제에게 부탁해서 서양 선교사를 받아들이라고 조선을 압박해달라, 조선을 직접 통치해서 서학을 자유로이 믿을 수 있게 해달라는 내용이었습니다. 그리고 이게 제일 큰 문제인데, 서양의 큰 배 수백 척에 군사 5~6만을 실어 보내 조선을 압박해서 서학이 행해지게 해달라는 내용도 있었어요.

남경태   외세의 무력을 동원해서라도 자기 땅에서 신앙의 자유를 확보하겠다는 거네요.

박시백 이 사건으로 예순대비는 천주교 박해의 정당성을 얻은 거죠.

예순대비의 정치, 반동인가 계승인가

김학원 예순대비의 정치를 좀 살펴보죠. 시파 탄핵과 천주교 박해 외에 수
렴청정 기간에 이루어진 핵심적인 일들을 한번 짚어볼까요? 무엇
보다 규장각의 기능을 축소하고 장용영을 혁파하죠.

남경태 규장각은 원래 역대 임금의 어진이나 어제, 서화를 보관하던 곳인
데, 정조는 거기에 도서관, 비서실, 정책 자문의 기능까지 부여했
어요. 그런데 예순대비는 도서관과 학술 출판으로 그 기능을 축소
시켜버립니다. 장용영도 거의 해체한 거나 다름없고요.

박시백 사실 규장각은 기능을 축소한 게 아니라 본래 기능으로 돌려놨다
고 봐야 해요. 왜냐하면 정조가 말년에 규장각에 부여한 권한이 너
무 커져서, 규장각 관원들이 경연 참여는 물론 비서, 언관, 심지어
사관 기능까지 하게 되거든요. 그런데 이게 제도상으로는 올바르
지 않은 것 같아요. 이미 홍문관이면 홍문관, 춘추관이면 춘추관,
승정원이면 승정원, 이렇게 부서마다 고유한 기능이 있는데, 규장
각이 그들의 역할까지 하게 되면서 타 기관의 기능마저 침범하게
된 거니까요. 그것을 정조 초기의 모습으로 돌려놓은 것은 올바른
판단이라고 봅니다.

김학원 하지만 장용영은 혁파된 게 맞잖아요?

박시백 장용영을 정조 개혁에 있어 중요한 것으로 해석하는 경향이 있는
데, 저는 그 근거를 잘 모르겠습니다. 장용영은 정조가 퇴임 후를

대비해서 만든 거거든요.

남경태 그러니까 예순대비의 입장에서는 필요가 없는 거죠.

박시백 심환지가 장용영 해체를 건의하자 다른 대신들도 다 동의한 이유가 바로 그거예요. 조건이 달라진 상황이니 장용영이 더는 존재할 필요가 없다는 거죠.

신병주 지금도 비슷하지만 정권이 바뀌면 전 정권의 사업은 뒤집어지죠. 예순대비가 집권하면서 규장각은 학문 기능, 도서관 기능만 하면 충분하고 장용영도 드는 비용에 비해 하는 일이 전혀 없다며 해체해버렸어요. 하지만 규장각이 적서 구분 없이 당색에 물들지 않은 관료들을 길러내는 양성소였고, 장용영이 국왕 직속의 군대로서 왕권을 뒷받침하는 역할을 했다는 면을 고려하면, 이런 조치는 분명 아쉬운 부분이 있다는 생각이 들어요.

남경태 예순대비가 정조의 정책 중 많은 부분을 무화시킨 건 사실이에요.

박시백 결과적으로는 그렇죠. 이건 예순대비가 모든 당파를 초월해야 하는 군주가 아니라 벽파의 수장으로서의 행보를 보였기 때문이에요. 시파를 쫓아내고 탕평의 토대를 무너뜨린 게 대표적이고요. 하지만 천주교에 대한 예순대비의 태도를 반동이라고 평가하는 것은 옳지 않다고 생각합니다. 왜냐하면 사회 분위기상 예순대비의 입장은 당시 사대부들의 일반적인 입장이었기 때문이에요. 다만 당시 실학이 융성하고 많은 사람이 서양의 문물에 관심을 가지는 상황에서 천주교 박해가 서학 전체의 위축을 불러온 것이 문제죠.

김학원 반면에 정조의 추쇄관 혁파에 이어서 1801년(순조 1) 1월 예순대비가 내노비(왕실에 속한 노비)와 시노비(각 관청에 속한 노비)를 전면 혁파해요. 6만 6,000명의 노비가 해방되고 돈화문 밖에서 노비문서가 불태워졌는데 상당히 획기적인 사건이었죠?

신병주 노비 해방은 정조 때부터 추진한 정책인데 그 처리를 예순대비가 한 거죠. 국가재정상으로도 노비를, 특히 공노비를 많이 해방시켜서 세금을 내는 양인을 늘릴 필요가 있었죠.

박시백 저는 이 부분에서 예순대비가 상당히 멋있다고 생각되는 게, 정조가 공노비 해방을 먼저 도모했다 하더라도 정조가 달성한 것은 추쇄관 혁파까지만이었어요. 그런데 예순대비가 공노비를 해방시키면서 그것을 자신의 공으로 돌리지 않고 순조의 입을 빌려 이야기한다는 거죠. "내가 어찌 감히 은혜를 베푼다 할 수 있겠는가. 특별히 선조(정조)께서 미처 마치지 못하신 뜻과 사업을 보충하여 밝혔을 따름이다." 모두 정조의 공으로 돌리는 모습이 멋있었어요.

대왕대비와 좌의정의 설전

김학원 1803년(순조 3) 12월, 예순대비가 내년부터 수렴을 거두겠다고 선언을 해요. 아직 순조의 나이가 열네 살이니 좀 더 할 수도 있는데 아주 깔끔하게 물러납니다.

박시백 조선 전기에는 왕이 스무 살이 되어야 수렴을 거뒀어요. 그런데 순조의 나이 열네 살 때 이런 조치를 취한 것은, 제 판단입니다만, 숙종이 열네 살에 왕이 되고도 수렴청정 없이 바로 친정을 했잖아요? 이것이 하나의 선례를 남긴 걸로 보입니다. 물론 예순대비가 권력에 대한 욕심이 컸다면 열아홉 살까지 수렴청정을 한 선례를 따라도 됐을 거예요. 그런데도 서슴없이 물러났다는 점은 평가를 해줘야 한다고 생각합니다.

김학원   저는 예순대비가 명분을 중시하는 사람이라서 그랬다고 봅니다. 순조 즉위 후 예순대비가 벽파의 우려와 견제에도 정조의 유지대로 김조순의 딸을 세자빈으로 결정했어요.

박시백   정조가 생전에 김조순의 딸을 며느리로 삼겠다는 의사를 충분히 밝혔지만, 삼간택이 진행되지 않았으니 혼사를 틀어버리는 게 전혀 불가능한 것은 아니었어요. 그런데도 예순대비가 전혀 흔들리지 않고 수렴청정을 시작하자마자 김조순을 국구(왕의 장인)로 대접합니다.

김학원   삼간택 날 김조순을 불러놓고 정말 경사스럽고 다행스럽다며 눈물을 흘리는데, 저는 이 눈물이 어떤 눈물인지 잘 모르겠어요. 진심으로 기뻐서 흘린 눈물인지 명분 때문에 어쩌지 못하는 통한의 눈물인지? 그런데 예순대비의 이제까지의 행보로 보면 자신이 명분을 잘 지킨 데 대한 감회, 이런 것이 아니었을까요?

신병주   그때까지만 해도 김조순이 시파이긴 해도 세력이 아주 크지는 않았으니까, 예순대비의 입장에서는 어느 정도 통제가 가능하다고 봤을 거예요. 그런데 이게 결과적으로는 소위 말하는 19세기 안동 김씨 세도정치의 서막을 연 셈이 됩니다. 김조순 못지않게 그의 딸 순원왕후가 나중에는 최고의 주역이 되는 거죠.

김학원   예순대비가 수렴청정을 마치면서 순조의 친정이 시작됩니다. 그런데 그보다 앞서 예순대비의 정치적 파트너인 심환지가 죽습니다. 이렇게 벽파의 정치적 구심점이 사라지면서 시파의 반격이 예상보다 빠르고 세게 진행되죠.

남성매   예순대비는 살아 있었지만 일선에서 물러났으니까요.

김학원   마치 기다렸다는 듯이 대간들이 앞장서서 벽파를 공격하기 시작합니다. 그러자 수렴을 거두었던 대왕대비가 다시 수렴을 치고 앉아

그런데

수렴이야말로 얼마나 막중하고 막대한 일이옵니까? (지난 4년의 수렴청정을 높이 치하하고) 작년 겨울 수렴을 거두셨으니 그 광명정대함은 백세 후에도 할 말이 있을 것이옵니다.

그런데 지금 갑자기 너무도 예사롭지 않은 일을 하고 계시옵니다. 하교하시려는 바가 무엇인지 모르오나 말씀하시면 성상께서 신들에게 하교하셨을 것이옵니다. 삼가 바라건대 수렴의 명을 거두어주시옵소서.

서 좌의정 이시수*와 팽팽한 설전을 벌이는데, 정말 한 편의 드라마 같아요.

박시백   명장면이죠. 이시수는 소론이지만 예순대비가 중용한 사람이고 성품도 고분고분하다 할 만큼 온순했어요.

● 이시수李時秀(1745~1821) 이만수의 형이다. 소론계인 그는 순조 즉위 후 벽파의 홍낙임 탄핵에 함께했다. 좌의정에 임명되었을 때 예순대비가 권유의 상소 때문에 다시 수렴을 치고 정사에 관여하자 단호하게 반대하고 나서서 결국 물러나게 했다.

남경태 그런데 대비가 한 방 먹지요? 참 놀라운 장면이었어요.(웃음)

김학원 이시수가 이렇게까지 나오리라고는 전혀 예측하지 못한 것 같아요. 어쨌든 예순대비가 다시 수렴을 친 건 문제가 있다고 지적한 거죠?

박시백 그렇죠. 정치에 관여할 수도 있고 발언할 수도 있고 지적할 수도 있지만, 왕을 통해서 해야지 왜 직접 나와서 하느냐는 얘기거든요.

김학원 명분을 중시하는 대비의 약한 부분을 확 찔러버린 거예요.(웃음)

남경태 그렇죠. 정치적인 힘이 부족하다기보다 명분에서 달린다는 생각을 했을 거예요.

김학원 결국 막판에 예순대비가 백기를 들고 "차후로 할 말이 있으면 언교를 내리겠습니다. 그만 들어갑니다."라고 하죠.

남경태 실질적으로 최종적인 퇴장이었죠.

신병주 예순대비가 1805년(순조 5) 1월에 죽는데, 1745년생이니까 딱 회갑이 되는 해예요. 당시 기록을 보면 대왕대비의 회갑 준비를 위해 한창 논의 중일 때 세상을 떠납니다.

김학원 맞습니다. 재수렴 문제로 이시수와 논쟁한 지 불과 6개월 만이죠?

남경태 대개 이렇게 강인하고 자존심이 센 사람이 속으로 화를 삭이는 경우가 많거든요. 상당히 상처가 됐을 거예요.

김학원 이제 순조의 본격적인 친정이 시작됩니다. 순조도 나름대로 총명했고 정치 경험도 어느 정도 쌓은 거죠?

박시백 그렇죠. 어쨌든 수렴청정의 과정이 최고의 정치 실습 과정인 것만은 분명하니까요.

김학원   이제 김조순의 시대가 열리기 시작하는데, 안동 김씨와 반남 박씨가 손을 잡네요. 반남 박씨는 어떤 사람들이었나요?

박시백   순조의 생모인 수빈 박씨의 친정 집안 사람들이죠.

신병주   실제 조선 후기 명문가였어요. 박세채, 박지원이 다 반남 박씨죠. 특히 19세기에 와서는 안동 김씨만은 못하지만 세도정치계의 떠오르는 가문이었죠.

김학원   안동 김씨와 반남 박씨가 손을 잡으면서 순조에게도 영향이 미쳤겠죠? 예순대비가 죽고 두 달여 만에 순조가 벽파의 공격으로 유배된 김이교, 김이익, 이재학 등을 방면합니다. 그런데 이 와중에 우의정인 벽파 김달순이 어리석게도 자살골을 넣어요.

신병주   김달순이 이때 정국의 흐름이 바뀐 것을 몰랐는지(웃음) 사도세자 추숭을 제기했던 세력을 공격하고 영남 만인소의 소두였던 이우의 처벌을 요구하면서, 영조 때 대리청정하는 사도세자를 비판했던 자들을 추중하자고 했죠. 결과적으로는 사도세자와 관련해서 벽파의 의리가 맞는다는 걸 확실히 못 박자는 얘기였죠. 이미 상황을 잘 알고 있던 순조는 완곡하게 김달순의 청을 거절합니다. 그런데 벽파 대신들과 대간들이 김달순을 지지하고 나섭니다.

김학원   이때 등장하는 인물이 형조 참판 조득영*입니다. 김달순을 공격하는 소를 올리죠.

남경태   조득영이 김달순에게 역공을 가한 것은 순조의 뜻일 수도 있고, 어

●   **조득영趙得永**(1762~1824) 순조 친정 후 우의정 김달순을 공격하는 소를 올려 유배시킨 일로 신임을 얻어 병조 판서로 특진되었다. 이후 풍양 조씨 세력의 일원으로 활약했다.

떻게 보면 시파가 왕과 연대한 것일 수도 있겠죠.

김학원   그렇죠. 이쯤이 되면 순조와 시파가 거의 의견을 같이하니까요.

박시백   이 과정에서도 김조순은 전혀 자신을 드러내지 않습니다. 그런데 제가 보기엔 조득영이 움직일 만한 판을 깔아놓은 사람이 바로 김조순이 아니었나 싶어요.

김학원   이때 김달순이 처벌받는 과정을 보면, 관직 삭탈에서 유배, 안치, 가극加棘, 결국은 사사까지 형벌의 모든 단계를 다 밟네요.

남경태   김달순은 김조순에 비해 한참 하수였던 거예요. 돈키호테처럼 뛰어들고 말이죠.

박시백   아니죠. 나름 승부수를 던진 거죠. 왜냐하면 시파의 움직임을 지켜보니, 이들이 다시 사도세자 추숭 문제를 들고 나와 벽파를 공격할 수 있겠다 싶었거든요. 그래서 선공을 취한 건데 먹히지 않은 거죠.

김학원   맞습니다. 그리고 영의정이 이병모로 교체되고 상소를 올린 조득영은 병조 판서로 승진하네요. 결국 벽파의 주요 인물들이 다 유배되거나 삭출됩니다. 예순대비의 사촌 오라비 김관주도 이때 유배되어 이송 중에 사망합니다.

홍경래의 난 – 새로운 성격의 반란

김학원   남 선생님, 19세기에 이르면 사회구조가 급격하게 변동되기 시작하죠?

남경태   그렇죠. 이앙법으로 농업생산력이 향상되면서 농민이 부농과 빈농으로 서서히 양분되고, 대동법 실시로 수공업과 상업이 성장하면서 화폐경제가 발달하게 됩니다. 1791년(정조 15)에 금난전권이 폐지된 것도 이런 흐름이 반영된 결과였죠. 1801년(순조 1) 공노비 해방은 신분제의 해체를 알리는 신호탄이었고요. 조선왕조 500년 역사에서 이때만큼 많은 변화가 이루어진 시기가 없었습니다.

김학원 부농층이 늘어나면서 공명첩이나 납속은 물론 편법까지 동원해 양반 신분을 사고파는 일이 벌어지는 반면에 소작농들은 더 빈곤해지는 부익부빈익빈 현상이 나타납니다. 이런 사회적 흐름 속에서 1811년(순조 11) 윤3월에 곡산부의 백성 수백 명이 몽둥이를 들고 관아에 들이닥칩니다.

신병주 살기 힘들어진 백성이 관아에 가서 울분을 표시하는 일들이 순조 시대에 몇 번 있었죠.

김학원 같은 해 12월 20일 평안 병사에게서 급보가 전해집니다. 홍경래의 난이 일어났다는 소식인데요, 신 교수님이 설명해주시죠.

신병주 홍경래는 평안도 용강 출신이고, 평민이라고도 하고 잔반이라고도 합니다. 체구는 작지만 다부지게 생겼다고 해요. 홍경래가 평양 향시에는 합격했는데 서울에 올라와서 치른 대과에서는 낙방합니다. 그런데 홍경래는 낙방의 이유를 권력을 쥐고 있는 서울의 권세가들 때문이라고 보고, 각지를 돌아다니면서 뜻이 맞는 사람들과 의기투합을 합니다.

김학원 이때 의기투합한 멤버들의 캐릭터가 굉장히 흥미로워요. 지금까지 왕과 사대부만 보다가 홍경래의 난의 주역들을 보니 면면이 상당히 새롭네요.

신병주 홍경래가 머리가 좋은 게, 신분적 한계가 있는 서자 출신 지식인 우군칙과 부호 이희저 같은 사람을 끌어들여 각각 군사와 재정을 맡긴 거죠. 게다가 인근의 지식인과 상인, 부자, 힘센 장사들까지 규합했죠. 광산노동자를 구한다는 광고를 내서 유랑민들까지 끌어들였고요. 홍경래가 평서대원수를 자칭하고 다복동에서 출정식을 하고, 가산 쪽부터 인근 고을을 하나하나 점령해나갑니다.

김학원 　순식간에 여덟 개 고을을 싸움 한 번 없이 점령해버리네요.

남경태 　신 교수님, 조선 역사에 이렇게 평민들이 주축이 되어 일으킨 반란은 홍경래의 난이 처음이죠? 고려시대에 망이 망소이의 난, 만적의 난 같은 건 있었지만 조선시대에는 처음 아닌가요?

신병주 　그렇죠. 이렇게 신분이 낮은 사람들이 주도한 반란은 처음이죠. 지역적으로도, 함경도에서는 무장 출신인 이시애, 이징옥이 난을 일으킨 적이 있었지만 평안도를 거점으로 일어난 난은 처음이죠.

정주성, 조선시대판 해방구

김학원 　이 기세등등한 봉기군이 안주성을 두고 의견이 엇갈려서 지체하다가 관군과 들판에서 첫 전투를 벌입니다. 이 전투에서 패하죠?

신병주 　네. 초기에는 관군이 봉기군에게 거의 저항을 하지 못합니다. 대표적으로 선천 부사 김익순은 바로 항복하고 술까지 대접했고, 철산 부사의 대응도 다르지 않았어요. 그래서 봉기군이 빠른 시간에 인근 고을을 접수할 수 있었던 거고요. 재미있는 일화가 하나 있는데, 김삿갓으로 알려진 김병연에 얽힌 일화입니다. 김병연이 강원도 향시에 응시한 적이 있는데, 그때 나왔던 시제가 '홍경래의 난때 적도에게 투항한 선천 부사 김익순에 대해 논하라'는 것이었죠. 김병연이 김익순에 대해 엄청난 비판의 글을 써서 무려 장원을 했어요. 그런데 나중에 알고 보니 김익순이 자신의 할아버지였던 거

뒷날 방랑 시인으로 유명한
김삿갓의 방랑 동기도
이때의 일에 관련돼 있다.

김병연은
강원도 향시에 나가
장원했는데

나 일등
먹었드래요.

장하구나. 아들아!
그래, 시제(試題)는
무엇이었느냐?

예, 어머니.
홍가의 난 때 적도에게
투항한 선천 부사 김익순을
논하는 것이었습니다.

세상에!!

아니
왜 그러세요?
어머니, 형님.

그게
말이다
아우야.

김익순은 바로 김병연의
조부였던 것.

이에 충격을 받은
김병연은
집을 떠나 방랑하며
평생을 김삿갓으로
살았다 한다.

죠. 그때부터 삿갓을 쓰고 방랑을 시작했다고 합니다.

김학원   김삿갓이 홍경래의 난과 그런 인연이 있었군요.

신병주   아무튼 봉기군이 이렇게 파죽지세로 나가다가 박천 바로 아래 안주성 공격을 앞두고 지체합니다. 평양성을 무너뜨리려면 반드시 거쳐야 할 관문이었죠. 그런데 이 안주성 공격을 둘러싸고 봉기군 내에서 의견이 엇갈려 너무 지체하는 바람에 관군이 먼저 대오를 정비하게 된 겁니다. 그 바람에 봉기군과 관군 사이에 처음으로 교전다운 교전이 벌어지는데, 결국 봉기군이 패배하고 다시 북쪽으로 후퇴해서 정주성으로 들어갑니다.

남경태   전략적으로 보면 관군이 대오를 정비하기 전에 안주성을 거쳐 평양성까지 한달음에 내려갔어야 성공할 수 있는 게임이었어요. 그렇지만 반란군의 규모나 관군의 준비 상태로 볼 때, 지체없이 안주성을 공략했다 해도 승리했을 거라고 장담하기는 어려워요.

김학원   이제 봉기군에게 남은 건 정주성의 본진뿐인데 관군이 몇 차례 공격을 해옵니다.

남경태   금세 무너질 줄 알았는데 그래도 몇 개월을 버텨요.

박시백   예전의 반란 사례들을 보면, 기세 좋게 나가다가도 한 번에 와해되곤 했잖아요. 그런데 이때는 봉기군이 고립된 상황에서도 정말 잘 버텼어요. 봉기군의 전투력도 전투력이지만 지도력이 뛰어났다고 보는 게, 오히려 성루에 기생들을 불러서 잔치를 하는 심리전까지 선보이거든요.

김학원   진압 후에 보니 관아의 건물과 사당과 향교가 그대로 보존되어 있었다고 해요. 그만큼 봉기군이 나름대로 잘 조직되고 잘 통솔된 군대였다는 거죠.

남경태   1871년 프랑스 파리코뮌 때의 파리처럼 정주성도 일종의 해방구였던 걸까요?

박시백 이 정도로 질서가 잡혔다면, 반군은 물론 성안 일반 백성에게도 정주성은 파리처럼 해방구였을 것 같아요. 정말 그랬다면 어쨌든 같은 가치를 지닌 사람들이, 그게 꼭 나라를 뒤집고 우리 세상을 건설하자는 것까지는 아니더라도, 천대받던 사람들이 처음으로 스스로 뭔가를 해본 거거든요. 바로 자치죠.

남경태 정주성에서 보낸 4개월을 영화로 만들어도 괜찮겠네요. 과연 그 당시는 어땠을까 상상하면서 말이죠.

김학원 하지만 결국 관군이 정주성 성벽을 무너뜨리고 봉기군을 무차별 살육합니다. 이때 살육을 면하고 생포된 2,900여 명 중에서도 여자와 10세 이하 어린이를 제외한 1,900여 명 이상이 목이 잘렸네요. 이 수치를 감안하면 홍경래의 난 때 족히 4,000~5,000명은 죽은 것 같아요.

박시백 죽은 사람을 모두 합치면 충분히 그 정도는 되겠죠.

김학원 홍경래의 난의 의미와 성격을 어떻게 정리할 수 있을까요?

남경태 《홍경래전》*이라는 소설이 있는데, 병력 수까지 상세히 나와 있는 걸 보면 관군 측의 기록일 가능성이 커요. 그런데 그 안에 왜 조선 왕조에서는 혁명이 일어날 수 없었는지를 말해주는 에피소드가 하나 있어요. 당시 한호운이라는 잔반이 무장도 안 하고 혼자서 정주성으로 들어가요. 홍경래 측도 한호운이 무장을 안 했으니 들어오게 한 거죠. 그런데 이 사람이 "의식생장이 다 나라의 도움인데 너는 어떻게 그런 짓을 할 수 있느냐."고 겁도 없이 홍경래를 꾸짖습

• 《홍경래전洪景來傳》 홍경래의 난의 과정을 그린 작품이다. 필사본 한문 소설로, 저자와 창작 연대는 알 수 없다. 흔히 소설로 분류되지만 상당 부분 사실에 근거를 두고 있는 전기체 작품이다.

니다.

김학원 　무사하지 못했을 것 같은데요?

남경태 　물론 반란군의 손에 죽습니다.(웃음) 하지만 저는 이 에피소드를 읽으면서 조광조 이래로 성리학적 가치관이 이미 일반 백성에게도 내면화되었다는 생각이 들었습니다. 잔반이라고 해봤자 일반 백성과 다를 바 없는 처지잖아요. 당시 중앙이 이미 세도정치의 초기 증상을 보이고 있었고 나라가 백성을 거의 돌보지 않는 상태였는데도, 이 사람들은 자신들이 사는 게 다 나라 덕이라고 생각했던 거예요. 이런 상태에서는 반란군의 규모가 더 컸다 해도 성공하기 어려웠을 거예요.

박시백 　지금 말씀하신 게 굉장히 중요한 문제라고 생각이 되는 게, 임진왜란과 병자호란이 끝나고 누군가 대체 세력이 등장해서 나라를 뒤집었어야 하는데, 우리는 성리학의 이념을 신봉하는 사대부들의 권세가 더 강화되는 방향으로 나아갔단 말이에요. 그만큼 대체 이데올로기, 대체 세력 자체가 존재할 수 없는 토양이었다는 거죠. 봉기군이 내건 구호가 이 세상을 제대로 뒤집자는 게 아니라, 서북지방에 대한 차별을 철폐하고 중앙의 세도정치를 비판하는 정도에 머무른 것도 그런 맥락이 아닐까 싶어요.

신병주 　홍경래의 난은 《정감록》 사상이나 성인이 내려온다는 비기류의 영향도 받았어요.

남경태 　난세에는 예언이 판치잖아요.

신병주 　그뿐 아니라 천주교를 통해 '모든 사람은 신 앞에 평등하다'는 논리도 접하게 되었을 테고요. 새로운 세상을 희구하는 여러 가지 요인이 결합된 겁니다. 그래서 홍경래의 난은 1862년 신주 민란에서 시작되어 1894년 동학농민혁명으로 이어지는 농민운동의 서막을 여는 하나의 사건으로 볼 수 있습니다.

박시백 하지만 이후에 어떤 세상이 되어야 하는가에 대한 대안이 불분명했던 것은 사실이에요. 더는 현실을 묵과할 수 없다는 것, 딱 거기까지였어요.

똑똑한, 그러나 전략이 없었던 왕

김학원 이제 순조시대를 좀 정리해볼까요? 박 화백님께서 "총명도 수완도 결단도 부족하지 않은 젊은 왕이었다. 다만 전략적 구상이 없었다."고 하셨어요.

남경태 순조의 정책이 예순대비와 어떻게 다른지 알았으면 좋겠어요. 그래야 순조시대 정치의 특징을 제대로 알 수 있을 것 같거든요.

박시백 없습니다.(웃음) 정권이 벽파에서 시파로 교체된 이후에도 정책에는 변화가 전혀 없었습니다. 그야말로 벽파가 해오던 것들이 고스란히 계승되죠. 예컨대 장용영이나 규장각도 폐지되거나 기능이 축소된 상태로 쭉 갑니다. 나머지 주요 사항들도 변동되는 게 별로 없어요. 특히 주목할 만한 것은 혜경궁 홍씨도 순조에게 이야기했고 정조도 마지막 유언처럼 말한 사도세자 추숭 문제에조차 순조가 호응하지 못했다는 거예요. 입도 뻥긋하지 않았죠.

남경태 35년이나 집권을 했는데도 말이죠.

박시백 정조 시절에 김종수나 노론 혹은 노론 벽파 측이 채제공에게 그렇게 히스테릭한 반응을 보인 이유가 무엇이었는지를 생각해보면 그럴 만도 해요. 노론 벽파의 입장에서 보면 정조가 사도세자 추숭 문제를 틀림없이 들고 나올 것이고, 그렇게 옛날의 의리를 뒤엎는

벽파의 득세와
시파의 축출,
시파의 집권과
벽파의 몰락,
이 과정을 모두
지켜본 왕은

현실 정치를 충분히 이해할 수 있었다.
정치란 옳고 그름을 가리는 게 아니고,
옳음이 이기는 것도 아니란 것을.

날에는 남인 정권이 되는 거란 말이죠. 그러면 노론 벽파는 물러나
야 하기 때문에 아주 작은 기미만 보여도 들고 일어나서 공격하는
모습을 보여줬잖습니까? 저는 이때도 마찬가지였을 거라고 봐요.
벽파가 사라졌지만 아주 죽은 것은 아니었으니까요. 순조가 사도
세자 추숭 문제를 들고 나오는 순간, 이것을 일관되게 반대해온 벽
파들에게 역공을 당할 수 있거든요. 그래서 정권은 교체됐지만 정
책은 그대로 쭉 이어가는 모습을 보인 게 아닌가 싶습니다.

남경태   그건 권력의 문제라고 칠 수 있지만 예를 들어 홍경래의 난은 조선 역사상 처음으로 일어난 대규모 민란인데, 그런 홍역을 겪은 후에는 나라의 미래나 정책, 진로에 대한 고민을 해야 하는 것 아닌가요? 그래도 일국의 지배자인데 말이에요.

박시백   별로 하지 않은 것 같아요.

김학원   그런데 좀 특이한 게, 이런 민란이나 변란 들이 많아서 그런지 이때는 비변사가 다른 때보다 정치적으로 중요한 결정을 많이 합니다.

신병주   세도정치의 가장 큰 특징 중의 하나가 의정부의 기능이 약화되고 비변사의 기능이 강화되는 거예요. 비변사에 참여하는 당상들이 대부분 안동 김씨, 반남 박씨 등 세도가문 출신이었거든요. 순조는 정책 결정을 이런 비변사에 맡겨버린 겁니다. 그리고 자신은 암행어사를 보내 민생 현장을 살피고 과거제도의 부정부패를 근절하는 등 민생에 전념하는 거죠. 정책 방향을 고민해야 하는 왕이 이렇게 실무에 집중하고 있었으니 35년이나 재위했는데도 뭘 했는지 알 수가 없는 거죠.

김학원   순조는 말년으로 갈수록 무기력한 모습을 보입니다. 1822년(순조 22)에 영의정 김재찬이 왕에게 아뢴 내용을 보면 순조가 모든 것에서 다 손을 놓은 듯한 느낌이에요. 이때 김재찬이 왕에게 말한 내용을 정리해보면 '무언가 해보시려는 듯하다가도 일을 당하면 실속이 없고, 신하를 접견하는 일이 드물고, 경연에도 성실치 못하고, 아랫사람 통솔에 성실치 못하고……' 이런 내용이에요.

신병주   계속 병으로 고생하다 보니 무기력증에 빠진 것일 수도 있죠. 그래서 비변사가 더 강해진 면도 있어요. 그냥 맡겨버리는 거죠.

김학원   1809년(순조 9)에 태어나 네 살에 세자에 책봉된 효명세자가 1827
년(순조 27) 열아홉 살의 나이에 대리청정을 시작합니다. 조선왕조
에서 참 안타까운 세자들이 있는데 효명세자도 그중 한 명이라는
생각이 들어요.

신병주   그렇죠. 소현세자 못지않게 안타까운 세자가 바로 효명세자죠. 대
리청정을 할 때 강단 있게 왕권의 존엄을 강화하려는 모습을 보여
주었는데, 안타깝게도 스물두 살의 나이에 요절했어요.

김학원   순조가 세자에게 대리청정을 명하는 장면이 보통의 경우와 달라요.

박시백   왕이 대리청정을 명하면 신하들이 다 엎드려서 '아니 되옵니다.'
하고 밤새 반대를 하는 게 보통이잖아요? 그런데 이때는 다 같이
경하드린다는 분위기예요.(웃음)

김학원   기존에 보아온 부왕과 세자의 긴장 관계도 전혀 없어요.

박시백   순조는 질투는커녕 칭찬으로 일관해요.(웃음) 그러고 보면 순조는
참 권력욕이 없었던 것 같아요.(웃음) 그냥, '우리 아들 잘한다'예요.
부자간에 권력투쟁 하는 모습을 워낙 많이 봐서 그런지, 이런 순
조의 모습이 오히려 매력 있지 않습니까?(웃음) 게다가 효명세자는
대리청정 과정에서 문종이나 경종의 대리청정 때와 달리 사실상
전권을 행사합니다. 주요 인사는 보통 왕이 다 하는데, 정승직 인
사까지 세자가 할 정도면 실질적으로 왕 노릇을 한 거나 다름없거
든요. 국정 장악력이 이 정도였으니, 만약에 순탄하게 왕위에 올랐
다면 뒷날의 세도정치는 없었을지도 모릅니다.

김학원   1819년(순조 19) 열한 살에 조만영●의 딸(훗날의 신정왕후)과 혼인을
하는데, 조만영은 김달순을 공격하면서 순조의 눈에 든 풍양 조씨

조득영과 한 집안사람이네요.

신병주 　신정왕후도 예순대비 못지않은 여걸이에요, 나중에 고종을 왕으로 추대하는 데 결정적인 역할을 합니다.

박시백 　우리가 흥선대원군의 개혁정치로 알고 있는 초기 개혁들을 보면 신정왕후가 같이하는 경우가 많았어요.

김학원 　신 교수님, 효명세자의 업적으로 어떤 게 있나요?

신병주 　우선 궁중정재宮中呈才라는, 궁중에서 공연되는 종합예술에 공이 컸어요. 그리고 창덕궁 후원에 있는 연경당도 효명세자가 아버지 순조를 위해 지은 곳이에요. 또 창덕궁과 창경궁을 그린 〈동궐도〉도 효명세자가 화원들을 진두지휘해서 그린 작품이에요. 이 그림을 통해 우리가 창덕궁이나 창경궁을 완전히 복원을 할 수 있는 거죠.

김학원 　효명세자가 대리청정 기간에 그런 일을 다 했네요. 그런데 1830년 (순조 30) 5월 스물두 살의 젊은 나이에 갑작스러운 각혈로 생을 마감합니다.

박시백 　예전 기록에 나와 있는 사망 원인이, 현대 의학을 기준으로 말하면 모호한 측면이 있지만 폐결핵 정도가 아니었나 싶어요.

김학원 　순조가 직접 지은 제문이 남아 있죠? 이 글을 통해 자식 잃은 아비의 슬픔을 알 수 있어요.

박시백 　조금만 읽어보겠습니다. "아! 하늘에서 너를 빼앗아 감이 어찌 그렇게도 빠르단 말인가? 앞으로 네가 상제를 잘 섬길 것이라 여겨 그런 것인지, 장차 우리나라를 망하게 하려고 그런 것인지, … 천

● **조만영趙萬永**(1776~1846) 신정왕후의 아버지다. 딸이 효명세자와 가례를 올리고 세자빈이 된 이후 풍양 조씨 세력의 중심으로 활약했다. 헌종이 즉위하고 효명세자가 익종으로 추숭되면서 딸이 왕대비가 되자 그의 위상도 더욱 높아졌다. 1845년 아들 조병구가 갑자기 죽자 충격을 받아 병사했다.

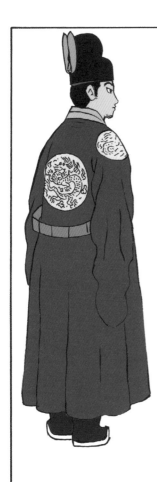

아! 하늘에서 너를 빼앗아 감이 어찌 그렇게도
바르단 말인가? 앞으로 네가 상제를 잘 섬길 것이라 여겨
그런 것인지, 장차 우리 나라를 망하게 하려고 그런 것인지,
아니면 내가 착하지도 어질지도 덕스럽지도 못해 신명에게
죄를 지어 혹독한 처벌이 내려 그런 것인가?
내가 장차 누구를 원망하고 누구를 허물하며 어디에
의지하고 어디에 호소할까?
말을 하려 하면 먼저 기운이 막히고
생각을 하려 하면 마음이 먼저 막히며
곡을 하려 하면 목이 먼저 메니 천하고금의 임금 중에
나의 처지와 같은 자가 있겠는가?

슬프고 슬프도다.
내가 눈으로 네 얼굴을 보지 못하고
귀로 네 음성을 듣지 못한 지도 벌써 60일이 지났구나.
그런데 너는 아직까지 잠이 들어 아침이 없고 저녁도
없이 명명(冥冥)하고 막막하기만 한 것인가?
아니면 네가 미련하여 참으면서 먹고 숨쉬기를
태연히 하며 유유범범(悠悠泛泛) 하게 여겨서인가?
네가 정말 알고 있는가, 모르고 있는가?
내가 혹 꿈을 꾸며 깨지 않고 있는가?
네가 정말 훌쩍 떠나버렸는가?
아니면 벌떡 일어나 돌아올 것인가?

지금 나의 슬픔은 너로 인한 슬픔일 뿐만 아니라
어질지 못하고 부덕한 죄를 쌓아
나의 훌륭한 자식을 잘 보전하지 못해
400년 종묘사직으로 하여금 위태롭기가
하나의 털끝 같지만 어떻게 할 수 없음을
슬퍼하는 것이니 무슨 말을 하랴?
슬프고 슬프도다.
아! 애통하여라!

왕이 직접 지은 제문이다.

＊명명하다(冥冥--): 아득하고 어둡다.
＊유유범범(悠悠泛泛): 일을 꼼꼼하게 하거나 조심하지 않고 느릿느릿함.

하고금의 임금 중에 나의 처지와 같은 자가 있겠는가? 슬프고 슬프도다."

남경태   그리고 맨 마지막 구절을 보면 순조의 슬픔은 단지 자식이 죽었기 때문만은 아니라는 걸 알 수 있어요. "나의 훌륭한 자식을 잘 보전하지 못해 400년 종묘사직으로 하여금 위태롭기가 하나의 털끝 같지만 어떻게 할 수 없음을 슬퍼하는 것이니 무슨 말을 하랴?" 그러니까 그 죽음의 정치적 의미를 이해하고 있었다는 겁니다. 한마디로 자기보다 자질이 뛰어난 군주였다는 거죠.

세도정치는 당파정치와 어떻게 다른가?

김학원   순조가 승하하기 2년 전인 1832년(순조 32) 4월 김조순이 68세의 나이로 생을 마감하는데, 순조가 김조순에게 영의정을 증직하고 문신으로서는 최고 영예인 충문공이라는 시호도 내려주네요. 김조순은 살아서나 죽어서나 엄청난 대우를 받은 사람이에요.

박시백   평가가 일관되게 좋은 경우가 극히 드문데, 재야인사들까지도 김조순의 처신, 인물됨, 학식 등을 다 인정했어요. 안동 김씨 세도정치의 시조로 알려진 인물이라 일반의 인식이 좋지 않은데, 사실 정치가로는 굉장히 빼어난 인물이었다는 거죠.

남경태   저도 사실 옛날에 역사를 배울 때 김조순에서부터 세도정치가 시작되었다고 하니까 좀 나쁘게 인식하고 있었죠. 그런데 알고 보니까 개인적인 처신을 잘한 사람이에요.

신병주   순조 때 김조순이 공식적으로 한 일 중에서 주목할 만한 건 1821년(순조 21) 정조의 왕비 효의왕후가 승하했을 때 정조의 무덤을 옮

거 합장을 한 것 정도예요. 사도세자의 무덤인 융릉의 서쪽에 정조의 건릉이 있습니다.

김학원 특이한 것은 김조순이 순조 즉위 후 요직이 제수될 때마다 사양하고 맡지 않았다는 거예요. 쉽지 않은 일이었을 텐데요.

박시백 쉽지 않았죠. 국구로서의 당연직인 돈령부 영사 이외에는 그 어떤 요직도 맡지 않았죠.

김학원 전례가 없는 것 아닌가요?

남경태 예전에 송시열 같은 재야 산림들이 그야말로 산림에 있으면서도 정승 이상의 권력을 행사한 사실은 왕왕 있었죠.

박시백 그건 또 다른 거죠. 김조순은 그와는 달리 궐 가까이 있으면서도 실권 있는 벼슬 자리에 앉지 않았어요.

김학원 순조 이후의 정치를 이른바 세도정치라고 부르는데, 오랜 당파정치와 다른 점이 뭔가요?

박시백 당파정치는 말 그대로 당파 간에 서로 견제하고 경쟁하면서 정치를 해나가는 것이죠. 반면 세도정치는 한 가문이 정치의 주축으로 자리 잡는 것을 말하는데, 특히 왕과 사돈관계를 맺은 척신가문이 정치의 주도권을 장악하는 거죠. 단순히 척신정치가 아니라 세도정치라고 명명한 것은 한 가문의 힘이 왕권을 능가하는, 그야말로 정국을 완전히 주도하는 정도에까지 이르렀기 때문이죠.

김학원 김조순이 실록이나 여러 기록에서 남다른 처신으로 상당히 좋은 평을 받긴 했지만, 큰 흐름에서 봤을 때는 그에게서 시작된 세도정치로 인해 조선의 정치 시스템이 후퇴하는 것 아닌가요?

신병주 그렇죠. 영정조시대에 탕평정치를 지향하면서 왕권이 강해졌다가 이것이 일거에 무너지면서 외척 중심의 세도정치가 시작돼요. 세도가문들이 권력을 사유화한 결과 모든 피해가 백성에게 고스란히 전가됩니다. 이것이 19세기 농촌 사회를 위기로 몰아넣는 하나의 원인이 되는 겁니다.

사대부에 의한, 사대부를 위한, 사대부의 나라

김학원   박 화백님이 순조 때의 상황에 대해 '이여절의 나라'라는 참 탁월한 비유를 했어요. 폭정을 일삼는 지방 수령의 상징으로 이여절을 호출했는데, 이여절에 대해 소개해주시죠.

박시백   창원 군수로 있을 때인 1795년(정조 19) 가혹한 형정으로 백성을 25명이나 죽입니다. 그를 사형에 처해야 한다는 주장도 있었지만 공무 집행 중에 생긴 일이니 사형은 곤란하다는 주장이 조정의 중론이었습니다. 이게 조선시대 전체를 일관하는 분위기예요.

김학원   사람을 죽여놓고 공무를 들먹이면 엄벌은 면하는 거죠.

박시백   그렇죠. 쌀 다섯 석을 바치면 될 상황인데 열 석을 안 냈다고 두들겨 패서 죽여도 공무를 집행하다 죽인 게 되거든요. 어쨌든 공무 집행 과정에 생긴 일이라고 해서 이여절은 유배형에 그칩니다.

김학원   그런데 사면을 받고 복직해서 또 사고를 치죠?

박시백   네. 조선은 사면의 나라거든요. 정말 사면이 많습니다. 왕이 득남했다든가 왕비를 책봉했다든가 등등 좋은 일이 생겼을 때는 물론, 가뭄 같은 자연재해가 닥쳐도 형정이 잘못되어서 그렇다는 이유를 들어 사면령을 내립니다. 그래서 대역죄가 아니면 어떤 경우든 다 복직해요. 이여절도 예외가 아니었죠. 1801년(순조 1) 황사영 백서 사건 때 황씨 성을 가진 천주교 신도를 잡아다가 고문을 통해 당시 체포령이 내려져 있던 황사영으로 둔갑시킵니다. 이게 들통이 나

결국 조선 사회는 수령들에게 백성에 대한 수탈을 적극 권장하는 사회라 해도
지나친 말이 아닐 것이다.

늘 관리들 감찰에 신경을 썼던 정조 시기에는
그들의 탐학이 덜했지만

정치에 대한 관심이 덜한
순조 시대를 거쳐

본격 세도정치로
접어들면서는
걷잡을 수 없는 지경에
이르게 된다.

서 절도에 충군되는데, 거기서 사면되어 나와서도 못된 짓을 하고 다녔어요. 기가 막힌 건 1822년(순조 22)에 이여절이 전라 좌수사에 임명되었다는 기록이 나온다는 거예요. 무장으로서 굉장히 높은 지위까지 간 거죠. 당시 사대부들은 역적모의만 하지 않으면 무슨 짓을 해도 용서받고 또 용서받았습니다. 그래서 제가 '이여절의 나라'라고 했던 겁니다.

남경태 박 화백님이 쓴 것을 제가 읽어보겠습니다. "조선은 언제나 이런 식이었다. 사대부의 나라답게 사대부에게 무한히 관대한 법체계를 지녔다. … 조선은 사대부에 의한, 사대부를 위한, 사대부의 나라였다."

김학원 맞습니다. 이렇게 계속 유배와 사면을 반복하다가 수군절도사까지 된 걸 보면, 그동안 얼마나 많은 뇌물을 썼을까 싶어요.

이양선의 출현, 무반응으로 일관하는 조정

김학원 자, 주제를 좀 바꿔보죠. 정조시대부터 서양 배들이 눈에 띄기 시작해요. 이들을 모양이 다른 배라고 해서 '이양선異樣船'이라고 했죠. 1816년(순조 16)에는 충청도 해안에 영국 배 두 척이 표류해왔는데, 해안 탐사를 목적으로 조선의 해안에 접근한 배였죠?

신병주 탐사를 지휘한 영국군들이 조선인들에 대해 "그들 대부분은 구릿빛이었고 외모는 험상궂었으며 야만스러웠다."고 기록했다고 해요.

김학원 이때 온 영국인들하고는 의사소통이 전혀 안 됐다고 하네요.

남경태 의사소통을 할 만한 사람이 없었겠죠.

김학원 1832년(순조 32)에는 영국 상선이 와서 통상을 요구하네요. 이번에

우리는 중국과 국경을 맞대고 있어서 곤란하오.

태국 역시 중국과 접경하고 있소.

거참!

아, 글쎄 어쨌든 우린 안 되오.

상대의 요청에 따라 조선은 소 2두, 돼지 4두, 닭 80마리, 절인 물고기, 채소, 종이, 곡물, 술, 담배 등을 무상으로 제공했다.

어서 가지고 가셔. 응

이에 상대는 교역을 청하는 문서와 예물을 건넸으나 받기를 극구 거부하자

됐고. 빨리 가기만 하면 돼.

물가에 던져놓고 떠나갔다.

는 한자를 아는 독일인 선교사가 함께 와서 필담이 가능했죠.

신병주 이들이 교역을 요청하면서 양모와 천리경 같은 것을 줄 테니, 조선에서 나는 금이나 은, 약재 등을 받고 싶다고 했어요. 그런데 당시이들을 만났던 홍주 목사가 조선은 청나라의 허락 없이는 다른 나라와 교역할 수 없다고 합니다. 그러고는 식량과 종이, 담배 등을 공짜로 주고 빨리 가라고 했죠.(웃음)

박시백 대접은 진짜 후하게 해줬어요.(웃음)

김학원 퍼주기만 하고, 비즈니스의 기본이 안 돼 있었던 거예요.(웃음)

박시백 심지어 영국인들이 통상을 요구하는 문서와 함께 예물을 주었는데, 조선에서 받지 않으니까 그냥 물가에 던져놓고 떠나요.

남경태 영국인들도 참 답답했을 거예요.

김학원 그럼 놔두고 간 예물은 어떻게 되었나요?

박시백 그들이 가고 난 다음에 조정으로 올려보내죠.

김학원 이양선 출몰에 대해 조정에서 논의했다는 기록은 없나요?

박시백 영국 배가 왔을 때 대체 영국이라는 나라는 어떤 나라냐, 우리는 어떻게 해야 하느냐, 당연히 이런 이야기들을 했습니다. 하지만 굉장히 소극적인 태도로 일관했어요. 다만 재미있는 건 당시 백성은 굉장히 적극적이었다는 거예요.(웃음) 이양선이 오면 처음에는 좀겁을 먹지만 이후에는 적극적으로 접촉하고, 가서 뭘 얻어오고, 이런 걸 굉장히 잘합니다.

남경태 당시 한국과 중국, 일본은 통상 압력의 강도란 면에서 중요한 차이가 있었어요. 서양 제국주의 세력은 중국과 일본에 비해 조선에 대해서는 그다지 강하게 통상을 요구하지 않았습니다.

김학원 그건 왜 그랬을까요?

남경태 조선이 중국에 사대를 했기 때문이죠. 외교나 군사권이 독립되어 있는 분명한 독립국인데도, 서양에서는 한반도를 중국의 일부로 인식했어요. 반면 일본의 경우 중국의 일부가 아니라고 확실히 알고 있었고요. 그래서 통상 요구의 강도가 달랐던 겁니다.

박시백 　일본에 대해서는 독립 국가라는 점뿐 아니라 그 시장성도 인정했어요. 조선에 대해서는 그렇지 않았던 거죠.

김학원 　이양선의 출몰은 조선이 마주해야 할 세계가 엄청나게 확장되었음을 알리는 상징과도 같은 사건인데, 박 화백님의 마지막 멘트로 마무리하겠습니다. "이제 원하든 원치 않든 조선은 거대한 외세의 쓰나미를 맞게 된 것이다."

박사관은 말한다

실록이 보여주는 예순대비는 그동안 역사서나 소설, 드라마에서 묘사된 것과 상당히 다른 모습이었다. 그녀는 김조순의 딸을 순조의 비로 삼고자 했던 정조의 뜻을 이어받고, 공노비 해방 같은, 정조가 못다한 개혁 조치들도 주저없이 실행에 옮겼다. 무엇보다 순조 나이 열다섯에 가까워지자 선선히 수렴을 거두고 일선에서 물러났다. 그런 그녀에게 반동정치의 수괴라는 항간의 이미지는 어울리지 않는다. 친정 초의 순조는 강단 있고 똑똑했으며 부지런했지만 중반 즈음에 이르러서는 핵심에서 빗겨선 모습을 보이더니 후반에는 효명세자에게 대리청정을 시키는 등 정치 일선에서 물러서고자 했다. 그 밖에 순조가 앞장서서 정책을 결정하는 모습은 실록에서 찾아보기 어려운데, 그것은 대부분의 정책 결정이 비변사에서 이루어졌고 왕은 의례적으로 추인하는 정도의 역할을 했기 때문이다.

극에 달한 내우,
박두한 외환

1834년(헌종 즉위년)	헌종이 즉위하다. 명경대비(순원왕후)가 수렴청정을 시작하고 효명세자를 추숭하다.
1837년(헌종 3)	김조근의 딸을 왕비로 책봉하다.
1839년(헌종 5)	프랑스 신부 세 명을 포함한 천주교도 70여 명을 참수하다(기해박해).
1840년(헌종 6)	김노경을 삭탈관직하고 김정희를 제주도에 위리안치하다. 명경대비가 수렴청정을 거두다. 중국에서 1차 아편전쟁이 일어나다.
1842년(헌종 8)	청나라와 영국이 남경조약을 체결하다.
1844년(헌종 10)	민진용·민순용 형제를 대역부도로 능지처사하다.
1846년(헌종 12)	김대건이 순교하다. 총융청을 총위영으로 만들고 궁궐 숙위를 강화하다.
1849년(헌종 15)	헌종이 세상을 떠나다.
1849년(철종 즉위년)	철종이 즉위하다. 명경대비가 수렴청정을 시작하다. 총위영의 명칭을 총융청으로 복구하다.
1851년(철종 2)	김정희를 북청으로 유배하다. 김문근의 딸을 중전으로 간택하다. 명경대비가 수렴청정을 거두다.
1852년(철종 3)	삼정, 특히 환곡의 폐단과 백성의 고통을 말하고 방책을 올리라고 이르다.
1854년(철종 5)	일본이 미국에 의해 강제 개항하다.
1856년(철종 7)	김정희가 죽다. 중국에서 2차 아편전쟁이 일어나다.
1860년(철종 11)	최제우가 동학을 창시하다. 청나라와 영국·프랑스가 러시아의 중재로 북경조약을 체결하다.
1862년(철종 13)	진주를 시작으로 전국 70여 고을이 민란에 휩싸이다(진주 민란). 삼정이정청을 설치하다.
1863년(철종 14)	철종이 세상을 떠나다.

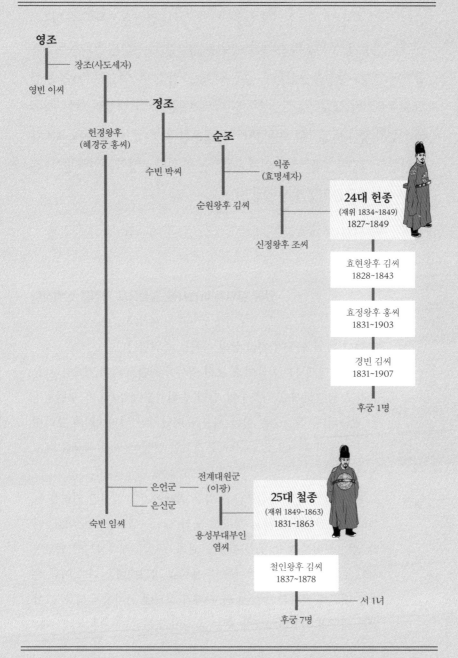

영조

영빈 이씨 ── 장조(사도세자)

정조

헌경왕후
(혜경궁 홍씨)

수빈 박씨 ── **순조**

순원왕후 김씨 ── 익종
(효명세자)

신정왕후 조씨 ── **24대 헌종**
(재위 1834~1849)
1827~1849

효현왕후 김씨
1828~1843

효정왕후 홍씨
1831~1903

경빈 김씨
1831~1907

후궁 1명

은언군
은신군

전계대원군
(이광)

용성부대부인
염씨 ── **25대 철종**
(재위 1849~1863)
1831~1863

숙빈 임씨

철인왕후 김씨
1837~1878

서 1녀

후궁 7명

순조시대에 태동한 세도정치가 헌종시대에 접어들면서 본격화되고, 철종시대에는 안동 김씨 가문의 위세가 왕권을 넘어선다. 조선은 바야흐로 안동 김씨의 세상. 삼정은 문란하고 탐관오리는 수탈한다. 백성의 피눈물은 민란을 부르지만, 특권계급이 되어버린 사대부들은 문제 해결에 나서기는커녕 여전히 일신과 일가의 부귀영화에만 골몰한다. 이렇게 민본주의 유교 국가의 꿈이 맥없이 허물어진 조선에 급변하는 세계의 풍랑이 서서히 밀려오는데, 조선의 운명은 어떻게 될 것인가?

안동 김씨가 비변사를 중심으로 국정을 장악하다

김학원 1834년 11월 헌종이 여덟 살의 나이로 즉위합니다.

신병주 요절한 효명세자의 아들이죠. 조선 역사상 최연소 즉위 기록입니다.

김학원 그리고 당연하게도 김조순의 딸인 순원왕후(명경대비)가 수렴청정을 맡습니다. 김조순은 이미 세상을 떠났지만 명경대비의 오라비들이 조정의 핵심으로 등장해 본격적인 안동 김씨의 세상을 예고합니다.

박시백 그렇죠. 순조 시절에 김조순은 막후 실세이기는 했지만 권력을 독식하거나 전횡하지 않고 굉장히 조심스러운 행보를 보였어요. 다만 말년에 아들과 조카, 친척들을 권력 주변에 배치하면서 세도정치의 토양을 만들었죠. 정치를 잘 몰랐던 명경대비는 나이 어린 손자를 대신해 정사를 돌보게 되자 자기 친정에 의지하게 되죠. 그야말로 세도정치가 만개할 수 있는 환경이 조성된 겁니다.

김학원 　신 교수님, 명경대비가 수렴청정을 시작하면서 가장 먼저 행한 일이 효명세자 추숭이네요?

신병주 　효명세자는 순조와 명경대비의 장남으로 4년간 대리청정을 하다가 요절했죠. 명경대비의 입장에서는 하나뿐인 아들이 왕으로 인정을 받아야 자기 위상도 올라갈 테니, 효명세자 추숭에 상당히 신경을 씁니다.

김학원 　효명세자가 왕으로 추존되면서 명경대비는 대비에서 대왕대비로, 효명세자의 부인은 세자빈에서 바로 왕대비로 격상되네요.

박시백 　성종의 어머니 인수대비와 같은 케이스죠.

김학원 　명경대비는 헌종이 15세가 될 때까지 7년간 수렴청정을 했어요. 그런데 우리가 앞에서도 다뤘지만 이때도 중요한 사항은 비변사에서 결정하는 거죠?

박시백 　그렇죠.

김학원 　비변사는 안동 김씨 세력이 결집한 곳 아닌가요?

박시백 　이때만 해도 김조순이 구축해놓은 시스템대로 굴러가고 있었기 때문에 반남 박씨와 풍양 조씨 가문도 상당히 진출해 있어서 일종의 연합정권 같은 분위기였어요. 하지만 비변사의 주도권은 확실하게 안동 김씨가 쥐고 있는 구조였죠.

남경태 　비변사는 말 그대로 보자면 변란에 대비하는 기구이고 군사기구입니다. 그런데 안동 김씨가 의정부 체제를 통하지 않고, 굳이 비변사를 활용한 이유가 무엇일까요?

박시백 　비변사는 1517년(중종 12)에 설치되어 야인이나 왜구가 침입했을 때, 그러니까 주로 비상시에만 활동했는데, 임진왜란과 병자호란 같은 국난이 계속 일어나면서 기구도 강화되고 권한도 확대됩니다. 그래도 숙종이나 영정조 시절만 해도 비변사가 일상적으로 정치를 좌우할 정도는 아니었어요. 순조시대에 왕이 정사에서 손을 떼다시피 하고 비변사에 권한을 일임하면서 명실공히 최고 권력기구가 된 것으로 보입니다.

신병주　3정승과 6조 대부분의 판서는 물론, 훈련대장, 어영대장, 금위대장, 수어사, 총융사 등 군사 분야의 중요한 직책에 있는 사람들도 모두 비변사 당상들이죠.

박시백　그러니까 안동 김씨가 의정부를 버리고 비변사를 택했다기보다는 문무 요직을 점한 그들이 자연스럽게 비변사 당상이 되어 사실상 최고 권력기구인 비변사를 장악하는 구조인 거죠.

신병주　당시의 비변사 인력 구성을 분석한 논문을 보면 거의 다 세도가문 출신이에요.

또다시 천주교를 탄압하다 – 기해박해

김학원　1801년(순조 1) 신유박해에 이어서 근 40년 만인 1839년(헌종 5)에 또다시 천주교를 대대적으로 탄압합니다. 기해년의 일이라 기해박해라고 부르죠. 신유박해 때 처형당한 정약종의 둘째 아들 정하상●도 이때 처형을 당하네요. 2대에 걸친 처형이에요.

신병주　아버지 정약종이 처형당할 때 정하상은 나이가 너무 어려서 처형

● 정하상丁夏祥(1795~1839)　신유박해 때 처형당한 정약종의 둘째 아들. 성직자 파견을 요청하는 청원문을 써서 로마 교황청으로 보내자, 교황 그레고리우스 16세가 조선 교회를 베이징 교구에서 분리시키고 초대 교구장을 임명했다. 이때 초대 교구장과 함께 조선에 파견된 피에르 모방 신부가 그와 함께 전도 활동을 벌였고, 김대건 등을 마카오로 유학 보냈다. 1839년 체포되자 〈상재상서〉를 바쳐 천주교의 정당함을 주장했으나 결국 처형되었다.

을 면했는데, 어릴 때부터 아버지에게 배운 게 있어서 그런지 천주교의 핵심 인물로 성장합니다. 조선 교회에 대한 외부의 지원을 얻기 위해 여러 차례 중국에 다녀오기도 했습니다. 그 당시 정하상이 쓴 편지가 마카오의 포르투갈 총독을 거쳐 교황청에 전달되면서 교황청에서 조선 교회를 지원할 방안을 마련하게 되죠. 초기 천주교 포교에 핵심적인 역할을 한 인물이에요.

김학원　그런데 조선에 온 모방 신부나 샤스탕, 앵베르가 다 프랑스 사람이네요?

남경태　당시 유럽의 사정과 관련이 있어요. 구교의 포교를 담당하던 에스파냐와 포르투갈이 16세기에 신구교 간 종교전쟁으로 카운터 편치를 맞았습니다. 이후 두 나라는 침체기에 접어들고 18세기로 넘어가면서부터는 영국과 프랑스가 세계로 뻗어나가는 양상이 된 거예요. 그런데 아시다시피 영국은 16세기 헨리 8세 때 이미 로마 가톨릭 교회로부터의 분리를 선언했잖아요. 그래서 프랑스가 전 세계 천주교 전파를 책임지게 된 거죠. 우리나라에 프랑스 선교사들만 오게 된 것도 바로 그런 이유 때문입니다.

김학원　그래서 교황이 정하상의 편지를 받고 파리 외방전교회에 조선 교회 지원을 당부하는 거군요. 1835년(헌종 1)에 모방이 처음으로 조선 입국에 성공한 뒤 정하상과 함께 김대건* 등을 선발해서 마카오로 유학을 보내네요?

박시백　김대건은 열여섯 살에 갔다가 스물두 살에 입국하죠.

● 김대건金大建(1821~1846) 중인中人 때부터 독실한 천주교 집안에서 태어났다. 정하상과 모방 신부에게 발탁되어 마카오로 유학을 떠났다. 잠시 조선으로 잠입했으나 종교 활동이 여의치 않자 다시 상해로 건너가 우리나라 최초의 천주교 신부가 되었다. 이후 귀국하여 전도 활동을 벌이다 처형되었다.

현종 5년 8월, 서양인 신부 3명과
정하상 등이 처형되었다.

이후로도 처형은 이어져
한 해 동안 70여 명이
처형되었다 한다.

다음은 정하상이 체포되고 바친 〈상재상서〉의 일부이다.

······ (우리더러) 아비를 없다 하고 임금을 없다고 한다 함은
성교의 뜻을 알지 못합니다. 십계명의 네 번째에 부모를
공경하라 했습니다. 무릇 충효 두 글자는 만대에 바꿀 수 없는
도리입니다. 부모의 뜻을 받들고 몸을 봉양함은 사람의 자식으로서
마땅히 해야 할 일이어서 천주교를 받드는 사람은 더욱 간절히
삼가고 있습니다. 그러므로 부모를 섬기되 그 예를 다하고
봉양하되 그 힘을 다합니다. ······

이것이 어찌 무군무부(無君無父)의 학이겠습니까?

> 정하상은
> 천주교의 교리를
> 설파함은 물론
> 이렇게 자신들에게
> 가해지는 이념 공격에
> 대해서도 적극
> 해명하고 있습니다.

김학원   서양 신부들이 눈에 띄면서 검거 선풍이 일어납니다. 1839년(현종 5)
3월 우의정 이지연이 "사학의 일을 끝까지 조사해 징치해야 한다."
고 청하고 5월에 명경대비가 강경 방침을 정하면서 6월 10일 본격
적인 박해가 시작됩니다. 이후 한 해 동안 70여 명이 처형되는데,
거의 집단 처형이네요. 이때 프랑스에서 파견된 신부 세 명이 죽고
정하상도 안타깝게도 처형을 당하는군요.

박시백   이때 처형된 사람이 100명이 좀 넘는다는 얘기도 있습니다.

김학원   정하상이 체포된 직후에 바친 〈상재상서〉가 주목을 끄는데요.

박시백 　이전에 천주교가 여론의 질타를 받은 것은 제사도 지내지 않는 등 기존의 유교 교리와는 너무나 다른 무군무부의 교리, 즉 임금도 모르고 아버지도 모르고 오로지 하느님만 받드는 교리라는 것 때문인데, 천주교에서 얘기하는 것도 유교 교리와 크게 다르지 않다고 항변한 겁니다.

신병주 　결국 조선에서 천주교와 제일 부딪치는 문제가 제사인데, 정하상은 자신들이 제사는 지내지 않지만 조상을 공경하고 부모에게 효도를 한다는 거죠. 하지만 유교 사회에서 제사를 안 지낸다는 건 사회의 근본 질서를 부정하는 행위예요. 어떤 변명도 통할 리가 없죠.

김학원 　김대건도 1845년(헌종 11)에 신부가 되어 돌아왔지만 이듬해에 체포되어 효수됩니다.

안동 김씨의 천하

김학원 　헌종시대에는 정말 김씨가 하도 많아서 누가 누군지 헷갈리는데,(웃음) 수렴청정 기간의 핵심 인물이 바로 김유근과 김좌근*이에요. 박 화백님 말씀에 따르면 이때가 세도정치 2기인 거죠?

신병주 　'순' 자 돌림이 1기였고, 2기가 바로 '근' 자 돌림이죠, 그다음은 '병' 자 돌림이고요.

김학원 　김유근과 김좌근은 김조순의 아들이죠?

● 　김좌근金左根(1797 1869)　김조순의 아들이며 명경대비의 동생이다. 헌종 즉위 후 문과에 급제하여 주요 관직을 거쳤다. 막후에서 권력을 행사하던 아버지와 달리 형 김유근과 함께 전면에 나서서 권력을 장악했으며 김유근이 죽은 뒤에는 안동 김씨 세력의 핵심 인물이 되었다.

신병주   네. 사촌인 김홍근, 김흥근* 형제, 또 먼 인척인 김조근과 함께 정
계에서 크게 활약을 하죠. 그중에서도 김조순의 장자 김유근이 헌
종 초기 안동 김씨 세도정치의 핵심이었다고 할 수 있습니다.

김학원   그리고 김유근의 아우 김좌근은 빛의 속도로 출셋길을 달렸습니
다. 마흔둘에 급제하고 겨우 4년 만에 이조 판서에까지 오릅니다.

박시백   김좌근은 이미 음직을 통해서 벼슬을 하긴 했는데, 그게 너무 창피
했던지 제대로 공부를 해서 과거에 급제합니다. 이후의 빠른 승진
은 명경대비의 최측근이라 가능했던 것 같고요.

신병주   김상용, 김상헌의 후손들이 영조 때 김창집, 김창흡, 김창협 등 '창'
자 돌림, 그다음에 '행' 자 돌림, '이' 자, '순' 자, '근' 자, 이렇게 쭉
이어지는데, 이 집안 계보를 보면 자식이 많아요. 그리고 워낙 '상'
자 돌림 때부터 의리와 명분으로 유명한 집안인 데다 영조시대에
는 '창' 자 돌림들이 학문과 문장으로 이름을 날렸고, 김조순 때는
왕의 장인이라는 날개까지 단 거죠. 물론 그렇게 세력을 형성하면
서 부정적인 면도 많이 노출하고 부정부패도 많이 저질렀지만, 어
쨌든 똑똑한 인물들이 계속 배출되고 항렬에 관계없이 서로 끌어
주다 보니까 이 집안의 인력 풀이 넓어진 거죠.

남경태   처음에는 명예로 시작해서 학문으로 번성하고 그다음에는 권력을
얻는 거군요. 그리고 권력을 무기로 매관매직하고 부를 쌓기 시작
한 거고요. 그러니까 100여 년에 걸쳐서 명예, 학문, 권력, 부를 다

•   김흥근金興根(1796~1870) 김조순의 아우 김명순의 막내아들이다. 김유근에 이어 명경대비의 자
문 역할을 하던 큰형 김홍근이 죽자 안동 김씨의 세도정치를 굳히는 데 일조했다. 그러나 경상도 관
찰사로 있을 때 행실이 간교하고 권세를 탐한다는 이유로 대사간 서상교의 탄핵을 받아 유배되었다.
철종 즉위 후 복귀하여 다시 명경대비의 자문을 맡았고, 삼정이정청의 총재관에 임명되었다.

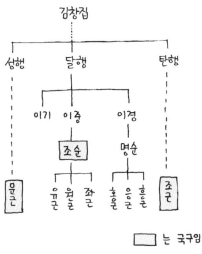

＊국구(國舅): 임금의 장인.

얻은 거죠.

김학원 헌종 때는 '근' 자 돌림 인물들이 전면에 부상하는데, 이런 흐름의
결정판은 김조근의 딸을 헌종의 배필로 삼은 거예요. 2대에 걸쳐
국구를 배출하면서 권력을 재생산할 구조를 만든 거니까요.

신병주 그렇죠. 김조근의 딸이 왕비가 되니까 김조근은 국구가 되고, 같은
항렬인 김유근, 김좌근도 덩달아 올라가는 거죠. 안동 김씨는 순
조, 헌종에 이어 철종까지 3대에 걸쳐 왕비를 배출합니다.

헌종의 반격 – 안동 김씨에 맞서다

김학원 1840년(헌종 6) 12월, 대왕대비인 명경대비가 수렴청정을 거두고
이듬해인 1841년 열다섯 살 헌종이 친정을 시작합니다. 그렇지만

변화는 거의 없었던 거죠?

박시백 처음 몇 년 동안은 변화가 거의 없었죠.

김학원 비변사에서 결정된 정책을 추인하고 제사 같은 왕실 행사에 참여하고 구휼 업무를 하는 것 외에는 왕으로서 할 일이 거의 없는 상황이었습니다. 1844년(헌종 10)에 일어난 민진용 형제 역모사건의 추국 과정에서 민순용이 안동 김씨 일가를 추앙하는 걸 보면 당시 안동 김씨 세력이 얼마나 대단했는지 알 수 있습니다.

박시백 굉장히 특이한 케이스죠. 민진용 형제의 역모가 무위에 그치고 국청이 열렸는데, 그 자리에서 민순용이 "세상에 김유근, 김홍근 같은 주석柱石이 되는 신하가 없습니다."라며 안동 김씨를 높이는 발언을 하죠. 이게 그들의 이름을 팔아서 자신의 죄를 덜어보려 한 것인지 모르지만, 그만큼 안동 김씨의 힘이 대단했다는 증거죠.

김학원 1846년(헌종 12) 스무 살이 된 헌종이 안동 김씨 세력과 맞서려는 움직임을 보이는데, 그 과정을 설명해주시죠.

박시백 세상을 떠나기 전 3~4년 동안, 헌종은 이전과는 전혀 다른 행보를 보였습니다. 무엇보다 스무 살이 되면서 군사 요직에 뜻밖의 인물들을 앉히기 시작합니다.

김학원 헌종이 총융청을 총위영으로 고쳐 궁궐 방위를 강화하고, 5영 대장 자리에 척신이 아니라 새로운 인물을 배치합니다.

신병주 세도가문이 아닌 왕을 지켜줄 수 있는 측근을 군사 요직에 기용하면서 조금씩 왕권을 강화하려 한 것 같아요.

박시백 권력을 장악하려면 기본적으로 군권을 장악해야 하잖아요? 안동 김씨들도 직접 군권을 갖거나, 자신들의 말을 가장 잘 듣는 사람들을 군사 요직에 앉혀왔어요. 그런데 헌종이 이 세력들을 비변사 당상을 겸하는 5영 대장 자리에서 배제하기 시작한 겁니다. 헌종이 노린 바가 바로 안동 김씨 제어였고 안동 김씨도 이것을 알고 몇 년 동안은 납작 엎드려 있었어요. 이런 것을 보면 헌종은 충분한 자질과 정치 감각, 또 나름대로 자기 플랜이 있는 왕이었다는 것을 알 수 있습니다.

신병주   헌종은 이어 부패한 지방 수령에 관한 법률을 강화하겠다며 암행어사를 불러 지방의 실정을 제대로 파악하려 하는 등 의욕을 보이죠. 역시 사람이 스무 살을 넘으면 자기 일을 하기 시작합니다.

남경태   너무 비관적으로 보는 건지는 모르겠지만, 대세는 이미 기울었다고 생각해요. 설사 헌종이 10년을 더 집권했다고 해도 조선은 이미 사회 곳곳에서 말기적 증상을 보이고 있었고, 당시 동북아 정세도 조선이 뚫고 나가기에는 역부족이었어요. 어차피 되돌릴 수 없었을 것 같아요.

박시백   저 역시 망국으로 가는 흐름은 피할 수 없었다고 봅니다. 다만 헌종이 2~3년만 더 집권했더라면 안동 김씨 제어가 가능했다고 봐요. 사실 세도정치가 굉장히 강건해 보이지만 뒷날 흥선대원군의 집권에서 볼 수 있듯이 확실한 원칙과 플랜을 가지고 치기 시작하면 금방 무너지는 취약한 구조였거든요.

김학원   왕의 안동 김씨 견제가 강화되면서, 1848년(헌종 14)에 대사간 서상교가 왕의 뜻을 눈치채고 다른 사람도 아닌 김흥근을 탄핵합니다. 김흥근은 당시 안동 김씨 최고 실세였는데 말이에요.

박시백   게다가 탄핵하면서 한 발언의 수위가 굉장히 높아요. "궁위를 엿보아 뚜렷이 체결한 자취가 있다."라고 했는데, 이 말은 김흥근이 대왕대비인 명경대비와 연계해서 전횡을 부렸다는 뜻이거든요. 안동 김씨에 대한 직접적인 도전이라고 할 수 있는 발언이죠.

김학원   핵심을 건드리면서 대왕대비와의 연계 자체를 문제 삼은 건데, 좀

왕의 복표가 안동 김씨를
제어함에 있음이 더욱
분명해졌다.

다만 잘 보아야 할 것은 안동 김씨를 제어하기 위해
풍양 조씨에게 힘을 실어주는 방식이
아니었다는 사실이다.

왕은 정조처럼
척신정치 자체를
척결하고자 했던
것으로 보인다.

어쨌거나
주요 표적이 된
안동 김씨
일문에는
위기감이
엄습해왔다.

전에 박 화백님이 말씀하셨듯이 이런 정치를 한 2~3년 이어갔다면 세도정치에 대한 제어는 충분히 가능하지 않았을까요?

박시백 가능했겠죠. 그 뒤에 이어진 사건만 봐도 알 수 있어요. 보통의 경우, 신하가 어떤 문제를 제기하고 임금이 그에 대해 물어보면, 삼사 대간들이 맞다, 아니다를 이야기해야 하는데 서상교의 발언에 대해서는 다들 입을 꾹 다물고 있어요. 그러니까 왕이 바로 대간들을 비판하면서 대사헌과 대사간을 파직해버립니다. 그만큼 자신의 의지가 안동 김씨의 제어에 있다는 것을 분명히 보여주는 근거죠.

김학원 결국 이런 정치력으로 김흥근을 삭직하고 귀양을 보냅니다.

박시백 그리고 나서 안동 김씨에 의해 쫓겨난 조병현*을 컴백시킵니다.

김학원 헌종이 안동 김씨에 대한 견제를 조병현에게 맡겼다는 의미인가요?

박시백 아니에요. 헌종이 보기에는 풍양 조씨인 조병현도 척신세력이죠. 안동 김씨를 제어하기 위해 풍양 조씨에게 힘을 실어주었다기보다는, 그야말로 척신정치 자체를 척결하려 한 것으로 보입니다.

강화 도령의 즉위, 안동 김씨의 음모인가?

김학원 1849년(헌종 15)에는 총위사, 훈련대장, 금위대장은 물론 병조 판서까지 안동 김씨나 외척이 아닌 인물로 채우면서 척신정치 척결 의

● 조병현趙秉鉉(1791~1849) 소특영의 아들이다. 친정을 시작한 헌종의 각별한 총애를 받으며 승승장구했다. 그러나 철종이 즉위하고 명경대비가 수렴청정을 하게 되자 다시 탄핵을 받고 유배되었다가 곧 사사되었다.

지를 표명합니다. 그런데 갑자기 병세가 악화되네요. 특별한 병명이 있었나요?

박시백 　이건 순전히 추측인데요, 소화가 잘 안 되고 거북하다고 한 걸로 봐서 위암이 아니었나 싶어요. 좌우간 소화기 계통의 암 정도로 짐작됩니다.

김학원 　결국 그해 6월 6일 창덕궁 중희당에서 갑자기 승하합니다. 15년 동안 재위했지만 나이는 스물세 살이었어요.

박시백 　안 그래도 자손이 귀한데, 너무 일찍 죽어버렸어요.

김학원 　맞아요. 나중에 철종도 아이들이 모두 일찍 죽었는데 그 이유가 뭔지 모르겠어요. 헌종의 이른 죽음에 대해서 야사에서는 지나치게 호색했기 때문이라는 기록이 있죠?

남경태 　그래도 스물세 살짜리가 호색으로 죽는 건 말이 안 돼요.(웃음)

박시백 　명경대비가 헌종에 대해 묘사한 표현을 보면, 앞에는 쭉 칭찬을 하다가 뒤에 가서, "다른 이에 대한 칭찬이나 비난을 좋게 안 보고 곧이곧대로 믿지 않는다. 눈치가 빠르고 시기심이 있었다."고 합니다. 자기 손자이자 왕인 사람을 이렇게 평하기는 쉽지 않은데, 그만큼 안동 김씨 세력에게는 제어하기 어려운 인물이었다는 표현인 것 같아요.

남경태 　점점 나이가 들고 경력이 쌓이면서 강적이 됐다는 거죠.

김학원 　헌종이 자손 없이 죽으면서 철종이 후사로 결정되는데, 이 과정을 안동 김씨의 음모로 보는 시각에 대해서, 박 화백님은 조선왕조가 후사를 결정해온 시스템을 무시한 해석이라고 보시는 거죠?

박시백 　성종도 그랬고 선조도 그랬고, 그런 사례들은 많으니까요.

김학원 　철종의 후사 결정 과정에 대해 신 교수님이 설명해주시죠.

신병주 　역모사건에 연루되어 강화도로 유배 간 정조의 이복동생 은언군의 그런데……

신 판부사 정원용, 대왕대비전의 분부를 받들어 대궐로 모시러 왔나이다.

어서 가마에 오르시옵소서!

??? !!!

그렇게 꿈조차 꾸어본 일이 없을 인생 역전의 주인공이 되었다.

헐! 우리나라에 이런 서양 동화 같은 판타지가…

농촌 총각이 임금님이 된다고?

죽은 아비는 전계대원군에 봉해졌고

살다 보니 아니지, 죽고 나니 이런 일도 다 있네

은전군 등도 모두 신원되었다.

아들 중에 상계군 외에 이광이라는 사람이 있었는데, 이 이광의 아들 이원범이 헌종의 후사로 결정됩니다. 강화도에서 농사를 지으며 살았는데, 어느 날 사람들이 몰려오니까 이원범은 자기를 죽이러 오는 줄 알았어요.

박시백 이때 두려울 수밖에 없었던 게, 앞서 민진원 형제 역모사건 때 큰형 이원경이 이름이 거론되어 사사되었거든요. 조정에서 군사를 이끌고 오니까 '내 인생도 끝났구나'라고 생각했겠죠.

남경태 엄밀히 말하면 헌종보다 한 항렬 위예요.

박시백 이광이 군호를 받은 사람이 아니잖아요? 그래서 혹시 서자가 아닐까 싶어 기록을 찾아보니까 은언군이 부인을 둘 뒀더군요. 이광은 둘째 부인에게서 낳은 아들인 것 같아요.

김학원 조선왕조 사상 최초로 두 번의 수렴청정을 하게 된 명경대비가 철종의 즉위와 함께 왕에게 내린 언문 하교가 흥미롭네요. "옛날의 제왕 중에도 민간에서 생장한 이가 있었는데 백성의 괴로움을 잘 알아서 … 명주가 되었다. 애민 두 글자를 잊지 말고 공부 또한 게을리하지 말라."

신병주 백성의 삶을 직접 겪어봤으니까 한편으로 보면 상당히 장점이 될 수 있다는 거죠.

남경태 나중에 철종이 선혜청을 여는 정책을 실시합니다. 그러니까 명경대비의 하교가 완전히 허언이 된 건 아니에요.

박시백 이런 얘기를 많이 한 사람이 바로 세조예요. 세조도 자신이 세자 출신이 아니어서 백성의 고충을 잘 안다고 자부했죠.

신병주 영조도 이런 얘기를 굉장히 많이 했어요. 10년 동안 사가에 있었으니까요.

김학원 　헌종의 승하와 철종의 즉위 그리고 명경대비의 2차 수렴청정은 당
　　　　연히 안동 김씨 세력의 전면 복귀와 득세를 예고합니다. 여기에 또
　　　　다시 안동 김씨인 김문근의 딸을 철종 비로 삼네요.

신병주 　안동 김씨가 3연속으로 왕비를 배출하는 거죠.

남경태 　굳이 안동 김씨를 위한 변명을 해보자면 중간에 효명세자 익종의
　　　　비는 안동 김씨가 아니었어요.(웃음)

김학원 　우선 헌종 말년에 취한 조치들을 다 되돌렸네요. 총위영은 총융청
　　　　으로 되돌리고 헌종이 사면한 조병현도 다시 탄핵합니다.

신병주 　헌종이 안동 김씨 세력을 견제하기 위해 조병현, 윤치영, 서상교
　　　　등을 등용했는데, 이들을 제거하죠. 특히 헌종 말년에 5영의 대장
　　　　을 맡은 사람들을 제거합니다. 그리고 안동 김씨들이 다시 병권을
　　　　잡는 거죠.

김학원 　이때 김정희도 탄핵합니다.

신병주 　추사 김정희는 정치적으로 상당히 탄압을 많이 받은 인물입니다.
　　　　특히 세도정치기에 아버지 김노경과 연계되어 계속 탄핵을 당했
　　　　죠. 제주도에 유배되었다 풀려난 지 얼마 지나지 않아 또다시 함경
　　　　도 북청으로 유배됩니다.

김학원 　추사 스스로도 "남쪽에도 가봤고 북쪽에도 가봤고……." 그런 한탄
　　　　을 했어요.

남경태 　당사자에게는 좀 미안하지만, 그의 유배생활이 길었던 덕분에 우
　　　　리가 풍요로운 문화를 누리게 된 측면이 있어요.(웃음)

김학원 　김정희는 제주도 유배 시절에 완성한 추사체로 유명하지만, 고증
　　　　학과 금석학에도 조예가 깊었어요.

남경태 고증학은 문헌으로만 추리하는 거고, 금석학은 비문이나 지석을 연구하는 거예요. 북한산 진흥왕순수비나 중원 고구려비 등 금석문을 연구해서 역사를 복원한다는 것은 대단히 뛰어난 발상이죠.

신병주 김정희는 유배지에서도 그렇고 틈틈이 관직 생활을 하면서 제자들을 많이 길러냅니다. 과장된 표현이지만 '추사문하삼천사秋史門下三千士'라는 말이 있을 정도예요. 대표적인 양반 제자 중에는 박지원의 손자 박규수가 있었고, 중인 중에는 역관 출신 오경석과 《호산외사》를 쓴 문장가이자 화가인 조희룡도 있습니다. 또 김정희가 제주도에 있을 때 책을 보내주곤 하던 역관 출신 이상적도 있는데, 이들이 19세기 문화와 학문의 주역이 됩니다. 추사가 이렇게 상당히 중요한 인물입니다.

안동 김씨를 위한 세상

김학원 이제 간단하게 헌종시대와 철종시대를 마무리해보겠습니다.

박시백 순조시대는 세도정치의 기반 환경이 조성된 시기였다면 헌종시대는 세도정치가 본격화되었고, 철종시대에 이르러서는 그야말로 안동 김씨가 나라를 통째로 삼켜버린 듯 보여요. 중앙의 요직에서부터 지방의 수령직까지 전부 안동 김씨가 장악한 거나 다름없는 상황이 되었어요. 그래서 헌종시대까지는 그나마 실록의 기록이 꽤 있는데, 철종시대에 들어서는 기록이 너무 부실해요. 제목 한 줄만 있는 경우도 너무나 많고, 기록 자체가 없는 날이 더 많아요. 이 얘기는 정책 결정이 왕이 있는 자리가 아니라 안동 김씨의 세도 기구인 비변사를 통해 이루어졌다는 거죠.

다음은 철종 8년에 있었던
인사에서 추린 것이다.

1.15. 김병학 이조 참판
2.4. 김병기 호조 판서
2.6. 김병주 홍문관 부제학
2.29. 김병교 형조 판서
3.21. 김병국 예조 판서
5.10. 김병국 우참찬
5.24. 김병교 예조 판서
6.30. 김병국 병조 판서

10.15. 김병학 대사헌

이 외에도 철종 후반기에 판서급 이상에 이름을
올린 병 자 돌림 안동 김씨들은 많다.

김병지, 김병덕, 김병윤, 김병직,
김병필, 김병집, 김병시, ···

끌끌~

김병연

병 자 돌림
안동 김씨라면
일자무식해도
시골 수령 정도는
할 수 있었지.

그렇게 안동 김씨의 전면적인 지배는
완성되었다.

마치 총수 일가가
재벌 경영권을
완전 장악하듯
한 가문이 나라를
통째로 삼켜버렸네.

무늬는
이씨 왕조,
실제론
김씨 왕조.

신병주 　실록만 보더라도 헌종이나 철종은 주연이 아니었다는 게 명확합니
다. 그래서 헌종과 철종의 시대를 이해하기 위해서는 실록과 함께
《비변사등록》이나《승정원일기》를 봐야 합니다.

남경태 　그런데 비변사 회의에는 왕이 참석하나요?

박시백 　외적이 쳐들어왔을 때라든가 아주 중요한 사안이 있을 때는 참석
하죠. 하지만 이때는 비변사가 비상시국이냐 아니냐와 무관하게
운영되었기 때문에, 아마 왕의 참여가 거의 없는 상태에서 회의가
진행되지 않았나 싶어요.

남경태 　제가 마지막으로 한 말씀 드리면 19세기 중후반쯤 가면 우리 역사

가 재미없어집니다. 너무 사회가 어두워지기 때문인데, 그럴수록 우리 역사에서 비판할 요소는 무엇인지 봐야 합니다. 신나는 역사는 아니지만 배울 역사는 된다는 것이죠.

삼정의 문란과 민란 도미노

김학원   이제 삼정의 문란에 대해 이야기해보죠.

남경태   전정(토지세), 군정(군역), 환정(환곡)을 삼정이라고 하죠. 역사 교과서에 많이 나오는 용어입니다.

김학원   삼정의 문란은 당시 민란의 실질적인 배경이 되기도 했고, 조선 후기 백성의 삶의 이면을 보여주는 대목이기도 합니다.

박시백   방납의 폐단을 해결하기 위해 대동법을 실시한 이후 탐오한 수령들이 관심을 갖기 시작한 게 군역인데, 이것도 영조 때 균역법이 시행되면서 건드리기가 어려워졌어요. 그 뒤로 수령들이 주목한 것이 환곡입니다. 환곡은 춘궁기에 백성에게 곡식을 빌려줬다가 추수한 뒤 돌려받는, 백성을 구휼하기 위한 제도인데, 이걸로 수탈을 하기 시작한 거죠. 실제로 정조 이후로는 환곡이 백성에게 가장 부담이 됩니다. 그런데 세도정치기에 매관매직이 일반화되면서 토지세와 군역의 문제마저 다시 커져 삼정이 총체적으로 문란해진 겁니다.

김학원   당시 사회의 단면을 보여주는 정약용의 시가 있어요.

신병주   군역의 폐해를 견디다 못해 절망해서 자신의 신체 일부분까지 잘라내는, 그래서 제목이 '애절양哀絶陽'입니다. "시아버지 죽어 상복 이미 입었고 / 갓난아기 배냇물도 마르지 않았건만 / 삼대의 이름이 군적에 실렸다. / 달려가 억울함을 호소하려 해도 / 범 같은 문

대를 이어 아전을 맡는 이들은 고을의 인구, 토지, 관아의 재정 등을 훤히 알았고, 수백 년에 걸쳐 공고한 지배구조를 형성해왔다.

수령은 손님, 주인은 우리란 말씀.

수령은 바뀌어도 우리는 바뀌지 않지.

토지세든 군포든 환곡이든 이들의 손을 거쳤다.

과거가 문란해지고 중앙 사족들이 관직을 독점하면서 벼슬길이 막힌 지방의 사족들은 토호화의 길을 걸었다.

막대한 토지는 땅 잃은 농민들에게 소작을 주어 경작케 했다.

자기들이 부담해야 할 세금도 우리에게 마구 떠넘겨요.

그런데도 땅 잃은 농민이 많아 서로 소작을 하려 드니
...

수령, 아전, 토호 삼위일체에 의한 가혹한 수탈은 백성을 더는 버틸 수 없는 임계점으로 몰아붙이고 있었다.

임계점은 이미 지났어.

지금까지 버틴 게 신기해.

지기가 버티어 섰고 / 이정이 호통하며 단벌 소만 끌고 갔네. / 남편 문득 칼을 갈아 방 안으로 뛰어들더니 / 붉은 피 자리에 낭자하여라. / 스스로 한탄하네. 아이 낳은 죄로구나."

김학원 　죽은 시아버지와 갓난아기에게도 군적을 부여한 거죠.

박시백 　참고로 이 시는 정약용이 강진에 유배되어 있을 때 지은 건데, 실제로는 이것보다 훨씬 길어요.

남경태 　이건 인간이 생존할 수 있는 환경이 아닙니다.

김학원 　이런 삼정의 총체적 문란 상황 속에서 1862년(철종 13) 2월 29일 경상 감사 이돈영이 왕에게 진주 민란을 알리는 급보를 올립니다.

신병주 　당시 경상 우병영이 진주에 있었는데, 경상 우병사 백낙신이 병영의 경비를 착복하고 이를 충당하려고 백성을 쥐어짰죠. 몰락한 양반과 초군들이 집회를 열었는데, 생각보다 많은 사람이 모였고 그 자리에서 민란으로 발전했어요.

남경태 　초군은 나무꾼이나 약초 캐는 사람을 말하는 거죠.

신병주 　분노한 군중이 악질 아전들의 집에 쳐들어가서 빼앗긴 재산도 찾고 방화도 하면서 숫자가 더욱 늘어났어요. 결국 백낙신을 잡아 무릎을 꿇리고 일부 아전들은 화형에 처하기도 했습니다. 이러면서 열흘이 넘게 진주를 휩쓸었죠. 그때 진주 안핵사로 파견된 박규수가 조정에 자세한 상황을 알렸어요. 민란의 원인이 백낙신의 탐욕과 착취에 있으며, 강제로 6만 냥을 배정하고 거두는 과정에서 민심이 폭발했다고 보고한 거죠. 철종이 이 의견을 수용해서 백낙신을 유배 보내고, 난의 주동자들은 다 잡아다가 참수를 해요.

김학원 　주동자들은 참수되고, 원인을 제공한 사람은 유배에 그쳤다는 거죠?

남경태 　불의에 저항한 것이고 조정에서도 그것을 인정했는데 말이에요.

신병주 　그러니까 불씨가 더 커지는 거죠.

남경태 50년 전 홍경래의 난(1811~1812) 때만 해도 서북인들에 대한 차별
이 저항의 주된 원인이었는데, 진주 민란은 정말 이대로는 살 수
없다고 해서 일어난 겁니다. 그런데 이때 조정에서 백낙신에게 문
제가 있다는 걸 인정하지 않았다면 반란을 일으킨 농민들을 처단
한 걸 이해할 수 있습니다만, 그렇지가 않잖아요? 백낙신의 문제
를 인정하고도 반란 주동자들을 처형했어요. 이상합니다.

박시백 우리가 앞에서 '이여절의 나라'를 언급할 때도 봤지만, 역모만 아
니면 어떤 죄를 짓더라도 수령들은 나중에 다 컴백하잖아요? 이때
도 백낙신에게만큼은 '사면령이 내려도 용서받지 못하게 하라(물간
사전勿揀赦前)'는 단서를 달았지만 실제로는 바로 이듬해에 풀어줘
요. 완전히 사면한 건 아니지만 위리안치되어 있던 백낙신을 고향
으로 돌려보내죠. 1865년(고종 2)에는 완전히 석방하고 영종 첨사
로까지 임명해요. 나중에 나오지만, 동학농민혁명의 핵심적인 원
인을 제공한 조병갑도 처형을 당하기는커녕 재등용됩니다.

김학원 어쨌든 진주 민란 이후 전국 각지에서 백성의 봉기가 이어집니다.
경상도 성주, 전라도 익산, 함평, 장흥, 부안, 충청도 은진, 여산 등
지가 민란의 불길에 휩싸입니다.

신병주 중요한 것은 곡창지대인 경상도, 전라도, 충청도 삼남 일대에서 민
란이 일어났다는 사실입니다.

박시백 나라의 모순이 갈 데까지 갔다는 걸 보여주는 거죠.

김학원 진주에서는 집회라는 형식이 등장했고, 특히 함평에서는 현감을
내쫓고 한 달 가까이 자치 행정을 폅니다.

남경태 함평에서의 경험은 역사적으로 굉장히 중요합니다. 일종의 해방구
아니겠습니까? 한 달 동안 민중이 자지들 한 거니까요. 집회, 자치
행정을 하면서 악질 수령도 축출하거나 방출합니다. 다만 수령을

처단하지는 않았어요. 거기까진 좀 부담스러웠을까요?

박시백   의식의 한계를 보여주는 거죠.

신병주   '역모는 아니다. 못된 관리들을 응징했을 뿐이다,' 그런 거죠.

아무 성과 없이 끝난 삼정 개혁

김학원   박규수가 상소를 통해 삼정 개혁을 청합니다. 삼정 중에서도 환곡의 고통이 가장 크다면서 개혁 방안을 마련해야 한다고 하죠.

남경태   하나의 도에서 시험해본 후에 전국적으로 실시하자고도 했죠.

신병주   그게 수용이 돼서 '삼정이정청'이라는 관청이 만들어지죠. 철종이 박규수의 건의를 받아들여서 만든 특별 기구입니다.

김학원   하지만 제대로 성과를 내지 못했는데, 구성원들을 보면 당연한 결과예요. 구성원들이 다 개혁의 대상들이었으니까요. 박규수 같은 사람을 총괄 책임자로 했어야 하는데 말이에요. 민란의 현장도 직접 봤고 문제의 원인도 정확히 알고 있었으니까요.

남경태   엉뚱하게 안동 김씨 세력들에게 맡겼으니 이게 말이 됩니까? 이렇게 되면 기구를 만들어도 소용이 없는 거죠.

신병주   일단 환곡의 폐단부터 바로잡아야 한다는 이야기가 나오니까, 그럼 환곡은 없애고 그에 따른 세수 부족은 토지세를 늘려 메꾸자고 했어요.

남경태   수탈의 총량은 달라지지 않는 거죠. 어떤 신하는 지방의 감사, 수령들에게 더 물어보고 결정하자고도 했어요. 이건 정말 말이 안 되는 거잖아요. 수탈자들에게 수탈을 막을 방법을 물어보라는 거니까요.

김학원   그사이에 민란의 불길이 사그라지면서 결국 삼정 개혁 시도는 아무 성과 없이 끝나고 맙니다.

남경태 　조선은 기본적으로 농업국가고, 농민들이 생산하는 가치를 통해 나라가 굴러가는 거죠. 그러니까 농민들을 도탄에 빠뜨리면 나라도 유지될 수 없는 거거든요. 집권 세력이나 사대부들은 왜 이런 생각을 못했을까요?

박시백 　아니, 그런 생각도 했고 그런 말도 자주 합니다. 실제 수령들의 수탈 행위를 역모에 준해서 다스려야 한다는 이야기를 집권자인 왕도 하고 신하들도 합니다. 참 많이들 하지만, 결정적인 순간마다 수령들을 보호하는 방향으로 돌아서는 게 문제죠.

남경태 　농민이 무너지면 결국 사대부도 무너지는 건데, 왜 그 생각을 안 하냐는 거예요. 이건 도덕의 문제도 위민사상의 문제도 아니에요. 내가 살기 위해서라도 농민을 어느 정도 챙겨줘야 하는 거예요.

서로 달랐던 중국과 일본의 개항

김학원 　이제 당시의 동아시아 상황을 살펴보겠습니다. 청나라가 1840년 (헌종 6)에 영국과 한바탕 전쟁을 치르네요. 이게 아편전쟁이죠?

남경태 　영국은 18세기부터 중국과 제한적이나마 무역을 해왔어요. 청나라에서 차를 수입하고 대신 모직물을 수출했죠. 그런데 더운 남중국에 모직물이 팔리겠어요? 영국의 대중국 무역수지는 적자를 면치 못했죠. 그래서 영국은 자신들의 식민지 인도에서 아편을 제조해다가 남중국에 밀수출하기 시작합니다. 아편이 중국 전역으로 확산되면서 19세기 들어 두 나라의 무역 상황이 역전되죠. 중국으로서는 무역 역조가 심해지는 데다 아편 중독자가 늘어나 사회문제가 심각해지자 임칙서라는 관원을 광동으로 파견합니다. 그가 아편 2만 상자를 바다에 수장시켜버렸고, 영국이 이걸 빌미로 중국을 공격하죠. 결국 청나라가 전쟁에서 지고 2년 뒤인 1842년 양국이 남경조약을 맺습니다.

김학원   남경조약은 중국이 서양 세력과 맺은 최초의 조약이죠? 그런데 이게 불평등 조약이죠?

남경태   조약 내용을 보면 '항구를 개항하라', '전쟁 배상금을 물어라', 이런 조항들이 있습니다. 패전국에게 배상금을 요구하는 거야 당연하지만, '최혜국 대우'라는 조항도 있어요. 나중에 중국이 문호를 열면 프랑스, 미국, 러시아, 독일이 다 달려들 거고, 그때 이들이 영국이 미처 생각하지 못한 이권을 챙길 수 있는데, 같은 이권을 영국에게도 자동적으로 달라는 겁니다. 그런 독소 조항이 있었는데도, 청나라 조정은 서양 오랑캐와 조약을 맺었다는 것 자체에 대해서만 비통해합니다.

김학원   1816년만 해도 5,000상자였던 아편이 1838년 4만 상자, 1850년에는 심지어 5만 상자까지 들어오는 것을 보면, 중국이 정신적으로도 초토화되는 상황이었던 것 같아요.

남경태   아편전쟁과 남경조약이 효시가 되어 불과 10~20년 사이에 프랑스, 러시아, 미국, 독일 등 서구 열강이 다 중국으로 들이닥칩니다.

김학원   1856년(철종 7) 애로호 사건과 프랑스 신부 처형을 빌미로 이듬해에 영국과 프랑스 연합군이 2차 아편전쟁을 일으킵니다. 그 결과 1860년에 청나라와 영국, 프랑스가 북경조약을 맺죠. 그런데 설상가상으로, 두 차례의 아편전쟁 사이에 중국 내에서는 태평천국운동이 일어나서 중국을 뒤흔듭니다.

신병주   태평천국의 난이라고도 합니다. 홍수전이라는 사람이 만주족이 세운 청나라를 몰아내고 빈부 격차나 남녀 차별 없는 태평천국을 만들자고 하면서 봉기한 거예요. 당시 청나라는 1차 아편전쟁에서 패한 뒤 막대한 배상금 마련을 위해 농민들에게 엄청난 세금을 부과한 데다 영국의 값싼 공산품 때문에 수공업자들이 일자리를 잃어버리는 상황이었어요. 이런 상황에서 태평천국을 만들자고 하니 홍수전을 따르는 사람이 순식간에 늘어났죠. 태평천국군은 봉기한 지 2년여 만에 남경을 점령해서 수도로 삼기까지 합니다. 하지만 이권을 잃을까 염려한 영국, 프랑스, 미국 등이 청나라 정부군을 지원하면서 결국 태평천국운동은 실패로 끝나게 되죠.

김학원 일본은 문호 개방 과정이 조선이나 중국과 많이 달랐어요.

박시백 일본은 외부로의 진출이나 외부 세력과의 접촉에 대한 두려움이 상대적으로 덜했던 것 같아요.

남경태 에도 막부도 쇄국정책을 펴면서 서양 세력에 대한 차단에 나서기는 했지만, 네덜란드 상인과의 창구는 열어놓았어요. 물론 데지마라는 인공 섬을 만들어 거주와 통상을 제한하기는 했지만요.

박시백 어쨌든 일본은 서유럽의 학문이나 문물을 계속 수혈할 수 있는 구조를 갖추고 어떻게든 유지했어요. 우리의 쇄국과는 차원이 달랐죠.

김학원 1853년 미국의 페리 제독이 이끄는 군함 세 척이 나타나 통상을 요구합니다. 그러고는 내년에 와서 답서를 받겠다고 해요. 이게 기본적인 패턴인가 봐요. 미국이나 영국이나 프랑스나 다 비슷해요.

남경태 일본이 조선과 강화도조약을 맺을 때에도 이 패턴을 차용해요. 먼저 함포로 무력시위를 하는 거죠. 페리 제독이 자신들에게 쓴 방법을 똑같이 써먹어요.

박시백 일본 사람들이 모방 능력이 참 뛰어나잖아요.

김학원 이듬해인 1854년 미일화친조약, 그로부터 4년 후에 미일통상조약

을 맺고 러시아, 영국, 네덜란드, 프랑스와도 줄줄이 조약을 체결
하네요.

박시백   이때 일본의 처신이 조선이나 중국과 다른 게, 에도 막부 측에서
상황을 딱 보니까 외국이 자기네보다 훨씬 강한 거예요. 그 점을
인정하고 개항에 동의를 해버립니다.

김학원   개항하기 전부터 이미 조선소와 대포 공장을 설립하는 등 부국강
병책을 추진하고 있었으니, 개항이 일본의 국력 증진에 긍정적으
로 작용한 측면도 있는 거죠.

남경태   결국 1867년 막부체제가 무너지고 메이지 천황이 집권하면서 1868년 메이지 유신을 선포하고 일본 근대사를 이끌게 되죠.

사대부의 조선 500년

김학원   이쯤에서 조선왕조가 지나온 과정을 한번 정리해보죠.

박시백   고려 말에 등장한 신진 사대부들 사이에서 향후 방향을 놓고 논란이 벌어졌어요. 정도전 측은 역성혁명을 해야 한다고 주장했고, 정몽주 등 온건 개혁파는 고려의 틀 내에서 개혁을 하자고 주장했어요. 결국 역성혁명파가 승리해서 유교 이념에 기초한 나라, 조선을 세웁니다. 하지만 처음 시작할 때의 찬란함이 점점 쇠락하는 것이 모든 사물의 운명입니다. 조선도 성종시대를 넘어서면서 점점 문약에 빠지고, 각종 공신 책봉으로 특권 세력이 끊임없이 양산되는 등 여러 가지 사회문제가 발생합니다. 조선 초기만 해도 양반이란 존재가 과거를 통해 벼슬에 진출한 사람을 일컫는 말이었는데, 중기쯤 되면 이것이 신분이 됩니다. 그러면서 양반은 군역을 포함해 국가에 대한 의무를 지지 않는, 그야말로 특권 세력이 되어가는 거죠. 이런 모순들이 점차 확대되는 가운데 임진왜란과 병자호란을 만나고 백성의 삶은 더욱 힘들어졌습니다. 그렇지만 이때가 나라를 개조할 수 있는 기회이기도 했는데, 사대부들은 오히려 자신들의 권력을 더욱 강화하는 방향으로 나아갔습니다. 이후 영정조시대에 나름 개혁 정책들을 추진해보지만 근본적인 개혁을 하기에는 늦어버린 네나 정책 자체도 충분히 못했죠. 그래서 세도정치기에 이른바 삼정의 문란이라고 하는, 조선 사회의 모든 모순이 집약

되어 폭발하게 됩니다.

김학원   신 교수님께서도 한번 정리해주시죠.

신병주   조선 전기, 성종 무렵까지 체제가 정비되고 질서가 잡힙니다. 하지만 조선을 이끌던 훈구세력이 많은 문제를 드러내면서 그 대안으로 사림세력이 등장하고, 사화라는 시련을 겪었지만 선조시대에 드디어 집권 세력이 됩니다. 이후 당쟁을 이어나가다가 두 차례의 큰 전란을 겪으면서 나라 전체가 흔들렸지만 18세기에 영조와 정조가 출현해서 체제를 안정시키고 왕권을 강화하는 방향으로 나가면서 나라가 다소 안정을 되찾죠. 그런데 19세기에 세도정치가 시작되면서 왕조차 세도가를 통제하지 못하는 지경에 이르게 됩니다. 이런 상황에 전국에서 민란이 일어나는 한편, 서양 제국주의 세력이 들어오기 시작합니다. 청나라가 치른 두 차례의 아편전쟁은 다음 타깃이 조선임을 예고하는 것이었죠. 그런데도 조선의 대응은 너무나 안이했고, 결과적으로 서양 제국주의 세력을 모방한 일본에 의해 침탈을 당하는 운명을 맞습니다.

이양선에 대한 대책: '중국을 통해서 해결한다'

김학원   서양 열강이 중국을 뒤흔들고 있다는 소식이 조선 조정에도 전해졌을 텐데, 실록에 이런 내용이 구체적으로 나오나요?

박시백   일목요연하게 정리된 것은 본 기억이 없어요. 다만 대략적인 정세의 변화나 서양 세력의 침략으로 황제가 피란했다는 이야기 등이 청나라를 다녀온 사신들을 통해 전해지죠.

김학원   조선의 입장에서 봤을 때는 매우 충격적인 일이었을 텐데, 관련해서 내부에서 논의한 흔적이 기록상으로 좀 남아 있나요?

박시백 실록을 보면 그런 논의 자체가 굉장히 지지부진합니다. 제가 실록을 보면서 굉장히 답답했던 게, 임진왜란이나 병자호란 때도 그랬지만, 진행되는 상황은 다 알면서도 대책이 없어요. 맞서 싸우자, 아니면 상대가 너무 강하니까 외교력으로 돌파하자, 이런 전략이 있어야 하는데 이런 게 거의 보이지 않습니다.

김학원 1846년(헌종 12)에는 충청도 서해안에 프랑스 배가 정박해서 기해박해 때 프랑스 신부 셋을 처형한 것에 대해 항의를 합니다. 그리고 이듬해에 와서 답서를 받겠다고 하죠.

박시백 그런데 이듬해에 온 배가 좌초되어버렸어요. 조선의 지원만 받고 순순히 물러가 버리면서 개항 요구가 한 템포 늦춰졌죠.

남경태 어쨌든 그 당시 최고 결정기구가 비변사인데, 거기서 대외노선이나 외교문제에 대해 논의된 바가 없는 건가요?

박시백 이때 비변사의 대책이란 게 '중국을 통해서 해결한다' 정도였어요.

김학원 이런 와중에 1860년 최제우가 동학을 창시합니다.

신병주 동학은 천주교를 지칭하는 서학에 대응해서 붙인 이름이에요. 삼정의 문란과 이양선의 출현으로 백성이 동요하던 시점이어서 동학이 백성의 마음을 사로잡았죠. 동학사상 중에 특히 '사람이 곧 하늘'이라는 인내천 사상과 평등 사상이 상당히 호소력이 컸죠.

김학원 동학이 많이 퍼지니까 1862년 조정에서 교주 최제우를 체포합니다. 그러나 동학에 경도된 농민들이 석방 운동을 벌여 최제우가 풀려나고 이후 교세가 더 확장됩니다.

신병주 최제우가 경주 출신이어서 경주를 중심으로 전라, 충청, 경기 지역까지 퍼져나간 거예요. 그러니까 또 최제우를 체포합니다.

김학원 1863년(철종 14) 12월 철종이 병세가 급격히 악화되어 세상을 떠나는데 향년 33세입니다. 철종은 자식들이 어린 나이에 다 죽어서 후사가 없었죠?

신병주 헌종과 철종의 행적이 어떤 면에서는 유사한데, 헌종이 8세에 즉위해서 15년 동안 재위했고, 철종은 19세에 왕위에 올라 14년 동안 재위했습니다. 재위 기간에 비례해서 존재감이 없기로는 아마 랭킹 1, 2위를 다툴 겁니다.

남경태 정치적인 업적이 없는 것은 이해하겠는데, 생물학적인 업적도 없습니다.(웃음)

김학원 이번에는 효유대비(신정왕후)가 대왕대비가 되어 후사를 결정합니다.

신병주 2대에 걸쳐 수렴청정을 했던 여걸 명경대비는 철종 때 돌아가셨죠. 그래서 이때는 효명세자의 부인 효유대비가 왕위 지명권을 행사합니다.

남경태 다시 '원범 총각' 같은 사람이 있어야 하는 상황이었죠.(웃음)

신병주 왕실에서는 다시 종친 중에서 후사를 찾아야 했고, 왕위 지명권을 가진 효유대비가 파격적으로 흥선군의 아들을 지명합니다.

김학원 철종보다도 더 까마득한 촌수인가요?

박시백 결론적으로는 그렇죠. 문제는 흥선군의 아버지 남연군이 원래는 인조의 후손인데 사도세자의 아들 은신군의 양자로 들어온 거죠. 그러니까 웬만한 때 같으면 왕이 될 수 없는 신분이에요. 어쨌든 조선 왕조 말기에 왕족의 혈통을 유지시킨 건 사도세자입니다.(웃음)

신병주 사도세자가 스물여덟이라는 젊은 나이에 생애를 마감했지만, 자식은 많이 낳았어요. 정조를 비롯해서 은언군, 은신군, 은전군을 낳았는데, 이런 사람들의 후사가 철종, 고종으로까지 이어진 거죠.

남경태 철종은 은언군의 손자이고, 고종은 은신군의 증손자입니다.

김학원 1863년 흥선군의 열두 살짜리 둘째 아들이 왕위에 올라 고종시대를 엽니다.

박시백 흥선군과 효유대비의 밀약에 대해서는 실록에 언급되어 있지 않습니다. 그렇지만 이후 권력이 흥선대원군에게 집중되는 양상을 보면 사전 정지작업이 있었던 게 틀림없어요. 이 부분은 야사에서 충분히 설명해줍니다.

남경태 그런데 한 가지 의문이 있는데요. 어린 명복(고종의 이름)보다는 차라리 44세의 흥선군이 왕이 되어야 했던 것 아닌가요? 어차피 같은 왕족인데 말이에요.

신병주 44세는 왕을 하기에는 너무 많은 나이에요.(웃음)

박시백 사실 흥선군이 효유대비에게 접근했을 때는 굉장히 조심스러웠을 거라고 봐요. 결정권자인 효유대비 앞에서 자신의 권력욕을 드러내면 오히려 위험해질 수가 있으니까요. 그런데 어린 아들을 내세우면 효유대비의 수렴청정이 가능하니까 자신의 욕심을 감출 수가 있었던 거죠.

박사관은 말한다 조선왕조 500년이 종반으로 치닫는 이 시기를 살펴보다 보니 한 가지 의문이 들었다. 조선의 사림은 시대의 요구에 부응했는가? 사림의 조선은 성공적이었나? 삼정의 문란은 세도정치와 결합되면서 더욱 심화되었지만, 사실상 오래전부터 해결하지 않고서는 조선 사회를 바로 세울 수 없을 만큼 근본적인 문제였다. 서세동점의 물결에 대한 적절한 대응만큼이나 내부적으로 이 문제를 바로 해결하는 것이 급선무였다. 민생을 편안케 하고 국가재정을 넉넉히 해야 외생적 변수에 대한 대응책도 나올 수 있는 것 아니겠는가? 그러나 조선의 집권 세력은 언제나 그랬듯이 자신들의 이익을 포기하지 않음으로써 개혁의 기회를 무산시키고 말았다.

Talk 19
고종실록

<u>쇄국의 길,</u>
<u>개화의 길</u>

1863년(고종 즉위년)	고종이 즉위하다. 흥선군을 흥선대원군에 봉하다.
1864년(고종 1)	최제우를 효수하다.
1865년(고종 2)	비변사를 의정부에 통합하고 삼군부를 복구하다. 만동묘의 제사를 폐하다. 경복궁의 중건을 명하다. 《대전회통》을 간행하다.
1866년(고종 3)	서양인 신부 등 천주교도 수천 명을 처형하다(병인박해). 효유대비(신정왕후)가 수렴청정을 거두다. 민치록의 딸을 중전으로 간택하다. 제너럴셔먼호를 격침하다. 병인양요가 일어나다.
1868년(고종 5)	남연군묘 도굴사건이 일어나다.
1870년(고종 7)	호포법을 실시하다.
1871년(고종 8)	전국의 서원을 47개소만 남기고 철폐하다. 신미양요가 일어나다.
1873년(고종 10)	최익현의 상소로 대원군이 실각하다.
1874년(고종 11)	만동묘 중건을 명하다. 민승호가 폭발사고로 죽다.
1875년(고종 12)	운요호 사건이 발생하다.
1876년(고종 13)	신헌과 구로다 기요타카가 조일수호조규(강화도조약)에 서명하다.
1880년(고종 17)	수신사 김홍집이 가져온 《사의조선책략》에 대해 논의하다.
1881년(고종 18)	통리기무아문을 설치하다.
1882년(고종 19)	미국과 조약을 체결하다(조미수호통상조약). 임오군란이 일어나다. 청나라 군대가 흥선대원군을 천진으로 압송하다. 조청상민수륙무역장정이 체결되다.
1883년(고종 20)	국기를 제정하다. 기기국과 박문국을 설치하다.
1884년(고종 21)	갑신정변이 일어나다. 김옥균 등이 일본으로 망명하고 홍영식, 박영교 등이 피살되다.

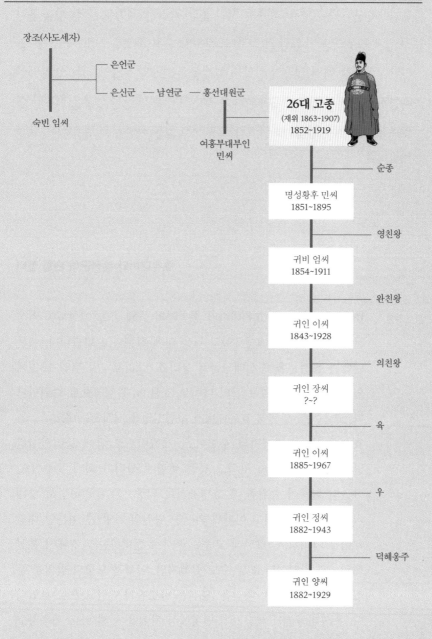

장조(사도세자)

은언군

은신군 — 남연군 — 흥선대원군

숙빈 임씨

여흥부대부인
민씨

26대 고종
(재위 1863~1907)
1852~1919

순종

명성황후 민씨
1851~1895

영친왕

귀비 엄씨
1854~1911

완친왕

귀인 이씨
1843~1928

의친왕

귀인 장씨
?~?

육

귀인 이씨
1885~1967

우

귀인 정씨
1882~1943

덕혜옹주

귀인 양씨
1882~1929

흥선대원군, 그는 영조와 정조도 하지 못한 과감한 개혁을 피 한 방울 흘리지 않고 이루어낸 탁월한 정치가다. 그러나 그의 개혁은 시작부터 너무 늦었다. 게다가 세계 열강이 침략의 이빨을 드러내며 눈앞에 있는 상황에서 조선의 문을 꽁꽁 걸어 잠금으로써 그 자신이 이룬 대단한 성공을 허무한 실패로 전락시키고 말았다. 마지막 기회마저 잃은 조선은 이제 어디로 가야 하는가?

효유대비와 흥선군이 손을 잡다

김학원　1863년 12월 8일, 효유대비가 흥선군의 둘째 아들 이명복을 익성군으로 삼고, 익종(효명세자)의 뒤를 잇게 하겠다고 말합니다. 이튿날에는 흥선군을 흥선대원군에 봉하죠. 그리고 4일 뒤인 13일에 익성군 이명복이 열두 살의 나이로 조선 26대 임금으로 즉위합니다. 고종이죠. 당연히 효유대비가 수렴청정을 시작하는데요.

박시백　효유대비는 효명세자의 부인이죠. 세자빈으로 궁에 들어왔지만 남편이 임금이 되지 못하고 죽는 바람에 왕비가 되지 못했어요. 아들인 헌종이 즉위한 후 효명세자를 익종으로 추존하면서 왕대비가 된 거죠. 그리고 이때에 와서는 왕실의 가장 큰 어른인 대왕대비로 자리하죠. 그런데 고종을 후사로 선택하는 과정에서 흥선대원군과 밀약이라고 할 수도 있겠지만, 어쨌든 모종의 합의를 본 것만은 분명합니다. 핵심은 '왕실을 바로잡자'였던 것으로 보입니다. 흥선대원군이 세도가의 전횡에서 왕실을 구해 바로 세우자고 했고 효유대비도 전적으로 동의했다는 거죠. 실제로 고종 초기에는 우리 생각과 달리 흥선대원군이 아니라 효유대비가 전면에 나서서 안건을 제기하거나 명을 내리는 모습을 볼 수 있어요. 흥선대원군과 사전 교감을 통해 방향이 정해지면 효유대비가 나서서 이것을 실행해나가는 구도였던 거죠. 두 사람이 개혁 파트너였던 셈입니다.

신병주 19세기 초중반 조선의 역사는 어찌 보면 수렴청정의 역사라고도 할 만합니다. 순조시대에 예순대비, 헌종과 철종시대에 명경대비, 고종시대에 효유대비에 이르기까지 4대 연속으로 수렴청정이 계속되는 진기록이 세워지니까요. 그만큼 조선의 왕권이 약화된 상황을 반영한 것이라고도 할 수 있습니다.

김학원 그런데 야사는 물론 대부분의 사서에는 수렴청정을 한 대비나 대왕대비들에 대한 평이 그다지 좋지 않아요. 박 화백님께서는 그 저변에 남성 우월적 시각이 깔려 있다고 보시는 거죠?

박시백 그렇죠. 특히 야사를 보면, 풍양 조씨인 효유대비가 수렴청정을 하자마자 안동 김씨에게 복수를 하려 했는데, 흥선대원군이 만류해서 땅과 돈을 왕창 받아낸 다음에 살려줬다고 나와요. 이런 내용이 황현의 《매천야록》에도 나옵니다. 드라마들도 다 이런 식으로 그녀를 묘사하고 있고요. 하지만 실록이 보여주는 효유대비는 왕실의 큰 어른답게 아주 안정되어 있고, 시대가 요구하는 개혁 정책을 진중하게 수행해나가는 사람이었어요.

신병주 실록과 야사를 모두 참고해야 할 것 같아요. 효유대비에 대한 실록의 기록은 사관이 가능하면 긍정적으로 서술했을 가능성이 있고, 반면에 야사는 정치의 여러 가지 이면을 다룬 기니까요. 실록이나 야사 모두 기록과 실제가 좀 다를 수 있다는 거죠. 예를 들어, 신정

말하자면 그녀는 대원군의 개혁 파트너였다.

단지 자신이나 친정 가문의
정치적 욕심을 위해 대원군과
밀약했던 것이 아니고

시어머니
순원왕후와
안동 김씨처럼
...

대원군에게 이용만 당한
어리숙한 여인도 아니었다.

권력을 잡고 나니
나랑 풍양 조씨를
무시하고 순
제멋대로야.
속았어.

왕후가 안동 김씨에 대해서 야사에 나오는 것만큼 분노를 표출하지는 않았겠지만, 전혀 없는 사실이 회자되지는 않았을 거라는 얘기죠.

박시백 실록의 기사를 보면, 당시 흥선대원군이 종친들에게만 벼슬을 주었는데, 그게 미안해서 풍양 조씨한테도 주려고 했어요. 그런데 오히려 효유대비가 나서서 사양하고 반대합니다.

신병주 효유대비가 시어머니 명경대비의 수렴청정을 반면교사로 삼은 것 아닐까요? 당시 효유대비는 시어머니의 수렴청정이 낳은 부작용의 심각성을 분명히 느끼고 있었을 거예요. 그런 와중에 흥선대원군이 안동 김씨의 세도정치를 확실히 제어하겠다, 그리고 세도정치의 본산인 비변사도 확실히 개혁해서 왕실의 중흥을 꾀하겠다고 하니 전폭적으로 지원한 거죠.

김학원 1866년(고종 3) 2월, 고종의 나이가 15세가 되면서 효유대비가 선례에 따라 수렴청정을 끝냅니다. 수렴을 걷고 24년을 더 살았는데도 그 이후에는 단 한 번도 정치에 무리하게 개입하지 않았어요. 이런 걸 보면 자신의 역할에 충실했던 것 같아요. 권력을 지향하거나 이상한 술수를 쓴다거나 하지 않았어요.

박시백 이후에 조씨들이 득세하지 않은 걸 봐도 그렇고요.

요즘 정치가들도 살펴볼 필요가 있는 흥선대원군의 정치

김학원 그러면 흥선대원군 이하응에 대해서 이야기를 해보죠.

신병주 이하응의 아버지 남연군은 뿌리를 거슬러 올라가면 인조의 후손입니다. 사도세자의 아들 은신군의 양자로 입적되지 않았다면 그냥 종친의 한 사람으로 남았겠죠. 그런데 헌종이 후사 없이 죽고 은언군의 손자 철종이 왕이 되자, 은신군의 양자로 입적된 아버지 덕분에 이하응 집안의 후계 가능성도 어느 때보다 높아졌던 거죠. 그래서 흥선군이 집권 프로젝트를 만듭니다. 자신의 정치적 비전과 구상을 이야기하면서 효유대비의 마음을 움직이죠. 결국 조선왕조 사상 처음으로 살아 있는 대원군이 됩니다.

김학원 그런데 흥선군이 야사에서처럼 불우한 시절을 보낸 것은 아니라면서요?

박시백 안동 김씨에 비하면 좀 어려웠을 수도 있지만, 야사에 니오는 정도는 아니었어요. 집안이 한미하고 쇠락했다고 하는데, 남연군묘를 충청도 땅으로 이장할 때 절을 사서 통째로 태워버린 다음에 이장을 했을 정도니까요. 이걸 홍선군이 주도하거든요.

김학원 사비로 절을 산 거네요?

박시백 그렇죠. 당시는 대원군도 아니고 그냥 홍선군 시절이니 자금이 없으면 불가능한 일이었죠. 그리고 철종시대에 이미 남연군의 두 아들 흥인군과 홍선군은 최고 종친 반열에 올랐어요. 홍선군은 명예직이긴 하지만 도총관 등을 지냈고, 흥인군은 중국에 사신으로 다녀오기도 했어요. 무엇보다 야사가 서술된 것은 홍선군이 집권한 이후입니다. 그 시점에서 보면 옛날 홍선군의 모습이 상대적으로 변변찮아 보였겠지요.

김학원 홍선군이 대원군이 되어 대왕대비를 통해 정국의 주도권을 장악합니다. 인사정책을 보면 예상과 달리 안동 김씨 세도정치의 핵심들을 오히려 예우하면서 새로운 개혁 연대를 모색하는 것 같아요.

박시백 굉장히 독특하죠. 이때는 그야말로 60년 세도정치의 청산이 최고의 화두였으니 대형 옥사가 뒤따랐을 법도 한데, 죽은 사람이 단 한 명도 없습니다. 그런데도 안동 김씨의 세도를 완전히 제압했고, 안동 김씨의 주요 멤버들이 오히려 홍선대원군의 정책을 지지하게 만들었어요. 이 정도면 굉장한 정치력이죠.

김학원 홍선대원군이 인사와 개혁정치를 해나가는 모습은 요즘 정치가들도 세심하게 살펴볼 필요가 있을 것 같아요. 특히 김병학*에게 좌

● 김병학金炳學(1821~1879) 철종의 장인인 김문근의 형 김수근의 아들. 홍선대원군 섭정 시절 좌의정에 올랐다. 병인양요 때 이항로를 추천해 척화론을 펼치게 하는 한편, 경복궁 재건 과정에서 영건도감의 도제조를 겸하면서 당백전 제조를 실행시켰다. 홍선대원군의 특별한 신임을 받으며 서원 철폐 등 그의 개혁정책을 뒷받침했다.

의정과 영의정을 맡기면서 계속 개혁 파트너로 삼았네요.

신병주   그런데 안동 김씨에게 힘을 실어주는 듯하면서도, 실제 지방 행정 일선에 있던 안동 김씨 세력을 대거 교체하고 부정부패를 저지른 사람들은 잘라버립니다. 그러니까 중앙에 있는 사람들도 우리도 잘못하면 당하겠구나 하고 생각을 한 거죠. 또 북인, 소론, 남인 등 노론 이외의 세력들도 많이 등용해서 안동 김씨를 견제하는 역할을 맡기고, 종친들도 많이 등용해서 종친들 사이에서 지지를 받습니다.

김학원   맞습니다. 종친만을 대상으로 '직부전시'*를 시행하죠.

박시백   왕권이 강할 때는 종친이 오히려 경계의 대상이잖아요. 그런데 이때는 세도가들이 워낙 강했기 때문에 종친 세력을 끌어들여 왕의 보위대처럼 만든 거죠.

부정부패 척결에서 제도 개혁으로

김학원   흥선대원군의 개혁에 대해 이야기해보죠. 우선 초기에 지방 수령과 관리 들의 기강을 확립하기 위해 아주 구체적인 조치를 취하죠. 1864년(고종 1) 의주 부윤 심이택이 무려 27만 냥이나 착복, 갈취하는 사건이 있었어요. 엄청난 비리예요.

• **직부전시**直赴殿試 과거는 보통 초시와 복시를 거쳐 왕 앞에서 마지막 전시를 치르게 되는데, '직부전시'는 앞의 두 시험을 거치지 않고 바로 전시를 치를 수 있는 기회를 주는 것이다. 전시는 이미 합격한 사람들을 대상으로 등급을 매기는 시험이니, 100퍼센트 합격이 보장된 상태에서 시험을 보는 것이다.

박시백 아마 이때의 국가재정이 100만 냥을 넘지 않았을 겁니다. 경복궁 중건 때 효유대비가 내놓은 돈도 10만 냥밖에 안 돼요. 종친들 중에서는 가장 많이 내놓은 사람이 1만 냥 정도고요.

김학원 그러니까 27만 냥은 정말 어마어마한 액수죠.

남경태 의주 부윤이면 지금으로 치면 기초단체장급인데요.

박시백 의주가 돈이 많고 대청 무역로의 길목이라 착복하기가 아주 좋은 곳이었죠.

김학원 결국 심이택은 거리에서 공개적으로 형신을 받고 제주로 위리안치되는데 역시 사형은 안 시킵니다.

남경태 어쨌든 대원군의 개혁정책이 부정부패 척결에서 시작이 되었다는 얘기입니다. 지금도 개혁은 대개 부정부패 척결에서 시작되죠.

김학원 동시에 제도 개혁에 나서는데요. 1864년(고종 1)부터 비변사에 대한 개혁을 시작합니다.

박시백 비변사를 개혁하지 않고서는 세도정치의 잔재와 폐단을 극복할 수 없으니까요. 그래서 1864년 대왕대비가 비변사와 의정부의 업무 구분을 지시하는데, 신하들은 의정부가 유명무실한 상황이라는 데 동의하면서도 오히려 비변사 주도의 기존 체제를 제도화하는 방향으로 절목을 올려요. 그러자 1년 뒤 대원군이 직접 개혁에 나섭니다. 비변사에 있었던 도장을 폐기하고 비변사의 권한을 아예 의정부로 넘기면서 그야말로 전격적으로 혁파해버리는 거죠.

남경태 이것과 맞물려 삼군부도 재조직됩니다. 그동안 비변사가 맡아왔던 군사 지휘 업무를 재조직된 삼군부에 넘기는 거죠.

박시백 태조시대에 '의흥삼군부'라고 했죠. 정도전이 판의흥삼군부사로 임명된 적이 있습니다.

김학원 가만히 보면 대원군이 정도전에 대해 공부를 좀 한 것 같아요.

신병주 　그렇죠. 그러고 보니 정도전을 복권시킨 사람도 흥선대원군이네요.

김학원 　민생 개혁으로는 호포법 시행이 단연 핵심일 것 같아요.

남경태 　영정조시대에도 못했고, 아무도 고양이 목에 방울을 달지 못하고 있었는데 이걸 대원군이 해낸 겁니다.

박시백 　숙종시대 송시열과 맞섰던 윤휴가 군정 개혁 방안으로 호포법 시행을 주장한 이래 논의는 많이 됐지만 정치적 부담이 너무 커서 실행을 못했어요. 호戶를 기준으로 균등하게 포를 부과한다는 건 곧 양반에게도 군역의 의무를 지우는 것이니 양반을 적으로 돌릴 수 있다는 부담이 따를 수밖에 없었으니까요. 그래서 영조도 수십 년의 논의 끝에 균역법 정도에 머물 수밖에 없었거든요. 그런데 이걸 대원군이 해낸 거예요.

김학원 　단순히 양반에게도 군포를 부과하겠다는 선언에 그친 게 아니라 서원 등에 의탁해 군역을 피하던 이들까지 모조리 적발해 군적에 등록시켜 군포를 부과합니다. 또 환곡의 폐단을 해결할 방안도 마련하죠. 1867년(고종 4) 사창제를 실시합니다.

신병주 　기존의 환곡은 이자가 엄청났어요. 그래서 저리로 곡식을 빌려주는 사창社倉을 전국에 설치합니다. 1872년(고종 9)에 대원군의 명으로 그린 459장의 지도를 보면 지역마다 사창이 표시되어 있어요. 사창제 실시로 백성의 부담이 상당히 줄어들었습니다.

박시백 　저리도 저리지만 관리의 주체가 달라졌다는 게 중요하죠. 환곡은 관이 주도하고 사창은 민간이 주도했어요. 사창의 책임자를 사수라고 하는데, 이들이 환곡의 출납을 관리하면서 수령과 아전 들이 개입할 여지가 줄어든 거죠.

김학원 　이어서 서원 철폐에 나서는데, 사대부의 거점을 흔드는 일이니 쉽지 않았을 것 같아요.

박시백 　대원군이 비변사 개혁이나 호포법, 사창제 실시는 한칼에 했잖아요? 그런데 서원은 잘못 건드렸다가는 사대부와 전면전을 치러야 될 수도 있거든요. 그래서 조심스럽게 접근한 것 같아요.

김학원 　1864년(고종 1)에 서원에 대한 실태조사부터 시키네요.

박시백 　실태조사가 끝나자 만동묘부터 타격을 가합니다. 만동묘는 중국 황제를 제사 지내는 사당으로 송시열의 뜻에 따라 제자들이 세운 거예요. 그런데 서울의 대보단에서 중국 황제를 제사 지내고 있으니 만동묘는 필요 없다며 철거를 명령합니다.

김학원 　두 군데를 한 군데로 줄이자는 얘기잖아요? 결국 만동묘의 제사를 정지하고 위패와 편액을 대보단으로 옮기게 합니다.

박시백 　그러고 나서 본격적으로 서원 철폐의 수순을 밟습니다.

김학원 　1868년(고종 5) 서원에 대한 1차 개혁안을 발표합니다.

신병주 　앞서 언급한 것처럼 서원에 불법으로 의탁해서 군역을 면제받아온 사람들을 다 군적에 집어넣습니다. 또 보유 토지에 대한 면세 혜택도 없애고, 원장을 수령이 맡게 해서 서원이 당쟁, 붕당정치의 온상이 되는 걸 막습니다. 1871년(고종 8)에는 마침내 국가에서 공인한 사액서원 47개만을 남겨놓고 모두 철폐하라고 명합니다.

김학원 　박 화백님, 야사에서는 이때 유생들이 반대 상소를 올렸다고 하는데, 실록에는 그런 기록이 없다면서요?

박시백 　네. 제가 보기에는 기록을 누락한 게 아니라 실제로 그런 사실이 없었던 것 같아요. 마음속으로는 몰라도 서슬 퍼런 대원군 치하에

서 대놓고 반대하기는 쉽지 않았을 테니까요. 하지만 대원군이 실
각한 후에 서원 철폐 관련 상소들이 쏟아져 나옵니다.

신병주　《매천야록》에 서원 철폐에 반발하는 이야기가 많이 나와요. 당시
유생들의 문제제기에 대원군이 "백성을 해치는 자는 공자가 다시
살아나도 내가 용서하지 않겠다."(웃음)고 맞받아쳤다는 유명한 일
화가 있죠.

김학원   1865년(고종 2) 4월에 대왕대비가 경복궁 재건을 명합니다.

남경태   그때까지의 개혁 조치를 보면 방향이 읽히지 않습니까? 부정부패 척결로 시작해서, 세도가의 온상인 비변사에 칼을 대고 만동묘 철거를 기점으로 사림의 기반인 서원에도 손을 대죠. 즉 신권이 왕권을 능가하는 비정상적인 상황을 타개하고 왕권을 강화하겠다는 건데, 경복궁의 재건도 이런 맥락에서 이해할 수 있을 것 같아요.

김학원   대원군이 직접 진두지휘하죠?

신병주   그렇죠. 형식상으로도 효유대비가 대원군에게 경복궁 중건에 관한 전권을 위임합니다. 그런데 예나 지금이나 큰 토목공사를 하려면 돈이 필요하죠. 대왕대비도 내탕금을 하사하고 종친들도 돈을 내고, 관리와 백성 들에게도 원납전, 즉 기부금을 걷죠. 문제는 그걸로도 모자라 당백전이란 고액 화폐를 발행했다는 거예요. 상평통보의 100배 가치로 유통을 시키려고 만들었습니다.

김학원   화폐에 대한 이해가 너무 없었어요. 영의정 조두순*이 갑작스런 고액 화폐의 발행이 가져올 혼란을 우려해 시험 삼아 당십전을 먼저 만들어 유통시켜보자고도 하고 도주盜鑄에 대해서도 걱정을 하는데, 받아들여지지 않죠.

박시백   도주한다는 건 요즘으로 치면 위조화폐를 만든다는 건데, 실제 도주하다가 참형을 당하는 사람이 많이 나옵니다.

●   조두순趙斗淳(1796~1870) 삼정이정청의 총재관을 역임했다. 고종 즉위 후 영건도감의 도제조를 겸했고 삼군부의 복구와 옛 규례의 회복을 주장해 관철시켰다. 김병학이 경복궁 중건으로 부족해진 재원을 보충하기 위해 당백전을 만들자고 건의하자 이에 반대했으나 받아들여지지 않았다.

사람들은 당백전을 꺼렸다.
당백전의 가치는 급격히 떨어졌다.

당백전인데
얼마 쳐줄 거에요?
50전?

아니,
30전!

게다가 조두순의 예상대로
도주가 난무했다.

위조 지폐처럼
만들기가
어렵지도 않고.

적발되어 목이
잘리면서도

위조 당백전
만들자!

목숨을 건 도주는 계속되었다.

10전씩만
쳐줘도
몇 전이
남으니

하나뿐인
목숨을 걸게
하네그려.

그렇게 위조된 당백전까지
시중에 넘쳐나자 당백전의
가치는 더욱 떨어지고 물가는
폭등했다.

당백전 땜에
못 살겠당—

남경태 　그들 입장에서는 목숨을 걸 만한 가치가 있는 거죠.

박시백 　안 그래도 당백전을 불신하는 분위기 때문에 실제 가치가 굉장히
　　　　떨어져 있는 판에, 도주한 당백전까지 시중에 풀리니 가치가 더 떨
　　　　어졌죠.

김학원 　1868년(고종 5) 공사를 명한 지 3년여 만에 주요 공사가 마무리되
　　　　어서 왕실이 경복궁으로 옮겨갑니다.

박시백 　이때의 경복궁은 조선 초기 경복궁보다 훨씬 규모가 커요.

신병주 　정도전이 경복궁을 처음 지을 때 750여 칸이라고 했는데, 이때
　　　　7,000여 칸이었으니 거의 10배에 달하는 아주 큰 규모죠. 지금의

경복궁은 이때의 30퍼센트도 복원이 안 된 겁니다. 다 복원되면 어마어마할 거예요.

대대적인 천주교도 학살

김학원   주화매국主和賣國은 척화비에 나오는 말이죠? '화친을 주장하는 것은 곧 나라를 파는 것이다' 이런 뜻인데요. 이게 흥선대원군의 쇄국정책을 상징하는 문구죠?

남경태   조선뿐 아니라 일본에서도 반외세 정책에는 다 이런 말이 들어갑니다. 대원군 때의 쇄국이 상대적으로 유명해진 것은 그만큼 척사가 강조되었기 때문이죠.

신병주   척사란 사악한 것을 배척한다는 뜻인데, 여기서 '사악한 것'은 주로 천주교를 의미합니다.

김학원   1866년(고종 3) 천주교도 최형, 전장운에 이어 서양 신부들을 처형하면서 공안정국을 조성합니다.

남경태   이 사건이 병인박해입니다. 같은 해 병인양요를 낳은 유명한 사건이죠. 과정을 정리해보면, 남종삼● 등이 대원군에게 서신을 보내 프랑스 선교사들을 연결해주려 했는데, 대원군이 천주교 신자들의 기대를 저버리고 전면적인 탄압에 나섭니다.

● 남종삼南鍾三(1817~1866) 천주교도인 아버지의 영향으로 스스로 서학을 공부하면서 천주교에 입문해 열렬한 신자가 되었다. 천주교의 합법적 포교를 모색하기 위해 흥선대원군에게 프랑스와 친교를 맺으라고 건의했으나, 흥선대원군이 오히려 전면적인 탄압을 택함으로써 프랑스 신부 등과 함께 처형되었다.

박시백 　당시 대원군의 부인도 천주교에 관여하고 있었어요. 남종삼도 그 걸 알았기 때문에 대원군에게 접근을 한 거죠.

김학원 　그보다 남종삼 등이 대원군에게 보낸 서신을 보면, 프랑스 선교사를 통해 영국, 프랑스와 친교를 맺어 러시아를 견제하자는 거잖아요? 이건 나름대로 현실성 있는 제안 아닌가요?

남경태 　1860년에 러시아가 북경조약을 알선한 대가로 연해주를 할양받습니다. 이후 러시아와 조선은 국경을 접하게 되었고, 실제로 러시아인이 국경을 넘어 경흥 땅에 들어와서 통상과 국교를 요구하기도 했어요. 그런 상황이었으니, 대원군이 남종삼의 의견대로 프랑스를 비롯한 다른 나라와도 통교했다면 어땠을까 생각해봅니다.

김학원 　결국 공식 기록만 200여 명, 실제로는 수천에서 1만 명에 가까운 천주교인이 처형됐다고 하는데, 정말 엄청난 종교 탄압입니다.

남경태 　이건 야만이에요. 문화국가에서는 있을 수 없는 일입니다. 대원군은 당시에 사악한 무리를 죽였다고 생각했겠지만 죽여도 너무 많이 죽였어요.

병인양요와 신미양요 – 본격적인 척사의 길로

김학원 　같은 해 7월에 미국 상선 제너럴셔먼호가 대동강을 거슬러 평양에 도착해서 교역을 요구하는데요.

신병주 　조선 측에서 식량을 제공할 테니 그만 돌아가라고 했는데도 무시하고 평양으로 향하죠. 그 과정에서 상선을 약탈하며 총을 쏘아댑니다.

박시백 　조선 백성 일곱 명이 총에 맞아 죽습니다.

신병주   이때 평양 감사 박규수가 아이디어를 하나 냅니다. 작은 배들을 묶어서 인화물질을 싣고 정박해 있는 제너럴셔먼호로 돌진하게 한 거죠. 작전이 성공해서 배에 불이 옮겨 붙었고, 탈출하는 서양인들을 사로잡아 강안으로 데려왔는데, 화가 나 있던 평양 백성이 이들을 때려죽였어요. 제너럴셔먼호 사건은 일단 여기에서 끝났는데, 5년 뒤에 미국이 이걸 빌미로 쳐들어오는 게 신미양요입니다.

김학원   제너럴셔먼호 사건 두 달 뒤인 9월에 일어난 병인양요 이야기를 해보죠. 천주교도 검거 선풍을 피해 조선을 탈출한 프랑스 신부 리델이 중국 천진에 있는 프랑스 함대의 사령관 로즈 제독을 만납니다.

남경태   그해 8월 로즈 제독이 전선 일곱 척을 이끌고 조선 앞바다에 나타납니다.

김학원   조선은 제너럴셔먼호도 물리쳤으니 기고만장한 상태였을 거예요. 이번에도 가볍게 승리할 거라 기대했겠죠. 그런데 의외로 쉽게 강화부가 무너집니다.

신병주   프랑스군이 강화부를 점령하고 문수산성을 파괴합니다. 그리고 갑곶진, 광성진 등을 공격해 불을 지르고 포구에 상륙해 민가와 화약고를 불태우죠. 그러고 나서 정족산성까지 쳐들어오는데, 여유를 부리다가 매복해 있던 양헌수 부대의 포수들에게 당합니다. 놀란 프랑스군이 다음 날 철수합니다.

김학원   그런데 그냥 곱게 철수하지 않았죠.

신병주   장녕전, 외규장각 등을 불태웁니다. 외규장각에 6,000여 책이 있었다고 하는데 대부분은 불태워버리고, 왕실에서 보던 어람용 의궤를 비롯해 약 340여 책을 가져갑니다. 특히 의궤는 워낙 표지도 화려하고 그림도 많으니까 문화재라 생각한 거죠. 그중 297책이 파리국립도서관에 보관되어 있었는데, 재프랑스 역사학자 박병선 박사가 1975년에 처음 발견해서 국내로 알렸어요. 이후 정부와 민간에서 프랑스에 끈질기게 반환 요구를 계속했고, 2011년 마침내 국내로 돌아와 현재는 국립중앙박물관에 보관되어 있습니다. 145년 만에 귀환한 셈이죠. 박병선 박사는 외규장각 의궤가 반환된 그해에 돌아가셨는데, 반환하는 것은 못 보셨어요.

남경태 법적으로 완전한 반납이 아니라 영구임대 형식으로 온 거죠?

신병주 영구임대도 아니고 5년마다 대여 갱신을 하는 형식입니다. 제가 규장각에 있을 때 외규장각 반환 문제 때문에 프랑스에 다섯 번을 갔습니다. 그 당시에는 반환을 성사시키지 못했지만 반환에 공헌을 했다고 해서 민망하게도 포장褒章이라는 것을 받았습니다.(웃음)

김학원 와~ 정부 포장!(웃음) 의궤의 반환 과정에 공을 세우신 신 교수님과 함께하고 있으니 무척 영광입니다.(웃음)

남경태 명백한 약탈인데, 이것도 임대 형식으로밖에 받을 수 없다는 게 너무 비참하네요.

신병주 그나마 반환 협상을 계속 이어올 수 있었던 것도 분명한 약탈의 증거가 있었기 때문이에요. 로즈 제독이 나폴레옹 3세한테 의궤를 바칠 때 그 리스트를 같이 올렸는데, 그게 딱 남아 있었죠.

김학원 1866년의 제너럴셔먼호 사건과 병인양요는 조선에 자신감을 심어주면서 쇄국정책을 확고히 하는 계기가 되지 않았나요?

박시백 그렇습니다. 실제 병인양요를 일으킨 프랑스군은 결코 작은 규모가 아니었어요. 1,500명이 왔으니 페리 제독이 일본에 갔을 때 못지않은 규모인데, 어쨌든 우리가 저들을 물리쳤단 말이죠. 중국도 맥없이 무너지고 일본도 문호를 개방하고 온 세계가 금수가 되어 가는데 조선만 외세를 물리치고 도덕을 지켰다는 자부심이 굉장히 컸을 거예요.

김학원 　1868년(고종 5)에는 프랑스, 독일 사람들이 남연군묘를 도굴합니다.

신병주 　대원군의 아버지인 남연군의 관을 확보하면 대원군이 통상에 응할 거라고 생각한 거예요. 그런데 막상 도굴을 하려는데 관이 석곽에 둘러싸여 있어서 곡괭이 날이 들어가지 않는 거예요.(웃음)

김학원 　대원군이 이장을 하면서 도굴에 대비한 거죠. 아무래도 선견지명이 있었나 봐요.(웃음)

신병주 　좌우간 그 바람에 흥선대원군이 오히려 더 분노하게 되죠. 도저히 용납할 수 없는 금수 같은 놈들이라고 생각한 거죠.

김학원 　1871년(고종 8) 2월에는 미국 사신이 청나라를 통해 편지를 보내 조선과 통상을 하고 싶다고 합니다. 5년 전의 제너럴셔먼호 사건을 빌미로 삼은 건데요. 군함 다섯 척과 해군 1,200명이 중국 상해를 출발해서 강화도로 와요.

신병주 　이때 미군 부대가 광성진에 상륙했고, 어재연이 적극적으로 항전을 했습니다. 당시 조선군 병사는 350여 명이나 희생됐는데, 미군 사망자는 세 명에 불과했어요.

박시백 　이 전투를 계기로 흥선대원군이 '양이침범洋夷侵犯 비전즉화非戰則和 주화매국主和賣國'이라는 글귀를 새긴 척화비를 종로와 주요 고을에 세웁니다.

신병주 　광성진 전투에서 또 하나 주목할 것은 미군이 승리의 상징으로 어재연 부대의 장수 깃발을 가져갔는데, 이게 2007년에 우리나라에 반환됐다는 거예요. '136년 만의 귀환'이라고 해서 특별전시회를 갖기도 했어요. 지금은 국립고궁박물관에 있습니다.

김학원 자, 그러면 흥선대원군의 정책에 대한 평가를 해보죠. 군역이나 환곡, 비변사, 서원 등의 개혁은 이전에 개혁군주라고 평가받은 정조도 하지 못한 일들이었습니다.

박시백 저는 일단 대단한 성공이라고 봅니다. 예전 왕들은 대원군의 개혁 조치들 중 한 가지도 제대로 해내지 못했는데, 대원군은 그걸 몇 년 사이에 전광석화처럼 해치웠다는 거죠. 확고한 구상과 비전, 또 그에 따른 실천 계획이 없었다면 불가능했을 거예요.

남경태 저도 크게 공감해요. 그런데 천주교 박해를 보면 참 야만적인 짓이라는 생각이 들고, 대외관계에서는 너무 성급한 판단을 했다는 생각이 들어요.

박시백 개혁정책에 기초해서 개항으로 나갔다면 좋았을 텐데, 쇄국정책을 펴면서 개혁의 성과들이 제대로 빛을 보지 못한 게 아닌가 싶어요.

신병주 사실 '쇄국'은 당시의 용어가 아니에요. 이게 대원군을 비판하는 관점에서 후대에 부정적인 뉘앙스로 쓰기 시작한 말인데, 사실 대원군의 입장에서 보면 서양 세력은 침입자였어요. 개항을 할 수 있는 마인드가 없었으니 결국 싸울 수밖에 없었죠. 대원군은 나름대로 국방 시설을 강화하고 무기도 개발하는 등 일련의 준비를 했어요. 최근 일부 학자들 사이에서는 대원군의 정책을 부국강병책으로 평가하는 흐름이 있어요. 쇄국이라는 용어에는 아무래도 선입견이 개입될 여지가 있어요.

박시백 엄밀하게 말하면 쇄국은 대원군의 독자적인 브랜드가 아니에요. 대원군은 이전부터 쭉 이어져온 방침을 유지해나간 것뿐이죠.

비변사 폐지,
만동묘 폐지,
경복궁 중건의 명이
불과 5일 사이에
나온 것이고

비변사를
의정부에
합설하고

만동묘
제사를
폐하라

경복궁을

아이고
정신 없어

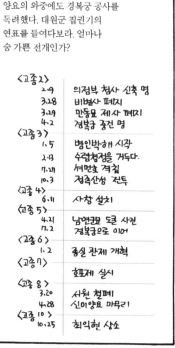

양요의 와중에도 경복궁 공사를
독려했다. 대원군 집권기의
연표를 들여다보라. 얼마나
숨 가쁜 전개인가?

〈고종2〉
2.9   의정부 청사 신축 명
3.28   비변사 폐지
3.29   만동묘 제사 폐지
4.2   경복궁 중건 명
〈고종3〉
1.5   병인박해 시작
2.13   수렴청정을 거두다
7.27   서면호 격침
10.3   정족산성 전투
〈고종4〉
6.11   사창 설치
〈고종5〉
4.21   남연군묘 도굴 사건
7.2   경복궁으로 이어
〈고종6〉
1.2   종실 관제 개혁
〈고종7〉
호포제 실시
〈고종8〉
3.20   서원 철폐
4.28   신미양요 마무리
〈고종10〉
10.25   최익현 상소

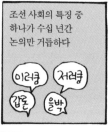

조선 사회의 특징 중
하나가 수십 년간
논의만 거듭하다

이러쿵   저러쿵

갑론   을박

용두사미로 끝내는
것인데, 이에
비춰보면 대원군의
개혁이 더욱 빛을
발한다.

반反흥선대원군 세력의 형성

김학원 중전 민씨는 흥선대원군이 선택한 거죠.

남경태 거의 전적으로 대원군의 의사에 의해 여흥 민씨라는 한미한 집안
        이 선택된 거잖아요?

박시백 그렇게 한미하지 않았습니다. 오히려 명문가예요.

남경태 한미한 집안은 아니더라도 세도를 부릴 위험이 없는 집안을 고른
        건 사실 아닙니까?

김학원 그렇죠. 그런데 중전 민씨가 3년 만에 원자를 낳았는데 며칠 만에

죽네요?

신병주 항문이 없어서 대변을 보지 못해 죽었다고 합니다. 그런데《매천야록》에 보면 대원군이 며느리에게 보약을 보냈는데 이게 잘못돼서 죽었다는 기록이 있어요. 이때 이미 대원군이 명성황후를 견제하고 있었다는 거죠.

박시백 저는 그런 이야기는 두 사람의 갈등이 불거진 뒤에 생긴 거라고 봐요.

신병주 좀 억지스럽긴 하죠.

김학원 대원군 천하에 불만을 품은 이들이 생기는데, 선두에는 고종과 그 조력자 중전 민씨가 있어요. 그리고 대원군의 친형 홍인군도 있어요. 고종이 홍인군의 아들 이재긍을 직부전시로 선발하려 하니까 대원군이 취소를 시키네요.

남경태 홍인군이 누구 아들은 열두 살에 임금도 되는데 내 아들은 급제도 안 되냐며 열 받아 했을 것 같아요.

박시백 이재긍이 어리긴 했지만, 만약 홍인군이 정치를 잘했으면 고종 대신 왕이 됐을지도 몰라요. 홍인군이 홍선군의 형이라 명분에서도 우위에 있었고요.

김학원 그 밖에 대원군의 처남 민승호와 민겸호, 대왕대비의 조카 조영하와 조성하, 대원군의 개혁 파트너 김병학의 아우 김병국°도 불만 세력이었어요.

남경태 그럼 민씨 세력과 풍양 조씨, 안동 김씨 세력, 심지어 대원군의 형

° 김병국金炳國(1825~1905) 김병학의 동생. 홍선대원군 섭정 때 요직에 기용되었고, 호조 판서로 있을 때는 사창제를 건의했다. 그러나 형 김병학만큼 높은 자리에 오르지 못하는 것에 불만을 품고 대원군 반대세력에 합류했다.

제와 종친 들까지도 대원군에게 불만을 가졌다는 거네요?

박시백 가장 큰 불만은 친형이나 처남들에게 권한을 전혀 주지 않고, 그야 말로 혼자서 권력을 오롯이 행사하고 있었다는 거예요.

대원군 저격수, 최익현

김학원 자, 그러면 흥선대원군의 실각에 대해 얘기를 좀 나눠보죠. 박 화 백님은 만화에서, '대원군이 경복궁 중건이라는 무리수를 두면서 당백전이나 원납전의 폐단을 낳아 지지를 잃었다'고 하는 기존의 시각에 이의를 제기하셨는데, 여기에 대해서 말씀해주세요.

박시백 이건 시점이 문제인데요. 경복궁 중건은 대원군 집권 초기인 1868 년(고종 5)에 이미 주요 공사가 완료됐어요. 이때 최익현이 상소로 경복궁 중건에 따른 여러 폐단을 지적했죠. 하지만 당시는 대원군 의 입지가 탄탄할 때였어요. 경복궁 중건 과정에 여러 무리수를 두 긴 했지만 백성에게서 굉장한 지지와 환호를 받을 때였죠. 대원군 이 실각한 건 5년 뒤인 1873년(고종 10)의 일입니다.

남경태 최익현이 고종 5년에 이어 고종 10년에 상소를 한 번 더 올리는데, 대원군이 이때 실각했다는 거죠?

박시백 그렇죠. 그런데 마치 고종 5년의 상소로 실각한 것으로 보는 시각 이 있다는 거죠. 대원군이 실각한 일차적인 원인은 경복궁 중건에 따른 폐단 때문이 아니라 왕과 섭정의 역할을 잘 구분하지 못한 데 있다고 생각합니다.

김학원 적절한 시점에서 아들에게 물려주고 그다음 수순으로 갔어야 하는 데 말이에요.

때마침 제너럴셔먼호 사건,
병인양요, 오페르트
도굴 사건 등이 연이어 터져
친정을 감당하기 어려운
상황이기는 했다.

고종 3년 15세, 대왕대비가
수렴을 거두고 친정을 하게
되었다……

……으나 그게 아니었다.
여전히 모든 의사 결정은
아버지의 몫이었다.

남경태 대원군은 공식적인 섭정도 아니잖아요. 서양에서는 왕의 최측근이 자문관이라는 공식적인 직책을 가지고 정치에 개입합니다. 그런데 대원군은 대원군이라는 존호 외에는 어떠한 공식적인 직함도 없었어요. 비공식적인 루트를 통해 권력을 행사한 것도 문제였던 것 같아요.

박시백 예전에 김조순이 장악한 구조와 비슷한 건데, 대원군은 그보다 장악력이 훨씬 강했죠.

신병주 고종의 나이도 대원군의 실각에 일정한 작용을 한 것 같아요. 고종이 1852년생이니까 고종 10년이면 1873년, 우리 나이로 스물두 살이에요. 친정을 해도 충분한 나이죠.

박시백 사실 고종이 열다섯 살이 됐을 때 효유대비가 물러나면서 공식적인 친정 체제가 시작되긴 했어요. 다만 말이 친정이지 친정이 아니었던 거죠.

신병주 또 하나의 변수가 명성황후인데, 명성황후도 고종을 부추겼을 가능성이 크죠.

김학원 그럼 최익현이 고종 10년에 도대체 어떤 이야기를 했길래 대원군을 실각에 이르게 했는지 그 내용을 잠깐 짚고 넘어가죠.

박시백 "… 인재를 취함에 있어서는 나약한 사람만을 채용하고 있습니다. 대신과 육경은 아뢰는 의견이 없고 대간과 시종들은 일 벌이기 좋아한다는 비난을 피하고 있나이다. … 그칠 새 없이 받아내는 세금에 백성은 어육이 되어버리고 … 선비의 기풍은 무너지고 있나이다. 나라를 위해 일하는 사람은 괴벽스럽다 하고 '개인'을 섬기는 사람은 처신을 잘 한다 하고 있습니다."

김학원 이 상소가 논란이 되자 다시 상소를 올리는데요.

신병주 두 번째 올린 상소의 마지막 부분이 핵심을 찌릅니다. "다만 '그 지위에 있지 않고 종친의 반열에 있는 사람'은 그 지위만 높여주시고 녹봉은 후하게 주시되 나라의 정사에는 관여하지 못하게 하소서."

남경태 정확하게 대원군을 겨냥한 거네요.

신병주 첫 번째 상소에 대해 고종이 최익현을 벌하기는커녕 오히려 호조참판에 제수합니다. 또 최익현을 비판하는 소에는 소를 올린 자들을 극변에 유배하는 것으로 화답합니다. 그 뒤에 올라오는 최익현의 두 번째 상소가 바로 고종이 진짜 듣고 싶은 말이었어요.

박시백 첫 번째 상소는 비판 내용이 구체적이지 않고 두루뭉술했어요. 그런데 두 번째 상소 때는 대원군의 정책을 조목조목 비판했고, 무엇보다 대원군의 섭정 자체를 문제 삼았어요.

김학원 그러면 최익현의 첫 번째 상소 당시 고종이 최익현을 호조 참판에 제수한 것은 고종의 주체적인 판단이었다는 거죠?

신병주 이때 사실상 아버지에게 결별을 선언한 거죠.

박시백 그래서 이것이 명성황후 측이 사전에 기획한 상소라는 의혹이 있어요. 왜냐하면 상소에 대한 고종의 반응이 워낙 즉각적인 데다 내용도 좀 뜬금없잖아요? 고종이 '이거 정말 좋은 이야기다' 하면서 기다렸다는 듯이 바로 최익현에게 참판직을 내려요. 게다가 신하들의 합당한 비판까지 다 무시하면서 최익현 편만 드는 모습을 보여줘요. 준비가 이미 되어 있었다는 방증이죠. 야사에서도 교감이 있었다는 얘기가 나옵니다.

신병주 최익현의 스승이 이항로인데, 이 사람들은 기본적으로 유학자들이거든요. 대원군의 서원 철폐령에 대해 상당히 반감을 가지고 있던 차에, 왕이 이런 뜻을 가지고 있다고 하니까 아주 강한 어조로 상소문을 올릴 수 있었던 거죠.

박시백 두 번째 상소는 흥선대원군이 그동안 진행한 여러 개혁정책에 대한 거의 전면적인 부정이거든요. 만동묘와 서원 철폐, 원납전 징수 등이 온 나라를 폐단으로 뒤덮었다고 주장하는 거죠. 다만 이것이 임금의 탓이 아니라 그동안 임금 노릇을 한 '그 사람' 탓이니, 그 사람을 나가게 하고 지금부터라도 정신 바짝 차려서 임금 노릇을 제대로 하라고 이야기한 거예요.

김학원 결국 최익현의 상소는 노론을 중심으로 한 당시 사대부들의 요구를 담고 있는 것 아닌가요? 서원 복구, 만동묘 복구 그리고 역적 사면 취소 등을 요구하잖아요.

박시백 사실 대원군이 그동안 역적으로 분류된 사람들을 대거 시면했거든요. 김귀주, 김상로 등등. 그런데 최익현은 숙종 때의 남인인 이현일과 목내선 등만 콕 찍어서 안 된다고 해요. 어찌 보면 좀 치사한 공격이죠.

남경태 노론 인사의 사면에는 일언반구도 없으면서 남인의 사면만 문제 삼았어요.

김학원 두 번째 상소로 고종은 최익현을 유배 보내기는 하지만 대원군에 게서 권력을 가져옵니다.

박시백 이때 신하들이 상소의 마지막 문구, '그 지위에 있지 않고 종친의 반열에 있는 사람'을 가지고 갑론을박했으면 고종도 난처했을 거예요. 그런데 왕과 대원군의 권력투쟁임을 눈치 챈 신하들이 최익현은 비판하되 이 문구에 대해서는 언급하지 않고 대충 넘어가요.

남경태 누가 이길지 모르니까 선뜻 한쪽 편을 들 수 없었던 거죠.

박시백 그렇죠. 여기에 자신감을 가진 고종이 최익현을 벌주는 척하면서 권력을 딱 틀어쥔 거죠. 대원군은 복귀시키지 않지만, 최익현은 한 1년 있다가 풀어줍니다.

고종의 대원군식 인사정책

김학원 대원군이 물러나고 100여 일이 지나서 명성황후가 원자를 낳습니다. 훗날의 순종이죠. 더욱 자신감을 얻은 고종이 진정한 친정의 환경에서 정사를 폅니다.

남경태 그런데 대원군 실각 후 고종의 정책과 노선에 명성황후 세력의 입김이 얼마나 미쳤는지를 봐야 할 것 같아요. 어디까지가 고종의 주체적인 결정이고 어디까지가 명성황후의 생각인지.

박시백 고종과 명성황후는 일심동체였다고 봐요. 명성황후 단독으로는 대원군을 상대할 수 없고, 고종도 혼자서는 대원군을 상대하기 어려웠으니까요.

남경태 그래서 손을 잡은 건 당연한 거고, 저는 둘 중 누가 주도했는지가 궁금해요.

박시백 실권에 있어서는 민씨 측이 더 크지 않았을까요? 부릴 수 있는 사람이 민씨 세력밖에 없었으니까요.

김학원 친정에 나선 고종과 민씨의 역학관계나 주도성이 관전 포인트 중하나일 것 같습니다. 이런 환경에서도 고종이 주도적으로 제법 세련된 정치를 펴는데, 하지만 이때 전체적으로는 대원군의 정책 기조를 유지했어요.

박시백 그렇죠. 신하들도 서원의 폐단은 인정하고 있었으니까 전면적인 복구를 주장할 수는 없었어요. 하지만 송시열이라는 워낙 상징적인 인물을 모신 화양서원의 복구는 들어주겠지 하면서 한번 찔러봤는데, 고종이 단칼에 잘라버렸죠

김학원 고종의 인사 정책도 아버지와 좀 비슷하지 않나요? 대원군과 사이가 좋지 않았던 이유원을 영의정으로 발탁하고 이최응이나 김병국 같은 대원군에 대한 불만 세력들을 정승으로 발탁하면서도, 대원군 시절의 상징 같은 인물들을 그대로 유임시키거나 오히려 발탁하기도 하죠.

박시백 친 대원군 세력을 쳐내면 오히려 자신의 입지가 좁아질 수 있으니까요.

김학원 변화된 정치 환경에서 명성황후의 오빠 민승호에게 힘이 쏠립니다. 그런데 1년 만에 그 아맏로 변을 당해요.

박시백 폭사하죠. 1874년(고종 11)의 일입니다.

김학원 이건 정말 특이한 사례예요. 상자를 여니까 폭발을 하는데, 민승호

여는 순간 상자가 폭발했다. 민승호와

다섯 살 난 그의 아들,

양모까지 폭사했다.

한순간에 왕비의 친정 식구가 모두 비명에 간 것이다.

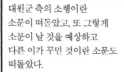

대원군 측의 소행이란 소문이 떠돌았고, 또 그렇게 소문이 날 것을 예상하고 다른 이가 꾸민 것이란 소문도 떠돌았다.

물론 왕비는 전적으로 대원군이 벌인 일이라고 받아들였다.

만이 아니라 다섯 살 난 아들, 양모가 모두 폭사해요.

박시백   양모는 명성황후의 어머니고, 다섯 살 난 아들은 민씨 집안의 유일한 후계자였어요. 그러니까 한마디로 명성황후의 친정이 한순간에 사라져버린 거예요.

남경태   명성황후는 대원군의 짓이라고 확신을 해요.

김학원   이 사건은 기록에 남아 있지 않나요?

신병주   실록에도 나오는데, 해석은 《매천야록》 같은 야사에 나오죠.

박시백   대원군의 소행이라는 소문이 돌았다는 것까지도 실록에 나와요.

김학원   이 정도 큰 사건이면 수사가 이루어졌을 텐데, 수사 기록이 있나요?

박시백   네, 있습니다. 이 일로 벌을 받은 사람도 있는데 대원군과 연계된 정황은 없습니다. 그리고 다들 대원군이 한 걸로 생각할 테니 누군가 그 점을 노려서 벌인 일이라는 소문도 있었어요.

'명성황후'인가 '민비'인가

김학원   명성황후를 부르는 이름이 민비, 명성왕후, 명성황후 등 다양한데요, 박 화백님 의견은 어떤가요?

박시백   우리가 어렸을 때만 해도 보통 '민비'라고 했죠. 그런데 언제부터인가 '명성황후'라는 호칭이 자리 잡으면서, 명성황후냐 민비냐를 두고 꽤 논란이 있었던 것으로 알고 있습니다. 그런데 제가 실록을 쭉 읽어온 입장에서 보면, 가장 정확한 호칭은 왕이나 왕비 들이 죽은 다음에 받는 시호예요. 시호가 살아생전의 모습을 가장 잘 반영하는 거니까요. 그렇게 본다면 '명성왕후'가 가장 적절한 표현일 것 같은데, 문제는 고종이 대한제국의 황제로 등극한 이후에야 왕비의 장례가 치러졌다는 거예요.

김학원 　그렇다면 '명성황후'가 맞는 거죠?

박시백 　그렇죠. 제국의 국모이니 '왕후'가 아니라 '황후'가 되는데, '명성'이라는 시호가 내려진 것은 그보다 조금 전입니다. 처음에는 '순경'이었는데, 아관파천 때 '문성'으로 바꾸었다가 고종이 황제로 즉위하기 직전에 '명성'으로 바꾸었어요. 그리고 고종이 황제로 즉위하면서 '황후'로 추존됩니다. 그러니까 '명성황후'가 합당한 표현이라고 봐요.

김학원 　다만 '민비'는 격하의 의미가 있다는 것, 또 이 용어를 일제가 사용한 것 아니냐는 것 때문에 논란이 있는 것 같아요.

박시백 　제가 보기에도 격하의 의미가 있는 것 같아요. 실록에 보면 성씨에 '비'를 붙여 사용하는 사례가 몇 있는데, 대표적인 예가 태조의 계비 신덕왕후 강씨예요. '강비'로 불렸죠. 이 경우에는 태종이 집권 후 신덕왕후를 폄하하려는 의도가 있었어요. 그렇게 봤을 때 성에 비를 붙여 부르는 것은 격하의 의미가 있다고 볼 수 있습니다. 명성황후의 경우에는 죽고 나서 조선이 멸망하기 전까지 꽤 긴 시간 동안 조선 지식인들 사이에서 '민비'로 불렸던 것 같아요. 개화파 지식인들도 그렇고 위정척사파 유림들도 명성황후에 대해 안 좋은 인식을 지녔던 것 같았어요. 하지만 이건 추측일 뿐이고 누가 가장 먼저 '민비'라고 썼는지는 알 수 없어요.

김학원 　'민비'라는 표현에 격하의 의미가 있지만, 그 격하의 주체가 꼭 일본은 아닐 수도 있다는 거죠?

박시백 　일본일 수도 있고 아닐 수도 있는데, 제가 보기에는 아닌 것 같아요.

김학원 　신 교수님은 어떻게 보시나요?

신병주 　일제강점기에는 일본이 조선 왕을 '이왕李王'이라고 표현했어요.

박시백 　상왕인 고종은 '이태왕李太王'이라고 했죠.

신병주 　일제가 조선 왕을 그렇게 부른 걸 보면 '민비'도 그런 의미가 있는 것 같아요. '민씨 성을 가진 비'라는 뜻이니, 존경이나 존엄의 의미는 없는 거죠. 박 화백님 말씀처럼 당시 왕비에 대해 부정적인 생각을 가지고 있는 사람들이 '민비'라는 호칭을 많이 쓰기도 했지만, 일제가 왕비를 폄하하는 의도로 많이 쓴 것도 분명해요. 그러니까 '민비'라는 호칭보다는 고종이 황제로 즉위한 뒤에 추숭된 '명성황후'라는 명칭을 쓰는 게 합리적으로 보입니다.

김학원 　결론적으로 보면, 가장 적절한 표현은 '명성황후'일 것 같습니다. 다만 '민비'를 꼭 식민사관에 기초한 호칭으로 몰아붙이는 것도 적절하지 않은 것 같네요.

박시백 　그 시대 명성황후에 대한 세간의 불만을 고려하면, 문화계에서 '민비'라고 표현한 것도 충분히 이해가 되는 면이 있습니다. '민비'라는 표현에는 명성황후가 조선 말기에 제대로 된 역할을 하지 못했다는 평가도 내포되어 있으니까요.

김학원 　'명성왕후'라고 해도 틀린 표현은 아니죠?

박시백 　참고로 앞서 현종의 비도 명성왕후였죠.

신병주 　한자가 다릅니다. 현종의 비는 '성스러울 성聖' 자를 쓰고, 고종의 비는 '이룰 성成' 자를 씁니다.

김학원 　그럼 현종 비와의 구분을 위해서라도 '명성황후'라고 쓰는 게 낫겠네요.

박시백 　개인적인 호불호를 떠나서 그냥 '명성황후'라고 표현하면 좋을 것 같아요. 다만 '민비'라고 부른다고 해서 굳이 비난할 필요도 없을 것 같고요.

서양을 인정하고 근대화에 나서다 – 일본의 메이지 유신

김학원   조선이 개항으로 나아가는 일련의 과정을 보기에 앞서 당시 일본 의 정세를 살펴보죠. 1854년(철종 5) 미일화친조약 이후 에도 막부 는 부국강병의 기치를 내걸고 빠르게 개화의 길로 나섭니다. 1858 년에는 서양 열강들과 연이어 조약을 맺었어요.

박시백   일본 역사를 보면, 쇄국정책을 실시하는 동안에도 난학이라고 해 서 네덜란드와의 교류는 쭉 이어오고 있었단 말이죠.

남경태   창문 하나 정도는 열어두고 있었던 거죠.

박시백   서양이 어떤 식으로 발전하고 있는지 적어도 지도층은 알고 있었 다는 거예요. 그래서 미국에 의해 강제 개항을 하자마자 서양식 군사훈련을 하고 총포제작소도 만들고 유학생도 파견합니다. 그 런데 이 와중에 존왕양이론이 득세합니다. 왕을 받들고 오랑캐를 물리치자는 거죠. 막부가 양이들과 굴욕적인 조약을 맺었다며 반 反막부 운동을 벌여 왕정복고를 꾀하는 거죠. 그런데 서양 열강들 과의 전투에 패한 뒤로 순식간에 입장을 바꿔 양이를 버리고 개 국으로 나아가는 거죠. 결국 이들이 막부를 무너뜨리고 천황을 중 심으로 근대화에 나섭니다. 이른바 '메이지 유신'이죠.

김학원   메이지 유신을 주도한 세력이 구미에 대규모 사절단을 보냅니다.

신병주   이와쿠라 사절단(1871~1873)을 말하는 거죠.

박시백   이와쿠라 사절단의 보고서를 보면 판단과 수용이란 면에서 상당히 높은 수준을 보여줍니다. 그리고 메이지 유신에 나선 지 불과 5~6 년 사이에 변화하는 과정을 보면, 중요한 순서대로 단계를 밟아나 가는 것이 정말 대단해요.

김학원   그런데 메이지 정부 초기에 새 정부 수립을 조선에 알리는 과정에서 정한론이 대두되네요.

박시백 　메이지 유신을 주도한 사이고 다카모리라는 사람이 주장했죠.

남경태 　일본이 서구 열강과의 불평등 조약으로 손해 본 것을 조선과 만주를 정복해서 만회해야 한다는 거죠.

불평등했던 조선의 개항

김학원 　1875년(고종 12) 양복 입은 일본의 사절단이 서양식 화륜선을 타고 서계를 가지고 왔어요. 조선 조정에서는 서계 수용 여부를 놓고 설왕설래를 거듭하죠. 그렇게 시간을 끄는 사이에 일본의 군함 운요호가 난지도에 정박합니다.

남경태 　1853년에 페리가 일본에 한 것과 똑같습니다. 함포를 대동해 와서 위협사격을 하면서 조약을 요구하는 거죠.

신병주 　얼마 뒤 운요호가 강화도 초지진까지 접근합니다. 조선군 쪽에서 포를 쏘니까 기다렸다는 듯이 초지진을 이틀 동안 포격했고 이튿날 영종성을 포격하기 시작합니다.

김학원 　이때 일본군이 영종도에 상륙해서 닥치는 대로 불태우고 가축들을 잡아서 선상 파티를 하고는 나가사키로 돌아가 버립니다.

신병주 　힘을 과시해놓고 이듬해인 1876년(고종 13)에 다시 오죠.

김학원 　이때는 그야말로 조약을 맺으러 오는 겁니다.

신병주 　일본의 전함 네 척이 강화도에 접근했죠. 이번에는 육군 중장까지 옵니다.

박시백 　만나주지 않으면 곧장 서울로 올라가겠다고 협박을 하죠.

신병주 　조선이 거부했지만 일본이 허락도 없이 상륙해서는 강화부로 들마침내 전권을 위임받은 신헌과 일본의 전권대신 구로다 기요타카가 수호조규에 서명했다.

〈 수호조규 〉

제1관 조선국은 자주국가로서 일본국과 평등한 권리를 보유한다.

제2관 일본국 정부는 지금부터 15개월 뒤 수시로 사신을 파견해 조선국 경성에
　　　가서 예조 판서를 만나 교제 사무를 토의하며 ⋯ 조선국 정부도 ⋯

제3관 이후 양국 간에 오가는 공문은 일본은 일본어 (10년간 번역본 별도 구비)
　　　조선은 한문으로.

제4관 종전의 관계, 세견선은 혁파한다. 조선국 정부는 제5관에 실린
　　　두 곳의 항구를 별도로 개항해 ⋯

제5관 조선력 2월부터 20개월 이내에 두 곳의 항구를 골라 개항한다.
　　　　　⋮

제7관 일본국 항해자들이 수시로 조선의 해안을 측량해 지도를 제작해
　　　양국의 배가 안전하게 다닐 수 있도록 ⋯
　　　　　⋮

제9관 양국 백성은 임의로 무역하며 양국 관리들은 간섭, 제한, 금지할 수 없다.

제10관 각국 인민이 상대국에서 죄를 지었을 경우 돌려보내 재판케 한다.

제11관 별도의 통상 장정을 제정한다.

제12관 이 조약은 양국이 성실히 준수, 준행하며 양국 정부는 수정하지 아니한다.

　　　　　　　　　　신헌　　　　　　　윤자승
　　　　　　　　　구로다 기요타카　　이노우에 가오루

어갑니다. 그래서 무장 출신인 판부사 신헌을 보내 만나보게 하죠.
강화도 연무당이라는 곳에서 두 나라 사이에 회담이 이루어지죠.

납경태　통역으로 참석한 오경석이 회담을 어떻게든 유리하게 이끌려고 무
　　　척 노력했습니다. 당시 역관들이 국제적인 감각이 있었거든요.

김학원　결국 1876년에 조일수호조규가 체결되는 거죠.

납경태　강화도조약이라고 알려져 있죠.

김학원　이때 일본 측에서는 자신들이 경험한 것을 그대로 적용하네요. "귀
　　　국 지방의 관을 열고 통상하자는 것입니다. 통상은 지금 만국에서

통용하고 있는 일입니다." 그리고 통상을 위해서는 이를 보장할 조약을 체결해야 한다는 뉘앙스로 "이 또한 만국의 공법"이라고 주장하죠. 그러면 조일수호조규의 주요 항목들을 한번 짚어볼까요?

남경태 이 조약은 내용이 아편전쟁의 결과 영국과 중국이 맺은 남경조약과는 조금 달라요. 그때는 중국이 패전국의 위치에서 체결한 조약이라 막대한 전쟁 배상금이나 홍콩 할양 같은, 언뜻 보기에도 강제성을 띤 항목들이 있었어요. 그런데 이때는 전쟁의 결과로 맺은 조약이 아니기 때문에 제1관에서 "조선국은 자주국가로서 일본국과 평등한 권리를 보유한다."는 식으로 포석을 깔았죠.

신병주 이건 말은 좋아 보이지만 실질적으로는 청나라의 간섭을 배제하기 위한 거였어요.

김학원 제7관에서는 "일본국 항해자들이 수시로 조선 해안을 측량하고 지도를 제작해서 양국의 배가 안전하게 다닐 수 있도록 한다."라고도 합니다.

남경태 말이 좋아 안전한 항해를 위한 측량이지, 침략 아니겠습니까?

김학원 두 곳의 항구를 별도로 개항한다는 조항도 있네요.

신병주 왜관이 있는 기존의 부산 외에 인천과 원산을 개항하게 되죠.

김학원 겉보기에는 괜찮아 보이는데 조목조목 따져보면 불평등 조약이에요.

신병주 회담이 진행되는 동안 가장 강한 반대 상소를 올린 인물이 또 최익현입니다. 계속 이런 상소문을 올리고 또 공식처럼 유배를 가는데, 이번에는 흑산도로 갑니다. 제가 2007년에 흑산도 답사를 간 적이 있는데 최익현 유배지가 남아 있습니다.

남경태 그분도 참 고초가 많고 인생이 파란만장합니다. 정말 편하게 살고자 한 분이 아닙니다.

《사의조선책략》을 둘러싼 시각 차이

김학원   1876년 조일수호조규 체결과 함께 양국이 수시로 사신을 교환한다
는 조약 내용에 따라 조선이 일본에 수신사를 파견합니다. 김기수
가 70여 명의 수행원과 함께 일본에서 한 달 정도 체류했다고 하
는데, 일본에서 본 장면들이 상당히 충격적이었죠?

신병주   네, 당시로 봐서는 무척 충격적이었죠. 일본은 조선과 근대적인
조약을 맺은 만큼 수신사 일행을 극진히 대접했고, 자신들의 서양
식 의회와 행정부, 군조직 등을 두루 시찰하게 합니다. 일본이 이
정도로 발전했다, 조선도 잘 배우고 따라오면 우리처럼 될 수 있
다고 자랑한 거죠. 그래서 돌아온 김기수가 고종에게 '일본이 서
양의 기계들을 잘 배우며 부강한 나라를 만들고 있다'는 취지의
보고를 합니다. 고종과 조정도 이번에는 귀 기울이지 않을 수 없
었습니다.

박시백   개항을 계기로 척사의 분위기가 좀 누그러진 것 같아요. 정책이 근
본적으로 바뀌지는 않았지만 분위기상 상당한 변화가 있었다고 볼
수 있죠.

김학원   조일수호조규에 따라 1879년에 원산, 1882년에는 인천을 개항하
네요. 당연히 조일 무역이 급증합니다.

신병주   그 전에는 조청 무역의 비중이 가장 높았는데, 개항 이후 조일 무
역이 급성장하더니 어느새 조청 무역의 규모를 넘어섭니다. 자연
스레 일본의 정치적 영향력도 커지죠.

박시백   무역 품목을 보면 면포 같은 옷감류가 일본의 주요 수출품이었습
니다. 그런데 일본 자체 생산품이 아니라 영국산이었어요. 중국인
들이 변경을 통해 꾸준히 들여오던 것이기도 하고요. 이걸 일본 상

인들이 광동에서 사다가 관세 없이 조선으로 들여오는 거예요. 이게 양도 상당한 데다 관세가 붙지 않으니 가격 경쟁력이 상당했겠죠? 순식간에 시장을 장악합니다.

김학원 1881년(고종 18)에는 김윤식을 영선사로 삼아 중국에도 유학생을 파견합니다. 무기 제조 기술을 배우는 것이 목적이었죠. 중국을 본떠 조정에 통리기무아문을 설치합니다. 외교 기능을 강화하는 기구라고 보면 될까요?

박시백 외교와 통상은 물론 기계와 병기, 전함 제조 등도 관장하는 기구입니다. 그러니까 개화 전담 기구라고 봐야겠죠.

김학원 1880년(고종 17) 이번에는 김홍집을 수신사로 파견합니다. 일본에 다녀온 김홍집이 고종과 대화를 나누는데, 외교 전략서 《사의조선책략》에 대한 이야기를 하죠?

신병주 국사책에도 많이 나오고 우리 근대사에서 무척 중요한 책입니다. 일본 주재 청나라 외교관인 황준헌이 수신사 김홍집에게 건넨 책인데, 핵심은 조선이 러시아의 침략을 막으려면 '친중국, 결일본, 연미국' 해야 한다는 거예요. 러시아가 호시탐탐 조선을 노리고 있으니, 중국과 친하고(친중국), 일본과 결합하고(결일본), 미국과 연대해야 한다(연미국)는 겁니다.

박시백 당시 조정 대신들이 이 책에 얼마나 매료되었는지는 몰라도, 황준헌식 정세 인식이 급속도로 퍼져나갔어요. 하지만 황준헌의 시각은 청나라 외교를 총괄하는 이홍장●과 상당히 달랐어요. 이홍장

● 이홍장李鴻章(1823~1901) 청나라 후기의 정치가. 태평천국운동을 진압하는 데 공을 세웠고 양무운동을 이끌었다. 임오군란 때 흥선대원군을 납치하고 조선에게 청나라식 개화를 강요했다. 동학농민혁명 때 조선에 청군을 파병했지만 일본과의 전쟁에서 패해 시모노세키조약을 맺었다.

은 황준헌이 결합할 대상으로 지목한 바로 그 일본을 경계 대상 1호로 인식했죠. 그래서 조선이 미국, 프랑스 등 구미 열강과 수교해서 일본을 경계해야 한다고 생각했어요. 이런 걸 볼 때 황준헌은 일본에 파견되어 일을 하면서 일본의 시각에 많이 동화되지 않았나 싶습니다.

김학원   그렇지만 영의정인 홍인군도 《사의조선책략》의 내용에 동의합니다. 반면에 유자들은 반발했어요.

박시백   이만손 등 경상도 유생들이 만인소를 올려 책의 기본 논지를 비판하는데, 상당히 일리가 있어요. 일본은 우리가 견제해야 할 나라이고, 미국은 잘 모르는 나라인데 괜히 손을 잡았다가 우리의 허점만 알려주는 게 아닌가, 반면 러시아는 우리와 척진 일이 없는데 괜히 경계했다가 무슨 탈이 나는 건 아닌가, 이런 얘기거든요. 나름 일리가 있는 주장이에요.

김학원   이때 역모 기도도 있었네요? 대원군 세력인 안기영이 왕과 개화세력을 몰아내려고 했다는데 내부자의 밀고로 발각이 돼서 능지처사됩니다.

신병주   이 사건에 이름이 거론된 대원군의 서자 이재선도 사약을 받죠.

김학원   대원군이 직접 연계되었나요?

신병주   당시 사람들은 대원군 쪽에서 사주를 했을 거라고 수군거렸죠. 고종과 명성황후도 대원군을 의심했고요.

박시백   역모의 주동자 안기영이 대원군의 측근이었니까요. 게다가 안기영은 앞서 최익현이 대원군의 하야를 촉발한 상소를 올렸을 때 강력히 반발한 사람이라서 더욱 의심을 샀죠.

김학원   1882년(고종 19) 6월 5일, 훈련도감의 군졸들에게 그동안 밀린 13개월 치 급료 중 한 달 치가 지급됩니다. 그런데 이게 겨와 모래가 섞이고 썩은 냄새까지 나는 곡식인 거예요. 화가 난 군졸들이 항의하며 창고지기를 구타했는데, 조정의 대처가 참 안일했어요.

박시백   한 해 전에 기존의 5영(훈련도감, 용호, 금위, 어영, 총융) 체제를 무위영과 장어영 2영 체제로 개편했어요. 그런데 그 과정에서 많은 인원이 흡수되지 못하고 사실상 방치됐죠. 무위영이나 장어영으로 흡수된 군사들은 급료를 받았고, 일본의 신식 군대를 본떠서 만든 무위영 소속 별기군은 특혜까지 받았지만 나머지 군사들은 급료를 받지 못해 입에 풀칠하기도 어려운 형편이었어요.

신병주   '우린 완전히 찬밥 신세인데 저쪽은 급료도 잘 받고 대우도 좋다'는 불만도 있었죠.

박시백   이날 한바탕 소동을 일으킨 훈련도감 군사들도 그런 사람들이었죠. 그동안 이렇다 할 항의 한번 안 하고 버티다가 1년여 만에 한 달 치라도 준다니까 그게 어디냐며 기대했는데, 내용물이 그 모양인 거예요. 이 정도면 대놓고 폭동을 일으키라고 부추기는 거나 마찬가지 아니겠습니까?

김학원   왕이 잘 타일러서 돌려보내라고 했는데도, 선혜청 제조 민겸호*가 대뜸 주동자 넷을 구속시켜버립니다. 불난 집에 기름을 부은 거죠.

• 민겸호閔謙鎬(1838~1882) 민치구의 아들이며 흥선대원군의 처남. 을사조약이 체결되자 자결한 민영환의 아버지이기도 하다. 일본인 교관을 초빙해 신식 군대인 별기군을 만들었다. 선혜청 제조로 있던 1882년에 일어난 임오군란 때 강제 진압에 항의하는 군중에게 살해되었다.

임오년인 고종 19년 (1882) 6월, 훈련도감 군졸들에게 한 달 치 급료가 나왔다.

겨우 한 달 치야? 젠장!

그런 소리 마. 이거라도 어딘가?

그려. 모처럼 집에 가서 아버지 노릇 서방 노릇 해보겠네.

그런데……

이게 뭐야?

장난하나?

이걸 우리더러 먹으라고 주는 거야?

겨가 석이고 모래에다 썩은 냄새까지 나는 이걸?

양조차 모자라!

받기 싫으면 받지 마라. 어디서 감히 큰소리야?

뭐 임마

이 자속이!

분노한 군사들은 창고지기를 구타했고 이 일은 즉각 보고되었다.

"···하여 도감 군졸들이 고지기를 구타했다 하옵니다.

아니, 13개월간이나 급료를 주지 않은 것도 민망한 일인데 그나마 제대로 된 것도 아니라뇨?

참다못한 군사들이 포도청으로 달려가서 동료들을 구하고 의금부로 몰려가서 감옥문도 부수고 일본인들도 습격합니다. 여기에 백성도 가세하네요.

박시백 　임오군란 이전부터 이미 일본 공사나 일본인이 지나가면 백성이 굉장히 안 좋은 시선으로 보고 돌을 던지고는 했어요. 개항 이후 반일 정서가 흐르고 있었다는 점을 주목할 필요가 있어요.

김학원 　군사와 백성이 분노한 배경에는 민씨 가문의 전횡도 있는 거죠?

박시백 　그렇죠. 민씨들이 세력을 잡으면서 매관매직이 다시 기승을 부리고 수령들은 백성을 이중 삼중으로 수탈했으니까요. 거기에 개화 비용이 늘어나면서 나라 곳간이 비어갔죠. 군졸들에게 급료를 주지 못한 것도 그 때문이에요. 당연히 개화를 부추기는 일본과 함께 그런 상황을 초래한 민씨 세도가에게로 불만이 향하는 거죠.

김학원 　그래서 일본 공사관으로 몰려가 일본인들을 죽이고 이튿날에는 궁궐로 들어가 민겸호를 죽이고 왕비를 찾아 나섰죠. 이때 흥선대원군이 등장하는데요. 임오군란이 어떤 식으로든 대원군과 연계되어 있었다는 것을 방증하는 거겠죠?

박시백 　기록마다 조금씩 달라요. 임오군란이 터지니까 대원군 측에서 사람이 와서 이렇게 저렇게 하라고 지시했다는 기록도 있고, 아예 처음부터 대원군이 사주했다는 기록도 있어요. 어쨌든 대원군과의 관련성은 대부분 인정하고 있죠. 제가 보기에 임오군란 발발 초기에는 개입하지 않았는데, 반란이 폭발적으로 진행되는 것을 보면서 대원군이 이 에너지를 활용하자고 판단한 것 같아요.

신병수 　대원군을 모셔오지 않고는 이들을 진정시킬 방도가 없었어요. 반란 세력이 궁궐에서 중전을 잡으러 다니는데 왕은 딱히 내책이 없었으니, 대원군이 추대받는 형식으로 정치 일선에 복귀하는 거죠.

김학원　흥미롭게도 이때 대원군이 명성황후의 국상을 선포해버립니다.

신병주　설사 살아 있더라도 환궁하지 못하게 하려던 것 같아요.

김학원　시신 없이 옷만 가지고 입관 절차를 밟는 쇼까지 벌이네요.

신병주　어쨌든 대원군은 이로써 가장 강력한 정치적 라이벌을 제거하게 되었다고 생각했을 테니, 그런 쇼쯤이야 아무것도 아니었겠죠.

박시백　그리고 중전이 제거되면 당연히 민씨 세력도 같이 제거될 테니, 나머지 세력들을 틀어쥐는 것은 정말 간단하다고 생각하지 않았겠어요?

시아버지와 며느리, 기막힌 운명의 교차

김학원　임오군란을 계기로 일본과 청나라가 각각 조선에 군대를 파견합니다. 흥선대원군의 입장에서는 당연히 청군 쪽에 마음을 두었을 텐데, 오히려 그들에게 뒤통수를 맞아요.

신병주　이때는 정말 상황이 영화처럼 긴박하게 돌아갔어요. 대원군은 왕비의 국상을 선포한 그날 바로 2영 체제를 5영 체제로 되돌리고 통리기무아문도 혁파해버리죠. 그 뒤 한 달도 안 되어 청군과 일본군이 들어왔는데, 자신을 지원해줄 거라 믿은 청군이 대원군을 초대해놓고 갑자기 납치하고는 배에 태워서 청나라로 데려갑니다.

김학원　이게 대원군이 재집권하고 한 달 만의 일인데 청나라는 왜 대원군을 납치한 걸까요? 이홍장이 지휘한 거죠?

박시백　당시 이홍장은 조선에서 종주국 지위를 잃지 않기 위해 이이제이식 정책을 구사하고 있었어요. 조선을 서구 열강과 수교하게 해서 일본의 독주를 막으려 했죠. 그런데 난데없이 컴백한 대원군이 개항 이후의 개혁정책들을 전면 부정하면서 완전히 옛날로 돌아가려고 하는 거예요. 이걸 용인하면 자신이 추구해온 정책이 물거품이 되는 것은 물론이고, 조약으로 보장받은 이권을 잃게 생긴 일본이 어떤 위험한 일을 벌일지 예측할 수가 없는 거죠. 그래서 대원군을 납치하고 중전을 컴백시키는 것이 청나라에도 더 이익이라고 판단한 것 같아요. 골칫거리는 치우고 중전과 민씨 세력을 자기네 편으로 확실히 돌려세우는 효과도 있을 테니까요.

신병주　이해 10월에는 청나라와 조선이 일종의 무역 활성화 조치인 조청상민수륙무역장정을 체결하는데, 만약 대원군 같은 사람이 조선을 장악하고 있으면 이것도 안 할 거라고 판단한 거죠.

박시백　이런 사건까지 겪는 걸 보면 대원군도 인생이 참 파란만장한 것 같아요.

김학원　어쨌든 대원군 압송으로 청나라가 상황을 주도하는 분위기에서 조선과 일본이 제물포조약(조일강화조약)을 맺는데, 일본이 조선에 임오군란으로 재조선 일본인들이 입은 피해에 대한 손해배상을 청구합니다.

박시백　배상금이 50만 원인데 당시로서는 굉장히 큰 금액이죠. 유족과 부상자들에 대한 배상 책임도 다 조선에 전가하죠.

김학원　한편 명성황후는 이때 무예별감 홍계훈의 기지로 목숨을 건졌어요. 급박한 상황에서 왕비를 상궁으로 변장시켜 자신의 누이라고 속이고 빼돌린 거죠. 이게 통할 수 있었던 게 군사들이 명성황후의 얼굴을 몰랐기 때문이겠죠?(웃음)

박시백　조선시대에는 왕과 왕비의 얼굴을 볼 수 있는 사람이 손에 꼽을 정도였어요.

김학원　홍계훈은 나중에 동학농민혁명 때 진압군 책임자가 되죠?

박시백　전봉준이 전라 감영을 점령하고 있을 때 진압하러온 사람이죠. 그 청군에 납치되고, 청군의 호위를 받으며 돌아오고, 기막힌 운명의 교차였다.

리고 나중 얘기긴 합니다만, 을미사변 때 궁문을 지키다가 최후를 맞습니다.

김학원　청군에 납치된 대원군, 그리고 청군에 의해 다시 대궐로 돌아오게 된 중전 민씨, 이 상황을 박 화백님이 이렇게 표현하셨어요. "기막 힌 운명의 교차였다."

신병주　두 사람의 표정이 정말 대조적입니다.(웃음)

개화 흐름의 형성

김학원　임오군란이 수습된 뒤 고종이 며칠을 사이에 두고 백성에게 두 차례 윤음을 내리는데, 첫 번째는 일종의 사과문이고 두 번째는 개화를 하겠다는 내용이죠. 박 화백님이 고종의 사과문을 만화에 실었어요.

박시백　이유가 있어요. 요즘도 대통령이나 정치인들이 종종 사과를 하잖 아요? 그런데 자기 잘못을 인정하는 진실한 표현 하나 꺼내기를 어려워하잖아요? '유감이다' 같은 모호한 표현으로 정치적 속내를 감추는 사과를 하는 식이죠. 그런데 조선은 전제군주제 국가였는 데도 왕들이 사과를 하는 방식이 굉장히 직설적이고, '다 내 잘못' 이라고 하는 게 절절하게 느껴지게끔 표현합니다. 이 정도는 해야 진짜 사과문이 아니겠나 싶어요. 고종뿐만 아니라 이전 왕들도 마 찬가지였어요.

신병주　정말 요즘 정치 지도자들이 한번 읽어봤으면 좋겠어요.

김학원　지, 그리고 나서 며칠 뒤에 개화의 필요성을 천명하는 개화 윤음도 내리는데 여기도 흥미로운 대목이 있어요. "각 항구와 가까운 곳에 서는 외국인이 자유롭게 다녀도 일상적인 일로 보아 넘기고 먼저 임오군란의 충격에서 벗어난 왕은 백성에게 윤음을 내렸다. 사과문이다.

왕은 다음과 같이 말한다.

아! 부덕한 내가 외람되게 왕위에 오른 지 19년 동안 덕을 밝히지 못해 정사는 그릇되었고 백성은 흩어졌으며 위로는 죄가 쌓이고 몸에는 재앙이 모여들었다. 이것은 나로 말미암은 것이니 아무리 후회한들 무슨 소용이 있겠는가?

임금의 지위에 오른 이래로 토목공사를 크게 벌였고 백성의 재물을 억지로 끌어들여 가난한 사람이나 잘사는 사람 모두를 곤궁하게 만들었으니 이것이 나의 죄이다. 자주 화폐를 고치고 무고한 사람들을 죽인 것도 나의 죄이다. 사당과 서원을 철폐해 충현에게 제사 지내지 않은 것도 나의 죄이고 기호품을 구하고 상 내리기를 절도 없이 한 것도 나의 죄이다. 신명에게 복을 내려주기를 바는 제사를 지나치게 행해 내탕고의 재물을 허비한 것도 나의 죄이다. 사람을 널리 등용하지 못하고 종친과 척신을 높인 것도 나의 죄이다. (이하 대궐 단속, 탐오, 저축 고갈, 외교, 이번의 사태들에 이르기까지 하나씩 거론하며 '나의 죄이다'라고.)

아! 나의 죄가 이 지경에 이르렀으니 무슨 면목으로 신민을 대하랴? 부끄럽고 두려워 임금 노릇 하는 즐거움이 없다. 너희 대소 신민들은 내가 종전의 과오를 버리고 새로워지는 것을 허락하겠는가? 나는 이제 마음을 깨끗이 씻고 전날의 교훈을 살려 조심하겠다. 백성에게 불편했던 종전의 정령들은 모두 없애버리고 어진 관리들을 골라 백성을 다스리게 할 것이며 실효 있는 방법을 강구해 온 나라 사람들과 함께 새롭게 시작하려 한다.

사과 한번 화끈하네. 요즘의 정치 지도자들과는 완전 다르군.

시비를 거는 일이 없도록 하라." 그만큼 통상과 개화를 적극적으로 하겠다는 의지의 표명이죠.

박시백 그러면서 척화비도 뽑아버리라고 하죠.

김학원 여기에 대한 반응도 이전과는 다르네요. 유자들이 대대적인 반대 상소를 올릴 줄 알았는데요.

신병주 당시의 상소문을 하나만 소개하면, 종두법을 처음으로 보급한 지석영의 소인데, 개화에 도움이 되는 책들을 수집하고 각국의 수차, 농기, 직조기, 화륜기, 병기 등을 구매하여 익히자고 합니다.

김학원 개화를 끌고 나갈 기구로 통리군국사무아문과 통리교섭통상사무아문을 두었어요.

신병주 전자는 통리내무아문, 후자는 통리아문을 개칭한 거예요. 여기서 '통리'라는 것은 통괄적으로 관리한다는 뜻이니까, 통리군국사무아문은 군국軍國에 관한 사무를 통괄하는 아문이고, 통리교섭통상사무아문은 외교, 통상이 중심이죠.

김학원 이때 이홍장이 추천한 묄렌도르프*라는 독일인이 등장하는데, 한국 이름이 '목인덕'이에요. 어떻게 이런 이름을 갖게 된 거죠?

신병주 묄렌도르프의 중국 이름이 '무린더(穆麟德)'예요. 그래서 우리식 한자 발음으로 목인덕이라고 부른 거죠.

김학원 '목 참판'으로 불렸다는데,(웃음) 이 묄렌도르프가 조선 최초의 외국인 고위직 공무원인 셈이네요.(웃음)

신병주 청군에 군사 훈련을 요청해서 책임자로 온 사람이 아주 유명한 원세개**예요. 그리고 그해 말에는 감생청을 설치했는데, 조정의 부

• 묄렌도르프(1848~1901) 청나라 천진 주재 독일 영사관에서 근무하다가 청나라의 관리가 되어 세금 분야에서 일했다. 임오군란 이후 이홍장의 추천으로 조선에 파견되어 통리교섭통상사무아문 협판과 해관 총세무사에 임명되었다. 김옥균과 맞서 당오전을 만들자고 주장해 관철시켰으나 이로 인해 물가 폭등을 불러왔다. 갑신정변 이후 러시아의 활용 가치에 주목한 고종과 명성황후의 뜻에 따라 러시아 측과 만나 협상을 벌였고, 이로 인해 이홍장의 요청에 따라 파면되어 천진으로 소환되었다.
•• 원세개袁世凱(1859~1916) 임오군란 이후 이홍장의 추천으로 조선 군대의 훈련 책임자가 되었다. 갑신정변 때 일본군과 개화당 세력을 몰아냈다. 청일전쟁 이후 청나라도 돌아갔고 신해혁명 이후 중화민국 초대 대총통이 되었다. 이후 다시 황제를 세우자는 운동을 일으켜 1915년 스스로 황제에 올랐으나 강력한 반발에 부딪혀 얼마 뒤 철회했고, 몇 달 뒤 사망했다.

서와 기구 축소, 경비 절감을 위한 기구였죠.

박시백 구조조정 전담기구라고 할 수 있죠.(웃음)

신병주 1883년 1월에는 태극기가 국기로 제정, 공포되네요.

김학원 박문국도 이해에 설치되네요.

신병주 여기서 우리나라 최초의 근대 신문 〈한성순보〉가 간행되죠.

김학원 이건 관보죠?

박시백 관보이긴 한데 개화사상을 전파하는 데 큰 역할을 하죠.

신병주 한편 주목되는 것이 의복인데, 왕이 관리들에게 간편한 복장을 입으라고 했는데 처음에는 다들 어색해했어요. 기존에 입던 거추장스러운 옷 대신 간편한 옷을 입으라고 해도 관리들은 적응이 안 된 거죠.

박시백 이게 의외로 큰 사안이에요. 조선이 예법을 굉장히 중시하는 사회다 보니까, 수백 년을 쭉 이어온 복식을 고치라는 것에 대신부터 사대부들까지 누구도 동의할 수 없는 거예요. 그런데 이때 고종이 의외로 굉장히 강단 있는 모습을 보이면서, 심지어는 반대하는 대신들을 쫓아내면서까지 복식 개조를 관철시키죠.

친청 온건개화파 vs 친일 급진개화파

김학원 고종이 개화 윤음을 내리기 나흘 전에 중전 민씨가 청군의 호위를 받으며 환궁합니다. 그리고 외척인 민씨들이 다시 부상하죠.

신병주 대원군이 납치되고 명성황후가 권력을 잡으면서 대원군의 측근들이 상당히 제거됩니다. 그리고 영민하다고 평가받는 인물들이 대거 등용됩니다. 민태호, 민영익 등 '호' 자와 '영' 자 돌림, 특히 '영'

자 돌림들이 핵심으로 부상하죠. 그중에서도 스무 살을 갓 넘은 민영익은 생부는 민태호지만 폭사한 명성황후의 오라비 민승호의 양자로 입적되어 명성황후의 총애를 받았습니다.

박시백 무엇보다 개화에 대한 식견이 높았어요.

김학원 김옥균과 교류했고, 박영효가 수신사로 일본에 갈 때 동행했어요. 미국과 수교한 뒤에는 보빙사 전권대사가 되어 미국에도 가네요.

박시백 참고로, 이때 민영익이 체스터 아서 미국 대통령을 만나 큰절을 했어요.(웃음)

김학원 미국 대통령으로서는 무척 당혹스러웠겠어요.(웃음) 문화적 차이죠.

신병주 민영익은 초반에는 김옥균이라든가 박영효, 홍영식, 서광범 등 개화파들과 교분이 두터웠어요.

박시백 거의 같은 그룹이라고 할 정도였죠.

김학원 중전 민씨가 청군의 호위 속에 환궁한 뒤로 자연스럽게 이홍장과 교감하면서 청나라식 개화를 추구하게 된 것 아닌가요?

신병주 그랬죠. 청나라는 조선에서 주도권을 확보했고, 명성황후와 민씨 세력은 든든한 후원자를 얻은 셈이 됐죠. 그런 만큼 개화 정책도 동도서기에 입각한 청나라식 개화로 방향을 확정하게 된 거죠. 민씨들과 김윤식, 김홍집, 어윤중 등 온건개화파라고 부르는 사람들이 청나라식 개화 정책을 주도했습니다.

김학원 반면에 또 다른 개혁 그룹이 1870년대부터 박규수의 사랑방을 드나들면서 개화의 뜻을 키워왔습니다.

박시백 박규수는 박지원의 손자예요. 그래서 북학파 관련 서적들을 어렸을 때부터 쭉 봐왔을 거라고 생각됩니다. 40대에 조정에 들어온 후 진주 민란 때는 안핵사 역할도 했고, 제너럴셔먼호를 화공으로 불태우기도 했어요. 1872년에는 청나라 사행을 갔는데, 양무운동이 가져온 중국의 변화를 보고 많이 놀랐던 것 같아요. 이후 조선도 이 길로 가야 한다는 생각을 굳히게 됩니다. 관직에서 물러난 뒤에는 김옥균 같은 젊은 친구들을 불러다가 개화의 필요성을 역설하죠. 김옥균, 박영효, 홍영식, 서광범, 유길준 등 최고 명문가의 자제들이 이때 박규수의 집을 드나들었죠. 당시 청나라를 자주 드나든 역관 오경석도 박규수와 함께 그들의 선생이 되어주었습니다.

김학원   박규수의 영향을 받은 젊은이들이 개항을 전후로 조정에 진출했고, 이때 이르러 두각을 나타냅니다.

신병주   이들 중에서 리더격인 김옥균만 30대고 박영효, 홍영식, 서광범, 서재필, 유길준 등은 대부분 20대예요. 혈기왕성할 때였죠. 이들이 수신사나 보빙사의 일원으로 일본과 미국에 갔는데, 특히 일본에 매료됩니다. 메이지 유신 이후로 급속히 근대화된 일본의 모습에 고무된 거죠. 더욱이 일본 정계 인사들과 교류를 하면서 조선이 제대로 개화하려면 청나라의 간섭에서 벗어나야 한다는 생각을 굳히게 되죠. 이들을 급진개화파라 부릅니다.

김학원   조정에서 온건개화파와 급진개화파가 맞붙는데요. 두 그룹이 개화의 재정 확보 방법을 놓고 대립합니다.

박시백   급진개화파 김옥균은 워낙 재주가 뛰어난 사람이고 승지로 있으면서 왕과 자신의 구상에 대해 많은 이야기를 해서 왕의 신임을 얻었어요. 다만 일본식 개혁을 서둘러 진행해야 한다는 생각으로 돈을 어떻게 마련할지 고민했고 일본에서 차관을 도입할 생각을 합니다. 반면 친청파 측, 특히 묄렌도르프는 특이하게도 당오전 발행을 주장해요.

김학원   이때 고종이 보인 태도가 재미있어요.

박시백   당시 고종은 개화로 가는 방향을 크게는 친청적인 동도서기론으

어느덧 조정은 민씨 척족,
온건개화파로 대표되는
친청 세력과

개화당이라 불리는
친일 세력으로 나뉘어
대립하게 되었다.

양측이 가장 크게
대립한 분야는
재정 확보 문제였다.

개화정책을 펴나갈
재원이 있어야 하는데
어떡하지?

이에 대해 친청파를 대변하는 묄렌도르프는 당오전의 발행을,
김옥균은 차관 도입을 주장했다.

우선 시급하니
당오전을 주조해야!
필요하다면
당십전, 당백전도.

당오전은 심각한 폐해를
불러올 것이오. 알 만한
사람이 왜 이러실까?
일본에서 차관 300만 원을
빌려 오면 됨.

로 잡았지만, 일본에서도 필요한 게 있다면 기꺼이 배워야 한다고
생각하고 있었어요. 그래서 묄렌도르프의 말대로 당오전도 발행하
고, 김옥균한테는 일본에 가서 차관을 구해오라고 합니다. 그런데
이때 사실 김옥균이 일본에 좀 놀아난 측면이 있어요. 앞서 일본을
방문했을 때 왕의 위임장만 받아오면 차관은 언제든지 제공해줄

수 있다는 일본 측 인사의 말만 믿고 왕의 친서를 받아서 다시 일본에 갔는데 한 푼도 받아오지를 못하죠.

김학원   그런데 그 직후 국제 정세에 한 가지 변수가 생겨요. 1884년에 청-프랑스 전쟁이 일어나죠.

박시백   그러자 일본 조정에서 조선의 젊은이들을 이용해 정변을 시도해보는 것도 괜찮겠다는 생각을 갖게 된 것 같아요.

신병주   일본은 청나라가 전쟁에 휘말리자 조선에서 청나라의 힘을 약화시킬 기회라고 생각했죠. 실제로 조선 주둔 청나라 병력의 상당수가 프랑스와의 전쟁에 차출되었어요. 그러자 일본이 조선 젊은이들을 부추겼어요.

김학원   청-프랑스 전쟁의 틈바구니에서 일본과 급진개화파의 연계 속에 갑신정변의 구체적인 그림이 그려지는 거네요.

'삼일천하'로 끝난 갑신정변

김학원   갑신정변의 계기를 살펴봤으니 전개 과정을 정리해보죠.

신병주   1884년 우정국이 설치되면서 홍영식이 책임자가 됩니다. 그래서 이들이 우정국 낙성식이 열리는 10월 17일을 디데이로 잡고, 조정 주요 대신들과 각국 공사들을 초청합니다.

박시백   이 계획에서 가장 중요한 것이 우정국에서 소란을 일으키고 그 소란을 틈타서 사대당의 핵심들을 죽인 뒤 창덕궁에 있는 왕을 경우궁으로 데려가는 거였어요.

신병주   경우궁은 순조의 생모 수빈 박씨의 사당인데, 지금 현대그룹 사옥이 있는 자리죠.

박시백 무엇보다 일본군이 빨리 와서 경우궁을 호위할 수 있느냐가 정변의 성패를 좌우하는 거였어요. 그래서 왕의 친서가 필요했던 거예요. 그런데 막상 창덕궁에 가서 변란이 일어났다고 얘기하자, 촉이 좋은 명성황후가 어느 쪽에서 일으킨 변란이냐, 중국이냐 일본이냐를 묻습니다. 그리고 김옥균 측에서 일본군에 호위를 청해야겠다고 하니까 청군에도 청하라고 합니다.

김학원 명성황후가 본능적으로 일이 흘러가는 판을 읽은 것 같아요.

박시백 어쨌든 개화파의 계획대로 일본군이 달려와서 호위하고, 왕의 명을 빌려서 걸림돌이 될 만한 권신들을 부릅니다. 특히 군사를 담당하고 있던 좌영, 후영, 전영의 책임자를 불러서 제거하는데, 이건 예전에 각종 정변에서 흔히 봐왔던 모습이죠.

김학원 그러고 나서 개혁구상을 발표하는데요.

신병주 김옥균이 쓴 《갑신일록》에 보면 개화파가 발표한 14개 조항 중 1항이 대원군의 조속한 귀국을 요구하는 거예요. 비록 개화에는 반대했지만 대원군은 민씨와 대립하고 있었고, 무엇보다 백성의 중망을 받고 있었으니 손을 내밀 가치가 충분했죠. 그 외에 지조법 개혁, 문벌 폐지 등의 주장이 있고, 국가재정을 호조로 단일화하자는 내용도 있어요. 그리고 영의정에는 얼굴마담 격으로 대원군의 조카 이재원을 앉히고, 좌의정 홍영식, 전후영사 박영효, 좌우영사 서광범, 예조 판서 김윤식, 호조 참판 김옥균 등으로 조각을 합니다. 이 모두를 일단 왕명을 빌려 발표했죠.

김학원 그런데 이 과정에서 결정적인 실수를 합니다.

신병주 명성황후가 기지를 발휘하죠. 경우궁이 너무 좁고 효유대비도 대궐로 돌아가시길 원한다고 하죠. 일본이 이를 수락하자 창덕궁으로 돌아가는데, 이때 창덕궁 주변에 원세개가 이끄는 청군이 있었거든요.

김학원   명성황후와 원세개 사이에 사전 교감이 있었나요?

박시백   아뇨, 없었어요. 명성황후로선 이때 어떻게 할 수 있는 상황이 아니었어요. 오로지 자신의 판단으로 처신한 것이 김옥균의 정변 세력에게 불리하게 작용한 거죠.

신병주   만약에 그때 고종이 개화파의 의견을 받아들여 군영을 개화세력으로 배속시켰으면 개화파가 군권까지 장악할 수 있었는데, 그 전에 청군이 들어오죠. 또 개화파들이 실수를 한 게, 아무리 제거 대상이라지만 불러들인 사람들을 회유 한 번 없이 다 죽였어요. 심지어 고종이 보는 앞에서 내시까지 죽이죠. 고종도 그런 장면을 보면서 정말 위험한 세력이라고 생각했을 거예요.

김학원   그런 상황에서 청군이 들어오니까 개화파 측이 고종을 데리고 인천으로 가서 다음 계책을 도모하려고 하지만, 고종의 반대에 부딪히자 일본 공사 다케조에 신이치로가 결국 철수하고 맙니다.

박시백   당시 조선에는 일본 병력보다 청나라 병력이 압도적으로 많았습니다. 객관적으로 봐도 일본군이 끝까지 뒤를 보장해줄 수 없는 형편이었어요. 게다가 원세개의 대응이 생각보다 즉각적이었죠. 일본으로서는 바로 발을 뺄 수밖에 없었어요.

신병주   일본군이 철수를 결심하자 김옥균, 박영효, 서재필, 서광범 등 정변의 중심 인사들은 그들을 따라 일본으로 건너갑니다.

김학원   이후 일본은 갑신정변 때 일본인들이 피살되었다는 구실로 군함을 끌고 와서 조선에 조약을 강요합니다. 그래서 맺은 조약이 한성조약이죠.

신병주   저는 이런 상황에서 생각나는 사자성어가 있어요. '적반하장.'

박시백   사실상 일본이 부추기고 가담까지 한 터라 청나라가 세게 나오면 굉장히 옹색해질 수 있는 상황이었어요. 그런데 이토 히로부미가 이홍장을 만나서 여차하면 우리도 일을 벌일 수 있다는 식으로 오히려 위협을 가해요. 그러자 프랑스와 싸우느라 정신없었던 청나라는 사건을 조용히 무마하는 쪽을 택합니다. 그래서 일본과 천진조약을 맺습니다. 이로써 일본은 조선에서 청나라와 거의 동등한 위치를 차지하게 되죠.

김학원   천진조약으로 이제부터는 조선에 파병할 때 양국이 서로에게 알리기로 합니다.

박시백   그때까지만 해도 조선에 대한 청나라의 일방적인 우위가 인정되는 상황이었어요. 더욱이 당시는 일본이 잘못했기 때문에 청나라의 우위가 더욱 공고화되어야 할 상황이었죠. 그런데도 오히려 자신들에게 유리한 조건을 얻어낸 겁니다.

갑신정변이 실패한 원인은 무엇인가?

김학원   갑신정변의 의의는 어떻게 설명할 수 있을까요?

신병주   정변의 주체 세력이 상당한 엘리트층이었어요. 그냥 가만히 있어도 일신의 안위와 출세가 보장되는 노론 명문가 자제들이죠. 이런 사람들이 나라를 위해서 뭔가를 해보자며 나선 것은 높이 평가할 만합니다. 문제는 일본의 본색을 파악하지 못했고 또 너무 급진적이었다는 거예요. 군권을 확보하지 못한 채 정변을 일으킨 점도 아쉬운 대목입니다. 그러나 그들이 내세운 근대적 개혁 요구들이 이후 갑오개혁으로 계승되었다는 점에서 이들의 희생이 아주 헛되지는 않았다고 생각합니다.

박시백 　갑신정변에 대한 평가는 어디에 방점을 찍느냐에 따라 달라질 수 있는 문제인데, 자신의 일신은 물론이고 가족의 목숨까지 담보로 해서 떨쳐 일어난 점에 대해서는 점수를 주고 싶어요. 하지만 그들은 일본을 너무 몰랐어요. 일단 거사를 결심한 배경이 되었을 거라 짐작되는 메이지 유신조차 제대로 이해하지 못했어요. 메이지 유신은 그 주체 세력이 존왕양이파를 형성해서 끊임없이 막부와 싸워왔고, 이 과정을 통해서 반대 세력을 제압할 물리력을 확보했어요. 무엇보다 일본 백성에게 지지를 얻고 있었고요. 반면 갑신정변의 주역들은 물리력도, 대중의 지지도 없이 그저 왕만 내 편으로 만들면 될 거라 생각하고 일본에만 의지했죠. 결정적으로 그들은 일본의 침략 의도에 대해서 몰라도 너무 몰랐어요. 그리고 온건파든 급진파든 이 일로 이후의 개혁 동력을 상실했다는 점도 너무 안타깝습니다.

신병주 　우리가 갑신정변 하면 흔히 '삼일천하'라고 하죠. 정확히 음력 10월 17일에 우정국 낙성식 연회에서 개화파들이 정변을 일으켰고, 18일 딱 하루 동안 주도 세력이 요직을 차지하고 강령을 발표합니다. 그리고 그다음 날 김옥균 등이 일본으로 망명하죠. 첫 날과 마지막 날을 다 포함해서 3일, 그래서 삼일천하입니다.

박사관은 말한다

유길준이나 윤치호가 남긴 기록을 보면 당시 청년 엘리트들이 얼마나 빨리 서양의 학문과 지식을 수용해 자기 것으로 만들었는지 알 수 있다. 갑신정변의 주역들도 그랬을 것이다. 그러나 이런 선각자들이 일으킨 정변이 성공했다 하더라도 조선의 운명은 바뀔 수 없었으리라는 것이 필자의 판단이다. 무력 기반이 없는 집권 개화당은 계속해서 일본 군대에 의지해야 했을 테고, 개화 정책을 펴는 데 필요한 막대한 비용 역시 일본 차관에 의존했을 것이다. 그리하여 조선의 군사, 경제, 나아가 정치가 결국은 일본에 예속될 수밖에 없었을 것이다. 그들의 강령에서 긍정적인 요소들이 보이는데도 후한 평가를 망설이게 되는 이유다.

Talk 20
망국

오백 년 왕조가
저물다

1885년(고종 22)	영국이 거문도를 점령하다. 흥선대원군이 귀국하다.
1886년(고종 23)	사노비 세습을 금하다. 프랑스와 통상조약을 체결하다.
1887년(고종 24)	육영공원을 세우다.
1892년(고종 29)	동학교도들이 공주, 삼례에 모여 교조 신원을 요구하다.
1894년(고종 31)	전라도 고부에서 민란이 일어나다. 김옥균이 피살되다. 동학농민군이 전주성을 점령하다. 일본군이 경복궁을 점령하다. 군국기무처에서 각종 내정 개혁에 착수하다. 청일전쟁이 일어나다. 홍범 14조를 발표하다.
1895년(고종 32)	청나라와 일본이 시모노세키조약을 체결하다. 삼국간섭이 일어나 일본이 요동반도를 반환하다. 명성황후가 시해되다.
1896년(고종 33)	고종이 러시아 공사관으로 옮기다(아관파천). 독립협회가 설립되다.
1897년(고종 34)	고종이 경운궁으로 돌아오다. 국호를 대한으로 정하고 황제의 자리에 오르다.
1898년(고종 35)	흥선대원군이 죽다. 만민공동회가 열리다. 최시형을 처형하다. 김홍륙 독다사건이 일어나다. 헌의6조를 결의하다.
1899년(고종 36)	대한국 국제를 반포하다.
1904년(고종 41)	러일전쟁이 일어나다. 한일의정서를 체결하다.
1905년(고종 42)	러시아와 일본이 포츠머스조약을 체결하다. 을사조약을 체결하다.
1906년(고종 43)	경성에 통감부를 설치하다.
1907년(고종 44)	헤이그 만국평화회의에 밀사를 파견하다. 황태자 대리를 명하다.
1907년(순종 즉위년)	순종이 즉위하다. 정미7조약(한일신협약)이 체결되다. 군대를 해산하다.
1908년(순종 1)	외교 고문 스티븐스가 전명운과 장인환에게 피살되다. 동양척식주식회사법을 반포하다.
1909년(순종 2)	순종이 순행을 떠나다. 안중근이 하얼빈에서 이토 히로부미를 저격하다.
1910년(순종 3)	한일병합조약이 체결되다.

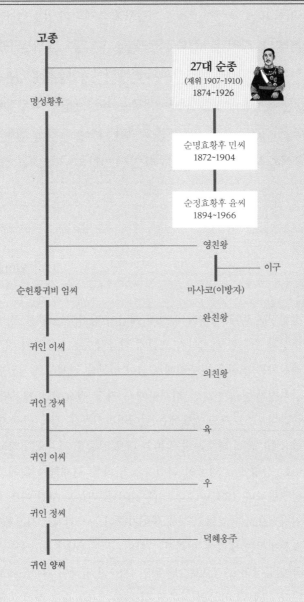

고종

27대 순종
(재위 1907~1910)
1874~1926

명성황후

순명효황후 민씨
1872~1904

순정효황후 윤씨
1894~1966

영친왕

이구

순헌황귀비 엄씨

마사코(이방자)

완친왕

귀인 이씨

의친왕

귀인 장씨

육

귀인 이씨

우

귀인 정씨

덕혜옹주

귀인 양씨

갑신정변 이후 10년, 조선에 스스로 개혁하고 근대화의 길을 열어갈 마지막 기회가 찾아온다. 하지만 조선의 위정자들은 무능했고, 동학농민혁명이라는 아래로부터의 개혁 요구는 청나라와의 전쟁에서 승기를 잡은 일본군의 군홧발에 짓밟힌다. 이후 러일전쟁으로 이어지는 10년 동안 서구 열강과 일본의 간섭이 나날이 깊어지지만, 고종에게 위기의 나라를 구해낼 단호함이 없었다. 결국 조선왕조 500년 역사는 일본의 강제 병합으로 마침표를 찍는다.

잃어버린 10년

김학원   갑신정변 이후 청나라의 정치 개입이 강화되는 한편, 정변 직전에 조선과 수교한 러시아가 조선에 적극적으로 접근하기 시작합니다. 러시아는 조선을 완충지대로 삼아 일본을 견제하고 싶었던 거죠?

신병주   남하정책을 추진하던 러시아에게 가장 필요했던 게 부동항인데, 블라디보스토크도 겨울에는 얼어버리거든요. 결국 만주 땅이 필요한 건데, 손에 넣으려면 일본의 대륙 진출을 저지해야 하니까요.

김학원   이런 상황에서 영국이 러시아의 남하를 견제하기 위해 거문도를 점령합니다. 1885년(고종 22)에 일어난 '거문도 사건'이죠.

박시백   일방적으로 통보하고 섬에 들어가더니 군사기지로 사용했어요.

김학원   조선에서는 영국에 항의하는 한편 각국 공사에 협조를 구했죠. 결국 이홍장의 조정으로 2년 뒤인 1887년 영국이 거문도에서 철수합니다. 그런데 영국의 거문도 점령을 계기로 고종과 명성황후가 러시아와 밀착합니다.

박시백 재미있는 것은, 당시 조정에는 황준헌의 《사의조선책략》의 영향 때문인지 러시아는 위험한 나라라는 인식이 팽배해 있었는데도 왕과 왕비는 러시아의 또 다른 가치에 주목했다는 거죠.

신병주 이 과정에서 묄렌도르프가 고종과 명성황후를 잘 설득해서, 조선과 러시아가 가까워지는 계기를 만들죠.

박시백 묄렌도르프는 사실 이홍장이 조선에 보낸 인물인데, 앞장서서 러시아와 조선의 가교 역할을 합니다. 그러더니 이홍장에 의해 바로 파면되죠.

김학원 청나라는 임오군란 때 납치한 대원군도 귀국시킵니다.

박시백 러시아에 접근하려는 고종과 명성황후에게 보내는 경고의 메시지였죠.

김학원 박 화백님이 1884년 갑신정변 이후의 10년을 '잃어버린 10년'으로 표현하셨어요.

박시백 돌이켜보면 갑신정변에서 갑오개혁까지 10년이라는 시간은 중국과 일본 그리고 다른 열강들 간에 묘한 세력 균형이 유지되던 때였어요. 조선 왕실도 임오군란 이후 적극적으로 개화를 해야겠다고 마음을 굳힌 상태였고요. 조선으로서는 안팎으로 절호의 기회였던 셈이죠. 그런 만큼 제대로 된 전략을 갖고 개화를 추진했다면 이 10년 동안 상당한 성과를 낼 수 있었을 거라고 봅니다. 그러지 못한 점이 안타까워서 '잃어버린 10년'이라고 표현했습니다.

김학원 그래도 이때 여러 가지 개화의 조치는 있었잖아요?

신병주 그렇죠. 대표적으로 서양식 병원인 제중원도 세우고, 외국어 교육을 위해 관립학교인 육영공원도 세웁니다. 서울과 인천, 의주, 부산, 원산 간 전신도 개설합니다. 1887년에는 경복궁 건청궁에서 가장 먼저 전깃불을 밝힙니다. 그리고 화륜선 두 척을 구입하는데,

국가 주도 개혁의 밑천이 되어야 할 재정은 열악하기 그지없었다.

기본 조세는 물론 각종 무명잡세로 백성은 늘 등골이 휘었지만

중앙으로 올라오기까지 중간에서 새는 양이 더 많았다.

결국 개화와 근대화는 내정 개혁을 동반하는 것이어야 하는데

개혁의 주체여야 할 '위'는 어느 것도 제대로 손대지 못한 채 구체제를 그대로 유지하고 있었다.

이건 실패 사례입니다. 엄청난 돈을 들여 샀지만 고장이 잦아 엄청난 돈을 낭비합니다.

김학원   수입은 했지만 사용 매뉴얼이나 관리 방법을 익힌 군사들이 없었으니까요.

신병주   개화 정책의 한계를 보여주는 대표적인 예죠.

박시백   이 시기 개화가 대세임은 분명했지만, 조정이 전략도 없이 중구난방으로 남들 흉내 내기에 급급했다는 인상을 지울 수가 없어요.

동학의 확장: 교조 신원을 넘어서

김학원   조정의 이런 움직임과 함께 1890년대 동학의 세력화는 무척 중요한 흐름이었습니다. 1대 교주 최제우는 혹세무민한다는 이유로 고종이 즉위한 이듬해에 처형당했고, 최시형이 2대 교주에 오르면서 조직을 정비하고 교세를 확장하는 거죠?

신병주   최시형은 최제우가 지은 글들을 모아서 《동경대전》과 《용담유사》를 펴냅니다. 《동경대전》은 한문으로 쓴 책이고, 《용담유사》는 한글 번역본이에요.

박시백   전자는 지식인용, 후자는 일반 백성용인 셈이죠.

신병주   동학 경전의 보급과 함께 인내천 사상과 평등사상을 골자로 하는 동학 이념이 점차 확산되는 거죠.

김학원   1892년(고종 29) 1,000여 명의 동학교도가 충남 공주에 모여 동학교도 탄압 금지와 교주 신원을 요구하죠?

박시백   그렇죠. 최시형에 의해서 교세가 많이 확장됐지만, 당시 조정에서 동학을 금지한 터라 동학교도라는 것을 빌미로 수령들이 수탈을 했거든요. 게다가 개신교나 가톨릭은 이미 포교의 자유가 허용된 상황이었단 말이죠. 그러니까 동학만 불법인 데다 스승 최제우가 죄인으로 남아 있는 상황을 받아들일 수 없는 거죠.

김학원 집권층이 굉장히 놀라죠.

박시백 하나의 기치 아래 모이자고 하니까, 처음엔 1,000명이 모이고 그다음에는 그 이상의 군중이 순식간에 모여들었으니까요. 그리고 흩어지지 않고 일관된 요구를 하니까 집권층의 눈에는 굉장히 위험해 보이죠.(웃음)

신병주 의정부에서는 속히 소두를 체포해서 조사하고, 동학의 괴수는 처벌하자고 합니다.

김학원 조정의 탄압 방침이 알려지자 동학교도들이 본격적인 실력 행사에 들어가네요?

신병주 전국의 동학교도들이 충청도 보은으로 집결하죠.

박시백 동학교도뿐만 아니라 그동안 외면당해온 수많은 사람이 합세합니다. 유랑민들은 물론이고 몰락 양반들도 가세합니다. 그렇게 해서 규모가 수만에 이르렀어요. 그런데도 사람들이 성을 쌓고 아주 질서정연하게 위세를 과시했단 말이죠. 지방의 군에서는 전혀 손 쓸 수 없을 정도로 위세가 컸기 때문에 중앙에서 깜짝 놀라서 대책을 논의하게 돼요.

김학원 문제는 고종이 이들을 진압하기 위해서 다른 나라 군대를 빌리자는 제안을 한다는 건데요.

박시백 이건 정말 위험천만한 발상이었어요. 임오군란과 갑신정변 때 이미 겪어봤는데도 또 같은 판단을 했으니 정말 한심한 거죠.

김학원 그것이 나중에 또 한 편의 비극을 불러옵니다.

박시백 어쨌든 이 보은 집회에서 교조 신원 외에 처음으로 '보국안민輔國

安民'과 '척왜양창의斥倭洋倡義'의 깃발이 등장합니다. 동학교도들
내에서는 여전히 교조 신원이 핵심이었을 텐데, '보국안민'과 '척
왜양창의'에 더 힘을 쏟는 세력도 함께 존재한 거죠. 그리고 이
보국안민, 척왜양창의를 주장하는 세력이 전라도 금구에서도 또
다른 집회를 이어갔어요. 이걸 주도한 사람이 바로 전봉준이었던
거죠.

신병주 전봉준은 소농 출신으로 시골에서 훈장 생활을 하다가 동학 접주
가 되었다고 해요. 전봉준이 힘을 발휘할 수 있었던 것은 또 다른

접주 김개남*, 손화중**이 뜻을 같이한 때문입니다.

박시백 이들은 개항에서 임오군란, 갑신정변으로 이어지는 급격한 변화의 과정을 보면서 굉장히 혁명적인 의식을 갖게 된 것 같아요. 그리고 동학이라는 탄탄하게 잘 짜인 조직을 활용하려고 일부러 들어간 게 아닐까 하는 생각까지 들어요. 전봉준, 김개남 등이 최시형과 다른 생각을 가졌다는 것은 확실해요. 이미 보은 집회에서 그 성격이 드러났고, 곧이어 고부 봉기 과정에서 내거는 강령이나 슬로건을 보면 확실히 이전과는 달라요. 종교적 차원을 넘어 정치적 컬러가 완연하게 부각된다는 거죠.

'수탈의 달인' 조병갑, 혁명의 도화선이 되다

김학원 1894년 갑오년에 동학농민혁명으로 치닫는 과정을 살펴보겠습니다. 이런 사건에는 악역이 꼭 하나씩은 등장해요. 전봉준이 살았던 전라도 고부에 '수탈의 달인', 군수 조병갑이 있었습니다.

박시백 이때의 군수들은 상당수가 수탈의 달인이었던 것 같아요. 조병갑이 특별히 악독했다기보다는 수많은 악독한 수령 중 하나였다고

• 김개남金開男(1853~1895) 1890년 동학에 들어가 이듬해 접주가 되었다. 최제우의 신원을 요구하는 삼례 집회에 참가했고, 보은 집회 때는 대접주가 되었다. 전봉준의 고부 봉기에 함께했고, 일본이 군대를 동원하자 척왜의 기치를 올렸다. 이후 농민군 재봉기 때 한양으로 진격할 계획을 세우고 청주성을 공격했으나 패하고 태인으로 돌아왔다가 체포되어 전주에서 처형되었다.

•• 손화중孫華仲(1861~1895) 동학에 들어간 뒤 김개남, 전봉준 등과 조선의 현실에 대해 같은 시각을 나누었고 삼례 집회, 보은 집회에도 참여했다. 고부 봉기 때 김개남과 함께 총사령관을 맡았고, 전주화약 체결 뒤 전라도 여러 고을에 집강소를 설치하고 폐정 개혁에 나섰다. 우금치 전투 패배 뒤 후퇴를 거듭하다가 체포되어 서울에서 처형되었다.

보는 게 맞을 거예요.

신병주 　전라도 고부 인근의 김제나 정읍에 비옥한 호남평야가 있으니 아무래도 이곳이 수탈이 용이한 곳이죠.

김학원 　억울한 농민들이 전봉준에게 부탁해서 받은 소장을 가지고 관아로 갔다가 도리어 봉변을 당하는 일이 벌어져 그동안 쌓인 분노에 더해지자, 전봉준이 뜻을 함께해온 이들을 불러 의견을 모은 뒤 사발통문을 돌립니다. 여기에 언급된 결의 내용을 보면 이전과는 좀 다릅니다.

박시백 　예전에는 민란 과정에서 아전은 불태워 죽일지언정 수령은 건드리지 않았어요. 나라님이 보낸 사람이라고 해서 목숨만은 살려주었는데, 이때는 일단 수령부터 죽이자고 합니다. 그리고 전주 감영을 점령한 다음 서울로 진격하자고 했고요. 이건 명백하게 전국 단위의 혁명임을 선언한 거예요.

김학원 　결국 1894년 1월 전봉준의 지도 아래 고부 농민들이 고부 관아를 점령합니다. 조병갑은 미리 튀었네요?(웃음)

신병주 　이어 무장의 손화중, 태인의 김개남도 고부의 부름에 응답합니다. 그리고 그해 3월 농민군이 백산에 집결하죠. 그때 총대장으로 임명된 인물이 전봉준입니다.

김학원 　여기서 격문을 돌리고 4대 명의(강령)와 12개조 기율을 정하네요.

박시백 　이때 돌린 격문이 진짜 명문 아닙니까?

김학원 　이 격문을 보면 전봉준이 어떤 명분을 내걸어야 사람들을 모을 수 있는지 잘 알고 있었던 것 같아요. 이렇게 대오를 갖춘 농민군이 황토현에서 큰 승리를 거두면서 사기가 아주 높아졌어요.

신병주 　빈대로 조정은 그게 놀라서 명성황후의 남자 홍계훈을 초토사로 파견합니다.

우리가 의를 들어 이에 이른 것은
그 본뜻이 다른 데 있지 아니하고
창생을 도탄 가운데서 건지고
국가를 반석 위에 두고자 함이라.

안으로는 탐학한 관리의 머리를 베고
밖으로는 횡포한 강적의 무리를
내쫓고자 함이라.

양반과 부호에게 고통받는 민중과
방백과 수령 밑에 굴욕당하는
소리(小吏)들은 우리와 같이 원한이
깊을 것이니 조금도 주저하지 말고
이 시각으로 일어나라.

만일 이 기회를 놓치면 후회해도
미치지 못하리라.

1. 사람을 함부로 죽이지 말고
   가축을 잡아먹지 말라.
2. 충효를 다해 세상을 구하고
   백성을 편안케 하라.
3. 일본 오랑캐를 몰아내고
   나라의 정치를 바로잡는다.
4. 군사를 몰고 서울로 쳐들어가
   권귀를 모두 없앤다.

12개조 기율을 정했다.

1. 항복한 자는 대접한다.
2. 곤궁한 자는 구제한다.
3. 탐학한 자는 추방한다.
4. 순종하는 자에게는 경복한다.
5. 도주하는 자는 쫓지 않는다.
6. 굶주린 자는 먹인다.
   ⋮

*경복(敬服): 공손하게 대함.

박시백 주목할 점은 홍계훈이 장위영 군사를 이끌고 온다는 겁니다. 장위영은 중앙 경군이자 조정의 가장 핵심 부대라 웬만한 사안이 아니고는 파견하지 않습니다. 왕실을 보호하는 게 최우선 역할이니까요.

김학원 얼마나 다급하면 장위영을 보냈을까요? 이제 농민군은 정읍, 흥덕 등을 휩쓸고 그 여세를 몰아 4월 27일에 전주성을 점령하네요.

박시백 황토현 전투 때도 그랬지만 장성 전투, 전주성 전투 때에도 농민군은 하나같이 전략 전술을 아주 잘 짜서 전투에 임합니다.

김학원 맞습니다. 전주성을 공격할 때도 그날이 장날이라 서문 밖에 장이 선다는 점을 활용해서 장사꾼으로 변장하고 있다가 신호가 울리자 성 안으로 들어가 점령을 하죠.

청일전쟁을 초래한 고종의 파병 요청

김학원 전주성 함락 소식을 들은 고종이 민영준을 통해 원세개에게 정식으로 파병을 요청하네요. 정말 치욕적입니다.

신병주 고종 입장에서는 임오군란, 갑신정변 때도 청나라가 도와줬으니까 이번에도 도와주겠지 하는 거죠. 한 번 습관을 들이면 고치기가 어렵습니다.(웃음)

박시백 요청 문안도 정말 웃깁니다. "흉악한 도적을 소탕하기 어려우니 이런 일이 오래가면 중국 정부에 걱정을 끼침이 클 것입니다." 자기 백성을 도적으로 몰아 외국군에 진압을 부탁하는 거잖아요?

김학원 문제는 일본인데, 대륙 신출을 목표로 군사력을 키워온 일본으로서는 절호의 기회였던 거죠?

신병주 일본은 이미 청나라 군대가 조선에 올 거라고 예상하고 있었어요.

김학원 청나라 이홍장은 원세개의 건의를 받아들여 파병을 결정합니다. 그러고는 천진조약에 의거해 일본에 출병 사실을 통보하죠. 그러자 청군이 아산만에 당도한 지 이틀 만에 일본군이 인천항에 상륙합니다.

박시백 이 천진조약을 잘 알아야 하는 게, '한쪽이 출병하면 다른 한쪽도 출병할 수 있다'는 게 아니고, 출병할 경우 상대에게 알린다는 거거든요. 통보하는 것으로만 알고 있던 조선 조정으로서는 막상 일본군이 오니까 깜짝 놀랄 수밖에 없었죠.

김학원 그런데 저는 이때 조정이 당황했다는 걸 보고 오히려 황당했어요.(웃음) 아니, 천진조약을 감안하면 당연히 일본의 군사 개입을 예상했어야 하는 것 아닙니까?

박시백 조약에 대한 인식이 부족했던 거죠. 일본군이 올 수 있다는 것까지 예상했다면 청군을 이렇게 쉽게 부르지는 못했을 거예요.

김학원 청나라와 일본의 군대가 조선에 도착했을 당시 농민군의 상황은 어땠나요?

신병주 전주성을 점령한 채 홍계훈의 관군과 일진일퇴를 거듭하고 있었죠.

박시백 거의 수세에 몰리고 있었다고 봐야 해요.

김학원 이 불리한 상황에서 전봉준이 홍계훈에게 협상 카드를 던집니다. 홍계훈이 처음에는 고자세로 나왔지만 얼마 안 가 일본군이 상륙했다는 소식을 듣고는 생각을 바꿉니다. 농민군과 협상을 해서라도 전주성을 회복해야 두 외국군의 철수를 요구할 수 있다고 생각하게 된 거잖아요?

박시백 그렇죠. 저는 홍계훈도 그렇고, 뒤이어 전봉준과 함께 집강소 설치에 합의하고 폐정 개혁을 실시하는 전라 감사 김학진 등은 정말 꽤

찮은 사람들이라고 생각해요.

김학원 결국 1894년 5월 7일 관군과 농민군 사이에 전주화약이 체결됩니다. 농민군이 전주성에서 철수하고 무기를 반납하는 대신, 관군은 농민들의 신변을 보장하고 폐정 개혁안을 왕에게 상주한다는 조건이었죠.

신병주 전주화약 이후 조선 조정은 일본군의 즉각적인 철수를 요구합니다. 그런데 일본군이 안 돌아가죠.(웃음)

박시백 주둔할 명분이 사라졌지만 일본은 확고한 자기 목표가 있으니 명분 따위는 전혀 신경 쓰지 않았죠. 청나라가 동시 철수를 제안했는데도 거부해요.

김학원 결국 일본이 조선에 최후통첩을 합니다.

신병주 청나라와 맺은 모든 조약을 파기하고 청군을 철수시켜 자주독립국임을 입증하라고 합니다.

김학원 사실 수용할 수 없는 요구조건이죠.

신병주 자신들이 못 박은 기한까지 조선 조정이 답을 내놓지 않자 6월 21일 경복궁을 습격합니다. 그러고는 고종을 협박해서 '조선이 청나라와 맺은 모든 조약을 폐지한다. 청군은 모두 조선에서 떠나라'는 내용의 답을 받아내죠.

김학원 그렇게 청군을 몰아낼 명분을 얻은 일본이 곧바로 공격에 나섭니다. 이틀 뒤인 6월 23일 아산만 풍도 앞바다에서 청나라 군함을 포격해서 침몰시키죠.

박시백 나중에 러일전쟁 때도 마찬가지고 이때도 일단 먼저 포격하고 그 다음에 선전포고를 해요. 싸움이 뭔지를 아는 사람들이에요.

일본의 입김이 강하게 작용한 갑오개혁

김학원　경복궁을 습격한 일본이 조선 내의 반일 분위기를 무마시키기 위해 대원군 카드와 개혁 카드를 내미는데요.

박시백　안 그래도 조선에서 반일 감정이 높았는데 경복궁 습격으로 더 커질 수밖에 없는 상황이었죠. 그래서 조선 백성의 절대적인 지지를 받는 대원군을 복귀시켜 국면을 전환하려 하죠. 이때 대원군이 전권을 장악하지만 그야말로 잠깐일 뿐이고 곧바로 모든 권한이 의정부로 집중됩니다. 일본이 내민 두 번째 카드는 내정 개혁 카드였어요. 그동안 동학농민군을 비롯해 조선 백성이 쭉 요구해왔던 각종 개혁을 실행하는 거였죠. 그것이 바로 갑오개혁인데, 이때의 개혁 조치들은 10년 전 갑신정변 당시 급진개화파의 주장과 동학교도들의 주장을 다 수용한 것은 물론 그보다 더 진일보한 내용도 많이 담고 있죠.

김학원　군국기무처를 만들어서 개혁을 집행하는 거죠?

신병주　네. 군국기무처는 임시로 설치된 합의기관인데, 영의정 김홍집*이 책임자인 총재를 맡았죠. 군국기무처에서 여러 조치가 나옵니다. 청나라의 간섭에서 벗어난다는 의미의 자주국 선언, 이에 따른 개국 기년 사용, 노비제 폐지 등 기본적으로 근대적 요소도 분명히 있지만, 군국기무처의 인적 구성부터 일본의 입김이 강하게 작용

● 김홍집金弘集(1842~1896)　1880년 수신사로 일본에 파견되었고, 황준헌의 《사의조선책략》을 조선에 소개하여 개화 정책을 추진했다. 1894년 일본이 경복궁을 점령한 후 영의정이자 군국기무처 총재가 되어 갑오개혁을 주도했다. 아관파천으로 친러 내각이 탄생하자 실각하여 광화문에서 군중에게 살해되었다.

할 수밖에 없었어요.

김학원 　이 무렵 청나라는 어떤 태도를 보였나요? 초기에는 좀 신중한 태도였죠?

박시백 　일본이 철군을 거부했을 당시만 해도 청나라는 그냥 일본의 의중이 뭘까 하고 생각하는 정도였어요. 그런데 일본이 돌연 경복궁을 점령하고 이어 아산만 풍도 앞바다에서 자국의 군함을 공격하자 응전하는 것 외에는 다른 카드가 없어진 거예요. 한 대 맞고 나서도 가만있으면 세계의 웃음거리가 될 테니까요. 당시만 해도 대부분의 열강은 당연히 청나라가 더 셀 거라고 생각했어요. 그동안 준비도 많이 해왔고, 이홍장이 이끄는 북양함대가 상당한 규모와 무기 체계를 갖추고 있었으니까요. 그런데 일본 해군의 전력을 실감한 이홍장은 육전을 벌이기로 하고, 보급선이 짧아 장기전에 유리할 것으로 보이는 평양을 싸움터로 정합니다.

김학원 　하지만 청나라가 패하죠?

박시백 　아산에 주둔해 있던 청군이 북상하던 중에 지금의 충남 천안 지역에 있는 성환에서 일본군과 붙었다가 졌죠. 풍도 앞바다에서 깨진지 3일 만이었어요. 성환 전투의 패잔병들이 약 50일 뒤 평양에 집결했는데 여기에서도 일본군에게 깨지고 맙니다.

일본에 맞서 다시 봉기하는 동학농민군

김학원 　한편 농민군은 전주화약 이후 전주성을 나와 전라도 여러 고을을 순회하며 세 확장에 나섭니다. 그사이에 진라 감사 김학진이 일본군의 경복궁 습격 소식을 듣고는 전봉준에게 사람을 보내 7월 말경에 두 사람이 만나는데, 이것도 참 인상적인 장면이에요.

신병주 당시 김학진이 '우리끼리 싸우면 안 된다, 한번 협의해보자'며 전봉준과 만나 동학의 폐정 개혁안에 합의합니다. 이때의 폐정 개혁안이 총 12개조로 정리되어 있는데, 동학 관련 소설에 나오는 내용이어서 사실 여부는 논란의 여지가 있지만, 노비 문서 소각, 청춘과부의 재가 허용, 무명잡세 폐지, 지역과 신분에 관계없는 인재 등용, 토지의 평균 분작 등의 내용이 있었다고 해요. 이때 전주 감영은 물론 전라도 각 고을에 집강소를 설치하게 됩니다.

박시백 집강소는 농민군의 독자적인 지방자치기구라 할 수 있죠. 굉장히 독특하고 혁명적인 기구예요.

김학원 호남에서 농민군이 폐정 개혁을 추진하는 사이, 일본군이 연전연승하면서 농민군 사이에 척왜의 열기가 뜨거워집니다. 신중했던 전봉준도 일어서고 머뭇거렸던 최시형도 봉기의 대열에 합류하면서 그야말로 '동학군과 전체 농민의 반외세 전쟁'으로 치닫습니다.

박시백 사대부 유림 진영을 제외한 반일 진영이 그야말로 총궐기를 하는 양상이죠.

김학원 논산, 나주, 전주의 농민군들이 마침내 우금치에서 일본군과 관군의 연합부대와 만납니다.

신병주 일본군의 화력이 워낙 세서 당시 우금치 마루가 농민들의 시체로 뒤덮였다고 하죠.

박시백 당시 무라타 소총 같은 것은 사정거리가 1킬로미터가 넘었어요. 화승총 같은 걸로는 접근 자체가 안 되는 거죠.

김학원 그런데 충청, 호남뿐 아니라 황해도, 경상도, 강원도, 경기도 등지에서도 농민군이 일어났다면서요?

박시백 그야말로 동학교도가 있는 거의 모든 지역에서 일어났고, 특히 황

時來天地皆同力
運去英雄不自謀
愛民正義我無失
爲國丹心誰有知

때가 오면 천지가 모두 힘을 합하지만
운이 다하면 영웅도 제 몸 하나 도모하지 못하는구나.
백성을 사랑하는 정의만은 내 잃지 않았나니
나라를 위하는 붉은 마음을 누가 있어 알아줄까.

전봉준

해도의 동학 세력은 황해 감영을 점령하기도 했습니다. 황해도 출신 백범 김구도 이때 소년 장수로 불리면서 선봉대를 맡아 활약했죠. 재미있는 게 동학농민혁명이 실패하고 나서 반半수배상태가 됐을 때 김구를 거둬준 사람이 안중근 의사의 아버지 안태훈이에요. 안태훈은 민보군을 조직해서 동학농민군을 토벌한 사람인데 말이에요. 안중근의 아버지가 김구의 사람됨을 보고 돌봐준 거죠.

김학원 어쨌든 이듬해인 1895년(고종 32) 1월경이면 농민군이 대부분 진압되거나 해체됩니다. 놀라운 건 이 혁명의 와중에 농민군 사망자 수가 20만이 넘었다는 거예요.

박시백 일본군뿐 아니라 양반들이 조직한 민보군에게 죽은 농민군도 상당히 많았죠.

신병주 결국 동학농민군의 핵심 인물들이 처형을 당하는데, 그때가 1895년 3월 말이에요.

박시백 김개남은 전 해 11월에 태인에서 체포되어 전주에서 바로 처형됐고, 손화중과 전봉준은 서울로 압송된 후 처형됩니다. 전봉준이 체포된 후 법무아문 재판관과 일본 영사가 주도한 5차 심문 기록을 보면 전봉준의 생각, 태도, 활동, 자세 등이 그대로 드러나 있어요. 자신이 모든 것을 다 책임지는 모습을 보입니다.

1894년의 농민전쟁, 어떻게 부를 것인가?

김학원 1894년 갑오년 농민전쟁의 호칭에 대해서도 의견이 분분한데요. 봉기에서 혁명 그리고 전쟁으로 가는 과정을 보면 '갑오농민전쟁'이 적합한 표현 아닌가요?

신병주 교과서에서도 무척 논란이 있는데, 처음에는 '동학란'이라고 불렀고 그 뒤 '동학운동'으로 부르다가 좀 더 적극적으로 세상을 바꾸려고 했으니 '동학혁명'이라고 부르자고 했어요. 그런데 이렇게 하면 동학을 너무 강조하는 게 되니까, 객관적으로 갑오년에 일어난 농민 대 관군·외세와의 전쟁이라는 의미에서 '갑오농민전쟁'으로 부르자는 말도 나온 거죠.

박시백 '갑오농민전쟁'이라고 하면 전쟁의 주체가 누구인지 모호하죠. 그래서 저는 '동학'이 들어가는 게 맞는 것 같아요. 실제 동학의 교세가 출발점이고, 동학 세력의 추동력이 없었다면 그렇게까지 끌고 가기는 어려웠을 테니까요. 동학농민혁명이나 동학농민봉기, 동학 농민전쟁 정도가 맞지 않나 싶습니다.

김학원 자, 동학농민혁명에 대해서 박 화백님이 마무리 멘트를 해주세요.

박시백 우리 근현대사에서 어쩌면 가장 뜨거운 시기였고, 한편으로는 가장 가슴 아픈 역사의 한 장면이 아닌가 싶습니다. 더욱 안타까운 것은 동학농민혁명에 참가한 수많은 사람이 해산 후에 돌아갈 데가 없었다는 거예요. 여기저기 유랑하다가 명성황후 시해와 단발령에 항거해 일어난 의병에 합류했죠. 그런데 당시 의병을 주도한 유림들이 동학농민군에 대한 적대의식이 너무 강한 나머지 오히려 색출해서 내쫓기까지 했어요.

김학원 외세 배격이라는 같은 목표를 가지고 있었으면서도 위와 아래가 서로 만나지 못한 역사적인 한계, 그것이 참 아쉬워요.

갑신정변 주역들의 귀환

김학원 일본은 청나라에 압승한 후, 새로운 일본 공사로 이노우에 가오루*를 파견합니다. 1894년(고종 31) 10월 이노우에가 고종을 만나서 20개조의 개혁안을 제출하고, 친일 내각을 구성하기 위해 갑신정변

● **이노우에 가오루井上馨**(1836~1915) 일찍이 이토 히로부미와 함께 영국에서 유학했고, 귀국 후 메이지 유신의 일원이 되었다. 18/6닌 구로디 기요타카와 함께 조선에 와서 강화도조약 체결을 강요했다. 1894년 조선에 공사로 부임하여 갑오개혁을 실시하는 등 보호국 계획을 추진했고, 명성황후 제거를 위해 미우라 고로를 후임 공사로 추천했다.

의 주역 박영효를 발탁합니다. 이쯤에서 갑신정변 주역들의 망명 이후 생활을 한번 살펴볼까요?

박시백 네 사람 중 박영효, 서재필, 서광범은 미국으로 건너가고, 김옥균만 홀로 일본에 남았죠. 김옥균은 일본에 친구들도 있고 정계와 문화계 쪽에도 아는 인사가 많아서 일본 생활에 나름 기대를 했어요. 그런데 일본의 반응이 생각보다 싸늘했어요. 조선에서 김옥균의 송환을 요구하기도 하고 자객을 보내오기도 했기 때문에 좀 모호한 입장이었죠. 그래서 8년 동안 사실상 유배에 가까운 생활을 해야 했어요.

김학원 홍종우라는 사람에게 암살당하죠?

박시백 홍종우는 조선인 최초의 프랑스 유학생입니다. 프랑스에서 《춘향전》과 《심청전》을 불어로 번역해서 출간할 정도로 대단한 선각자였어요. 그런데 우리의 정체성은 지키면서 서양 문물을 받아들여야 한다고 생각하는 사람이라 갑신정변의 주역들을 역적으로 간주했죠.

김학원 홍종우가 고종의 지시를 받고 김옥균에게 접근한 건가요?

박시백 고종의 밀명을 받은 이일직이란 사람의 부탁을 받고 접근한 거죠.

신병주 홍종우가 김옥균에게 프랑스나 러시아로 가자고 합니다. 일본에서 암살하는 건 아무래도 부담스러우니까요. 결국 1894년 3월 함께 상해로 건너갔고 거기서 김옥균을 암살합니다.

김학원 미국에 간 서재필은 어땠나요?

박시백 미국에서 고학으로 의과대학을 졸업한 후 미국의 유력한 집안 딸과 결혼해 자기 병원까지 차렸어요. 아메리칸 드림의 원조라고 할 수 있죠.(웃음)

김학원 서광범도 이때 미국 시민권을 얻어서 번역을 하면서 생활했죠? 그리고 박영효의 행보가 재미있어요.

신병주 미국에 갔다가 곧 일본으로 돌아오죠. 일본에 있으면서도 고종에

기회를 살피던 홍종우가
마침내 권총을 빼들었다.

이…
이보오…"

탕

풍운아 김옥균은

탕
탕

그렇게 생을 마감했다.
동학농민운동의 불길이
막 타오르던
갑오년 초였다.

그의 시신은 조선의 뜻을 존중해
조선으로 보내졌고

역적
김옥균의
시신이
도착했다
하옵니다.

경하드리옵니다.

양화진에 효수되었다.

大逆不道玉均

게 13만여 자에 달하는 장문의 개화 상소를 올렸죠. 박영효는 현
실적인 사람이었어요. 말로만 급진적이고 이상적인 개혁을 앞세울
뿐 실상은 8년 동안 무기력했던 김옥균과 달리, 상소도 올리고 유

학생 교육도 하면서 복귀를 준비했죠.

박시백 그러다가 1894년 여름에 조선에 돌아와 사면까지 받았지만 대신들의 반대로 등용되지 못했어요. 그러다가 이노우에의 지원으로 내무대신에 발탁됩니다.

이노우에는 왜 친일 세력의 상징 박영효를 퇴출시켰나?

김학원 청일전쟁에서 일본이 압도적인 승리를 거둔 결과, 1895년 4월 청나라와 일본 사이에 시모노세키조약이 체결됩니다. '청나라는 조선이 완전한 독립국임을 승인한다, 일본에 2억 냥의 배상금을 지불한다'는 내용이 포함되어 있지만 핵심은 요동반도와 대만, 팽호열도를 일본에 할양한다는 것이었어요. 그런데 러시아가 태클을 겁니다.

신병주 안 그래도 부동항 문제로 만주를 탐내던 러시아가 프랑스와 독일을 끌어들여 요동반도를 반환하라고 일본을 압박하죠. 이게 바로 삼국간섭입니다. 그해 5월의 일이죠.

김학원 일본이 반환 요구에 굴복하자, 정치 감각이 뛰어난 명성황후가 이 기회에 러시아를 끌어들여 일본을 막아보려 하는 거죠?

신병주 이때 이완용, 박정양, 이범진 등 친러파가 형성되죠.

김학원 한편 10년의 망명 생활 끝에 내각의 핵심으로 복귀한 박영효가 이준용 역모사건을 처리하면서 왕비의 신뢰를 얻는데요.

신병주 이 사건을 해결하면서 박영효가 정치적으로 더 부상하게 되죠. 이준용은 대원군의 장자 이재면의 아들이에요.

김학원 이 역모사건은 대원군이 직접 기획했다고 봐야 하나요?

박시백 그럼요. 재미있는 건, 대원군이 임오군란과 갑신정변 때는 모든 것이 며느리 때문이라고 생각했는데, 시간이 지나면서 아들이나 며느리나 다 똑같다는 생각을 하게 됐다는 거예요.(웃음) 그래서 청일전쟁 즈음해서는 아들까지 폐위시키겠다는 결심을 굳힌 것 같아요. 손자 이준용을 내세워서 말이죠.

김학원 청일전쟁이 한창일 때 청군과 농민군을 이용해 일본을 몰아내고 왕과 왕비를 폐위하겠다는 계획을 한 건데, 그게 이때 와서 발각된 거죠. 그러고 보면 대원군도 권력에 엄청나게 집착한 것 같아요.

신병주 실각 후 대원군의 행적을 보면, 구식 군인, 급진개화파, 동학농민군 가릴 것 없이 다 연합하려고 했어요. 청나라나 일본도 예외가 아니었고요. 대원군 집권 초기 10여 년간의 개혁정치는 돋보였지만, 말년에는 권력욕에 빠진 노회한 정치가의 모습을 보여줍니다.

김학원 이준용 역모사건 처리 이후 박영효가 총리대신 서리가 됩니다. 그리고 이 기회에 입지를 더욱 강화하기 위해 궁궐 수비를 미군 장교가 훈련시키는 시위대가 아닌 일본군이 육성하는 훈련대에 맡기자고 고종에게 건의했어요. 자신을 감시하려는 박영효의 의도를 간파한 고종이 거절하자 박영효가 '비상한 방법'을 도모했다고요?

박시백 기록에는 박영효가 '비상한 방법'을 쓰려다가 쫓겨난 것으로 나와 있는데, 맥락상 왕비 시해인 것으로 보여요. 그런데 박영효가 왕비와 유길준•, 이노우에가 자기를 모함한 거라고 한 걸로 봐서는 사

• 유길준兪吉濬(1856~1914) 개화파이면서도 민영익과 가까워서, 민영익이 보빙사로 미국에 갈 때 수행원으로 따라갔다. 1895년 박영효가 반역을 꾀했다는 혐의를 받고 일본으로 망명하자, 권력 실세가 되었다. 그러나 아관파천으로 친일 내각이 무너지자 망명했고, 고종 퇴위 뒤 귀국해서 사범학교를 세우는 등 국민 계몽에 힘썼다.《서유견문》을 썼다.

실이 아닌 것 같아요. 박영효의 주장이 일견 타당한 게, 왕비의 입장에서는 자신이 힘을 실어준 의도와 달리 박영효가 마치 입헌군주제의 왕이 된 것처럼 설치는 게 못마땅했을 수 있고, 유길준은 급진개화파이기는 했지만 갑신정변에 가담하지 않은 데다 박영효와도 굉장히 사이가 안 좋았거든요. 그러니까 두 사람은 박영효를 모함할 만한 이유가 있죠. 문제는 이노우에예요. 이노우에는 박영효를 발탁해서 전권을 맡긴 사람이잖아요? 그런데 이 시점에서 이노우에가 도대체 왜 박영효를 몰아내는 일에 가담했는지 의문입니다. 제 생각에는 뒤에 이어지는 명성황후 시해사건의 사전 정지작업이 아니었나 싶습니다. 친일 세력의 상징인 박영효가 쫓겨나면 일본이 열받아서 움직일 명분이 생기는 거니까요.

김학원 　조선 조정이 친일 세력의 상징인 박영효를 퇴출시킨 상황을 이용하자는 게 이노우에의 보이지 않는 지략일 수 있다는 거죠?

박시백 　그렇죠.

김학원 　박영효가 실각한 뒤 김홍집이 총리대신으로 복귀하고 친미, 친러 세력이라고 할 수 있는 박정양, 이완용, 이윤용, 이범진, 민영환 등이 대거 중용됩니다.

박시백 　그러자 이노우에가 예상한 대로 일본의 여론이 들끓습니다. 일본은 특히 훈련대 폐지 방침을 문제 삼았어요. 일본군이 키운 훈련대를 조선 조정이 다 없애려 한다며 분노하고, 게다가 박영효를 실각시켜서 친일 세력을 몰아냈으니 우리를 완전히 물로 보는 거 아니냐는 분위기가 형성되는 거죠. 이노우에가 그런 계산을 다 하고 박영효를 쫓아내는 데 일조했을 거라고 저는 보는데, 사실인지는 확인할 길이 없죠.

신병주 　이제 일본의 강경파들이 움직이기 시작하죠.

김학원   이즈음 일본이 조선 공사를 이노우에 가오루에서 미우라 고로로 교체했는데, 두 사람의 움직임이 수상합니다.

박시백   이노우에는 문관 출신이지만 새 일본 공사 미우라는 군 장성 출신이라 외교는 잘 모르는 사람이에요. 그런데 이 미우라를 추천한 인물이 바로 이노우에입니다. 미우라가 부임한 후에도 이노우에는 한동안 같이 지내죠. 그러면서 조선의 상황을 어떻게 돌파할지 충분히 의논을 한 것 같아요.

김학원   1895년(고종 32) 8월 20일 일본인 소유의 여관 파성관과 한성신보사에 사복을 입은 채 무장을 한 사람들이 집결합니다.

박시백   관련 드라마들을 보면 이 사람들이 일본 옷을 입고 칼을 들고 있어요. 하지만 실록에는 일관되게 사복을 입었다고 기록되어 있어요. 무엇보다 일본의 입장에서는 낭인들의 정체를 숨겨야 하는 상황이라 누가 봐도 일본인이라고 눈치 채게 하지는 않았을 거예요.

김학원   일본 수비대 군사들과 무장 사복들이 대원군이 있는 공덕동으로 가네요. 대원군이 또 등장해요.

신병주   명성황후 시해를 대원군의 짓으로 가장하기 위해 끌어들인 거죠.

김학원   그런데 시해하는 것까지는 몰랐을 가능성이 크지 않을까요?

신병주   그것까지는 몰랐을 것 같아요. 폐위 정도로 생각했겠죠.

박시백   당시 분위기를 보면 명성황후에 대해 비판적인 정계 인사들 사이에서는 명성황후로는 도저히 안 된다는 인식이 굉장히 강했던 것 같아요. 그래서 일본이 명성황후를 끌어내릴 거라고 했을 때 대원군이 낌새를 챘을 수도 있어요.

김학원   이때 해산을 앞둔 훈련대 병사들을 모아놓고 일본군 장교가 한 연

설을 보면 정말 일본다워요.(웃음)

박시백 "지금 조선의 왕후가 권력을 멋대로 휘두르고 새 정치체제를 무너뜨리니 조선은 망해 없어질 따름이다. 그런데 조선이 망하면 일본도 오랫동안 지탱할 수 없고 일본이 지탱하지 못하면 청나라도 홀로 지탱할 수 없다." 즉 동양이 다 날아간다는 이야기잖아요? 그걸 염려한 일본이 청나라와 그렇게 죽기 살기로 싸웠어요.(웃음)

신병주 "그러므로 왕후 민씨는 … 조선의 죄인일 뿐만 아니라 일본의 죄인이고 나아가 동양 세계의 죄인이다." 이렇게 말해서 거기 모인 일본인들의 박수를 받습니다.(웃음)

김학원 결국 명성황후가 건천궁 옥호루에서 죽음을 맞습니다.

신병주 왕비를 살해하고 시신을 짓밟고 불에 태웁니다. 이게 소위 말하는 을미사변입니다.

김학원 명성황후 시해사건은 이노우에와 미우라가 공모한 거죠?

신병주 미우라는 끝까지 대원군과 군대 해산에 불만을 품은 훈련대 쪽에서 벌인 일이라고 했어요.

김학원 그런데 거짓말이라는 게 곧 드러나죠?

신병주 일본 측이 대원군을 데리러 갔을 때 대원군이 시간을 끄는 바람에 경복궁 도착이 좀 늦어졌어요. 원래는 야밤에 습격하려고 했는데 새벽에서야 경복궁에 도착한 거죠. 그러다 보니 목격자가 많았어요. 궁 내에 있던 사람들도 러시아인 목격자도 모두 일본 말을 쓰고 사복 입은 사람들이 그랬다는 증언을 하면서 일본에 의한 시해였음이 밝혀지는 거죠.

김학원 왕비가 시해되고 이틀 뒤 고종이 왕비를 폐서인하는 조치를 내립니다.

급한 마음에 이경직이 막아 나섰지만

이는 왕비가 누구인지 알려준 꼴이
되고 말았다.

사진과 그머로네. 저 여자야.

왕후 폐하···

영감! 아리가또!

왕비의 시신은
짓밟히고

불태워졌다.

작전 완료!

박시백 이건 미우라 공사의 요구였을 테고, 세자가 울면서 명을 거둬달라고 하니까 이것을 명분 삼아 고종이 폐서인이 아니라 빈으로 강등하는 정도의 조처를 하죠.

신병주 당시 작전명이 '여우 사냥'이에요. 한 나라의 국모를 여우로 표현했죠.

김학원 명성황후 시해사건 이후 유길준이 새로운 친일 내각을 주도합니다.

신병주 유길준은 우리나라 최초의 국비 일본 유학생이고, 미국 유학까지 갔다 온 사람이에요. 유길준 하면 서양의 여러 나라를 돌아보고 쓴 《서유견문》이 떠오르죠.

박시백 유길준의 《서유견문》을 훑어보면 당시 조선 엘리트들이 굉장히 똑똑해요. 단순한 유람기가 아니라 서양의 과학, 철학, 학문 체계를 쭉 요약해서 소개하는데, 기본부터 시작해서 깊이 접근하는 게 정말 대단합니다.

신병주 유길준은 을미개혁을 통해 여러 개혁정책을 주도해나갑니다. 을미개혁 중에 가장 대표적인 게 태양력인데, 우리 역사에서 양력이 이때 처음 사용됩니다. 《조선왕조실록》을 읽으면 음력 때문에 날짜가 무척 헷갈려요. 예를 들어 임진왜란이 1592년 4월 13일에 일어나는데, 양력으로 하면 5월 23일이에요. 을미개혁을 기준으로 날짜 계산이 달라지는데, 을미사변은 을미개혁 전에 발생한 사건이라 사건 발생 날짜를 음력 8월 20일이라고 해야 합니다. 반면 대한제국 선포나 한일병합조약 날짜는 양력 날짜입니다.

박시백 1895년 11월 17일을 1896년 1월 1일로 만들죠. 그래서 1895년은 11월 17일부터 12월 말일까지 실록 기사가 없습니다.

신병주 당시 개혁 조치 중에 큰 반발을 불러일으킨 것도 있는데, 대표적인 것이 단발령이에요. 이때 유길준이 직접 세자의 머리카락을 잘랐다는 것으로 봐서 이 사람이 그야말로 개혁의 실세였다는 걸 알 수 있죠.

아관파천 – 치욕적이지만 굉장히 치밀한 작전

김학원   명성황후 시해사건 이후에 당연히 반일 분위기가 높아졌겠죠?

신병주   당연하죠. 조선 사회 전체가 분노로 들끓었죠. 조정 안팎에서 일본을 응징하려는 분위기가 조성됩니다. 하지만 고종이 일본군에 의해 포위된 건천궁에 계속 거처하고 있는 한 어찌할 방도가 없었어요. 결국 외국 공사관이 많은 정동 쪽으로 왕을 빼내기 위한 작전을 수행합니다.

김학원   경복궁 북쪽의 작은 문인 춘생문에서 담치기를 시도하는데요.

신병주   그런데 호응하기로 한 친위대 대대장이 밀고하는 바람에 사건을 주도한 왕의 측근들은 체포되고 이범진, 이완용 등은 외국 공사관이나 선교사들의 사저로 몸을 피합니다. 이것이 바로 1895년 10월 12일에 일어난 춘생문 사건입니다.

김학원   그러자 일본이 '봐라, 우리만 그러냐? 구미 외교관들도 조선의 내정에 개입하고 있다'는 논리를 펴면서 미우라 등 명성황후 시해사건 관련자들을 죄다 석방시키죠.

신병주   춘생문 사건 한 달 만에 왕이 단발을 합니다. 그러자 많은 사람이 분노하고, 특히 지방 유생들이 부글부글 끓었어요. 그래서 1896년 초에 전국 각지에서 의병이 일어나는데, 음력으로는 아직 을미년이라 '을미의병'이라고 해요.

김학원   1896년 2월 11일, 고종이 드디어 러시아 공사관으로 피신하는 데

이어 2월 11일 새벽녘,
호위도 없이 가마 두 대가
조용히 대궐을
빠져나갔다.

궁녀들이 궐 출입 때 쓰는 가마라
파수를 보던 이들에게는 특이한 일이
아니었을 것이다.

가마는 곧장 정동의 러시아 공사관으로 들어갔고

러시아 공사관은 러시아 군사들에 의해
철통같이 경비되었다.

가마에 탔던 주인공은 다름 아닌
왕과 왕태자였다.

성공합니다. 이른바 아관파천이죠.

박시백   춘생문 사건의 실패를 교훈 삼아 이번에는 조용히 움직였어요. 고종과 황태자만 조용히 궁을 빠져나오죠.

신병주   이때는 친위대가 각지의 의병을 토벌하러 나선 터라 궁궐 수비가 좀 느슨했어요. 그 틈을 탄 거죠. 고종은 새벽에 궁녀들이 쓰던 가마를 타고 피신했어요.

김학원   어찌 보면 참 치욕적인 장면이에요.

박시백   치욕적이기는 하지만 굉장히 치밀한 작전이죠.(웃음)

김학원   고종이 정동의 러시아 공사관으로 옮기고, 사전에 요청한 러시아 군대가 공사관을 철통같이 경비합니다. 이렇게 아관파천이 성공하자 고종이 러시아 공사관에서 새로운 내각을 발표하네요.

신병주   두 번째 친러 내각이죠. 내각 총리대신 김병시, 궁내부대신 이재순, 내부대신 박정양, 외부대신 이완용……. 이완용 등이 이때부터 존재감을 드러냅니다.

김학원   아이러니하게도 명성황후가 주도한 인아거일 정책이 왕비가 죽고 나서 실현되네요.

명성황후와 흥선대원군, 주연이 되려 한 두 조연

김학원   명성황후와 흥선대원군에 대해 잠깐 정리하고 넘어가죠. 명성황후는 선교사나 공사 들의 평이 칭찬 일색이에요.

박시백   '지적이다, 우아하다, 영민하다'는 게 거의 일관된 평이죠.

김학원   고종이 직접 지은 지문도 그래요. "심상한 사물이라도 한 번 보면 빠짐없이 알았다. 책 읽기를 좋아해 역대 정사, 국가의 전고 등에

휜했다. 일마다 딱딱 들어맞았다.”

박시백   하지만 유길준은 '세계 역사상 가장 극악한 여인'이라고 했죠.(웃음)

김학원   극과 극을 오가네요. 명성황후에 대한 총평을 박 화백님이 해주시죠.

박시백   명성황후는 외국인들의 평은 물론이고 실제 그녀의 행적을 보아도 굉장히 영민하고 외교적 수완이나 정치력이 뛰어난 사람임이 분명합니다. 그녀가 추진한 인아거일 정책도 당시 상황에서 왕실에서 취할 수 있는 적절하고 현명한 처신이었고요. 하지만 한편으로는 굉장히 중세적인 인물이었어요. 굿도 많이 하고 잔치나 연회도 많이 하고 재정도 많이 낭비했어요. 무엇보다 민씨 척족의 전횡과 뇌물 수수로 인한 재정 악화와 그로 인한 백성의 고통이 명성황후가 가장 비난받는 이유죠.

김학원   갑신정변 때 칼을 맞아서 부상을 당한 민영익이 당시 선교사로 온 앨런에게 치료를 받고 치료비 외에 사례비로 10만 냥을 더 줬다고 하죠. 이건 진짜 천인공노할 액수예요.(웃음)

박시백   당시 3,000냥 정도면 서울에서 부자 소리를 들었다는 앨런의 이야기를 감안하면 진짜 그렇죠.(웃음)

김학원   갑오개혁 때 유배당한 민형식이 긁어 모은 돈은 70만 냥에 이르렀다고 하죠.

박시백   민형식은 민씨 척족 가운데 권세가 그리 높지 않아요. 그런 인물의 재산이 그 정도라니 말 다한 거죠. 당시는 국가 세입이 480만 냥이던 시절이에요.

김학원   이번에는 흥선대원군에 대한 총평을 신 교수님이 해주시죠.

신병주   대원군은 끝까지 권력욕을 버리지 못했어요. 주변에서 손짓할 때마다 다시 등장했죠. 임오군란, 갑신정변, 동학농민혁명, 을미사변 등 주요 국면마다 그의 이름이 빠지지 않아요. 이런 모습들은 매우 안타깝죠.

김학원   60대 이후의 삶을 잘 살아야 할 것 같아요.

신병주   명성황후도 흥선대원군도 너무 주연 의식이 강했어요. 누가 뭐라 해도 당대의 주연은 고종이었는데 말이죠. 둘 다 자신이 주연이라는 착각에 빠져 조선이 굴곡진 역사로 흘러가는 데 일조했다는 점은 부인할 수 없을 것 같습니다.

고종, 황제가 되다

김학원   고종이 아관파천 1년 만에 환궁을 합니다. 그런데 경복궁이 아니라 경운궁을 거처로 삼은 이유는 무엇인가요?

신병주   경운궁은 지금의 덕수궁이에요. 주변에 러시아 공사관을 비롯해 외국 공사관이 많은 곳이죠. 아무래도 일본 세력이 남아 있는 경복궁보다는 안전하겠다는 판단을 했겠죠.

김학원   고종이 경운궁으로 들어가고 몇 달 뒤, 조정 안팎에서 왕에게 칭제를 건의합니다. 고종이 겉으로는 거부했지만 내심으로는 좋아한 것 같아요. 마지못해 한다면서 국호를 '대한'으로 정하고 1897년 (광무 원년) 10월 12일 황제 즉위식을 거행합니다. 개국 이래 처음으로 만세 소리가 울려 퍼졌다고 하죠?

박시백   그 전까지는 '천세'라고 했죠. 황제국에서만 '만세'라는 말을 쓸 수 있으니까요.

신병주   황제가 되면 환구단에 제사를 지낼 수 있어요. 옷도 이전까지는 붉은색 곤룡포를 입었는데, 황제가 되면서 노란색 옷을 입었어요.

박시백   하다못해 용포에 있는 용의 발가락 수도 달라져요. (웃음)

김학원 이제 독립협회 이야기를 해보겠습니다. 갑신정변 실패 후 미국으로 망명한 서재필이 1895년 말에 귀국해서 이듬해 러시아 공사관에서 고종과 만납니다.

신병주 고종이 외부협판을 맡아달라니까 서재필이 자신은 미국 사람이라 관직을 맡을 수 없다고 합니다. 그 대신 자문하는 직책은 맡겠다고 해서 일단 중추원 고문이 됩니다.

김학원 서재필이 정부의 후원을 받아서 최초의 순 한글 신문인 〈독립신문〉을 창간합니다. 그리고 독립문 건립을 담당할 조직을 만든다며 1896년 7월 독립협회를 결성하는데, 이때 고종의 지원과 함께 고위직 인사들이 회장이나 위원장 등으로 참여하네요. 초대 회장 안경수는 춘생문 사건의 주모자이기도 했죠.

박시백 사실상 거의 반半정부 조직 정도로 출범한 것 같아요. 특히 서재필의 활동이 주목됩니다. 배재학당에서 특강을 하면서 토론회를 조직했는데 반응이 좋자 독립협회에서도 토론회를 열자고 하죠.

김학원 이때의 토론회는 참여한 독립협회 회원들이나 학생, 젊은 지식인들뿐만 아니라 구경하는 사람들에게도 정말 색다른 경험이었을 것 같아요.

박시백 그야말로 처음 보는 장면이죠. 토론 참석자들이 거침없이 자기주장을 펴나가는 걸 보고 정말 신선한 충격을 받았을 것 같아요.

김학원 이에 앞서 민영환*이 러시아 황제 대관식에 맞춰 러시아에 갑니다. 러시아 군대의 조선 왕실 보호와 군사 교관 파견, 차관 제공 등을 요청하기 위해서였죠. 하지만 러시아가 확답을 하지 않았어요.

박시백 　러시아는 만주를 확보하는 게 가장 중요했어요. 그런데 조선의 요청을 수락하면 일본이나 영국의 반발을 불러일으켜서 만주까지도 위험해질 수 있다고 판단한 것 같아요.

김학원 　그래서 회답을 주지 않다가 민영환이 귀국한 뒤에야 군사 교관을 보내고 1897년 9월에는 재정 전문가인 알렉세예프를 보내옵니다.

신병주 　고종은 민영환의 대관식 참여를 계기로 러시아와 긴밀한 네트워크를 형성하고 싶어 했어요. 그래서 기존의 탁지부 고문이던 영국인을 해임하고 알렉세예프를 선임했죠. 그리고 얼마 안 가 부산의 절영도(지금의 영도)를 석탄 공급 기지로 조차하게 해달라는 러시아의 요구를 수락하려고 합니다.

김학원 　일종의 밀약이었던 거죠?

신병주 　그렇죠. 그런데 독립협회가 발끈하고 나섭니다. 토론회를 통해 우리 땅을 한 치도 외세에게 넘겨줄 수 없다면서 러시아를 성토하죠. 러시아의 절영도 조차뿐만 아니라 한러은행 설립에도 반대합니다.

김학원 　그리고 토론회를 확대해서 1898년(고종 35) 3월 지금의 종로에서 만민공동회를 개최합니다. 지켜보던 군중이 뜨겁게 성원합니다.

박시백 　이 토론회의 확대 과정을 서재필이 은밀하게 주도합니다.

김학원 　남하하려는 러시아를 견제하려 한 것 같아요.

박시백 　서재필은 친미 인사니까 당연히 러시아를 견제했죠. 서재필과 함

● 민영환閔泳煥(1861~1905) 민겸호의 아들. 박정양, 이범진, 이완용, 이윤용 등과 함께 정동구락부의 일원이다. 1896년 특명전권공사고 尹치호 등과 함께 러시아 황제 대관식에 참석해 러시아 군대의 조선 왕실 보호, 군사 교관 파견, 차관 제공 등을 요청했다. 민씨 척족의 대표 일원이었음에도 개화를 강조했고 독립협회의 활동을 이해하고 지지했다. 을사조약이 체결되자 사결했다.

독립협회운동은 새로운 도약을 한다. 고종 35년 3월 종로에서 만민공동회가 열렸다.
독립협회가 민중을 만난 것이다.

께 만민공동회를 주도한 윤치호*도 마찬가지였고요.

김학원 뜻밖에도 러시아가 절영도 조차뿐 아니라 군사 교관과 재정 고문,
한러은행 설치까지 모두 없던 일로 하거나 철수시키겠다고 하죠.

박시백 그런데 이것에 대해 러시아가 독립협회의 활동에 밀려 후퇴했다는
식으로 말하는 건 오버인 것 같아요. 가령 절영도 조차 문제를 보
면 러시아가 적극적으로 요구한 건 맞지만, 당장 조선 내에서도 그
랬고 일본 쪽에서도 문제제기가 있었거든요.

신병주 러시아의 입장에서 시급한 지역은 조선이 아니라 만주였어요. 그
래서 한 발 물러서는 모습을 보인 건데, 고종황제는 독립협회 때문

● 윤치호尹致昊(1866~1945) 1881년 조사시찰단으로 일본에 파견되었고 유학생활을 하면서 후쿠
자와 유키치 등과 교유했다. 김홍집 내각과 박영효 내각에 기용되었으며 민영환과 함께 러시아 황제
대관식에 참석했다. 독립협회에서 활동하면서 3대 회장이 되어 의회설립운동으로 발전시키려고 했
으나 고종의 거부로 실패했다. 을사조약 이후 자강을 주장했다.

에 러시아와의 관계가 악화됐다고 생각하게 된 거죠.

박시백 그렇죠. 러시아는 조선을 자신들이 만주를 장악할 때 일본과 영국을 막아줄 울타리 정도로 생각한 거예요. 러일전쟁 직전의 마지막 협상을 보면, 러시아는 일본에 조선의 절반을 중립지대로 설정하자고 하거든요. 나머지 남쪽 절반은 일본이 가져도 상관 않겠다는 거죠.

김학원 1898년 4월 일본이 러시아와 협약을 맺습니다.

박시백 사실 일본의 입장에서 삼국간섭으로 요동반도를 돌려준 것은 뼈아픈 일이었죠. 그런데 이제는 요동반도는 고사하고 아관파천으로 조선에 대한 주도권마저 거의 빼앗긴 상황이 되니까 일본으로서는 굉장히 억울했겠죠. 그래서 조약을 통해 조선에 대한 동등한 지위를 확보하고 경제적으로는 우위를 확보한 겁니다.

독립협회운동에서 의회설립운동으로

김학원 그보다 몇 달 전인 1897년 12월, 독립협회에 실망한 고종황제가 서재필을 중추원 고문직에서 해임해버려요. 서재필도 깨끗이 미국으로 돌아가 버리네요.

신병주 서재필은 독립협회의 중심인물이라는 점에서 상당히 높은 평가를 받지만 이런 측면은 좀 안타까워요.

김학원 서재필이 미국으로 돌아가자 고관들도 독립협회에서 한 발짝 물러섭니다. 2대 회장에 선임된 이완용도 때마침 전라북도 관찰사가 되면서 발을 빼죠. 그리고 3대 회장에 선출된 사람이 윤치호네요.

박시백 윤치호는 독립협회운동을 의회설립운동으로 발전시키려 했어요.

신병주 중추원을 바꿔 의회 기능을 할 수 있게 하려 하죠.

김학원	윤치호가 연명 상소를 올려 유럽의 상하 양원제를 이야기하면서 의회에 대한 구상을 피력하네요.
박시백	황제가 일언지하에 거절하죠. 자기 권력을 나눠 갖자는 거니까요.
김학원	한편, 독립협회는 부패한 관리를 탄핵하는 일에도 나섰어요. 독립협회가 조병식*을 사직시키고 황제의 비자금을 관리하던 내장원경 이용익**을 고등재판소에 고발합니다. 이러면서 협회와 고종 사이에 긴장이 조성됐다고 봐도 되겠죠?
박시백	개화와 개혁을 지향하는 새로운 지식인들 사이에서 독립협회가 갖는 위상은 거의 절대적이었어요. 그래서 아무리 고관대작이라고 하더라도 독립협회에게 지적을 당하거나 편지를 받으면 변명하거나 답장을 하지 않으면 안 되는 분위기였어요. 조병식도 독립협회에게서 그동안 잘한 게 하나도 없으니 그만 나가라는 아주 무례한 편지를 받고서도 답장을 했는데, 그런데도 결국 면직 조치를 받죠. 그럴 정도로 독립협회가 위세 등등했어요.
김학원	지금의 시민단체들도 이 정도의 영향력을 갖지는 못하죠.
박시백	이때의 독립협회는 의회 권력과 같은 위상을 가졌던 거죠.
김학원	이 무렵 김홍륙 독다사건이 발생하는데 차에 독을 탄 건가요?

• **조병식趙秉式**(1823~1907) 동학 지도자들이 교조 최제우의 신원을 상주해줄 것과 동학에 대한 탄압을 멈춰줄 것을 청하자, 신원 요청은 거부했으나 동학을 금하는 과정에서 자행되는 폐단은 멈추도록 했다. 독립협회가 공화정을 세우려 한다는 익명서를 조작해 독립협회 간부들을 체포할 빌미를 제공했다.

•• **이용익李容翊**(1854~1907) 보부상으로 떠돌다가 금광에 투자해 부자가 되었고 이후 민영익과 친분을 쌓았다. 임오군란 때 명성황후와 민영익 사이에서 연락을 담당한 인연으로 황실 측근이 되었다. 내장원 경에 올라 막대한 황실 자금을 확보했으나 시장을 혼란스럽게 한 혐의로 독립협회에 의해 고발되었다. 을사조약 이후 프랑스와 러시아 등지를 떠돌며 을사조약의 부당성을 알리다가 블라디보스토크에서 죽었다.

신병주 　김홍륙은 권력을 남용하다가 유배형에 처해지자 고종황제가 즐겨
　　　　마시는 커피에 사람을 시켜 아편을 탑니다. 커피 맛을 아는 고종황
　　　　제는 맛이 이상하다며 바로 토해버렸지만 같이 마신 황태자는 많
　　　　이 마셔서 실신을 했다고 해요.

김학원 　그래서 고종이 김홍륙과 사건 관련자들을 교형에 처하고, 시신을
　　　　거리에 버려서 사람들이 난도질을 하게 놔둡니다.

신병주 　처형 장면을 보고 너무 야만적이라며 외국 공사들이 앞다퉈 항의
　　　　했어요. 독립협회는 야만적인 행위를 묵과한 관리들 또한 법대로
　　　　처벌해야 한다고 주장합니다. 협회와 지지 군중의 요구가 점점 거
　　　　세지자 고종황제가 독립협회의 탄핵을 받은 관리들을 교체합니다.

박시백 　대신들을 거의 다 교체했어요. 고종황제가 대단한 후퇴를 한 거죠.

관민 합동 국무회의

김학원 　이로써 독립협회에 우호적인 박정양이 내각을 이끌게 됩니다. 이
　　　　내각이 윤치호의 제안을 받아들여 독립협회 대표들과 궁궐 안에서
　　　　논의를 합니다. 이게 굉장히 인상적인 장면이고, 어떻게 보면 역사
　　　　적인 장면이기도 해요.

신병주 　시민단체 대표가 청와대에 온 거예요.

박시백 　그냥 의견을 전하러 온 게 아니라 대등한 논의의 주체로 온 거죠.

김학원 　일종의 관민 합동 국무회의 아닌가요? 단순한 민의 수렴이 아니라
　　　　중추원 관제, 즉 의회의 구성과 운영에 대해 논의를 했어요.

박시백 　중추원 의관을 50명으로 구성하되, 절반은 정부 추천으로 뽑고 나
　　　　머지 절반은 독립협회 내에서 자체 투표로 뽑는다는 겁니다. 즉 의

회의 절반을 독립협회가 차지한다는 거죠.

김학원 　의관은 지금으로 치면 국회의원이죠.

박시백 　그리고 중추원 관제 초안을 만들었는데, 이 내용이 굉장히 획기적이에요. 가만히 보면 지금의 의회보다 더 나가 있어요. 의정부에서 논의를 거친 내용도 황제에게 건의하기 전에 중추원에서 걸러야 하고, 중추원에서 직접 건의할 수도 있고, 백성의 의견을 받아서 건의할 수도 있다는 거니까요.

김학원 　이쯤에서 황국협회 이야기가 나오네요. 황국협회는 사실 관변단체의 원조 격이죠?

박시백 　독립협회가 연명 상소를 올리기 직전에 조직된 보부상 단체인데, 보부상 자체가 조정의 보장을 받아야 생존이 가능한 사람들이에요.

김학원 　그러니 황국협회는 구조적으로 친여적 성격을 가진 관변단체인 거네요.

박시백 　황제가 당초 독립협회에 할당된 25명 중 8명은 황국협회에 할당하라고 했는데, 윤치호가 반대하니까 결국 원안대로 가네요.

김학원 　당시 중추원 의관 구성에 관한 합의 내용은 어떻게 보면 굉장히 획기적이에요.

박시백 　그렇기 때문에 오히려 독립협회는 이 정도 선에서 숨 고르기를 했어야 해요. 왜냐하면 이미 너무나 많은 것을 얻어낸 상황인 데다 기득권 세력의 견제가 시작되었거든요. 그런데도 여기서 오히려 한 발 더 나갑니다. 정부 인사들을 만민공동회에 초청한 거죠.

김학원 　자신감이 너무 넘쳐서 자기들 모임에 조정 대신들을 초청하는 거예요.(웃음)

박시백 　말이 초청이지, '와라!' 하고 거의 강제한 거죠.(웃음)

김학원 　시민단체의 집회나 논의에 총리 이하 장관들을 참석시킨 거잖아

요?(웃음)

신병주   지금도 있기 힘든 그런 일을 한 거죠.(웃음)

김학원   정말 만민공동회에 대신들이 참석하는 일이 벌어집니다. 대회장의 열기가 무척 뜨거웠다고 하네요. 이 자리에서 황제에게 건의할 내용들을 정해요. 바로 헌의6조죠.

박시백   사실 내용을 보면 헌의6조는 대단한 건 아니에요. 갑신정변 이래 끊임없이 나온 이야기이고, 갑오개혁 때 법제화되었다가 아관파천 이후 후퇴한 걸 다시 회복하자는 정도였어요.

김학원   이 내용에 대해서 황제가 실행을 약속했어요.

박시백   그랬죠. 그런데 곧바로 뒤통수를 칩니다.(웃음)

독립협회와 만민공동회의 종언

김학원   황제가 며칠 사이에 약속을 뒤집고 독립협회 핵심 인사에 대한 체포령을 내리고 독립협회를 금하는 조치를 취합니다. 그 배경에는 조병식이 있는 거죠?

신병주   조병식은 앞서 독립협회의 탄핵으로 면직됐다가 다시 관직에 복귀했어요. 그런데 독립협회에 부담을 느끼고 있던 조정 대신들을 모아 익명서를 조작해서 고종황제에게 보고합니다. 독립협회가 박정양을 대통령으로 윤치호를 부통령으로 하는 공화정제를 수립하려고 했다는 거죠. 역모 혐의를 씌운 거예요.

김학원   만약에 이게 사실이라면 역사를 바꿀 수 있는 정말 훌륭한 계획이에요.(웃음)

신병주   우리나라가 빨리 공화정으로 바뀔 수 있었겠죠.(웃음) 문제는 고종

	황제의 명에 따라 간부들을 체포한 날이 독립협회 몫의 의관을 선출하기로 한 날이었다는 거예요.
김학원	협회원들이 이날을 얼마나 기다렸겠어요?
신병주	이들이 닷새 동안 만민공동회를 이어가죠. 결국 고종황제가 체포한 사람들을 석방합니다. 굴욕을 당한 거죠.
김학원	그런데 굴욕을 당한 고종황제가 독립협회를 일거에 제압해버리네요.
박시백	만민공동회의 헌의6조 실행과 독립협회 복설 요구를 다 들어주겠다고 하고는 다시 뒤통수를 칩니다.
김학원	황국협회를 일종의 정치 구사대로 투입하는 거죠.(웃음)
박시백	적절한 표현이네요.(웃음) 몽둥이를 들고 가서 만민공동회를 무너뜨렸죠. 그런데 날이 밝자 전세가 바로 역전됩니다. 황국협회가 아무리 인원이 많아도 독립협회와 만민공동회를 지지하는 백성의 수와는 비교가 안 되죠.
김학원	결국 고종이 직접 그들을 만나야 하는 상황이 됩니다. 황제가 직접 궐 밖에 나가서 독립협회와 시위 군중을 만나 협상을 주관하는데 굉장히 역사적인 장면이에요.
신병주	하지만 이때 고종이 만만치 않은 정치력과 노련한 면모를 보여줍니다.
박시백	맞아요. 만나자마자 처음부터 '너희가 지금까지 이러이러한 죄를 저질러왔다'며 그동안의 독립협회 활동이 온당치 못했다고 못을 박아요. 하지만 이 모든 것이 자기 탓이니 이전까지의 잘못에 대해서는 죄를 묻지 않겠다고 합니다. 그런 다음, 이제부터는 하찮은 백성의 계책이라도 받아들이겠다며 요구 조건을 이야기해보라고 하죠. 협회 측이 몇 가지 요구사항을 전달하자 고종이 긍정적인 답

황제가 궐 밖으로 나와 직접 독립협회와 시위 군중을 만났다. 대표로 뽑힌 200여 명이
황제 앞에 나아가 엎드렸다.

너희 백성은 내 말을 들어라.
여태까지 내린 지시를 너희는 대부분 따르지 않았다.
밤새 대궐문에서 떠들고 큰길에 장애물을 설치해
막았다. 제멋대로 행동하고 사납게 굴면서
다른 사람의 집과 재산을 빼앗았다. 이것이 어찌
500년 전제국가에서 있었던 일이겠느냐?

···

그러나 내가 임금의 자리에 오른 이래 다스림이
뜻대로 되지 않아 인심이 들뜨게 되었다.
너희가 죄를 짓게 된 것은 오직 나 한 사람에게
책임이 있다는 것을 이제야 크게 깨달았으니
나는 매우 부끄럽다 ···

지금부터 임금에서 신하, 위와 아래가 모두
믿을 신(信) 한 글자로써 일하고 의리로써 서로
지켜 어질고 능력 있는 사람을 구하며
풀 베고 나무하는 하찮은 백성에게서도 계책을
받아들일 것이다.

오늘 새벽 이전까지의 일은 죄의 유무와 죄의 경중을
가리지 않고 모두 깨끗이 용서해줄 것이니
의심하고 맺혔던 것을 모두 풀어버리고 우리 모두
오직 새롭게 출발하자.

:

변을 해요. 그런데 고종의 답변이 워낙 두루뭉술해서 문제제기를 하려 해도 뭘 문제 삼아야 할지 굉장히 모호한 거예요. 그래서 이 정도면 됐다 생각하고 만세 부르고 흩어졌어요. 고종황제가 이때 잔머리가 잘 돌아갔다고 느껴지는 게, 곧바로 황국협회 인사들도 부릅니다.

김학원 황국협회는 자신의 이해에 맞는 요구를 내세우죠.

박시백 독립협회와 전혀 반대되는 요구 조건을 내거는 거죠. 고종황제는 이번에도 두루뭉술한 답변을 합니다. 다시 말하면 양측의 전혀 다른 주장을 두루뭉술하게 무마시킨 거죠.

김학원 독립협회가 자신들이 얻은 게 없다는 걸 깨닫고는 다시 만민공동회를 열죠.

박시백 그러자 황제가 분노합니다. 이미 이야기를 다 들어주었는데 왜 또 이러냐는 거죠. 이때는 유림들이 자발적으로 나섰어요.

신병주 황제가 명분을 쌓아두었으니까요.

김학원 독립협회에 대한 비판의 흐름이 형성되자 고종이 급기야 만민공동회 해산에 군사를 동원하는 초강수를 두네요. 황제가 열한 가지 죄목을 들어 독립협회와 만민공동회를 비판합니다. 이제는 만민공동회를 구경하는 것조차 금지하죠.

박시백 그런데 중요한 게, 그 이전에 황국협회의 테러나 고종의 여러 조치가 나올 때는 백성이 나와서 다시 상황을 역전시켰는데, 이번에는 군중이 모이지 않았다는 거죠. 백성이 보기에도 독립협회 사람들이 너무 나간다 싶었던 것 같아요.

김학원 결국 독립협회의 활동은 이것으로 사실상 종언을 고하게 되죠.

박시백 저는 만민공동회를 밀어붙이는 과정을 보면서 조광조 때의 일이 떠올랐어요. 둘 다 탄압을 받았지만 조광조는 그 이상 진전시키지

토론회에서 출발해
만민공동회로 이어지고,
관민공동회로까지 발전하며
새로운 정치운동으로
자리 잡고 민주주의의 싹을
보여준 독립협회는
그렇게 종언을
고했다.

황제는 황제권에 대한 집착으로 독립협회가 가진 에너지를
개혁의 자산으로 삼지 못한 채 무너뜨리기에만 급급했고,
결국 성공을 거두었다.

독립협회 또한
급성장한
자신의 힘을
조신하고
관리할 수 있는
지도 역량을
갖추지 못해
소멸의 빌미를
제공하고 말았다.

못한 채 몰락한 반면, 이때는 백성의 힘으로 역전시켜줬다는 거죠. 백성의 힘이 본격적으로 발휘되기 시작한 겁니다. 광화문 촛불집회 같은 것이 계속 반복되는 대단한 양상을 보여줬죠.

고종황제의 마지막 승부수: 대한국 국제 반포와 광무개혁

김학원   자신감의 표현일까요? 1899년 6월 고종황제가 대한국 국제를 발표하네요.

신병주   황제권 강화가 핵심이죠. 3조가 특히 중요한데 "대한국 대황제는 무한한 군권을 가지고 있다."는 겁니다. 황제권을 강화하기 위해서는 무엇보다 군권을 확실하게 장악해야 하는 거니까요. 그래서 상비군이 중앙군 1만 명, 지방군 2만 명에 달하게 됩니다. 황제권 강화를 위해서는 황제가 마음대로 운용할 수 있는 돈도 필요했죠. 궁내부에 내장원을 두어 내장원 경 이용익에게 황실 자금 관리를 맡깁니다.

김학원   이용익이 새로운 자금원 확보에 나서는데요.

신병주   열강에 광산이나 철도 개발권을 넘기는 대가로 리베이트를 받거나 전환국의 화폐를 주조하는 과정에서 남긴 이득을 황실 자금으로 확보합니다. 황제가 이렇게 돈을 모은 데는 나름의 이유가 있었어요. 이 돈으로 식산흥업정책을 추진했죠. 각종 학교와 공장, 철도회사, 은행 등을 세운 것이 그 일환이죠. 전기, 전차, 전화 등 근대 문물이 들어오는 시기도 바로 이 무렵이죠. 이런 것을 총칭해서 광무개혁이라고 합니다. 광무는 대한제국의 연호예요.

김학원   방금 신 교수님이 정리해주신 광무개혁에 대해서 박 화백님은 어떻게 생각하시나요?

박시백   개항 이후 개화 과정을 보면 체계가 없어요. 이것도 해보고 저것도 해보는 식이었죠. 군대도 처음으로 상비군 3만 명을 갖췄다지만 당시 일본군은 육군만 100만에 육박했습니다. 그런데 이 3만을 유지하는 데 국가 재정의 약 40퍼센트를 쏟아부어야 했어요. 한 나라로서 자위할 역량조차 턱없이 부족했다는 거죠.

신병주   대한국 국제 반포와 광무개혁은 고종황제의 마지막 승부수였어요. 황제 나름대로 노력은 한 거예요.

박시백   황제권에 집착한 것은 어느 정도 이해가 됩니다. 그동안 감금 생활도 하고 남의 나라 대사관에 가서 왕답지 않게 사는 등 너무나 시련을 많이 겪었으니까요. 하지만 시대의 흐름을 읽고 이에 기초해서 나라 안의 에너지를 잘 활용했어야 해요. 독립협회 활동은 동학농민혁명 때처럼 그야말로 나라의 에너지가 하나로 응집되는 과정이었어요. 그 에너지를 잘 모았다면 나라를 새로운 방향으로 이끌 동력을 만들 수 있었는데 참 안타깝습니다.

일본의 러일전쟁 승리 – 한국에 대한 우위를 결정짓다

김학원   자, 이제 러일전쟁에 대해 알아보겠습니다. 아관파천 이후 고종황제는 러시아의 군사력에 의지해 일본을 견제하려고 했지만, 러시아가 적극적인 반응을 보이지 않았어요. 그래서 나름대로 중립화 정책을 외교정책의 기조로 채택합니다.

박시백   조선은 막강한 외세에 대항해 자위할 역량이 안 됐어요. 그러니까 여러 나라에게 인정받아서 어느 한 나라에 복속되는 걸 막는 것이 최선이었죠.

김학원   맞습니다. 그래서 이권을 여러 열강에게 골고루 배정해주죠. 그런데 이러한 역학관계에 변화가 일어나네요.

신병주   대체적으로 아관파천이 일어난 1896년부터 1904년 러일전쟁이 일어나기 전까지 한 8년간은 러시아와 일본이 조선에 가장 강한 영향력을 행사했어요. 하지만 한편으로는 미국과 독일, 프랑스 등 서양 열강들도 조선의 각종 이권을 나눠 가지면서 일정한 긴장관계를 형성하고 있었죠. 그런데 그사이에 러시아가 일본으로 하여금 요동반도를 돌려주게 만든 대가로 청나라에게서 동청철도(블라디보스토크~하얼빈~치타) 부설권을 획득하고 요동반도 남단의 여순항과 대련항을 조차한 데다 남만주철도 부설권도 따냈어요.

김학원   이 무렵 청나라에서 의화단운동이라는 반외세운동이 강하게 전개됩니다.

신병주   그러자 서양 세력이 연합군을 꾸려 진압에 성공했는데, 러시아는 동청철도를 보호한다는 구실로 만주에서 철수를 거부합니다. 그러자 영국과 일본이 1902년 동맹을 맺고(1차 영일동맹) 러시아를 견제하면서 국제관계에 변화가 일어납니다. 이런 분위기를 파악한 러시아가 일본과 협상을 진행하죠. 러시아는 일본에 조선의 북위 39도 이북 지역을 중립지대화하고 한반도를 군사적으로 이용하지 말자고 했어요. 반면 일본은 대한제국이 자신들의 영향권임을 분명히 하며 물러서지 않으려 했죠. 결국 두 나라의 협상이 결렬됩니다.

김학원   기본적으로 러시아는 만주를 먹겠다, 일본은 대한제국을 먹겠다는 구도였잖아요. 이제 일본이 미국과 영국의 지원을 받으면서 전쟁 준비에 돌입하는 거죠?

박시백   러시아는 대륙 간 횡단철도 완성을 목전에 두고 있었고, 부동항 확보를 위해 조차한 요동반도의 여순항과 대련항에 막강한 해군기지를 만들어놓은 상태였어요. 그래서 일본 정도야 하는 생각을 한 것 같아요.

신병주   하지만 일본도 청일전쟁 이후 병력을 크게 증강해서 육군만 해도 100만에 육박했고 해군 병력도 청일전쟁 때의 네 배에 달하는 규모였어요. 게다가 중립을 지키겠다고 했지만 영국이 미국과 함께 경제적 지원을 약속한 상황이었고요.

김학원   그런 자신감으로 일본이 전쟁을 개시합니다. 1904년 2월 여순항을 먼저 기습 공격하고 다음 날 제물포의 러시아 함선을 격파했죠. 일본이 제물포에 상륙하고 보름 만에 한일의정서가 체결되네요.

박시백   조선의 땅만이 아니라 물자까지도 러일전쟁에 활용하겠다는 거죠. 청일전쟁 때도 경복궁으로 쳐들어가서 왕실부터 장악한 다음에 청나라와의 모든 관계를 단절하는 선언을 이끌어내잖아요? 마찬가지로 러일전쟁 때도 독립을 보증한다는 미명 하에 조선의 가용 자원들을 활용하려 한 거죠.

김학원   러일전쟁의 전개과정에 대해서 이야기해주세요.

신병주   1904년 2월 일본의 선제공격으로 전쟁이 시작되었고, 1년 뒤인 1905년 1월 일본이 여순항을 손에 넣었어요. 3월에는 육지전인 봉천 전투에서도 일본이 큰 승리를 거둡니다. 결정타는 5월에 대한 해협에서 벌인 해전이에요. 일본 해군이 러시아의 발틱 함대를 궤멸시켰죠. 이때 러시아가 작전을 잘못 짰어요. 유럽 쪽을 지키던 함대를 굳이 대서양을 종단해 희망봉, 인도양을 거쳐 태평양까지 지구를 거의 한 바퀴 돌아 들어오게 만들었잖아요. 권투 선수가 마라톤 완주를 하고 링에 오른 격이죠.(웃음)

박시백   수에즈 운하를 통해서 오면 훨씬 빠른데 영국의 반대로 우회해야 했죠.

김학원　일본이 막강 발틱 함대와의 전투에서 대승을 거두면서 러일전쟁은 사실상 승패가 갈린 거네요. 일본의 압도적인 승리였죠?

박시백　해전에서 승리를 거두기는 했지만 일본의 사정이 그리 좋지는 않았어요. 전쟁으로 재정이 거의 고갈된 상태여서 전쟁이 더 지속되었으면 어떻게 될지 모르는 상황이었죠. 하지만 러시아 국내에서 벌어진 사건 하나가 일본을 구합니다.

김학원　1905년 국내에서 일어난 혁명으로 러시아가 전쟁을 지속하기 어려운 환경이 조성된 거죠. 결국 1905년 9월 러시아와 일본은 미국의 중재로 포츠머스조약을 맺고 전쟁을 끝냅니다. 이 조약의 핵심은 뭐죠?

신병주　"러시아 제국은 일본국이 한국에서 정치, 경제, 군사상의 특별한 이권을 가진 것을 승인한다." 이 내용만 봐도 일본이 승전국임을 확실히 알 수 있죠.

박시백　한국에 대한 일본의 우위를 확실하게 인정한 것은 물론, 만주에서 러시아가 갖고 있었던 모든 권한을 일본에 양도해요. 요동반도의 러시아 조차지들은 물론 남만주철도도 일본으로 넘어가죠. 사할린의 일부도 일본에 넘어가고요. 배상금 대신이었죠. 이렇게 일본은 승전국으로서 챙길 것은 거의 다 챙겼죠.

을사조약: "한국의 외교권을 박탈한다"

김학원　러일전쟁 중인 1904년 8월 22일에 조선과 일본이 일본의 고문정치를 승인하는 협약(1차 한일협약)을 맺네요. 조선의 재정과 외교가 사실상 일본에 장악되는 거예요.

박시백 "대한제국 정부는 외국과 조약 체결 및 기타 중요한 외교 안건에 대해 반드시 일본 정부와 상의를 해야 한다." 여기까지는 일본 정부와 '상의'하는 단계지만 나중에는 일본 정부의 '승인을 받는' 단계로 강화되죠.

신병주 그리고 포츠머스조약 두 달 전인 1905년 7월 일본은 미국과 가쓰라-태프트 밀약을 맺어 필리핀에 대한 미국의 우월권을 인정하는 대신, 대한제국에 대한 일본의 우월권을 인정받았죠. 이어 8월에는 2차 영일동맹으로 조선을 보호조치할 권리를 영국에게서 인정받았어요. 조선 보호국화에 걸림돌이 될 만한 장애물을 미리 제거한 셈이죠.

박시백 그러니까 러일전쟁의 전개과정이 곧 조선에 대한 일본의 장악 과정인 거죠.

김학원 11월 10일 우리가 익히 아는 이토 히로부미가 특사로 와서 황제를 만나 국서를 전달하고 며칠 뒤에는 보호조약이 담긴 문서를 들이미는데요.

신병주 처음에는 외교권 이양만이 아니라 한국을 통감부 아래에 둔다는 표현까지 있었어요.

김학원 사실상 식민지로 만들겠다는 거잖아요. 고종이 당연히 거부하죠.

박시백 황제는 황제대로, 신하는 신하대로 처음에는 모두 반대를 했어요. 그런데 이완용이 이토가 소집한 어전회의에서 물꼬를 트는 발언을 합니다. 대한제국을 통감부 아래에 둔다는 표현을 외교만 통감부 아래 두는 것으로 수정하자고 한 거죠. 이 조약은 흐름상 체결될 수밖에 없으니, 최소한 문구라도 손봐서 최대한 방어를 해야 한다는 식으로 주장을 한 거죠. 그러니까 반대를 하던 다른 신하들도 찬성할 수 있는 명분을 얻게 된 거죠.

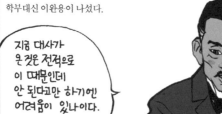
학부대신 이완용이 나섰다.

지금 대사가
온 것은 전적으로
이 때문인데
안 된다고만 하기엔
어려움이 있나이다.

만일 할 수 없이 허용하게 된다면
약관 가운데서 개정하거나 첨삭할
부분이 있으니 미리 잘 헤아려 해야지
그 자리에서 할 수는 없을 것이옵니다.

이토 대사도 문구의
첨삭 정도는 협상할 수
있겠지만 완전 거절은
좋은 관계를 보존할 수
없게 만들 것이라 했소.
학부대신의 말이
타당하오.

초안을 가져다
몇 군데
수정 사항을
검토했다.

제13조 한국을
통감 아래 둔다고
했는데 외교라는
글자를 명시하지
않았다가는 뒷날
우환이 될 것입니다.

황실의 안녕과
존엄에 손상을
주지 말라는 조목도
첨가해야 합니다.

김학원　　분위기를 반전시키는 제안이었던 것은 분명한 것 같아요.

박시백　　그런데 이때 고종황제가 제지하지 않고 인정을 해줍니다. 궁 안팎이 일본군에 포위된 상태에서 조약을 통째로 거부할 수는 없다고 생각했겠죠.

김학원　　결국 1905년 11월 17일 밤과 18일 새벽 사이에 이완용이 제안한 문구 수정을 전제로 여덟 명의 대신들이 표결한 끝에 을사조약이 체결됩니다. 공식적인 서명, 날인자는 외부대신 박제순과 일본 공사 하야시 곤스케입니다.

신병주　　여기서 핵심은 "한국 정부는 일본 정부의 중재를 거치지 않고는 국제적 성질을 가진 어떤 조약이나 약속을 하지 않을 것을 기약한다."는 조항이에요. 그래서 우리가 을사조약의 핵심을 외교권 박탈이라고 하는 겁니다.

김학원　　조약 체결 소식이 알려지자 나라 전체가 충격에 휩싸였는데, 장지연의 〈시일야방성대곡〉이 이때 나오죠.

신병주　　〈황성신문〉을 통해 발표가 됐죠. 장지연이 이 글을 써서 을사조약을 체결한 대신들의 처벌을 강력하게 주장합니다.

김학원　　최익현의 상소도 올라오는데, 최익현이 아직도 생존해 있네요.(웃음) 어떻게 보면 정말 조선의 마지막 유학자 같은 인물입니다.

박시백　　특이한 점은 조선이 개항 이후 한 30년 동안 급격한 변화를 겪는데, 최익현이 그사이에는 별다른 행보를 보이지 않다가 이때 다시 과연 최익현이다 싶은 행보를 보인다는 겁니다.

김학원　　그리고 민영환도 자결을 하는데요.

신병주　　임오군란 때 선혜청 당상으로 있다가 성난 군중에게 살해당한 민겸호의 아들인데, 사실은 민씨 척족의 핵심 인물 중의 한 명이었어요.

김학원　　독립협회 활동도 하고 나름대로 개혁파 아닙니까?

박시백 　민씨 척족 중에 거의 유일하게 개혁적인 인물이었습니다.

김학원 　반면 이완용처럼 협상 카드를 내밀면서 조약을 성립시킨 사람도 있었죠. 이완용이 이때부터 적극적으로 나서는 거죠?

신병주 　을사조약 체결 직후만 해도 이완용, 이지용, 권중현, 이근택, 박제순, 이렇게 다섯 명이 '을사오적'이라고 해서 나눠서 비난을 받았는데, 이후에 이완용이 적극적으로 나서서 일본의 대변인처럼 활동하니까 매국노의 상징이 됐죠.

김학원 　조약에 대한 반발이 거세자, 이완용이 상소를 올려 을사조약이 어떻게 체결됐는지 쭉 설명합니다. 일종의 해명소인데, 이완용이 굳이 이런 해명소를 작성한 이유가 뭘까요?

박시백 　을사조약이 체결되자마자 오적으로 거명되어 만인의 공적이 되어버렸으니까요. 그날 중명전에 있었던 여덟 명의 대신들 중 법부대신 이하영은 거의 을사오적과 구별하기 힘든 처신을 보였는데도 을사오적에서 빠졌고, 탁지부대신 민영기는 반대의사를 표명했지만 이후에 일본이 주는 온갖 특혜들은 다 받아먹고 오적과 동일한 행보를 보였거든요. 그런데 한 번 오적이라는 명칭이 딱 붙고, 계속해서 오적, 오적 하니까 되게 짜증이 난 거예요. 그래서 나름대로 반박문을 올린 건데, 그렇다고 해서 공감을 얻은 건 아니죠.

역사의 비극, 최익현의 죽음

김학원 　오적이 매국노의 대명사로 인식되면서 다양한 암살 시도가 일어납니다. 하지만 오적은 살아남고 외교 고문으로 온 미국인 스티븐스만 죽었어요.

신병주 그렇죠. 미국으로 돌아갔다가 전명운, 장인환에게 저격을 당했죠.

박시백 군부대신 이근택 같은 경우는 칼에 여러 번 찔렸는데 살아남았고, 이완용도 한일병합 직전에 칼을 맞았지만 죽지 않았죠.

김학원 각지에서 의병이 일어나는데 1906년에는 아주 맹렬해졌다고 합니다. 이때 활동한 대표적인 의병장이 민종식, 최익현 그리고 신돌석°이에요.

신병주 민종식은 충청도 홍주성을 점령해서 열흘 넘게 일본군을 압박했지만 이후 일본군에게 체포됩니다. 불굴의 선비 최익현도 노구를 이끌고 의병을 일으킵니다. 호소문을 내고 거병을 독려하다가 체포되어 말년에 대마도로 유배되었고, 그곳에서 74세를 일기로 생을 마칩니다. 지금도 대마도에 가면 최익현의 유적지가 있습니다.

김학원 조선의 마지막 유학자가 조선 땅이 아니라 나라를 짓밟은 일본 땅에서 생을 마감했다는 것도 역사의 비극입니다.

박시백 최익현이 죽고 나서 시신을 국내로 운구할 때 민중이 최익현의 행보에 존경을 표하며 애도하는 곡을 하죠. 최익현은 제대로 싸워보지도 않고 체포됐는데, 그 이유는 조선군이 토벌대로 왔기 때문이에요. 우리끼리 싸우면 되냐고 하면서 체포를 당한 겁니다.

신병주 그리고 울진에서 농민 300명과 함께 일어난 평민 의병장 신돌석은 동해안에서 일본군을 상대로 큰 전과를 거두었어요.

김학원 또 하나 지적할 것은 당시 고종황제가 비밀리에 의병활동을 위한 자금을 댔다는 겁니다. 왕실에서 사사로이 사용할 수 있는 돈을 내

● 신돌석申乭石(1878~1908) '태백산 호랑이'라 불렸다 을미사변과 단발령으로 의병이 일어나자 영해 지역에서 활약했다. 을사조약이 체결되자 다시 의병을 일으켜 게릴라전으로 상당한 전과를 서두었다. 이인영을 중심으로 서울 진공 작전을 벌일 때 경상도 의병 1,000명을 이끌고 참여했다.

탕금이라고 하는데, 내탕금을 의병들에게 보냈어요.

박시백   겉으로는 의병 해산을 촉구하면서 몰래 밀지와 군자금을 보냈죠.

자강운동, 그러나 ……

김학원   독립협회 지도자였던 윤치호는 거병이나 자결보다는 자강의 길로
         가자는 주장을 했네요.

신병주   윤치호가 남긴 유명한 말이 있어요. '독립의 길은 자강에 있고, 자
         강의 길은 내정을 닦고 외교를 미덥게 하는 데 있다'는 건데, 보통
         한국사책에는 실력양성운동이라고 나오죠. 우리 스스로가 국력도
         키우고 교육 기회도 확보하고 재정도 독립하자는 거예요. 국채보
         상운동도 그 일환인 거고요. 이후 이런 움직임들이 하나의 흐름으
         로 자리 잡습니다.

김학원   일진회도 소위 자강운동을 전개한 단체죠?

박시백   일본에 유학 가 있던 송병준이 러일전쟁이 발발한 시점에 돌아와
         일본의 후원 아래 정치활동을 시작하면서 만든 단체죠. 처음에는
         유신회라고 했다가 일진회로 이름을 바꿉니다.

김학원   일진회가 진보회라는 대규모 대중조직을 흡수했어요.

박시백   진보회는 동학의 3대 교주 손병희●가 이용구라는 사람을 시켜서

● 손병희孫秉熙(1861~1922) 1882년 동학에 입문했고, 1894년 일본의 경복궁 점령에 반발하여 최
시형과 충청 농민군을 이끌었다. 최시형이 처형되자 교주가 되었다. 손병흠, 이용구와 일본으로 망명
한 뒤에도 국내 동학교도를 계속 이끌었다. 1905년 동학을 천도교로 개칭하고, 종교 중심으로 활동하
면서 근대 교육을 이끌었다. 1919년 3·1운동에 참여했다.

만든 단체예요. 일진회보다 6개월 정도 앞서 꾸려졌는데, 순식간에 수십만이 참여하는 어마어마한 조직이 되었어요. 그런데 이용구가 송병준과 만나서 이야기를 해보니까 생각이 대충 통하는 거예요. 그래서 이 어마어마한 조직이 사실상 일진회에 흡수되면서 일진회가 거대해진 거죠.

김학원   그때 손병희는 일본에 망명 중이었죠?

박시백   네. 그런데 손병희가 가만히 보니까 이용구가 자기 의도와 다르게 움직이고 있는 거예요. 그래서 이용구와 선을 긋고 동학을 천도교로 개칭하죠. 일진회는 러일전쟁 과정에서 일본에 아주 적극적으로 협조합니다.

김학원   일본의 지원 아래 움직인 거잖아요?

박시백   지원을 받기도 했고 적극적으로 일본을 지원하기도 했습니다.

신병주   그렇기 때문에 일진회가 대표적인 친일단체로 비난을 받는 거죠.

김학원   그런데 당시에는 일진회가 자강운동과 결합하고 있어서 그런지 그렇게 큰 공격의 대상은 아니었던 것 같아요.

박시백   반일 정서가 강한 민중이나 유림 쪽에게는 굉장한 공격의 대상이었어요. 하지만 당시 개화 지식인들은, 이후에 독립운동에 투신하게 되는 사람들조차도 별다른 공격을 하지 않았어요. 갑신정변 이래 개화 지식인들이 대부분 친일 성향을 보여왔기 때문에 특별히 경계하지 않았던 것 같아요.

김학원   자강운동은 무엇보다 교육 분야에서 두드러집니다. 1906년 이용익의 보성학교가 설립된 이래 이승훈의 오산학교, 안창호의 대성학교 등이 연이어 건립됩니다.

신병주   민족주의 학교라고 하죠.

박시백   1910년에는 인가받은 학교만도 2,000여 개에 이르렀다고 해요.

인가되지 않은 학교까지 하면 훨씬 많았죠. 정말 어마어마한 새로운 물결이었어요. 자강운동의 출발 자체는 친일이라는 약점을 가지고 있었지만, 자강운동을 통해서 배출된 인물들이 이후에 독립운동의 주력을 담당했으니 나름대로 굉장한 의미가 있는 것 같아요.

김학원 신문 만드는 것도 자강운동의 일환이었어요. 〈제국신문〉, 〈황성신문〉 등 여러 신문이 창간됩니다.

신병주 특히 〈대한매일신보〉가 상당히 의미가 있는데, 영국 언론인 베델이 발행인이었던 관계로 검열에서 상당히 자유로웠어요. 그래서 우리한테 유리한 내용들이 신문에 실립니다. 사실 다른 신문들은 검열이 심해서 '의병'이라는 말조차도 제대로 못 썼거든요.

박시백 다른 신문들은 의병을 '비도', '비적'이라고 했죠. 하지만 〈대한매일신보〉는 의병을 '의병'이라고 칭했죠.

헤이그 밀사 파견으로 퇴위당하는 고종황제

김학원 을사조약 이후 이토 히로부미가 조선에 초대 통감으로 부임하면서 정말 황제가 할 수 있는 일이 거의 없는 상황이 되었습니다. 신 교수님, 이때 고종황제가 네덜란드 헤이그에서 만국평화회의가 열린다는 소식을 듣고 일말의 희망을 가지네요.

신병주 고종이 비밀리에 특사를 파견해 조약의 부당함을 알리기로 작정하고, 독립협회 출신이면서 반일의식이 투철한 이준과 전 의정부 참찬 이상설*을 밀사로 낙점합니다. 그래서 이준이 블라디보스토크에 있던 이상설과 함께 상트페테르부르크에 가서 전 러시아 공사

이범진**을 만납니다. 이범진이 아들 이위종을 통역으로 데리고 가라고 해서 이 세 사람이 함께 네덜란드로 가죠. 그런데 주최 측에서 그들을 대표로 인정해주지 않았어요. 대한제국의 외교권이 일본에 있다는 이유로 말이죠. 결국 회의에 참석하지 못합니다.

김학원 하지만 여론전에서는 어느 정도 성과를 거두잖아요?

신병주 각국 기자들이 모인 자리에서 조약의 부당성을 알렸고, 이 내용이 현지의 〈만국평화회의보〉에도 실렸죠.

김학원 그러던 중 이준이 죽게 되는데, 이준의 죽음에 대한 설이 분분한 것 같아요.

박시백 예전에는 할복자살을 했다는 이야기가 있었어요. 그런데 할복은 아닌 것 같고, 분사憤死라고 해서 분해서 병을 얻어서 죽었다는 정도인데, 어떻게 죽었냐가 중요한 것은 아닌 것 같아요.

신병주 이준의 죽음이 현지의 관심을 끌었는데, 문제는 만국평화회의에서 어떠한 조치도 하지 않았다는 거죠.

박시백 이때의 만국평화회의는 이름 그대로 만국의 평화를 위한 것이 아니라 제국주의 열강들이 서로 덜 싸우면서 잘 나눠먹는 방법을 논의하는 국제 모임이니까요.

김학원 이토 통감과 그 수하들이 헤이그 특사 파견을 문제 삼아 고종에게 일본 천황에게 가서 사과하라고 하고, 더 나아가 물러나라는 주장

● **이상설李相卨**(1870~1917) 이준과 함께 헤이그 특사로 파견되어 각국 기자들에게 을사조약의 부당함을 알렸다. 이 일로 조선에서 궐석 재판이 열려 사형선고를 받았다. 이후 귀국을 단념하고 미국, 러시아 등지에서 교포들을 결속시키고 의병을 모으는 한편, 망명정부를 세우기 위해 노력하기도 했다.

●● **이범진李範晉**(1852~1911) 고종이 친러 정책을 추진할 때 중용되었고 이완용 등과 아관파천을 성공시켰다. 1899년 러시아 주재 공사가 되었다. 고종이 이준과 이상설을 헤이그로 파견하자, 통역을 위해 자신의 아들 이위종을 동반하게 했다. 한일병합조약이 체결되자 러시아에서 자결했다.

밀사들의 움직임은 더욱
세계의 주목을 끌었다.

그러나 그뿐. 밀사들의
움직임이 외국의 동정을
살 수는 있었지만

상황을 바꿀 힘은 되지 못했다.
이차피 평화회의 자체가
열강 간의 이해 조정을 위한
자리였고

세계를 움직이는 동력은
법이나 정의가 아니라
힘이었다.

이런 것도 모르고
헛된 기대에 사로잡혀
벌인 일이라
폄하하지 말자.

냉정한 국제정치의
현실을 알았다 해도
달라질 게 없었다.

평화회의 참석은
황제가 붙들 수 있는
마지막 지푸라기였다.

까지 하죠?

신병주 　을사조약 이후 외교권이 일본에 있는데 왜 승인도 받지 않고 외국에 가서 맘대로 떠들었느냐는 거죠. 처음에는 천황에게 사과하라고 압박하다가 결국은 사퇴까지 요구하죠. 이때 이완용, 송병준 등이 나서서 황제에게 "양위로써 사죄하는 길만이 대한제국의 살 길"이라고 해요.

김학원 　황제는 완강하게 저항했지만 내각 대신들이 전부 나서서 밤새 황제를 협박해요. 마침내 황제가 수락을 합니다.

박시백 　사실 황제는 황태자에게 대리청정을 시키는 것으로 알고 수락한 건데, 일본은 바로 황제 퇴위를 공식화해버렸죠. 문제는 황제를 핍박해서 퇴위를 강요하는 데 내각 대신들이 다 참여했다는 거죠. 이경우는 을사오적의 행위보다도 훨씬 더 나간 거예요. 고종의 퇴위는 사실상 대한제국 황실의 파국으로 가는 중요한 징검다리였어요. 때문에 을사조약 못지않은 중요한 사건으로 취급해야 하고, 이때의 대신들도 주목할 필요가 있다고 생각해요.

신병주 　총리 이완용을 비롯해 임선준, 이병무, 송병준, 이재곤, 이런 사람들 모두 역사의 단죄를 받을 필요가 있어요.

김학원 　다음 날 양위식이 열렸는데 정작 황제와 황태자가 없어요.

박시백 　양위식을 주도한 일본 측과 대신들이 내관들에게 황제와 황태자 복장을 입히고 일종의 쇼를 벌인 거예요.

김학원 　양위식을 하고 다음 날 세계 각국에 이 소식을 알립니다. 그리고 며칠 후에 바로 정미7조약(한일신협약)을 받아냅니다.

신병주 　1차 한일협약(1904)에 이어 을사조약으로 외교권을 박탈한 다음, 정미7조약을 맺어 대한제국의 입법과 행정, 관리 임면 등을 모두 통감의 승인이나 동의 하에만 가능하도록 만든 거예요. 그야말로 병합 전 단계의 조약인 거죠.

김학원 이완용과 이토 히로부미가 사인을 했어요. 일주일 뒤에는 군대를 해산하는데 그 파장이 만만치가 않았어요.

박시백 안 그래도 군인들의 반발을 우려했는지 일종의 속임수를 썼어요. 무기를 반납하게 하고 잽싸게 해산식을 치르려고 했죠. 그런데 이 사실을 사전에 안 대대장 박승환이 권총 자살을 했고, 자살 소식이 전해지자 병사들이 탄약고를 털어 거리로 나와서 일본군을 상대로 시가전을 벌였어요. 지방 군인들도 봉기를 하거나 집단 탈영을 해서 의병 부대에 합류합니다. 이해가 1907년 정미년이어서 정미의병이라고 하는데 해산된 군인들이 합류한 것을 계기로 의병부대가 훨씬 조직화됩니다. 이후 의병 활동이 전국으로 확산되죠.

신병주 각 도 의병 1만여 명이 경기도 양주에 집결해서 이인영을 총대장으로 삼고 서울 진공작전을 펼쳐요. 일제에 점령당한 서울을 확실하게 수복하자고 나선 거죠. 그런데 선발대로 보낸 300명이 패배하고 맙니다. 게다가 총대장 이인영이 부친상을 당하자 '충도 중요하지만 효도 중요하다'면서 내려가 버립니다.(웃음)

김학원 여전히 유교 사회예요.(웃음)

박시백 저는 고등학교 때 이 대목을 배우면서 무척 안타까웠어요. 이인영의 아버지가 돌아가시지 않았으면 제대로 한판 해서 세상을 바꾸었을 거라는 생각이 들게끔 국사교과서에 서술되어 있었거든요. 그런데 지금 생각해보면 이렇게 무기도 변변찮고 훈련받은 군인도 별로 없는 1만 명이 모인다고 해서 세상이 바뀔 수 있었을까 싶어요. 서울을 공격할 수는 있었겠지만 과연 그걸로 일본군을 몰아낼 수 있었느냐, 그건 아니니까요.

김학원 　양위식 한 달 뒤에 새 황제 순종의 즉위식이 열리는데, 사실 일본에 의해서 거의 강제로 세워진, 허울뿐인 황제였죠.

박시백 　《순종실록》은 기록이 굉장히 소략합니다. 순종에 의한 정치라는 게 거의 없었다는 거죠.

신병주 　《순종실록》을 보완해주는 대표적인 자료가 《일성록》이에요. 근대 부분은 1910년까지 기록이 있고 내용도 훨씬 자세해서 근대사 연구자들은 주로 《일성록》을 참조합니다.

김학원 　순종은 병약하고 소심했다면서요?

박시백 　그렇죠. 일단 어릴 때부터 자주 아팠어요. 명성황후가 굿을 많이 한 것도 바로 이 때문이에요. 명성황후가 굉장히 신경 써서 기른 자식인데, 바람과는 달리 아주 유약했어요.

김학원 　아버지 피를 이어받았나 봐요.(웃음)

박시백 　아버지 피도 못 되는(웃음) 굉장히 소심하고 위축된 인상이었어요. 순종을 만난 외국인들의 평이 하나같이 당최 아비만 못하다는 거였어요. 그렇지만 순종이 좀 더 영민하고 똑똑했다손 치더라도 이 조건에서 할 수 있는 건 아무것도 없었죠.

김학원 　1909년(순종 2) 기차를 타고 남쪽과 북쪽을 돌아보고 왔다고 하는데, 일제의 기획에 의한 하나의 요식행위죠?

신병주 　일제가 건설한 경부선과 경의선을 그렇게 홍보한 거죠. 황제에 포커스를 맞춘 게 아니라 황제가 이용한 철도를 일본이 건설했다는 것에 포커스를 맞춘 여행이었죠.

김학원 　이때는 사법, 행형, 군사, 경찰 등 모든 권한이 다 일본에 넘어간 상태네요.

신병주　　보안법, 출판법, 신문지법 등은 조선인들의 저항을 막기 위한 거고, 삼림법, 한일어업협정, 동양척식주식회사법은 일제가 조선을 경제적으로 약탈하기 위해 만든 법령이죠. 또 사법과 감옥에 관한 사무를 완전히 일본 정부에 위탁하죠. 바둑으로 치면 이제 대마가 잡히는 수순만 남은 거죠.

안중근의 하얼빈 의거

김학원　　1909년 10월 26일 도쿄에 있는 황태자에게서 긴급 전문이 왔어요. 그날 오전에 이토 히로부미가 하얼빈에서 저격당했다는 소식이었죠. 순종이 거의 국장 수준의 추도 행사를 치르네요.

박시백　　순종이 이토 히로부미의 업적을 높이 평가하면서 이런 표현을 합니다. "하얼빈을 지나다가 짐의 고약한 백성의 흉측한 손에 상하여 갑자기 세상을 떠날 줄을 어찌 알았겠는가?"

김학원　　그 고약한 백성이 바로 안중근 의사였죠.

박시백　　안중근은 해주의 양반 집안 출신입니다. 앞서 잠깐 이야기했지만 동학농민혁명 때 아버지 안태훈이 동학농민군 장수 김구를 데려다가 보호해준 적이 있습니다.

김학원　　김구가 그때 안중근을 알았죠.

박시백　　김구는 《백범일지》에서 어린 안중근을 백발백중의 명사수였다고 회고해요. 이후 안중근은 개화 지식인으로 성장했고 여러 개화 지식인들처럼 자강운동의 길을 걸어요. 그러다가 을사조약과 고종의 강제 퇴위를 겪으면서 다른 노선을 택하게 되는 거죠. 국경을 건너서 무장 투쟁에 합류합니다.

신병주   1908년에는 대한의군 참모중장 자격으로 의병을 이끌고 국내로 들어와 일본군과 교전을 벌이기도 합니다.

김학원   그러던 중에 이토 히로부미가 하얼빈 역으로 와서 러시아 재무장 관과 회담을 갖는다는 소식이 알려집니다. 이때 블라디보스토크에 있는 독립운동 단체들이 이토를 응징할 계획을 세우는데, 적임자 로 안중근을 추천했어요.

박시백   안중근은 백발백중의 사격 솜씨를 갖고 있었고, 정말 심지가 곧은 사람이었거든요.

김학원   운명의 그날 일본인으로 위장한 채 인파에 섞여 있다가 열차에서 내린 이토를 저격합니다.

신병주   당시 러시아는 경계태세를 강화하려 했어요. 하지만 일본 쪽에서 일본인들에 대해서는 경계나 검문을 너무 심하게 하지 말라고 요 구했는데, 이게 오히려 기회가 된 거예요. 그래서 아주 가까이 접 근할 수 있었습니다.

박시백   세 발은 정확히 이토를, 나머지 세 발은 그 주변에 있는 세 사람을 각각 한 발씩 다 맞췄다는 거잖아요? 정말 놀라운 침착함이에요. 그러고 나서 현장에서 러시아군에게 체포됩니다. 안중근을 넘겨받 은 일본이 여순 감옥에 수감하는데, 여기도 굉장한 역사의 현장이 에요. 원래 여순은 러시아가 조차하던 곳이라 여순 감옥도 1900년 대 초에 러시아가 세우기 시작했는데, 러일전쟁 후 여순이 일본으 로 넘어가면서 이 건물도 일본의 형무소로 쓰이게 된 거죠. 안중 근, 신채호 등이 다 여기서 처형되고 옥사했죠.

김학원   안중근은 감옥에서나 법정에서도 시종 의연해서, 일본인 간수와 검사 그리고 변호사들까지도 감동시켰다고 해요.

신병주   사실 안중근은 감옥에서 《동양평화론》이라는 책을 쓰고 있었어요.

동포에게 고함

내가 한국 독립을 회복하고
동양 평화를 유지하기 위해서
3년 동안 풍찬노숙하다가
마침내 그 목적을 이루지 못하고
이곳에서 죽노니
우리 이천만 형제자매는 각각
스스로 분발해 학문에 힘쓰고
산업에 진흥해 나의 끼친 뜻을 이어
자유 독립을 회복하면
죽는 자 유한이 없겠노라.
⋮
대한 독립의 소리가
천국에서 들려오면
나는 마땅히
천국에서 춤추며
만세를 부를 것이다.

그런데 안타깝게도 완성하기 전에 사형이 집행됩니다.

박시백 이토 히로부미뿐만 아니라 당시 일본의 일관된 주장이 조선을 침
략한 것은 동양 평화를 위해서라는 거였잖아요? 안중근이 《동양평
화론》에서 이런 이토의 동양평화론이 얼마나 허구인가를 밝히고
있죠. 사실 초기에는 안중근도 이토의 동양평화론을 상당히 지지
했나 봐요. 하지만 을사조약 과정을 지켜보면서 '아, 이게 아니었
구나' 하고 자각했고, 의거 뒤 자신이 생각하는 진정한 동양평화론
을 저술하는 와중에 사형을 당한 거죠.

김학원 그 내용이 참 신선하고, 오늘날의 관점에서 봐도 굉장히 앞서 나갔

어요. "한중일 삼국 연합 방위군을 만들자. 화폐를 통합하고 공동 은행을 설립하자." 이런 주장들까지 있어요.

조선왕조의 최후

김학원   이토 히로부미의 죽음으로 일본 내의 여론은 정말 악화됐을 것 같습니다. 그에 발맞춰 국내에서 일진회와 대한협회 같은 정치 세력들이 이완용보다 먼저 병합정권을 차지하려고 움직이네요.

신병주   어차피 이름만 남은 황실이니 통치권을 일본 천황에게 빨리 넘기고 입헌군주제를 실시해서 의회를 자신들이 장악하겠다는 거죠. 하지만 대한협회의 동의를 얻지 못한 일진회가 단독으로 합방성명서를 발표하는데 명분은 아주 그럴듯해요. "우리는 정말 너무 위급한 형편이다. 그런데 이건 우리가 자초한 일이다. 일본이 두 번이나 전쟁을 치르면서까지 희생했는데도 이리 붙었다 저리 붙었다 하다가 외교권 박탈을 초래했고, 괜히 헤이그에 밀사를 보내고 이토를 암살해서 지금 상황을 만들었다. 그러니 우리가 계속 일등 대우의 복을 누리기 위해서는 병합을 할 수밖에 없다."는 내용이죠.

박시백   합방성명서를 발표한 뒤에 황제에게 소를 올리고 내각에는 장서를 올립니다.

신병주   그리고 통감에게는 아예 청원서를 보내는데, 우리나라 사람들이 앞장서서 '우리 빨리 병합시켜주세요' 이랬다는 거죠.

김학원   일본은 먼저 러시아와 영국의 동의를 얻어냅니다. 그리고 육군대장 출신 데라우치 마사타케를 새 통감으로 파견하죠. 데라우치가 1910년(순종 3) 8월 22일 어전회의에서 일본의 병합안을 수용하게 합니다.

박시백   이날 어전회의에서 사실상 조약이 체결된 거죠. 데라우치 통감이 가져온 병합안은 일진회가 꿈꾸던, 독자 의회를 바탕으로 하는 일종의 연방제가 아니라 그야말로 복속안이었죠.

김학원   병합안을 22일 어전회의에서 확정해놓고 그로부터 일주일 후에 정식으로 통치권 양도를 발표하네요.

신병주   1910년 8월 29일이 우리가 경술국치일이라고 부르는 바로 그날이죠. 국권이 완전히 넘어가면서 황제는 이왕으로, 태황제(고종)는 덕수궁 이태왕으로 격하되고 바로 총독정치가 실시되죠. 총독부를 설치해 총독으로 하여금 육해군을 통솔하고 정부를 통괄하게 하는 거죠. 내각은 아예 사라졌어요. 대신 귀족령을 만들어서 모두 75명에게 작위와 은사금을 내렸죠.

김학원   이들의 면면을 좀 살펴보죠.

박시백   종친들인 이씨가 좀 많죠. 명성황후 쪽 민씨들도 꽤 있고, 윤씨는 아마 순종 비 라인인 것 같아요. 그 외에 병합에 공이 있거나 친일을 분명히 한 대신, 포섭이 필요한 대신까지 망라되어 있어요. 대표적인 인물이 박영효, 이완용, 박제순 등 우리 귀에 익숙한 사람들이죠. 또 송병준 등 일진회를 이끈 사람들과 유길준도 있습니다. 을사오적에 들지 않은 민영기와 이하영도 이때 작위를 받고 아주 잘 살았습니다.

김학원   작위를 거부한 사람도 있다면서요?

박시백   김석진은 작위를 받은 것 자체를 부끄럽게 여겨서 바로 자결했고, 한규설은 을사조약에 반대한 인물인데 이때도 작위를 반납합니다. 김가진은 국내에서 비밀리에 독립운동을 하다가 상해로 망명해서 독립운동을 계속 이어갔죠. 친청파로 알려졌던 김윤식, 이용직, 김

재야 사학자 황현이 절명시를 남긴 채 목숨을 끊고

금수도 슬피 울고 산하도 찡그리네.

무궁화 세상은 이미 가라앉았구나.

가을 등불 아래 책을 덮고 옛날을 돌아보니

인간 세상에서 식자로 살기 참 어렵구나.

전 러시아 주재 공사 이범진은 전보로 고종에게 유서를 보낸 뒤 거실에서 목을 맸다

폐하! 우리 조국은 이미 죽었습니다.

폐하께서는 모든 권리를 빼앗기셨습니다. 소인은 적에게 복수할 수도 응징할 수도 없는 무력한 상황에 처해 있습니다.

소인은 자결 외에 아무것도 할 수 없습니다. 소인은 오늘 생을 마감합니다.

사준은 이후에 반일 활동을 했다는 이유로 작위를 박탈당하죠. 작위를 받은 75명 중 10여 명은 작위를 반납하거나 자결을 하거나 반일운동을 한 사람이란 걸 기억할 필요가 있습니다.

신병주 　재야 인사들 중에는 황현이 자결을 하는데, 이분이 자결을 하면서 절명시를 남기죠.

김학원 　헤이그 밀사 때 역할을 한 리시아 주재 공사 이범진 역시 자결합니다.

박시백 이분은 거실에서 목을 맨 상태에서 권총으로 자살했죠. "자결 외에 아무것도 할 수 없다."는 비참한 심경을 담은 유서를 남겼어요.

망국 후의 황실

김학원 망국 이후에 황실은 어떻게 됐나요?

박시백 고종과 순종은 일본의 주요 인사들을 만나거나 제사에 참석하는 것 외에는 할 일이 없었어요. 순종 같은 경우 1917년에 함흥을 다녀온 게 활동의 거의 전부죠. 함흥 행차 때 인상적인 것이, 나라를 망가뜨린 황제도 황제라고 백성이 열렬하게 환영을 해줍니다. 이때만 해도 왕실이 여전히 존재감이 있었던 거죠. 그런 만큼 1919년 고종의 승하는 3·1운동의 계기가 됐고, 1926년 순종의 승하는 6·10만세운동의 기폭제가 됐죠.

김학원 고종의 후손들은 어떻게 살았나요?

박시백 고종에게는 어려서 죽지 않고 장성한 아들이 셋 있는데, 순종의 이복동생인 영친왕 이은은 일본에서 유학이라는 명목으로 인질 생활을 하다가 순종이 죽은 뒤 국내로 돌아와 왕위를 잇습니다. 하지만 다시 일본으로 돌아가야 했죠. 해방 이후 다시 들어오려고 하는데 이승만 정부에서 막았어요. 왕실 사람이 오면 이승만의 위치가 모호해질 수 있다고 생각한 거죠. 이승만이 하야하고 3년이 다 된 1963년에야 이방자 여사와 함께 들어왔고, 창덕궁에서 살다가 1970년 생을 마칩니다.

신병주 이방자 여사는 메이지 천황의 조카의 딸입니다. 일본 이름은 마사코예요.

김학원   영친왕에게 '이구'라는 아들이 하나 있네요.

박시백   미국에서 공부한 건축가예요. 국내에 들어와서 교수도 하고 그랬을 거예요.

신병주   이분이 자식 없이 돌아가시면서 조선 왕실의 맥이 끊겼어요. 그래서 누구를 조선 왕실의 대표로 하느냐란 문제가 아직 정리가 잘 안된 것 같아요. 순종의 또 다른 이복동생인 의친왕 이강은 자손이 많지만 영친왕이 순종의 뒤를 이은 만큼, 정통성은 영친왕의 아들 이구에게 있다고 봐야겠죠.

김학원   의친왕 이강은 상해 임시정부에 독립선언서도 보내고 상해로 망명을 시도하기도 했어요. 끝까지 일제에 협조를 거부하다가 해방 이후에 세상을 떠납니다.

박시백   고종의 아들들 중에서는 그나마 가장 기개가 있는 인물로 평가받고 있어요.

신병주   순종의 왕비 순정효황후는 창덕궁의 낙선재 옆에 있는 석복헌이라는 안채에 살다가 1966년에 세상을 떠났어요. 그 옆에 헌종시대에 명경대비(순원왕후)를 위해서 지은 수강재가 있는데 고종의 막내딸 덕혜옹주가 와서 살았습니다. 덕혜옹주는 정략결혼 후 일본에서 살다가 박정희 정권 때 들어옵니다. 일본인 남편과 이혼도 하고 정신적으로 문제가 있었는데, 말년에 수강재에 들어가 살게 됩니다. 정말 운명적으로 이방자 여사와 덕혜옹주가 1989년, 같은 해에 세상을 떠납니다. 이들이 창덕궁에서 마지막을 같이한 거죠.

김학원   박 화백님이 만화에서 "이렇듯 망국 후의 황실은 초라했고, 궐 안에는 이제 아무도 남아 있지 않다."라고 하면서, 반면 침략자인 일본 천황은 지금도 여전히 긴재하다고 쓰셨어요. 그리고 "나라를 파는 데 앞장선 매국노들은 그때 불린 재산으로 자손들까지 영화를

그 모든 길 감당하며 역사 앞에 이름 없이 사라지기를 두려워하지 않았던
선조들이 있어 오늘의 우리가 있다.

누렸는데 독립운동가들의 후예들은 대부분 비참하게 살았다."고 하셨고요. 우리가 반드시 음미해봐야 할 대목입니다.

일본 제국주의에 의한 지배가 10년, 20년 이어지면서 사람들은 어느덧 식민 지배를 당연하게 받아들여갔다. 나라의 자주 독립과 근대화를 열망한 이들조차 상당수는 점차 일제와 타협해갔다. 그들에게 일본과 맞서 싸운다는 건 너무도 무모한 일이었다. 그런데 그토록 무모해 보이는, 승산이 1퍼센트도 안 되어 보이는 독립을 위한 투쟁이 35년 동안 줄기차게 이어졌다. 숱한 이들이 국경을 건너가 무장투쟁을 벌이거나 국내에서 지하조직을 구축해 저항활동을 벌였다. 일제의 탄압은 지독히도 악랄했다. 독립투쟁의 길은 추위와 배고픔, 고문과 투옥, 총살과 교수대 그리고 가족의 고난과 곤궁이 예정된 길이었다. 그럼에도 그 모든 걸 감당하며 역사 앞에 이름 없이 사라지기를 두려워하지 않았던 선조들이 있기에 오늘의 우리가 있다.

찾아보기

ㄴ

ㄷ

저자 후기

난데없이 팟캐스트 방송을 하자는 제안에 작은 반항을 했던 기억이 남아있다. 팔자에 없는 일이었지만 작고하신 남경태 선배나 신병주 교수를 만날 수 있어서 뜻깊은 시간이었다. 이제 또 그 방송에서 오간 말들을 모아 책으로 엮는다니 부끄러움이 앞서지만 시위를 떠난 화살이 아닌가 싶다. 잘 날아가서 어딘가에 의미 있게 꽂혔으면 좋겠다. _ **박시백**

1년이라는 짧지 않은 시간 동안 열띤 성원을 보내준 청취자들과 함께 현재의 거울이 되는《조선왕조실록》을 이야기 나눈 것은 특별한 경험이었다. 실록이 우리에게 전해준 선조들의 지혜와 기록정신이 이 책을 통해 독자들에게 생생한 감동으로 다가섰으면 한다. _ **신병주**

네 명이 만나기만 하면 '토크'는 자동이었다. 시작은 늘 남 선배와 신 교수였다. 역사암기대회가 있다면 두 사람은 결승전에서 만났을 것이다. 그에 비해 박 화백은 팔짱 낀 검객이었지만 그의 검은 잠자고 있어도 예리했다. 박시백 없는《박시백의 조선왕조실록》을 떠올릴 수 없듯이 남 선배와 신 교수 없는《역사 토크 박시백의 조선왕조실록》은 상상조차 할 수 없다. 그만큼 네 명의 만남은 그 자체가 '역사'였다. _ **김학원**

역사 토크 박시백의 조선왕조실록 2

광해군일기에서 순종실록까지

박시백 신병주 남경태 김학원 지음

1판 1쇄 발행일 2017년 12월 18일
1판 2쇄 발행일 2018년 3월 5일

발행인 | 김학원
편집주간 | 김민기 황서현
기획 | 문성환 박상경 임은선 김보희 최윤영 전두현 최인영 이보람 김진주 정민애 임재희 이효온
디자인 | 김태형 유주현 구현석 박인규 한예슬
마케팅 | 이한주 김창규 김한밀 윤민영 김규빈 송희진
저자·독자서비스 | 조다영 윤경희 이현주(humanist@humanistbooks.com)
조판 | 홍영사
용지 | 화인페이퍼
인쇄 | 삼조인쇄
제본 | 정민문화사

발행처 | (주)휴머니스트 출판그룹
출판등록 | 제313-2007-000007호(2007년 1월 5일)
주소 | (03991) 서울시 마포구 동교로23길 76(연남동)
전화 | 02-335-4422 팩스 | 02-334-3427
홈페이지 | www.humanistbooks.com

ⓒ 박시백 신병주 남경태 김학원, 2017

ISBN 979-11-6080-096-8 04910
       979-11-6080-094-4(세트)

• 이 도서의 국립중앙도서관 출판예정도서목록(CIP)은 서지정보유통지원시스템 홈페이지(http://seoji.
  nl.go.kr)와 국가자료공동목록시스템(http://www.nl.go.kr/kolisnet)에서 이용하실 수 있습니다. (CIP제
  어번호: CIP2017032220)

만든 사람들

편집주간 | 황서현
책임편집 | 강창훈 김선경 신영숙
편집 | 최인영(iy2001@humanistbooks.com) 김진주
녹취 | 남윤정
디자인 | 김태형 유주현

나꼼수 이후 최고의 팟캐스트! 패널 네 사람의 역할이 짜임새 있고 군더더기 없다. 최고의 팀!

뒤***

역사의 한 장면이 영화나 드라마의 스틸 컷처럼 머릿속에 떠오른다.

수*

박시백 화백의 깨알 설명에 김학원 대표의 절묘한 추임새, 신병주 교수의 든든한 보충 설명까지. 이렇게 재미있는 역사 강의는 처음 들어본다.

룰***

유익하고 재미있게, 때로는 분노하고 슬퍼하며 듣게 된다.

나*

동양과 서양, 과거와 현재를 넘나들며 해학과 풍자, 전문지식까지 선술집의 옆자리에서 귀를 쫑긋 세우고 듣는 기분.

팟*

학교에서 배운 역사 교과서보다 유익한 방송.

G****

왕과 양반 중심의 정치사와 생활사를 팟캐스트로 들으니 조선의 모습을 더욱 생생하게 느낄 수 있다.

오***

《조선왕조실록》을 이렇게 쉽게 풀어주시다니, 방송을 듣는 내내 존경스럽고 감사한 마음이 들었다.

L*****

방대한 《조선왕조실록》의 기록만큼이나 《박시백의 조선왕조실록》의 역사를 만들어낸 휴머니스트의 인내와 땀방울에 응원과 박수를 보냅니다.

최*

처음부터 끝까지 깊이 있는 팟캐스트

조***

역사를 다시 일깨워주신 신병주 교수님과 동서고금을 넘나드는 해박함을 지니신 남경태 선생님, 공중파 진행자 못지않은 김학원 대표님께 모두 감사를.　　　　　S*

해박한 지식을 바탕으로 역사를 명쾌히 교통정리해주는 느낌!　　　　　황**

중고등학생 두 딸과 함께 듣는 팟캐스트. 세대를 초월해 즐길 수 있어 좋습니다.　각**

드라마보다 훨씬 재미있는 방송. 나도 모르게 그 시절 그 사건 속으로 빠져듭니다.

호***

버겁고 따분한 조선의 역사를 만화로 보고 팟캐스트로 들으며 배우자!　　빠*****

글자와 그림으로 굳어있던 인물들이 팟캐스트를 통해 생생히 살아난다. 패널들의 맛깔나는 대화는 덤!　　　　　타*****

정치사를 알 수 있는 본편, 사회의 다양한 모습을 담은 외전을 통해 조선시대를 입체적으로 살펴본다.　　　　　황***

방송에 너무 몰입하느라 커피가 식은 줄도 모르고 있었다!　　　　　혀*

귀와 두뇌를 행복하게 하는 역사 아이돌 4인방의 열정적인 이야기.　　　　　다*

'팟캐스트 박시백의 조선왕조실록'을 알고 난 후 오랜 시간 운전도 즐거워졌다! 네*****

박 화백 님, 휴머니스트, 만세 만세 만만세!!!　　　　　초**